2021

黑龙江垦区统计年鉴

Statistical Yearbook of Heilongjiang State Farms

（总第二十九期 No. 29）

北大荒农垦集团有限公司财务管理部　编

中国统计出版社
China Statistics Press

图书在版编目（CIP）数据
黑龙江垦区统计年鉴. 2021 / 北大荒农垦集团有限公司财务管理部编. -- 北京 : 中国统计出版社, 2021.9
ISBN 978-7-5037-9621-0

Ⅰ. ①黑… Ⅱ. ①北… Ⅲ. ①农垦地区－统计资料－黑龙江省－2021－年鉴 Ⅳ. ①C832.35-54

中国版本图书馆 CIP 数据核字（2021）第 201742 号

黑龙江垦区统计年鉴-2021

作　　者 / 北大荒农垦集团有限公司财务管理部
责任编辑 / 钟钰
执行编辑 / 且淑芬　白国兴
校　　对 / 刘洲　张斌　姜波　白国兴　刘畅　王恩利
封面设计 / 韩军　李雪燕
出版发行 / 中国统计出版社
通信地址 / 北京市丰台区西三环南路甲 6 号　邮政编码 /100073
电　　话 / 邮购（010）63376909　书店（010）68783171
网　　址 / http://www.zgtjcbs.com
印　　刷 / 河北鑫兆源印刷有限公司
经　　销 / 新华书店
开　　本 / 880×1230mm　1/16
印　　张 / 22　1.25 彩页
字　　数 / 720 千字
版　　别 / 2021 年 9 月第 1 版
版　　次 / 2021 年 9 月第 1 次印刷
定　　价 / 320.00 元

《黑龙江垦区统计年鉴 -2021》
编委会和编辑人员

编委会

主　　任：陈有方

副 主 任：向世华　孙宏亮　杨世志

编　　委：（以姓氏笔画为序）

王守江　王洪宽　叶挺波　白林海　冯玉斌　任淑兰
刘玉峰　刘　伟　刘陆军　孙玉成　孙　良　李书贞
汪道国　张雅南　苑　丽　林长华　庞代新　郑克斌
赵广来　胡月亮　祝伟友　梁道满　蒋永昌　韩　军
鲁宏杰　曾祥成　谢玉铭

编辑工作人员

总 编 辑：孙宏亮

副总编辑：韩　军

编辑人员：（以姓氏笔画为序）

王恩利　孔凡亮　白国兴　吉　哲　刘　畅　刘　洲
孙晓翠　李国良　张　斌　陈　谅　姜　波

执行编辑：白国兴

彩图设计：韩　军　李雪燕

资料提供人员

（以姓氏笔画为序）

王德华　王　华　王智利　王玉斌　车淑静　毛　娜　卢美丽
刘　丁　刘鸿惠　刘静雯　刘　影　安仲才　孙　宇　孙嘉浩
孙　燕　李　礼　李　峥　李骁茹　杨欣伟　吴伟民　何智宾
谷宇佳　宋春明　张印松　张明才　张雪松　陈红杰　赵晓龙
姜海雷　祝海锋　郭玉峰　黄俊玉　黄　晶　焦大伟　甄美慧
蔡艳明

编辑说明

一、《黑龙江垦区统计年鉴—2021》是一部全面反映北大荒农垦经济和社会发展情况的资料性年刊，本书系统收录了全垦区和各公司、集团直属单位、农牧场2020年经济和社会各方面的统计数据，以及历史重要年份的主要统计数据。

二、全书主要分15部分：特载（文字资料）；1. 综合；2. 企业增加值核算；3. 人口、就业人员和职工工资；4. 固定资产投资；5. 资源环境和能源；6 人民生活；7. 农林牧渔业；8. 工业；9. 建筑业；10. 交通和通讯业；11. 国内外经济贸易；12. 教育科技事业；13. 卫生和其他；14. 各农牧场基本情况。各部分末附有主要统计指标解释。

三、本年鉴资料主要来自北大荒农垦集团有限公司2020年及以前各年度的统计年报、业务部门的统计年报和抽样调查资料，部分专业历史数据和资料来源口径有所调整，请留意表中注释。

四、本年鉴的编辑原则。由于各种原因，北大荒农垦的管理体制几经变动，为了研究问题方便，在汇编农垦历史性资料时，分两部分，一是转制前采取2018年管理体制口径，整理2018年以前黑龙江垦区统计数据（包括追溯化出单位部分指标的历史数字），供相关区域性指标比较时使用。二是转制后采用集团口径（不含非国有及划出行政事业单位等），对集团重要经济指标适当进行追溯。以上两部分历史资料，使用时请注意标注。

五、体制制度变化。2018年12月16日黑龙江北大荒集团总公司正式挂牌，标志着黑龙江垦区从政企合一的管理体制整建制转入集团化、企业化经营管理体制。2019年是北大荒集团总公司改革元年，各项改革措施扎实推进，12月24日集团总公司党委会通过《关于加强北大荒集团统计制度建设实施方案》，《方案》中规定2019年统计年报开始全面实施集团统计制度，标志着垦区由政府统计转变为集团企业统计。

六、本年鉴中所使用的度量衡单位均采用国际统一标准计量单位。

七、本年鉴根据出版的要求，标明2021年是出版年份，而资料截止于2020年底。

八、符号使用说明：“空格”表示该项统计数据不足本表最小单位数、数据不详或无该项数据；“#”表示其中的主要项。

“北大荒”品牌变动情况

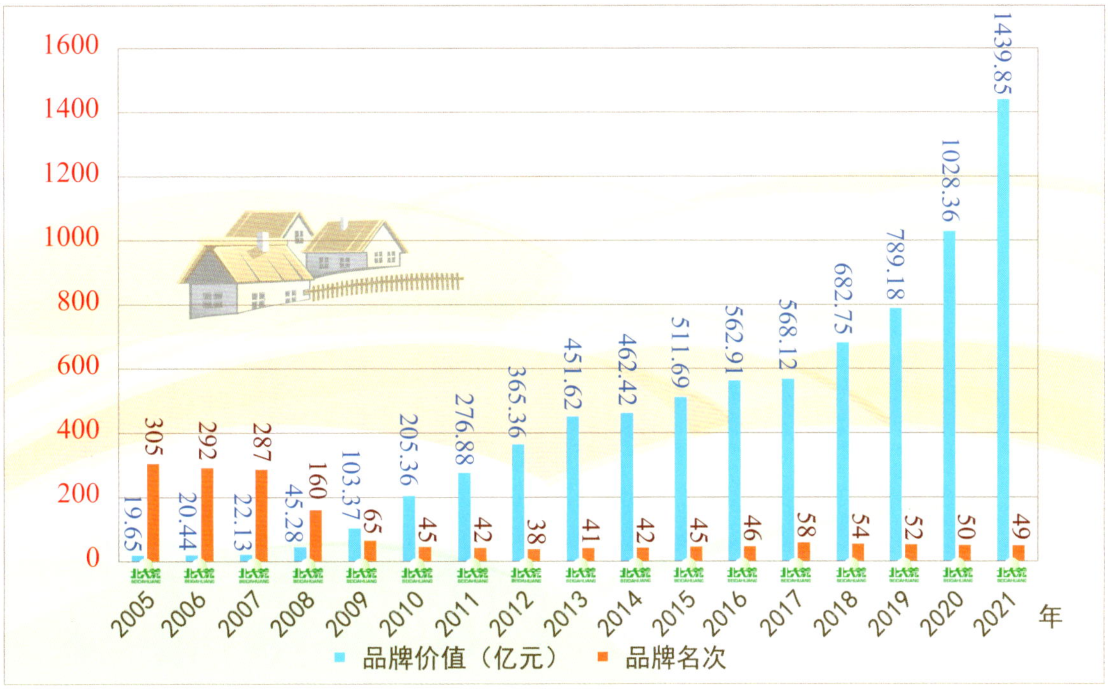

“九三”品牌变动情况

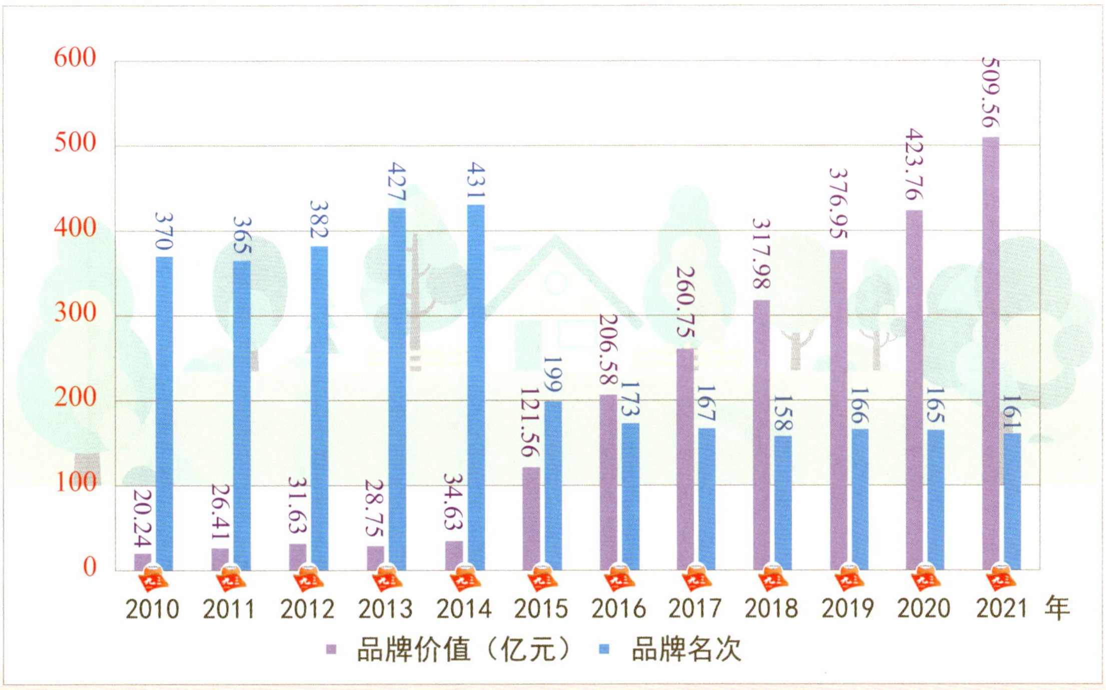

“完达山”品牌变动情况

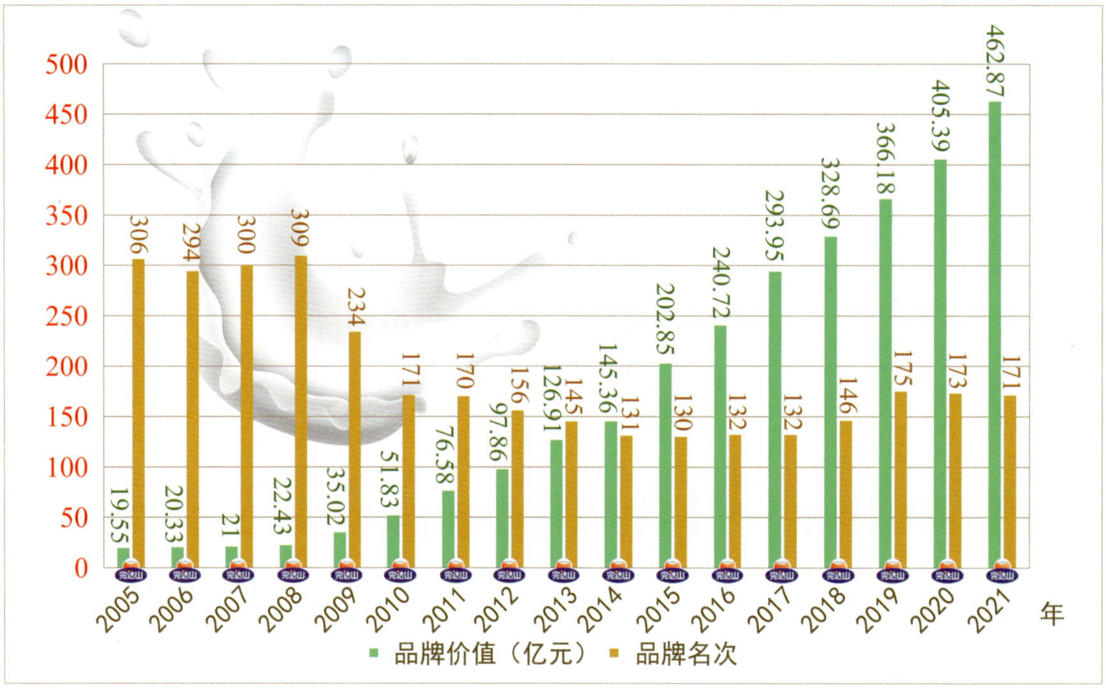

集团企业增加值

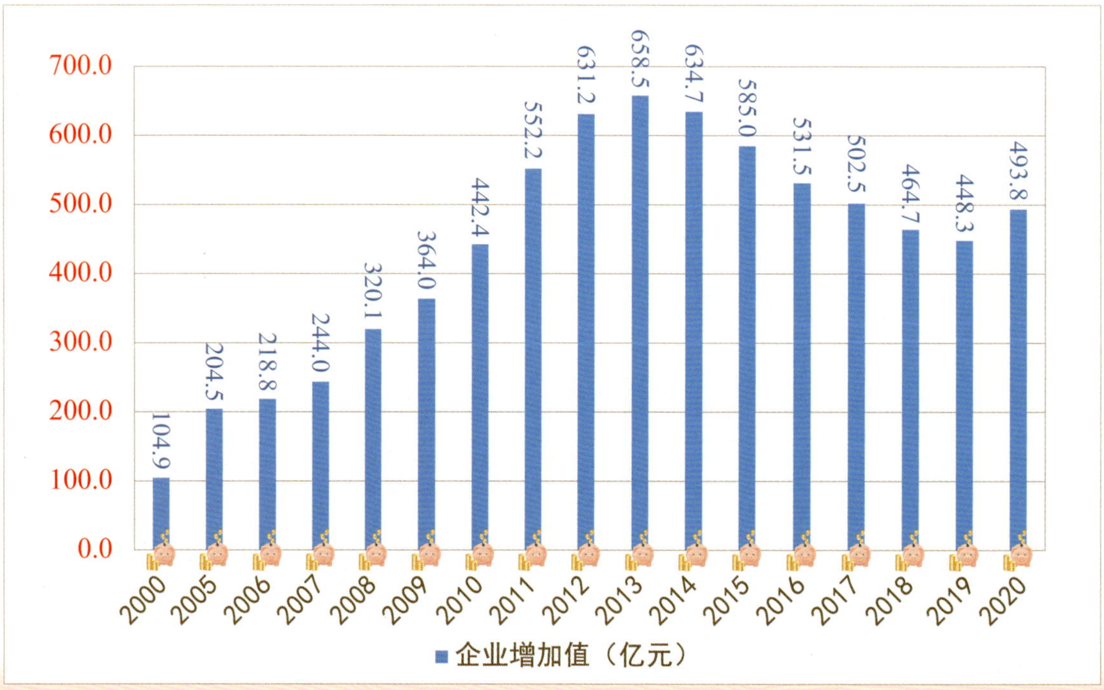

集团企业增加值构成

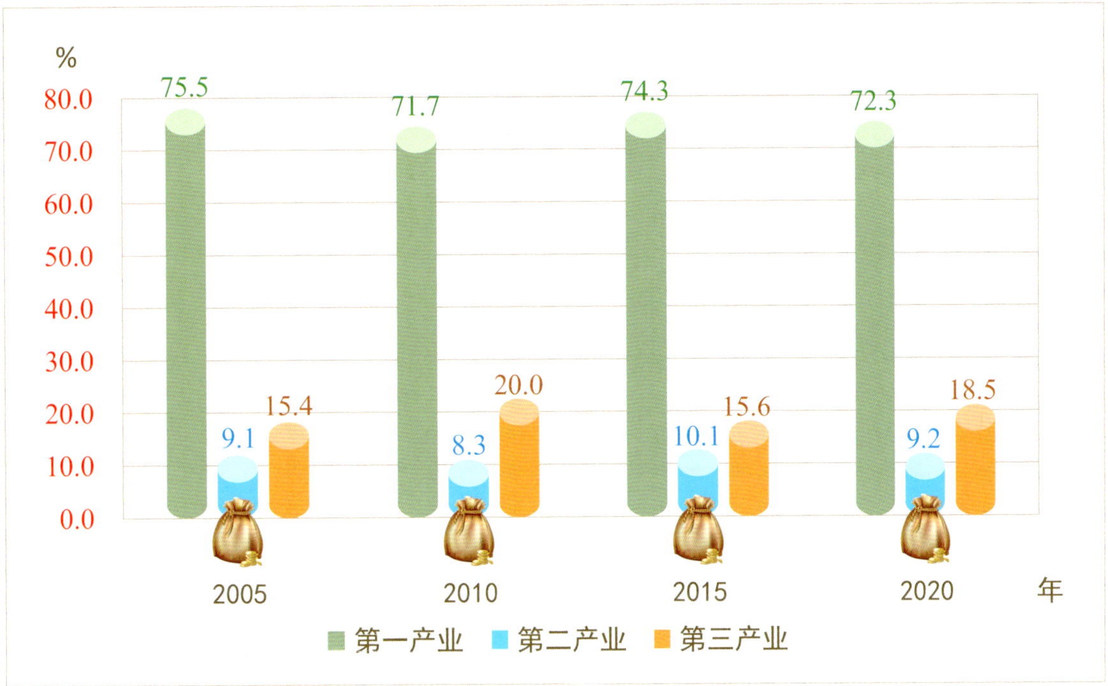

集团全要素生产率及全要素生产率贡献率

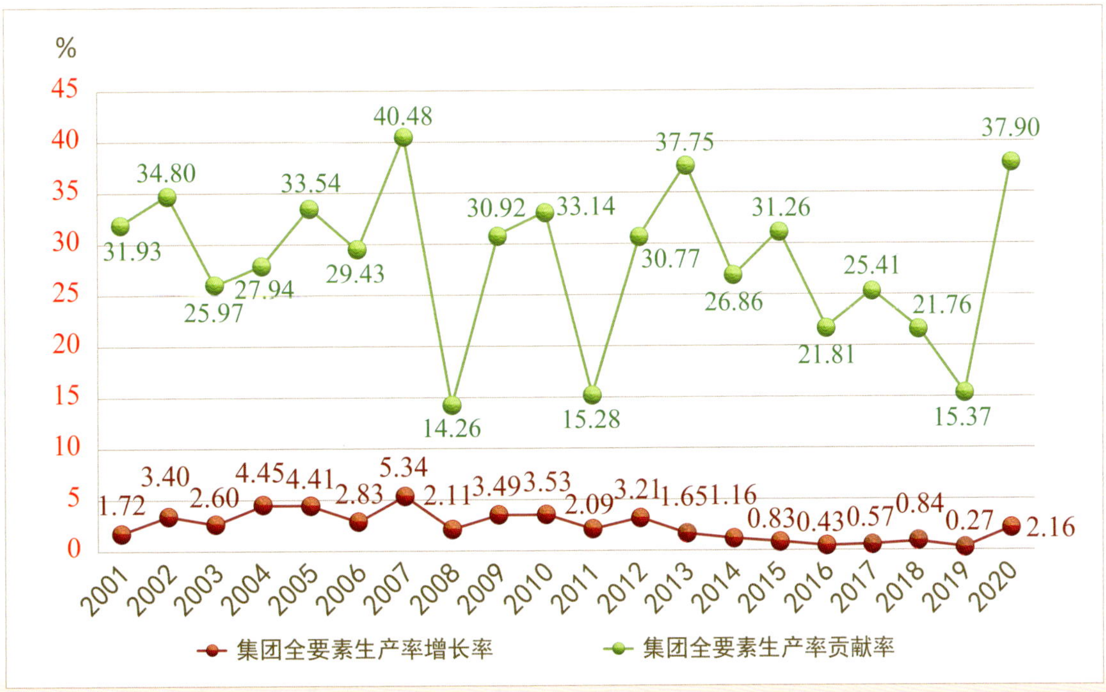

人口总数

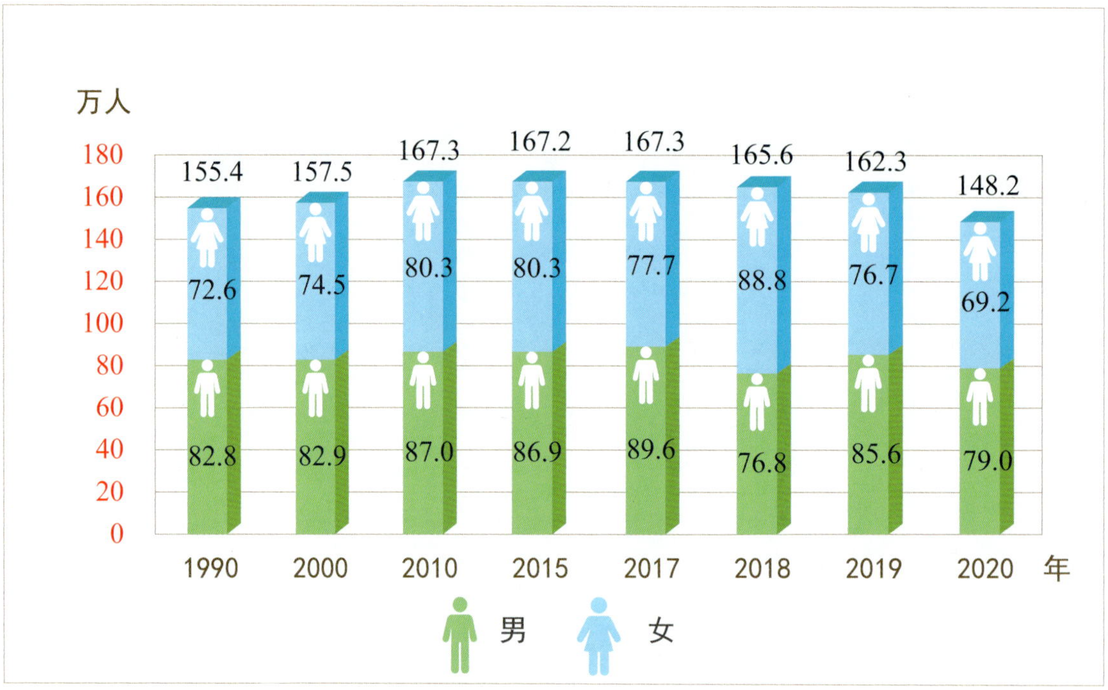

集团从业人员和职工人数

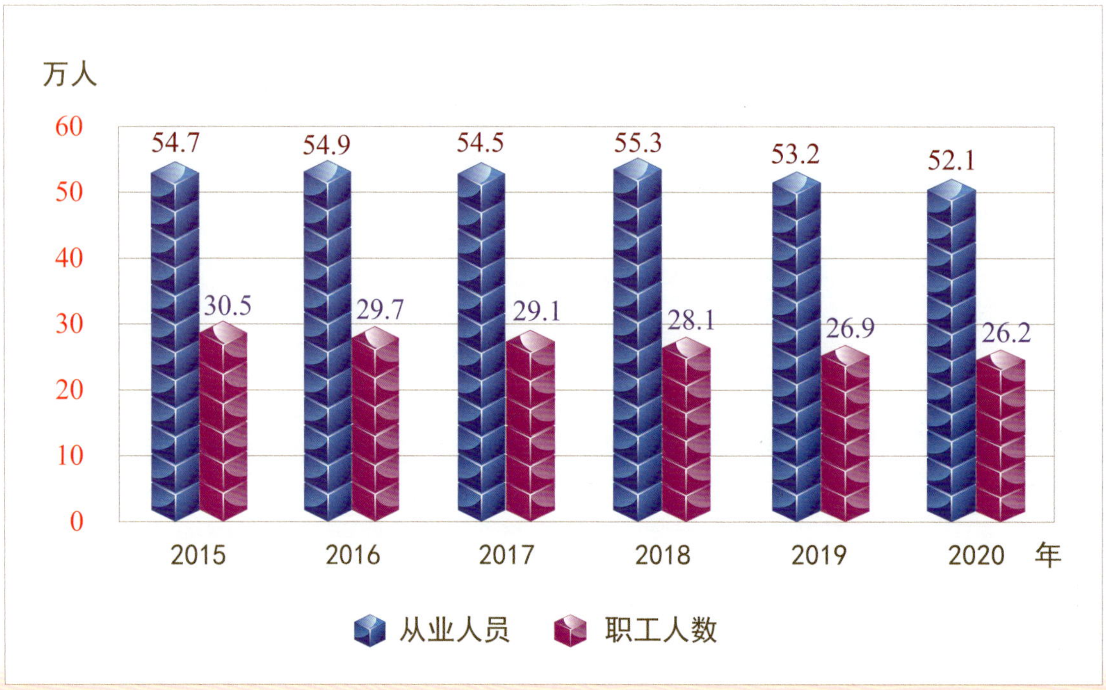

集团从业人员构成

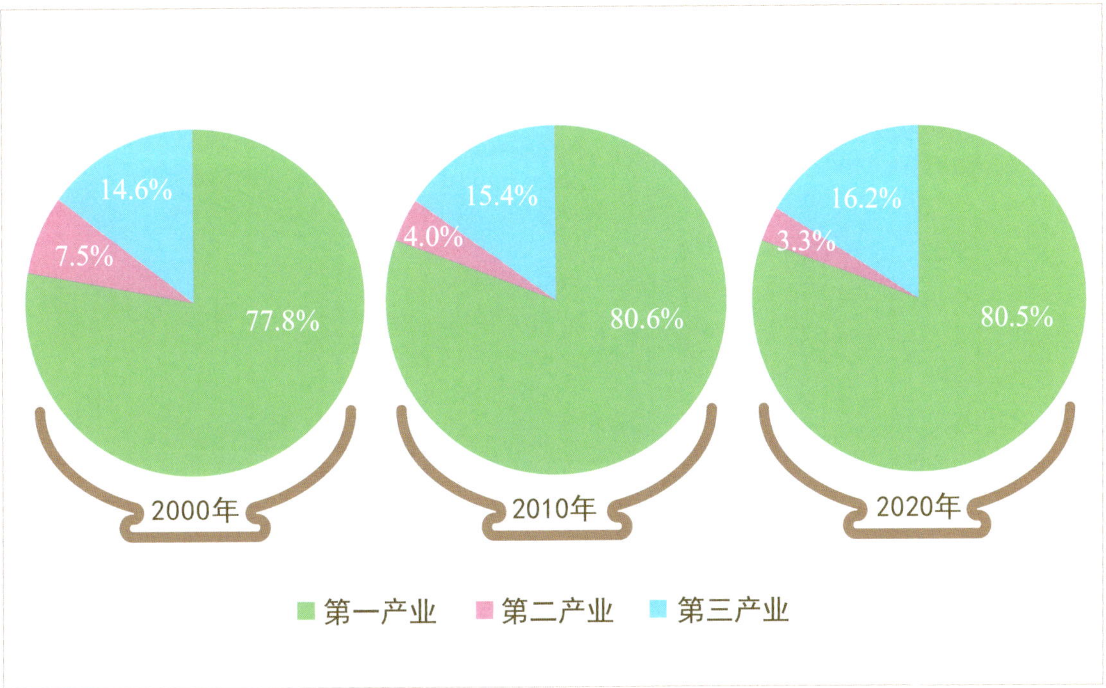

集团职工平均工资

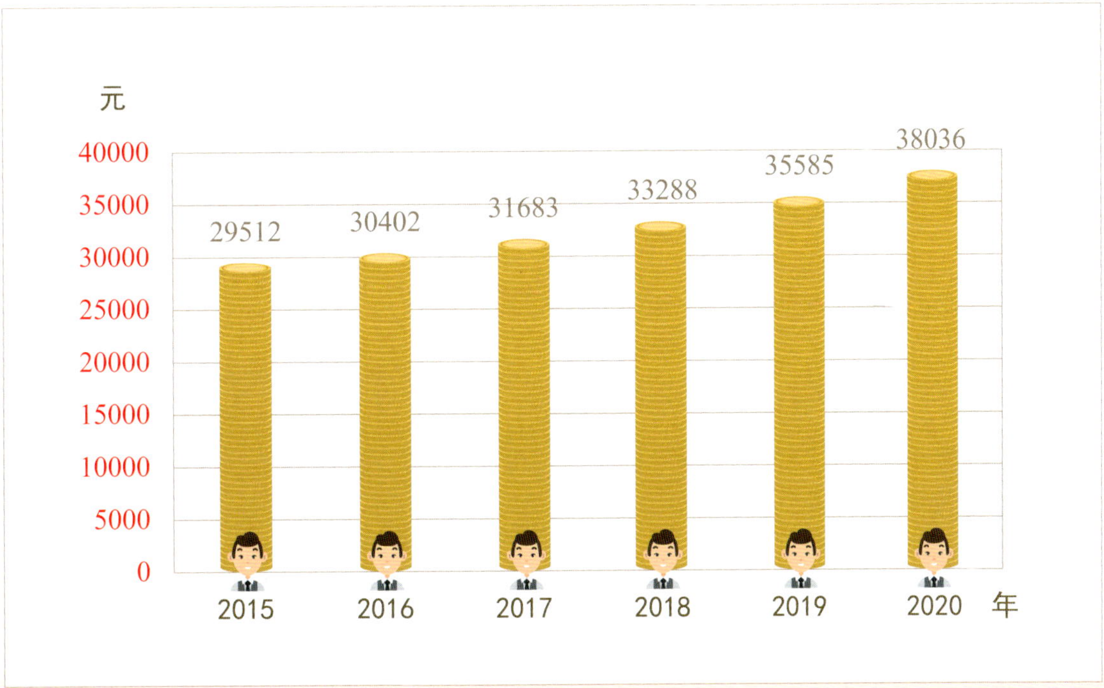

主要年度粮食产量

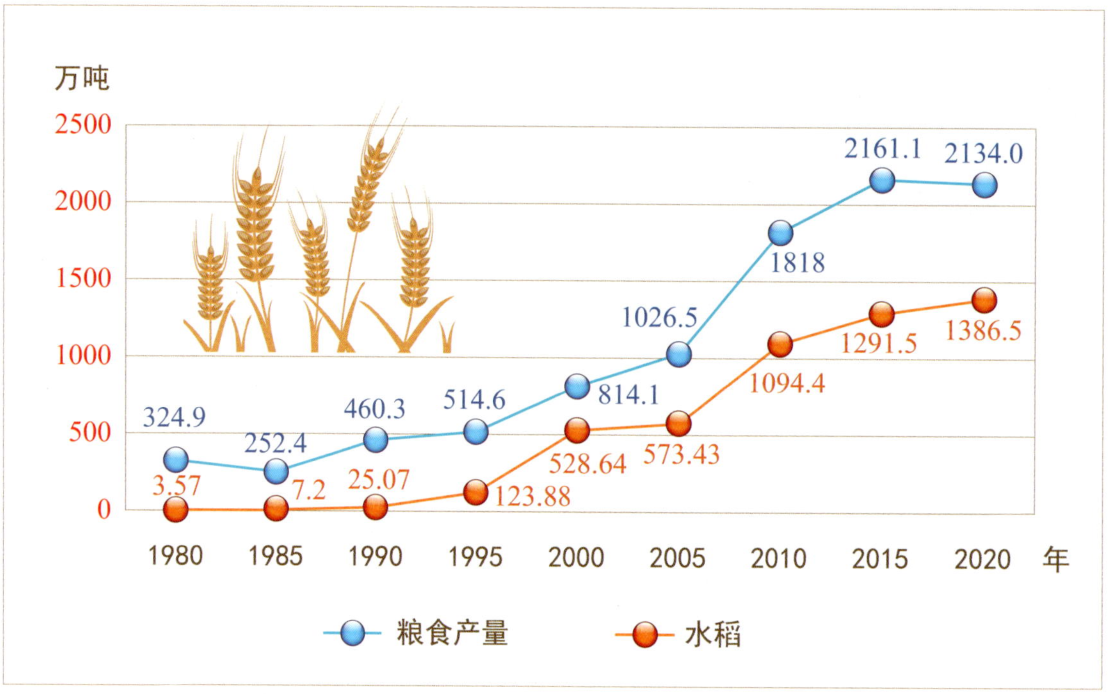

主要年度粮食交售量

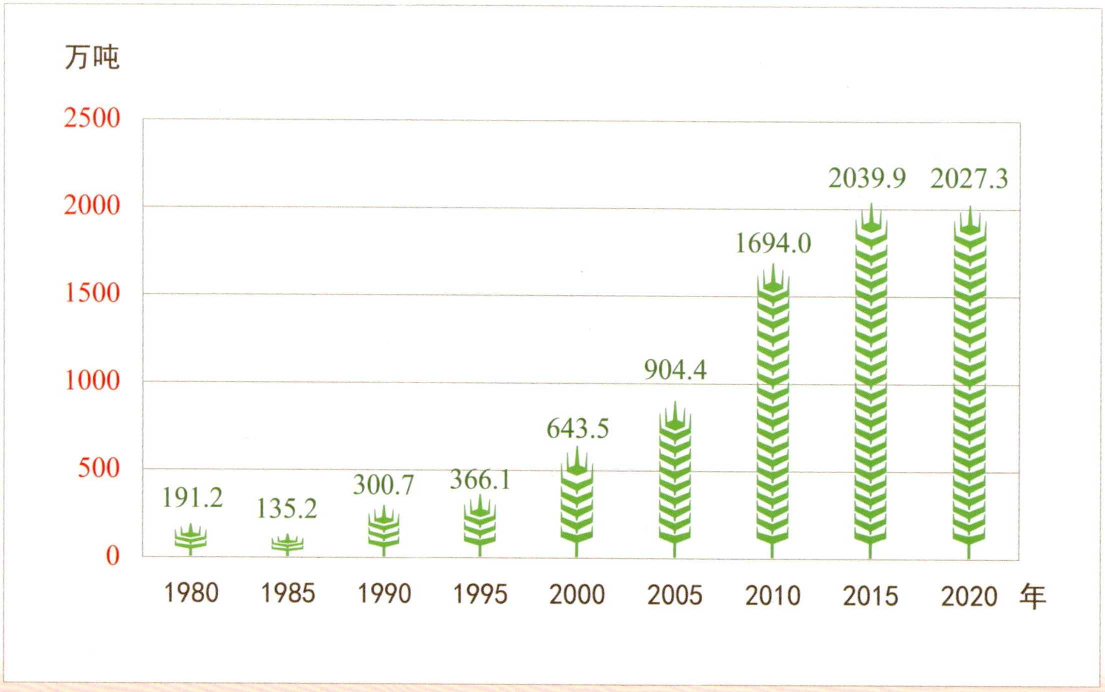

四大农作物产量占粮食总产的比重

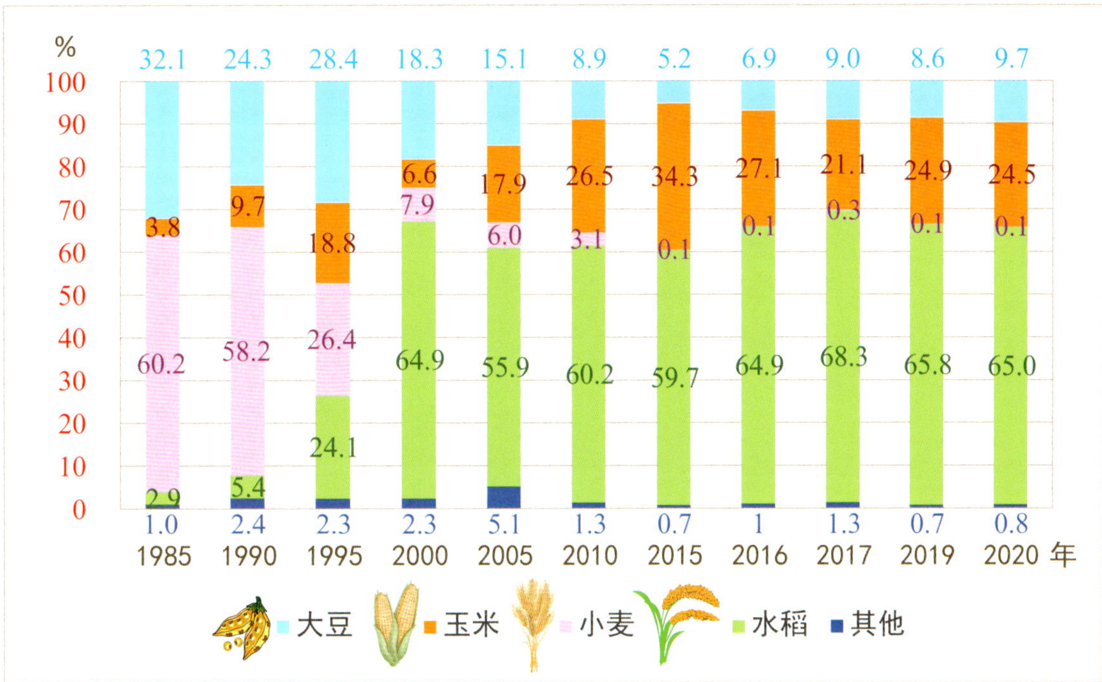

2020 年农作物面积结构

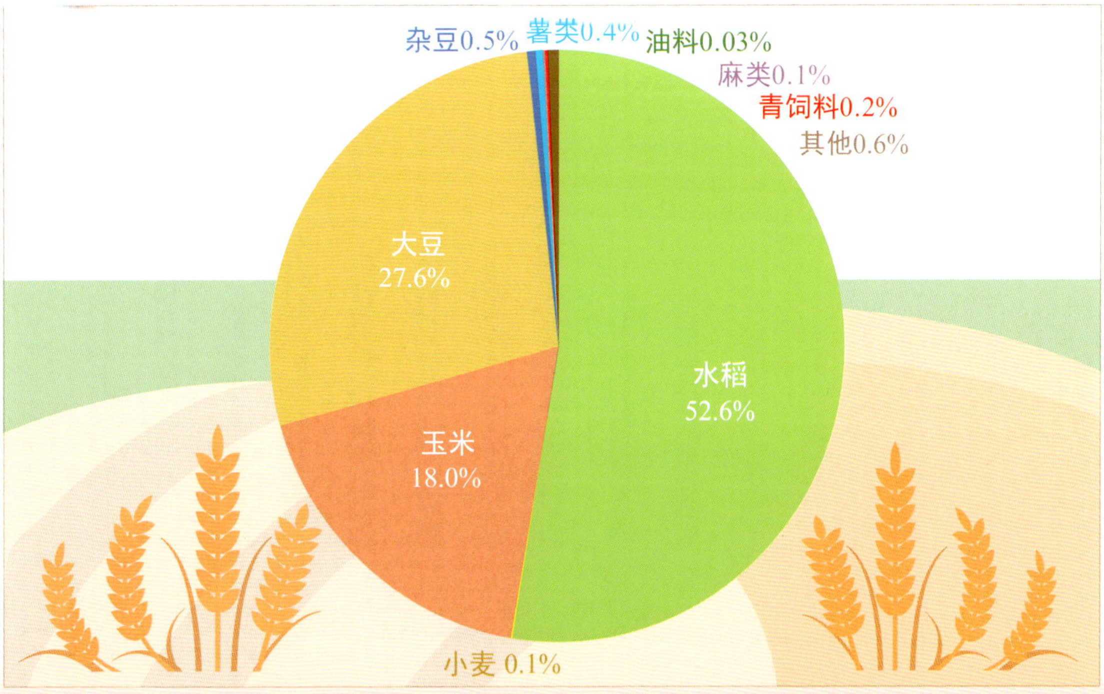

农业机械情况

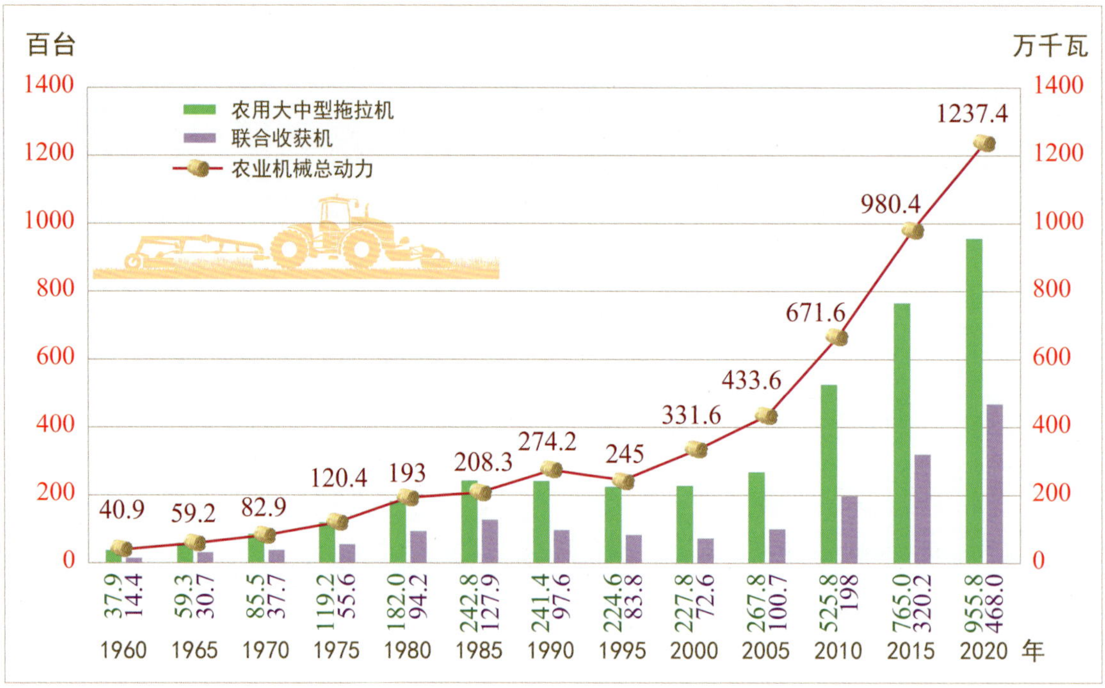

农业机械化率

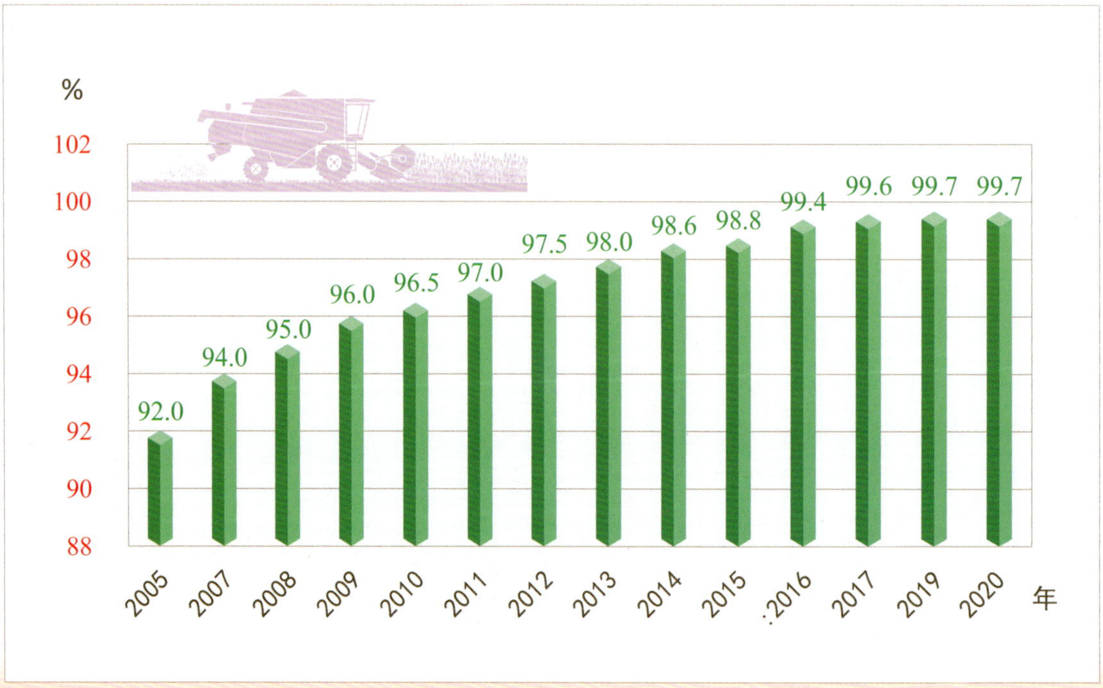

畜牧业生产情况

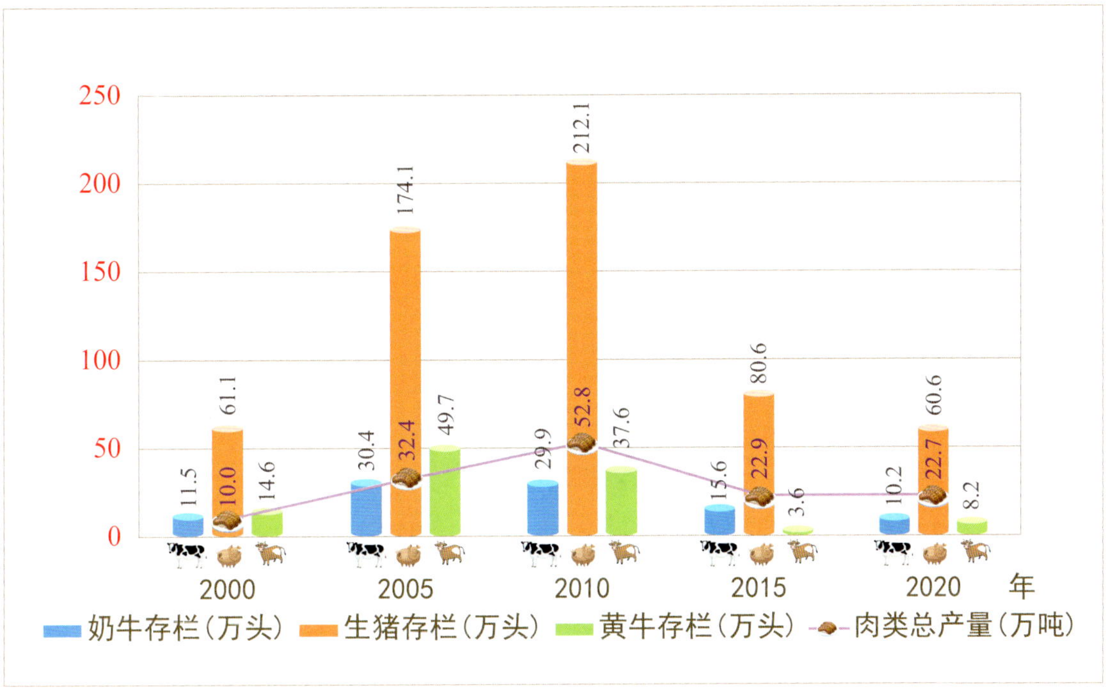

集团工业总产值

集团轻重工业比重

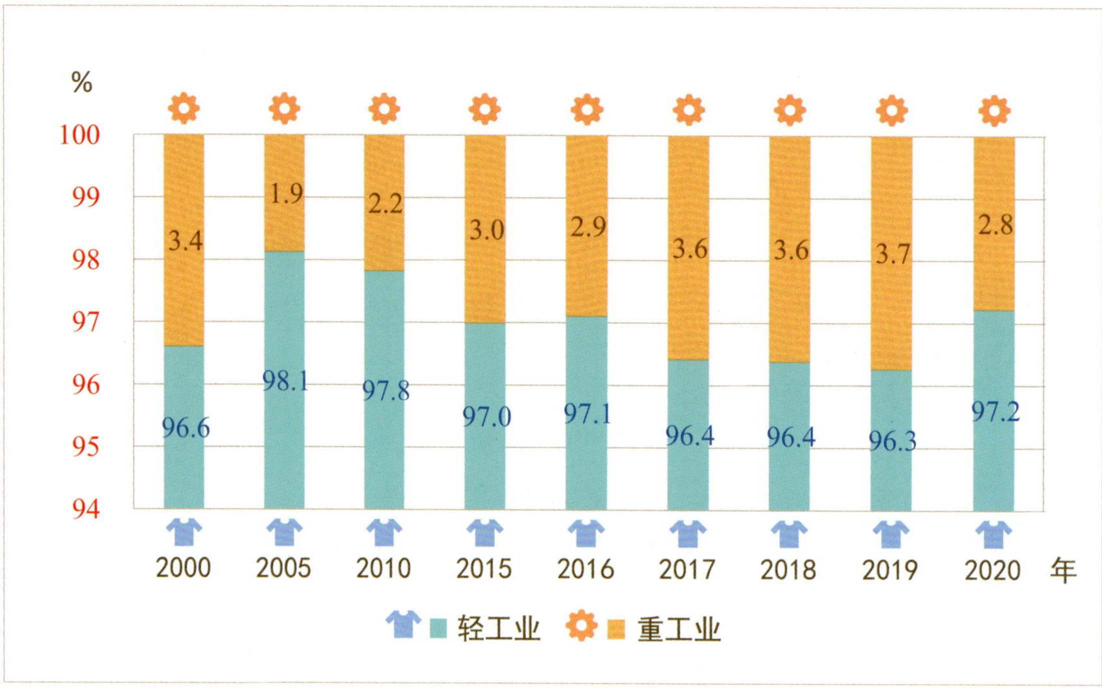

集团固定资产投资完成额

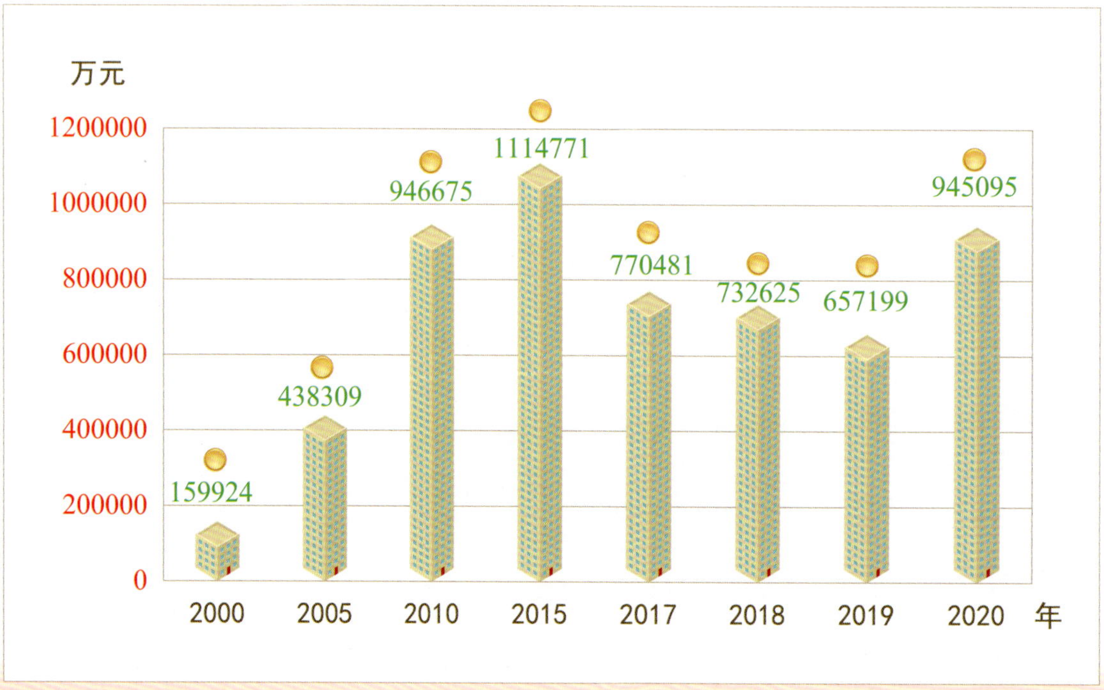

集团固定资产资金来源构成

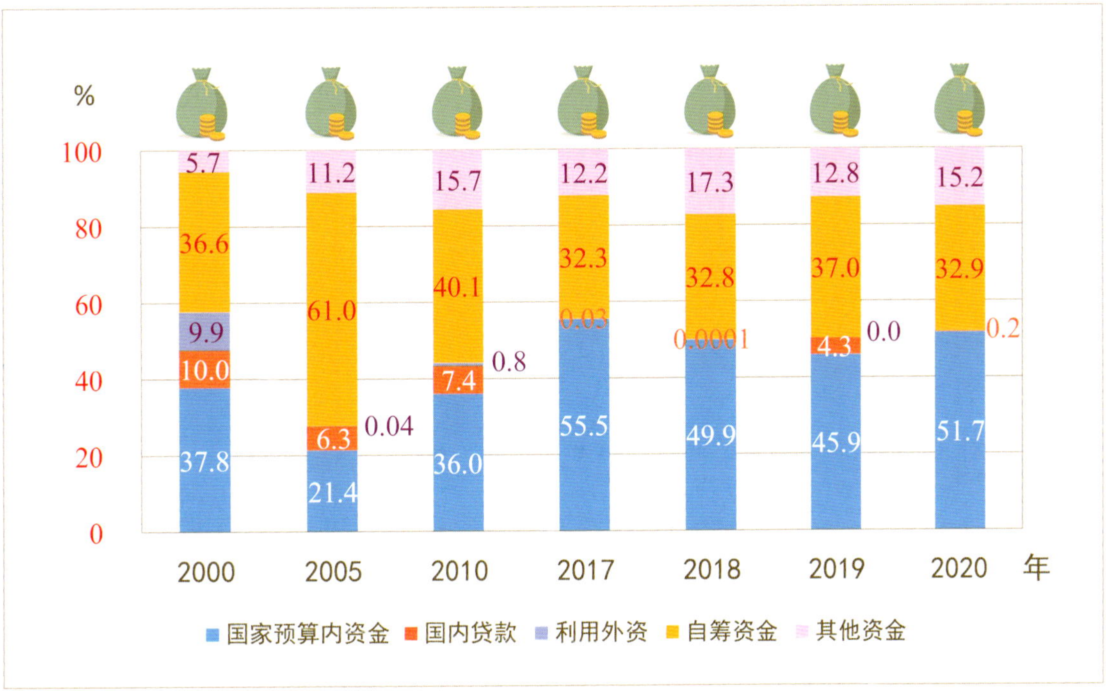

集团建筑业总产值

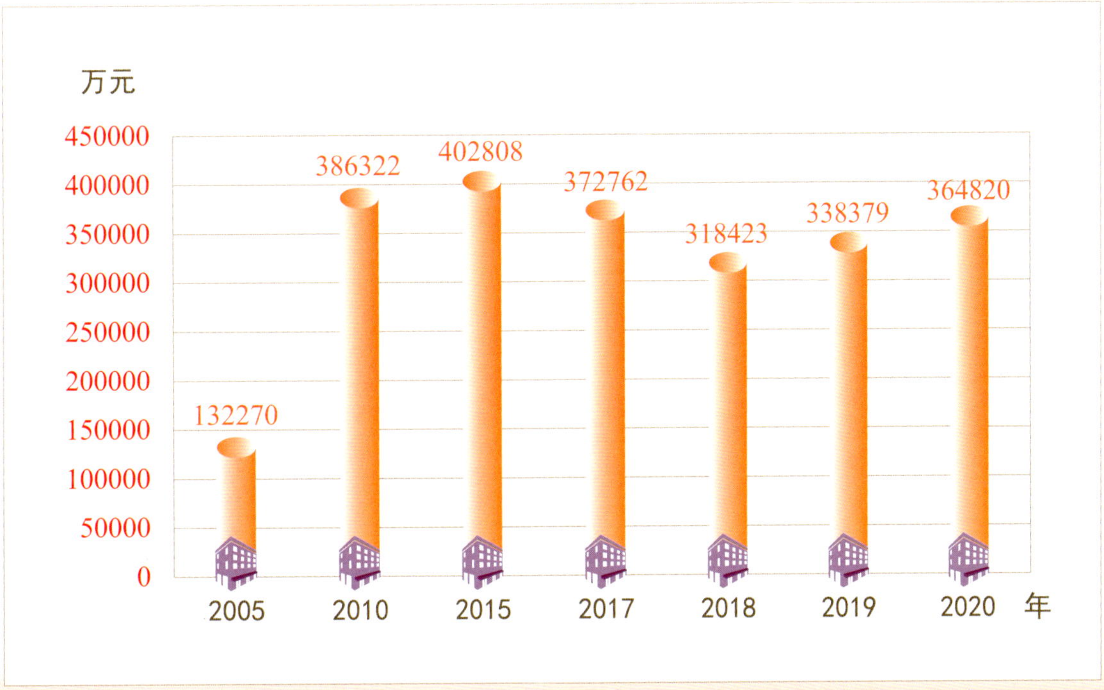

集团建筑业劳动生产率

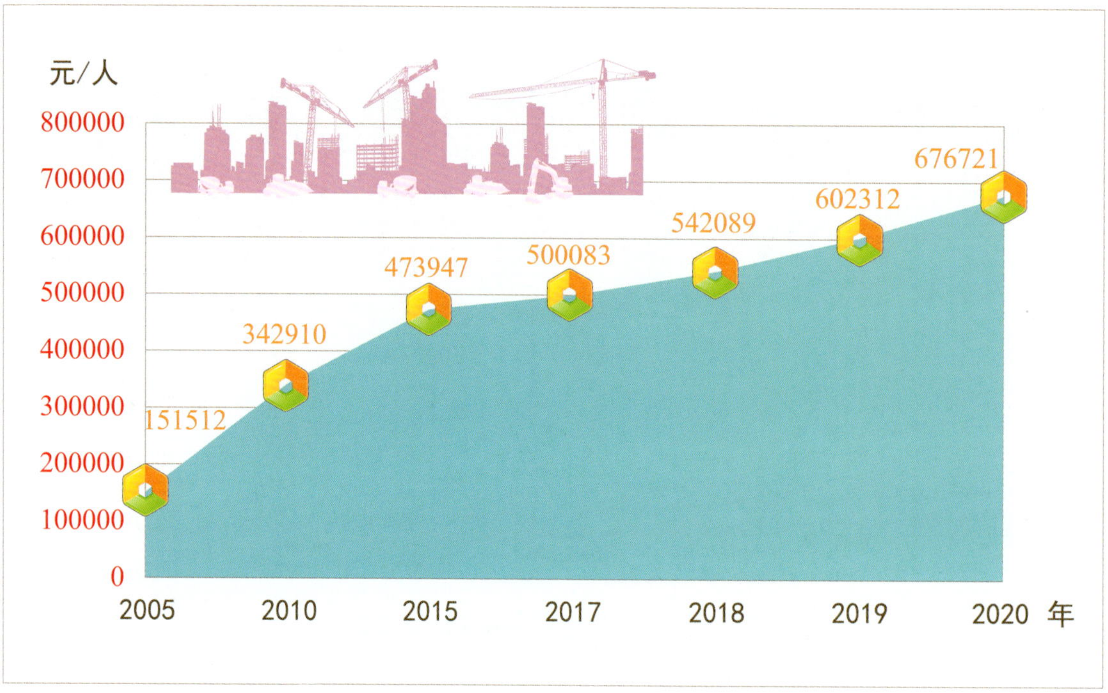

批发零售贸易业商品销售总额

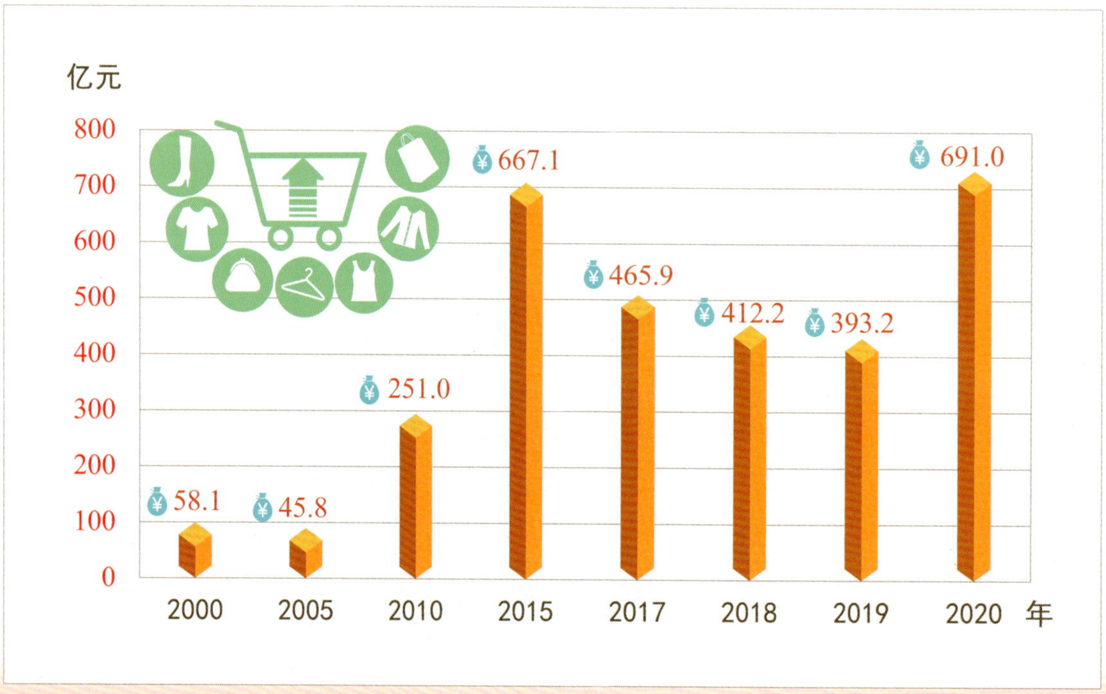

出口商品总值

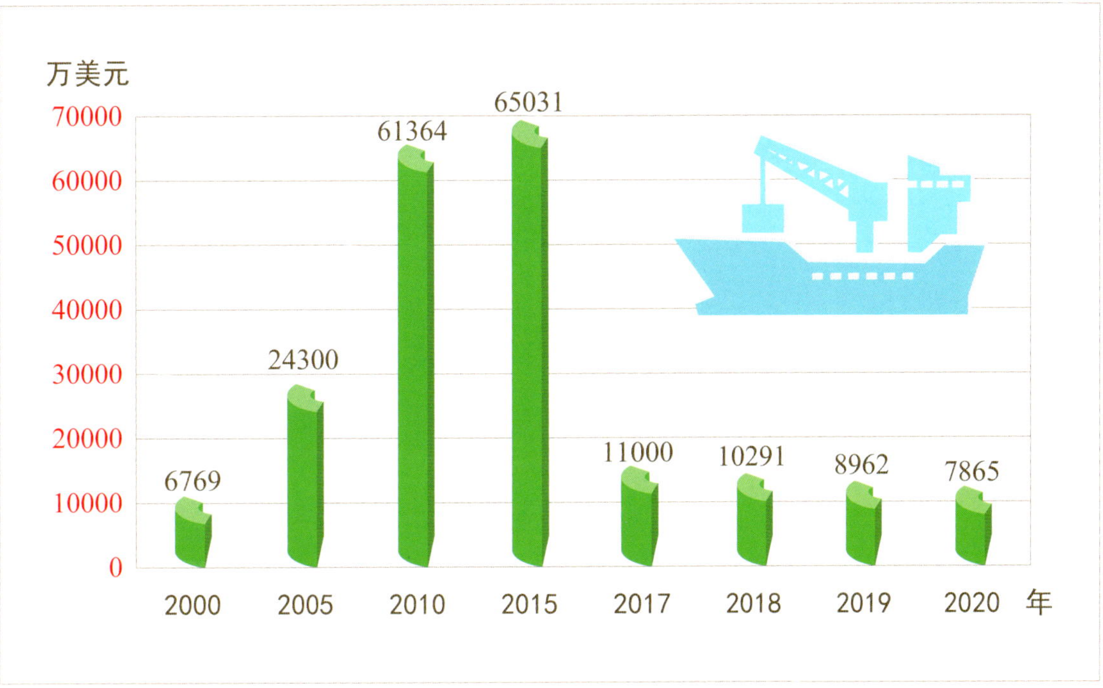

利用外资情况

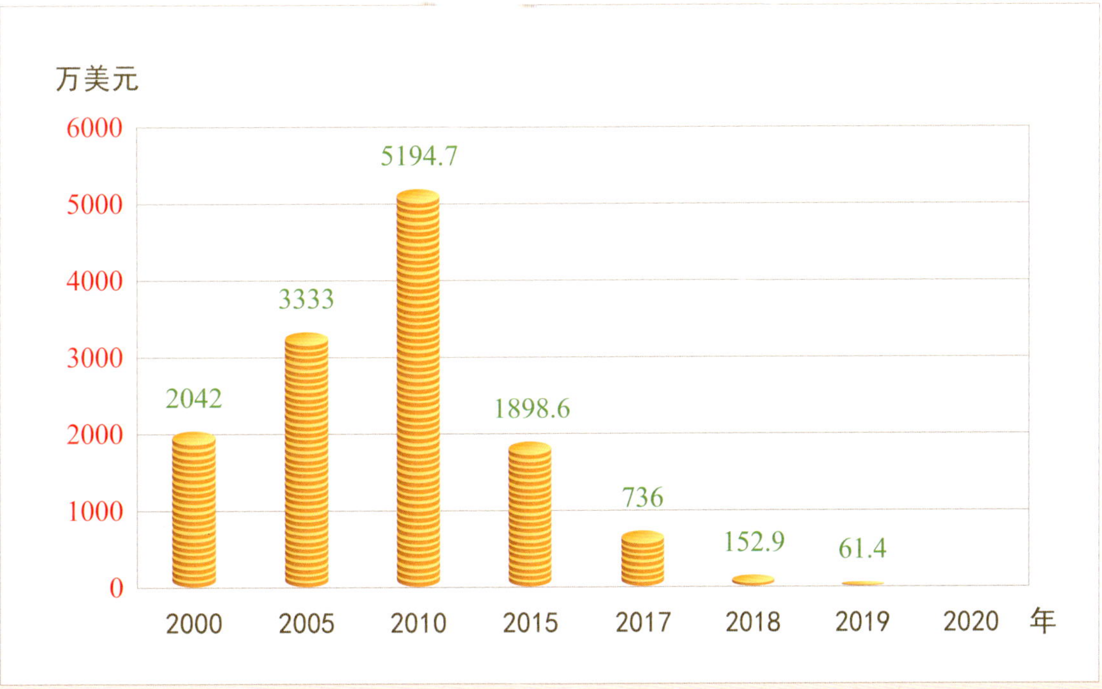

每万人拥有卫生资源数

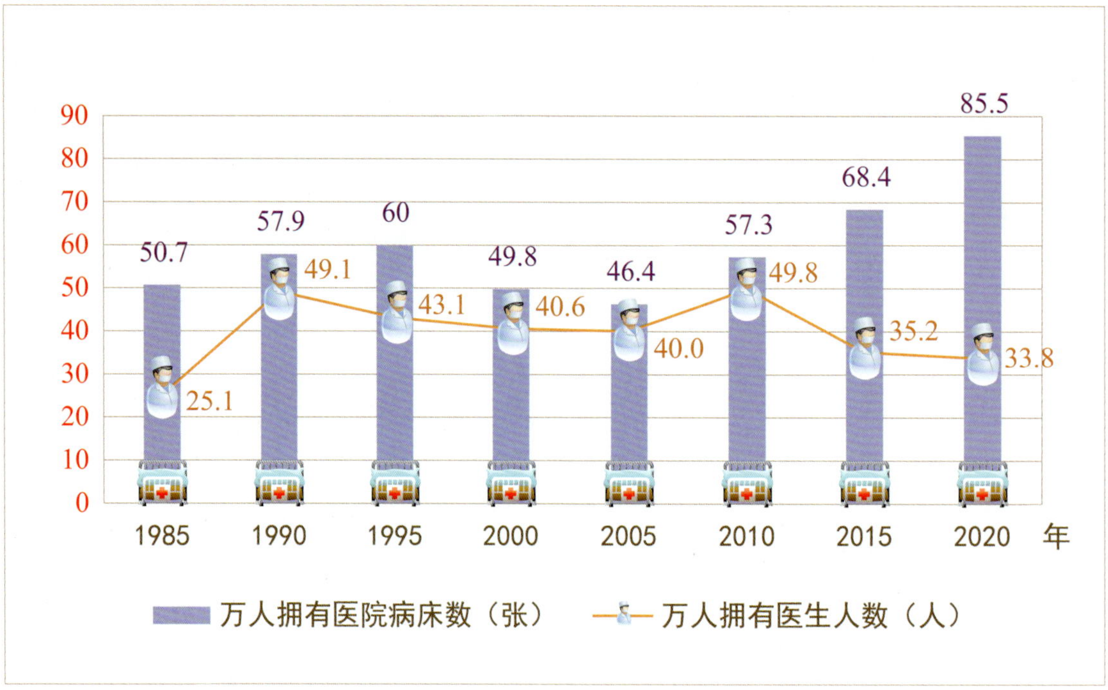

卫生机构人员数

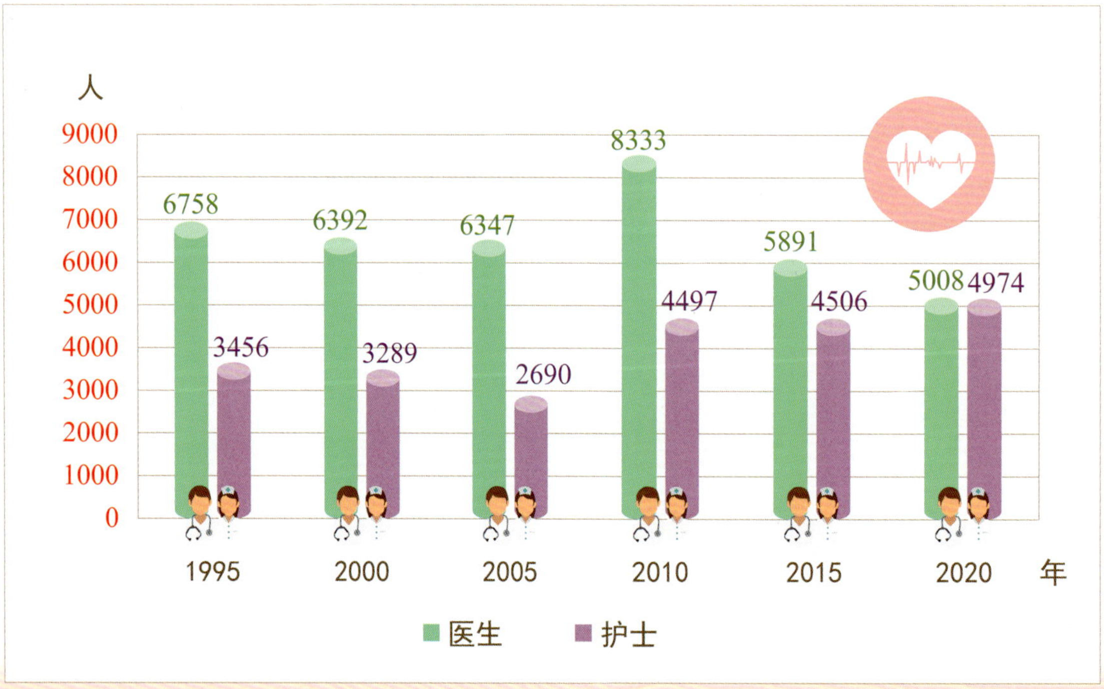

人均可支配收入及结构

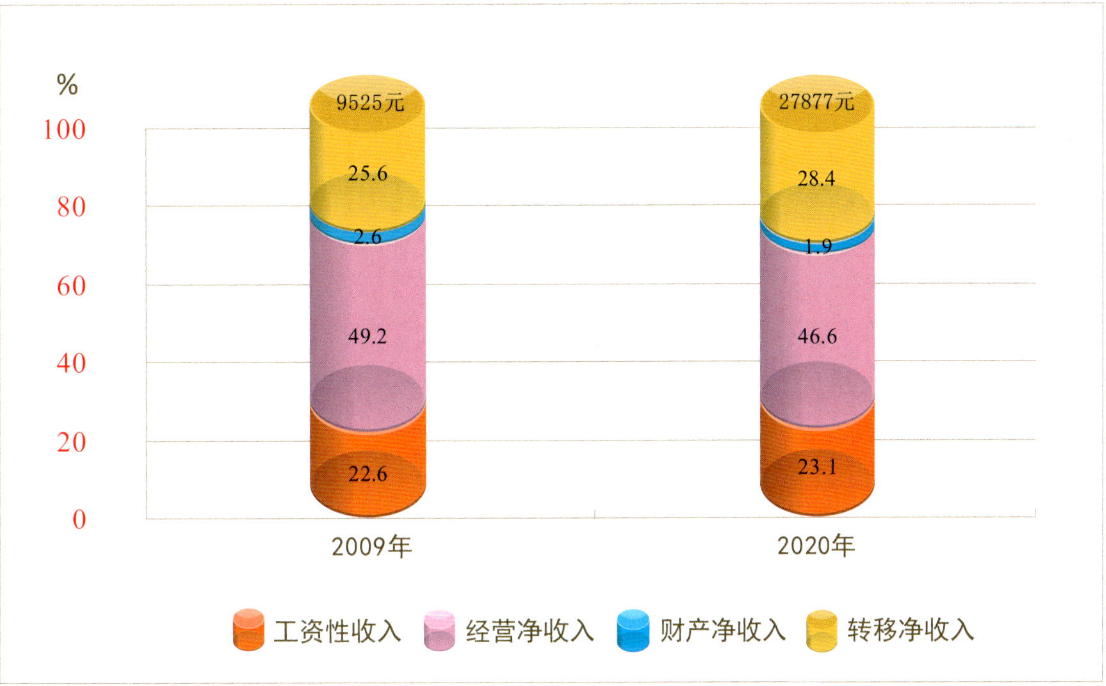

人均可支配收入增长速度

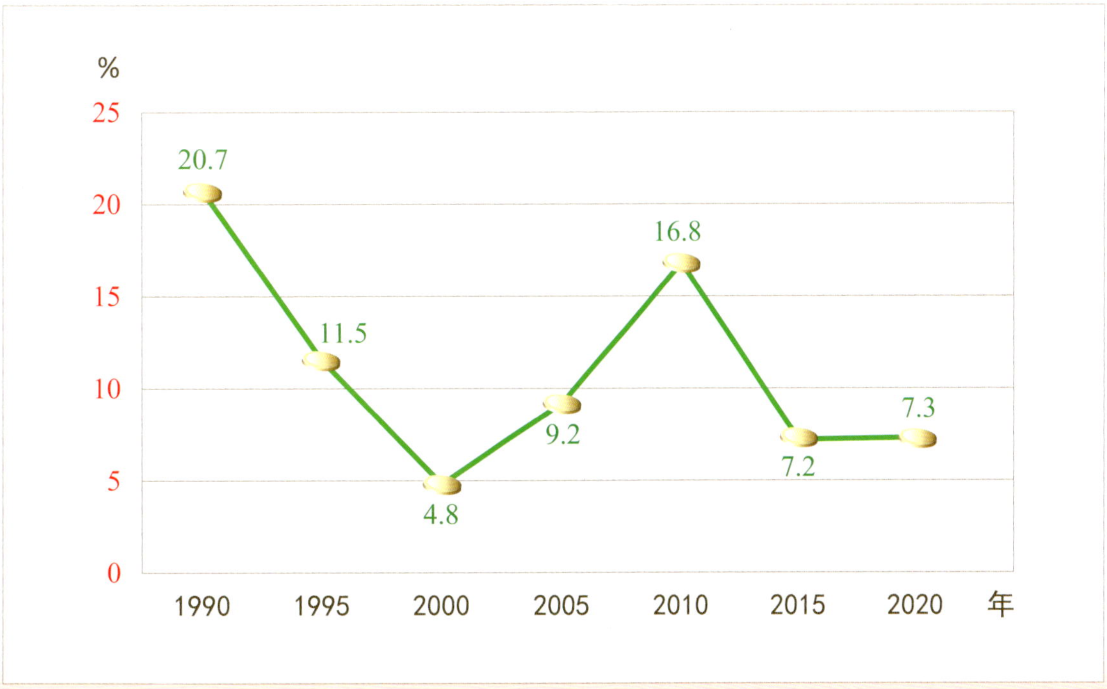

集团营业总收入

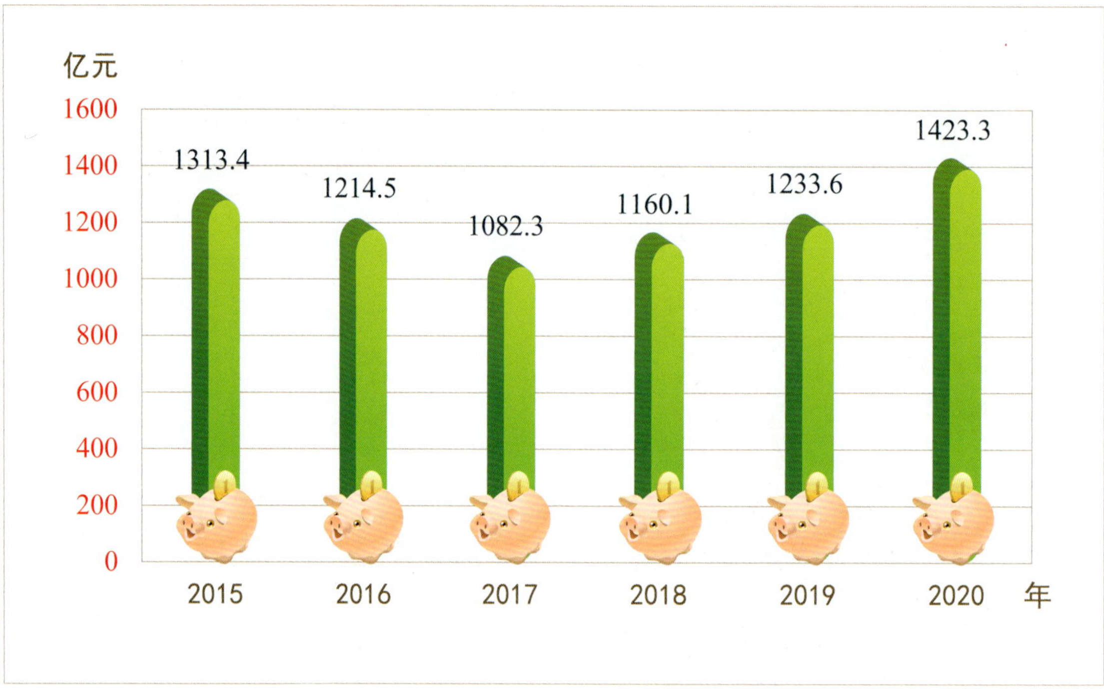

集团利润总额

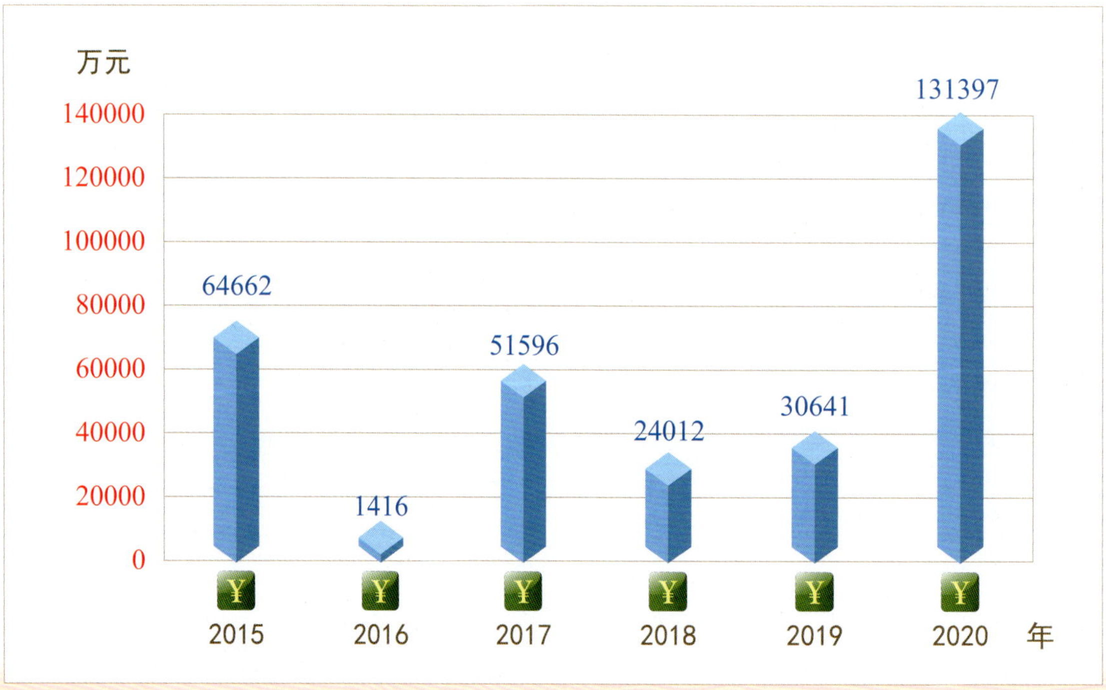

目　　录

特　　载

一、综　合

二、企业增加值核算

三、人口、就业人员和职工工资

四、固定资产投资

五、资源环境和能源

六、人民生活

七、农林牧渔业

八、工　业

九、建筑业

十、交通和通信业

十一、国内外经济贸易

十二、教育科技

十三、卫生和其他

附录 各农牧场基本情况(2020 年)

特　载

持续深化改革　全力推进高质量发展
为全面建成农业领域航母而努力奋斗

——中共北大荒农垦集团有限公司委员会（扩大）会议报告

王守聪

（2021年2月24日）

同志们：

这次集团党委（扩大）会议的主题是：深入学习贯彻习近平总书记对垦区两次“特指性”重要讲话重要指示精神，紧紧围绕保障国家粮食安全和重要农产品有效供给、实现农业农村现代化、打造世界一流企业要求，持续深化改革，全力推进高质量发展，有效应对风险挑战，为全面建成农业领域航母而努力奋斗！

下面我受集团党委委托，向大会作报告。

一、“十三五”时期成就和2020年工作回顾

“十三五”时期，北大荒农垦集团坚决贯彻落实习近平总书记对垦区两次“特指性”重要讲话重要指示精神，全面贯彻落实党的十九大和十九届二中、三中、四中、五中全会精神，深入贯彻落实省委省政府、财政部、农业农村部决策部署，粮食连年丰收，企业运营水平不断提升，垦区和谐稳定，为维护国家粮食安全和经济社会发展大局作出了重要贡献。特别是在党中央坚强领导下，在国家有关部委大力支持下，在省委省政府强力推动下，经过垦区上下努力拼搏，农垦改革取得实质性突破，垦区集团化、农场企业化改革主体工程全面完成，实现了政企分开、事企分开、社企分开目标，现代企业管理体制基本建成，为“十四五”高质量发展奠定了坚实基础。

一是农垦改革任务圆满完成。全面完成政府行政职能移交。原农垦总局层面3036项、原管理局层面26586项，以及延伸到农（牧）场的行政权力事项，全部移交属地政府，撤销了全部行政机构。全面完成办社会职能改革。对与企业生产经营无关的社会管理和公共服务全部移交属地管理，对可由多元市场主体承办的社会化服务实行“内部分开、管办分离”，对暂不具备移交条件的管理事项由企业集团负责并纳入地方经济社会发展规划，对街道社区、社保经办服务事项等先移交、再理顺，基本实现了社企分开。全面完成事业单位改革。垦区1063家事业机构分六类全部实施差异化改革，共撤销空壳机构47个，完全承担行政职能的293个，整建制移交属地管理的155个，纳入集团按事业单位管理的56个，按现状管理的308个，纳入企业集团不再按事业单位管理的204个，基本实现了事企分开。全面完成涉改干部职工安置。对政府行政职能及办社会职能移交后，原农垦总局及各管理局两级机关中的公务员、参公人员、完全承担行政职能事业单位人员、非完全承担行政职能事业单位人员和机关工勤人员进行分类安置。共安置公务员、参公人员5675人，其中：农垦两级机关1134人，垦区公检法系统4541人；安置具有完全政府行政职能的事业单位涉改人员29333人，其中：移交教职工15573人。全面完成垦区集团化农场企业化改革。先组建黑龙江北大荒农垦集团总公司，又进一步改制为北大荒农垦集团有限公司，建立完善了管理人员能上能下的目标考核制度和以劳动合同制为核心的市场化用工制度等128项内控制度，实现了集团化公司化运行；同步推进直属企业改革改制，将9个原农垦管理局整建制改为分子公司，将113个农（牧）场整合为82个农（牧）场有限公司、26个农（牧）场分公司，构建了以资本为纽带的母子公司体系。大力创新土地管理方式。建立健全农垦国有土地的土地规划、耕地保护、执法监察制度体系，农垦国有土地使用权确权登记发证做到了“应发尽发”，按农（牧）场数量计算发证率达到100%，按发证面积计算发证率达到99%。深化改革的各项标志性大事逐项落地。2017年8月，省委省政府出台关于进一步推进黑龙江农垦改革发展的实施意见；2018年4月，省人大常委会废止《黑龙江省垦区条例》；2018年12月，经国务院同意，财政部代表国务院对黑龙江北大荒农垦集团总公司履行出资人职责，总公司挂牌成立；2019年6月，全面完成农垦系统政府行政职能移交；2019年8月，全面完成农垦系统公务员、参公人员、具有完全政府行政职能事业单位涉改人员安置；2020年1月，财政部批复《黑龙江北大荒农垦集团总公司公司制改制方案和改制后公司章程》；2020年3月，全面完成农垦系统社区属地化移交；2020年4月，全面完成农垦系统社保经办机构移交；2020年5月，全面完成北大荒农垦集团有限公司工商变更登记；2020年7月，经国务院同意，将北大荒农垦集团有限公司界定为“主业处于关系国家安全、国民经济命脉的重要行业和关键领域，主要承担重大专项任务的商业类国有企业”；2020年9月，财政部明确将北大荒农垦集团有限公司由原来的部门二级预算调整为部门一级预算单位，直接纳入财政部预算管理；2020年12月，北大荒集团不再加挂农垦总局的牌子，标志着农垦体制改革任务全面完成。

二是垦区农业现代化水平持续领先。牢记习近平总书记“中国粮食，中国饭碗”重要嘱托，始终把农业生产摆在突出位置，粮食生产实现“十七连丰”，粮食产量连续十年稳定在400亿斤以上，充分发挥维护国家粮食安全压舱石作用。大力实施“藏粮于地，藏粮于技”战略，农业基础设施建设得到加强。实施三江平原灌区田间配套工程，完成投资22.66亿元，预计地表水灌溉面积657万亩，累计建成高标准农田2747万亩，推广水稻节水控制灌溉技术覆盖面积1681.42万亩，主要农作物耕种收综合机械化水平保持在99.7%以上。大力发展绿色农业，深入开展黑土地保护行动。全面落实“一控二减三基本”措施，减肥、减药、减除草剂“三减”技术示范面积达到1592万亩，测土配方施肥面积4200万亩；创建全国绿色食品原料标准化生产基地38个，面积860万亩，绿色、有机食品产品认证面积1291万亩，地理标志产品认证12个。通过“加、减、乘、除”措施，加快“六个替代”步伐，深入开展黑土耕地保护与质量提升行动，建成10个黑土地保护核心示范区，黑土耕地保护三年行动计划示范面积183万亩，秸秆综合利用率达到99%，还田利用率达到97%，还田面积稳定在4200万亩以上。大力推行“休耕停水、工程换水、控灌节水”三项措施，2020年落实耕地轮作试点193万亩，水稻休耕49.36万亩。大力开展科技攻关，积极推进民族种业发展。“十三五”时期，集团通过审定农作物新品种192个，获得植物新品种权87个，自主研发的优质水稻品种累计推广1000多万亩。以垦丰种业为主体，将现代生物技术、信息技术、机器学习技术等前沿技术深度融入商业化育种体系，全面建立起分子标记辅助育种、全基因组选择、基因编辑、生物信息学等行业技术领先优势。垦丰种业研发投入强度达到5%，在国内种业企业综合排名第二，玉米、常规水稻、大豆种子销售额行业排名第一。集团制定行业标准7个，验收鉴定课题146项，其中研究水平达到国际先进水平4项、国内领先水平84项、国内先进水平72项。大力集成新农业技术措施，不断提高农业标准化水平。建立了四个协同创新体系，强化新技术集成组装和示范，重点推广应用了同步变量侧深施肥技术、水稻秋旋平（旱平）免春搅浆等20项先进适用技术。建设示范基地26个，科技示范园区103个，农业科技进步贡献率达76.28%，比“十二五”时期增加8.08个百分点。大力推进农业信息化智能化，抢占新一轮农业科技革命制高点。2020年，启动10个第一批数字农（牧）场试点，推广应用插秧机辅助导航装置1700余台，全国首批大面积、大规模“无人化农场”建设示范项目落地，形成了6个智慧农场群，应用水稻本田智能化轨道运输技术216.2万亩，旱田导航面积1830万亩，水稻智能侧深施肥面积210万亩，无人植保作业面积970.4万亩，智能变量喷药作业面积72.1万亩，水田每亩节省种子10%、节省肥料15%、减少收获损失2～

3%、节省人工成本 25 元，旱田每亩减少用药量 15%、节省人工成本 10 元。大力提升资源产出率，不断提高维护国家粮食安全的保障能力。2020 年，集团粮食总产量占全省 29%，占全国 3.22%；粮食综合单产 994 斤/亩，比全省高出 297.6 斤/亩，比全国高出 229.5 斤/亩，劳均粮食产量 54.5 吨，是全国平均水平的 15 倍以上，比世界发达国家水平高 119.8%。集团粮食调出量 405.5 亿斤，占全省调出量 60%，占全国 20%，可以满足 1.6 亿城乡居民一年口粮供应。

三是经济运行质量明显提升。经济总量和经济效益进一步提高。特别是 2020 年在遭受疫情、自然灾害严重等不利因素影响下，经济发展逆势上扬，充分释放了改革红利。2020 年，集团实现营业总收入 1423.3 亿元，比上年增长 15.4%，比 2015 年增长 8.4%，其中：集团直属企业实现营业总收入 1240.7 亿元，占比达到 87.2%；实现利润总额 13.1 亿元，比上年增长 329.4%，比 2015 年增长 103.2%，其中：净利润 9 亿元，同比增长 15.42 倍；实现企业增加值 493.8 亿元，比上年增长 5.7%，五年年均增长 2.4%；资产总额 2164.31 亿元，比 2015 年增长 12.24%；所有者权益总额 483.18 亿元，比 2015 年增长 44.9%；资产负债率 77.68%，比 2015 年降低 5.03 个百分点；完成固定资产投资 94.5 亿元，比上年增加 43.8%。经济结构发生积极变化。2020 年，集团粮食加工能力达到 1473 万吨，比 2015 年增加 122 万吨；集团工业企业 149 个，比上年增加 16 个，工业企业营业总收入 612.2 亿元，同比增加 26.5%，利税总额 6.8 亿元，同比增加 409.8%。整体实力和市场影响力明显增强。2020 年，北大荒集团在“中国企业 500 强”榜单中位列第 173 位，是唯一上榜的农业生产企业，在农业农村部发布的全国农产品加工业企业 100 强中位居第 2 位。集团旗下拥有 11 家国家级及省级农业产业化龙头企业，其中：九三粮油位居全国大豆压榨行业排名第 3 位，是中国最大的非转基因大豆油生产企业；完达山乳业营业总收入进入国内同行业前 10 名；北大荒米业集团水稻加工量位居国内同行业第 4 位；北大荒马铃薯集团马铃薯淀粉产量国内排名第一，马铃薯淀粉产量占全国的 8.9%；阳光农业相互保险公司农业保险保费收入位居国内同行业第 5 位；集团仓储能力达到 1514 万吨，比 2015 年增加了 264 万吨，增长 21.1%；宝泉岭垦区现代农业产业园被认定为第三批国家现代农业产业园。“十三五”期间，科技研发投入强度逐年提高，建成种养加、机械化和信息化等方面的重点学科 25 个，培育省级梯队带头人 17 名，集团级领军人才梯队带头人 24 名；截至 2020 年末，集团建有国家级农业科技园区 1 个、省级农业科技园区 3 个，建成国家级工程技术研究中心 2 个、省级工程技术中心 5 个、国家级农业产业技术体系功能研究室 1 个、综合试验站 6 个，拥有省部重点实验室 2 个、院士工作站 1 个、博士后科研工作站 3 个、生产力促进中心 1 家。2020 年，“北大荒”品牌价值达到 1028.36 亿元，比 2015 年增加了 1 倍，再次携手“九三”、“完达山”荣登中国 500 最具价值品牌排行榜，排名第 50 位，进入世界品牌 500 强，排名第 430 位。

四是民生保障水平不断提高。新冠肺炎疫情防控取得重大战略成果。在政府行政职能移交的情况下，宁可向前一步重复，也不退后半步留下死角，扎实做好“六稳”工作，全面落实“六保”任务，始终保持垦区“零感染”。充分发挥在关键时刻抓得住、用得上的国家队作用，疫情期间紧急调运大米 5000 吨，确保北京市大米价格稳定，紧急调运大米 1500 吨、玉米 6100 吨、豆粕 4392.4 吨千里驰援湖北，派出 89 名医护人员增援湖北一线，11168 名志愿者投身垦区疫情防控，累计志愿服务 62 万小时，展现当代北大荒人的责任担当。人民收入水平不断提高。2020 年，农（牧）场职工家庭人均可支配收入达到 27877 元，比 2015 年增长 37.4%，年均增长 6.6%。高质量完成脱贫攻坚目标任务。32 个国家重点扶持贫困农(牧)场已全部脱贫摘帽，垦区贫困农（牧）场实现增加值 81.21 亿元，资产负债率从 2015 年的 89.05%下降到 2020 年的 74.24%。社会保障机制日趋完善。社保覆盖面实现应保尽保，参加养老、医疗保险分别达到 101 万人和 135 万人，低保保障标准由 2015 年的每人每月 500 元提高到 600 元，人均月补差额由 2015 年的 335 元提高到 400 元，抗疫期间发放社会保险 193 亿元，减免企业社会保险费 12.84 亿元，为 70 家暂停经营困难企业发放稳岗补贴 4.4 亿元。生态环境建设成效显著。围绕“五大保卫战”，全面完成了 2016 年中央环境保护督察整改任务，获得“全国第二次污染源普查先进集体”称号。社会管理职能平稳过渡，构建社区综合管理服务平台，充分发挥综治维稳中心和社区自治组织重要作用，确保衔接顺畅，标准不降。信访维稳逐年向好。连续三年实现省委要求“四个不发生”的工作目标，总体信访形势平稳可控。建立完善统筹协调机制，国家安全和政法工作有序推进。深入开展扫黑除恶专项斗争，打掉黑恶团伙 19 个，有力净化了社会环境。不断加强综治内保“网格化”建设，垦区社会大局持续保持安全稳定。

五是全面从严治党成效显著。党的领导全面加强。深入贯彻落实中央和省委关于加强国有企业党的领导和党的建设部署要求，与改革发展同谋划、同部署、同推进。实施加强党的建设三年行动，建立完善 23 项党建工作制度，全面落实将党建工作要求写入公司章程，完善“双向进入、交叉任职”领导体制，厘清党委会领导、董事会决策、经营层执行的权责关系，有效发挥党委把方向、管大局、保落实领导作用，实现党的领导和公司治理有机统一。基层党组织建设得到强化。深入实施“北大荒堡垒工程”，命名 150 个“北大荒堡垒工程”示范党组织，其中“党建细胞工程”入选中组部案例库，基层党组织建设标准化规范化和党建品牌化示范化水平明显提升。扎实推进“两学一做”学习教育常态化制度化和“不忘初心、牢记使命”主题教育，通过“北大荒党员课堂”、“奋进北大荒、党课正开讲”等活动，实现党员教育培训覆盖率 100%。及时成立和调整了 12 个基层党委，新建 173 个党组织和 2326 个田间地头党小组，激励广大党员干部发挥先锋模范作用，累计开展志愿服务和科技服务 23 万余次，切实把基层党组织和广大党员有效组织起来，实现党的组织和工作全面有效覆盖。宣传思想工作水平不断提升。以思想政治建设为统领，扎实推进理论武装工作，集团三级党委理论学习中心组 2020 年累计学习 800 余场（次），全年开展 5 期“北大荒发展讲坛”，累计培训 1.3 万人次，集团上下增强“四个意识”、坚定“四个自信”、做到“两个维护”的自觉性、坚实性明显增强。意识形态工作成效显著，意识形态领域形势平稳可控。对外宣传实现突破，央媒省媒刊（播）发稿件 3000 余篇。舆论引导和舆情管控力度不断加强，妥善处置舆情事件，及时防范化解重大舆情风险。大力弘扬北大荒精神，强化社会主义核心价值观教育，志愿服务工作成效明显。文化体育事业蓬勃发展，充分满足人民精神文化生活期待。干部人才队伍建设实现新发展。坚持新时期好干部标准，加大领导人员选用管育力度，建立健全容错纠错机制，激励干部担当作为，打造了一支“对党忠诚、勇于创新、治企有方、兴企有为、清正廉洁”的企业领导人员队伍。集团各场（处）级领导班子第一学历全日制本科及以上 453 人，40 岁以下 118 人，领导班子和领导人员队伍结构明显优化。举办各类培训班，管理人员企业家思维和经营管理水平得到提升。扎实开展年轻专业化干部调研和培养选任工作，建立 393 人的年轻干部资源库。注重高级经营管理人才培养和引进，“十三五”时期引进各类人才 17976 人。围绕老干部“两项”待遇落实，扎实做好离退休干部工作，实现老干部队伍建设有序稳定。从严管党治党持续加强。切实履行全面从严治党和党风廉政建设主体责任，一体推进不敢腐、不能腐、不想腐的反腐败斗争基本方针，始终坚持“严”的主基调，隋凤富、李涛、张桂春、许先珠、金奎祥等一批腐败分子落网，反腐败斗争取得压倒性胜利并不断得到巩固。高质量完成巡视反馈问题整改，截至 2020 年底，66 个整改事项已完成整改 41 个，237 项整改措施已完成 183 项，整改措施完成率 77.22%。成立巡察机构，出台垦区首轮巡察试点实施意见和有关管理制度 36 项，选配 47 名巡察干部，对 3 个事业单位开展了为期 45 天的常规巡察，取得了良好实效，为探索在集团开展巡察工作积累了宝贵经验和有益探索。以钉钉子精神落实中央八项规定及其实施细则精神和省委省政府九项规定精神，持之以恒纠治“四风”，坚决反对形式主义、官僚主义，扎实落实为基层减负各项规定，持续整治享乐主义、奢靡之风，厉行节约、反对浪费。群团工作取得新进展。广泛开展“中国梦•劳动美•北大荒好”主题宣传教育，集中宣传一批劳模、工匠典型，创新开展劳动和技能“云竞赛”，参赛职工 25.5 万人次，提出合理化建议 2.4 万条，竞赛创效 2.1 亿元。召开北大荒农垦集团第一次工会会员代表大会，各企业普遍召开职代会，工会工作进一步加强。广大团员青年奋力投身深化改革和经济发展主战场，积极参与网购节、直播带货等活动，打造“北大荒青创工作室”，组建“北大荒青年讲师团”并开展首场宣讲汇报会，组织开展“百战归来再读书”等活动，人民日报报道了“逐梦北大荒的年轻人”。回看这5年走过的路，取得的成绩难能可贵，在北大荒历史上，这一轮改革是最为全面系统和深刻的变革；习近平总书记亲自部署，省委省政府和国家有关部委倾力领导和支持，集团上下团结一致、奋力拼搏，当前，农（牧）场空前稳定，干部职工队伍结构明显改善、工作热情空前高涨，高质量发展的模式、特别“十四五”时期发展战略更加清晰，北大荒人必须增强自豪感、责任感和近平，抓住机遇，用足用好改革红利，进一步激发斗志、振奋精神，取得更丰硕成果、作出更大的贡献。

这些成就的取得，根本原因在于习近平总书记的亲切关怀和巨大鼓舞，在于省委省政府、财政部、农业农村部的坚强领导，在于各级党组织团结带领广大干部职工团结奋进、开拓进取，在于各位老领导、老同志始终如一的支持和社会各界的关心帮助！北大荒人经受了考验，我们应该为每个人点赞！在此，我代表集团党委向始终不渝支持农垦改革发展的各级领导表示最衷心的感谢，向尽心竭力支持帮助北大荒攻坚克难的老领导、老同志和社会各界致以最美好的祝愿，向日夜奋战在各条战线的广大干部职工致以最崇高的敬意！

“十三五”期间，北大荒集团啃下了农垦改革这块硬骨头，解决了许多长期想解决而没有解决的问题，办成了许多想办成而没有办成的大事，开启了“三大一航母”建设新征程，集团上下体制顺、人心齐、干劲足，精神面貌焕然一新。但同时，集团还有许多历史遗留问题有待加快破解，新体制新机制建设还存在短板弱项，发展不平衡不充分和产业结构问题仍很突出，重点领域关键环节改革任务仍然艰巨，创新能力不能适应高质量发展要求，主体链、价值链、利益链的形成和巩固任重道远，经济运行质量和效率有待进一步提高，等等。对于这些问题，集团党委和全体干部职工要保持清醒头脑，坚持问题导向，以抓铁有痕、踏石留印、水滴石穿，久久为功的狠劲和韧劲，一项一项的梳理，一项一项的解决到位，坚决把这些硬骨头啃下来。要进一步增强责任意识、机遇意识和风险意识，保持战略定力，发扬斗争精神，准确识变、科学应变、主动求变，立足垦情特点办好自己的事，快速提高发展能力、整体实力、服务国家和全省大局能力，加快建成农业领域航母，为中华民族伟大复兴贡献北大荒力量。

在统筹推进集团改革发展稳定的伟大实践中，我们进一步加深了对习近平总书记对垦区两次“特指性”重要讲话重要指示精神的深刻理解、感悟和激励，加深了对改革发展规律的认识、把握和运用。

必须坚持根本遵循。习近平总书记亲自审定中央农垦改革发展文件，两次针对黑龙江农垦发表重要讲话、重要指示，为北大荒擘画了“三大一航母”宏伟蓝图，振奋人心，催人奋进。集团广大干部职工时刻把习近平总书记的“特指性”重要讲话重要指示精神铭刻在心，与党的十九大和十九届二中、三中、四中、五中全会精神一起学习、一体领会。回望走过的路，北大荒之所以发生历史性变革、取得历史性成就，根本原因就在于所有工作都按照习近平总书记的重要讲话重要指示去做，不断提高理解和把握能力。展望未来，北大荒要迈上新征程、实现历史性跨越，也必须自觉对标对表，始终沿着习近平总书记指引的方向前进。实践证明，只要我们始终沿着习近平总书记指引的方向前进，就一定能守住定盘星、把住方向盘，在惊涛骇浪中从容坚定，破浪前行。

必须坚持党的领导。农垦改革是一场史无前例的攻坚战，各级党委就是前线指挥部。集团党委始终冲在最前线，团结带领各级党组织通“堵点”、解“难点”、治“痛点”，把明确和落实党组织在公司法人治理结构中的法定地位作为首要任务，充分发挥了各级党组织在改革攻坚中的主导、主心骨作用。面对2020年抗击新冠肺炎疫情、应对外部环境变化、推进改革改制、抵御自然灾害等多方面严峻考验，集团党委审时度势，建立了季度经济分析会机制，把经济运行监测与高质量发展模式一并纳入研究分析范畴，建立完善了月度监测与季度分析相结合的考评排序体系，及时把党中央的决策部署和上级党委的工作要求落实到集团各层级各方面，有力促进了集团经济逆势上扬和发展模式的形成。实践证明，只要与时俱进加强党的领导，坚定信念、信仰，激发信心决心，敢于负责勇于担当，就一定能够充分发挥坚强领导作用，确保北大荒航母在大风大浪中行稳致远。

必须坚守国家使命。农垦因国家使命而生，在服务国家战略过程中成长，维护国家粮食安全、示范带动周边农村始终是北大荒人的不变责任和自党担当。习近平总书记称赞北大荒为中国人真正解决温饱问题发挥了大作用。几代北大荒人的无私奉献结出了制度性硕果。在这场改革中，党和国家进一步赋予了北大荒集团维护国家粮食安全和重要农产品有效供给、服务国家战略需要的历史使命，发展空间和施展平台空前广阔。实践证明，只要把前途命运与中华民族伟大复兴事业、与我国农业农村现代化、龙江全面振兴全方位振兴紧密结合在一起，北大荒的根就会越扎越深，北大荒人的魂就能越抱越紧，中国特色的国有农业经济发展道路一定能越走越宽阔。

必须打开思想闸门。农垦体制改革没有先例可循，没有现成经验照搬。针对普遍存在的不想改、不敢改、不会改问题，集团党委坚持问题导向，自上而下梳理了 1208 个问题，通过思想教育、政策解读、典型示范等方式，把领导干部专题研讨班与基层党组织“三会一课”相结合、把宣讲与自学相结合、把学习先进与对照反思相结合，拿起习近平新时代中国特色社会主义思想这个锐利思想武器从灵魂深处打开枷锁，把思想发动贯穿始终，终于把问题清单上的问号一个接着一个捋顺拉直，把“要我改”变成了“我要改”。实践证明，只要始终坚定政治方向，提高政治站位，强化思想引领，就一定能够解开思想疙瘩，激发改革热情和创造力，在收获改革发展成果的同时也收获干部人才队伍茁壮成长的丰硕成果。

必须紧紧依靠人民。习近平总书记嘱托我们，人民就是江山，江山就是人民，要通过改革进一步调动农场职工积极性、维护好他们的利益、提高他们的素质。集团党委把维护涉改人员自身权益、干部职工合法利益、职工群众劳动收益放在突出位置，通过制度和政策做利益增量，只做加法不做减法，最大化凝聚改革共识，逐步形成了拥护改革、支持改革、推动改革的最大公约数。凝心聚力，“稳”在其中！在推进改革的同时及时化解了针对国有土地诉讼风波等事件，集团信访总量连续三年下降，2020 年全口径信访总量比 2019 年下降 38.2%，比 2018 年下降 44.5%，有效维护了社会稳定。实践充分证明，只要心里装着人民，把人民的利益放在最高位置，充分依靠干部职工的聪明智慧，有效的保护他们的权益，就一定能依靠人民战胜一切艰难险阻。

必须聚焦重点攻坚。新时代农垦体制改革是全方位的改革，既要突出垦区集团化、农场企业化这条主线，又要抓好政府行政职能移交及办社会职能改革这个重点，既要推进三级机关转型，又要推进事业单位改革，既要实施所属企业混合所有制改革和现代企业制度建设，又要创新高质量发展模式。面对千头万绪，集团党委把党中央国务院和省委省政府的顶层设计变成一张张施工图，制定了各项重点任务的路线图、时间表、任务书，抓住不同阶段的主要矛盾和矛盾的主要方面集中优势兵力打歼灭战。实践证明，只要保持政治定力和历史耐心，坚持探出一只脚的同时站稳一只脚，就一定能在攻坚克难中创造机遇、立于不败之地。

必须善于典型引路。理论一经与实践相结合就能产生巨大威力。面对各种困难问题，我们始终坚持以小切口做实大文章，从点上突破到块上链接，进而实现面上联动。在推进政府行政职能移交方面，集团党委先从公安系统开始，带动行政权力事项的一次性整体移交；在推进行政机关转型方面，集团总部各部门带头加快转型；内部控制体系方面，总结推广九三粮油集团、北大荒农业股份等先进经验，自上而下在全集团建立内控制度体系，编制“内控手册”；在“双控一服务”方面，由克山、荣军等十多个农场率先开展统供统营，带动集团“双控一服务”模式落地生根；成立北安区域性农业综合服务中心，为种植户提供标准化、专业化、社会化、企业化服务，充分发挥了北大荒集团辐射带动作用；大力推动脱困、清欠和主业认定，有效降低了生产经营风险，提高了核心竞争力，等等。这些事例充分证明了，北大荒改革发展必须从典型引路开始，循序渐进，一步一个脚印，坚定不移、坚持不懈、坚韧不拔地走下去，就一定能在困难面前探到光明、找到出路，在各种不确定性中把握住发展趋势和积极因素，把基层的好经验变成推动事业前进的强大战斗力。人心齐，泰山移。只要我们始终坚持习近平总书记给我们擘画的宏伟蓝图，按照省委省政府给我们制定的战略部署，坚持集团的工程体系和发展模式，做到方向不偏、道路不变、模式不改，我们的目标一定能达到。

必须改革发展联动。改革必须锚定发展，发展必须以改革为动力源泉。在解决纷繁复杂改革问题的同时，始终用一只眼睛盯着发展，按照“三大一航母”总体蓝图绘制工笔画，形成了“1213”高质量发展工程体系，又针对短板、弱项启动了国企改革三年行动。实践证明，发展永无止境，改革也永远在路上，只要目标明确、理想坚定，就一定能增强深化改革强化管理的思想自觉和行动自觉，建成以改革促进发展、以发展剑指问题、以问题倒逼改革的动力循环系统。

必须超前谋篇落子。驾驭复杂局势需要用系统观念谋全局、理思路、明举措，用前瞻性战略性举措减少盲区、排风险、避陷阱。这一轮改革重点是“脖子以上”的改革，是新的体制转换，最大的风险是能不能顺利接过发展的“接力棒”。集团党委提前一年半抽调一百多名干部组成“新体制运行小组”模拟运行，积累经验，锻炼队伍，重用了一批想干事、会干事、能把事干成的骨干，形成了以上率下、身先士卒的良好风气。实践证明，只要结合实际谋定而后动，因时决策顺势而为，就一定能够逢山开路，遇水架桥。

必须筑牢精神支柱。习近平总书记嘱咐我们要发扬北大荒精神，发挥农垦长期以来形成的政治优势。在推进体制改革、公司制改制和高质量发展进程中，集团党委始终把意识形态工作抓在手上，把思想政治工作放在首位，引导激励广大干部职工用火热的实践和丰硕的成果赋予北大荒精神新的时代内涵，注入了踏遍坎坷志不变的敢于斗争、敢啃硬骨头的改革精神，爱国、创新、诚信、社会责任和国际视野的企业家精神，以四位一体带动农业农村现代化和乡村振兴的勇闯新路精神，精细化维护稳定大局的钉钉子精神等意志品质，靠积极向上的精神力量为北大荒航母塑形铸魂。实践证明，只要激励广大干部职工牢记初心使命，心往一处想、劲往一处使，大力彰显北大荒精神的历史价值、理论价值、政治价值和时代价值，就一定能够占领精神高地，汇聚起攻无不克战无不胜的强大力量。

当前和今后一个时期，我国仍然处于重要战略机遇期，但机遇和挑战都有新的发展变化。面对中华民族伟大复兴战略全局和世界百年未有之大变局，北大荒集团必须善于分析研究形势、把握大势，充分认识新冠肺炎疫情冲击的长期性复杂性，充分认识我国粮食安全和农业现代化面临的严峻形势，认真学习借鉴国内外同行打造全产业链形成系统竞争力、加快创新占据价值链顶端、采用合理的组织架构实施战略管控、强化风险管理保持长盛不衰等方面的经验，对标世界一流企业找准打造农业领域航母的标杆和切入点，充分发挥资源和生产端优势打造新模式，用稳定的供给打造核心竞争力，不断增强识变之智、应变之方、求变之勇，走出一条具有中国特色的新型粮商发展道路。

二、“十四五”发展战略与2021年工作重点

“十四五”时期是北大荒集团完成改革改制后，乘势而上开启全面建设农业领域航母新征程的第一个五年，做好这五年的改革发展各项工作具有重大现实意义和深远历史意义。要高质量谋划落实集团“十四五”战略规划，与国家和省“十四五”经济社会发展规划相衔接；要以战略规划为引领，扎扎实实推进2021年改革发展，以高质量发展新成就为“十四五”开好局、起好步。

（一）“十四五”时期指导思想和主要目标

指导思想：高举中国特色社会主义伟大旗帜，深入贯彻党的十九大和十九届二中、三中、四中、五中全会精神，坚持以习近平新时代中国特色社会主义思想为指导，深入贯彻落实习近平总书记重要讲话重要指示精神，不折不扣落实党中央决策部署和省委省政府、财政部、农业农村部工作要求，紧跟时代步伐，把握新发展阶段，贯彻新发展理念，融入新发展格局，坚持以推动高质量发展为主题，以深化供给侧结构性改革为主线，以改革创新为根本动力，以建设国家粮食安全产业带和农业现代化示范区为抓手，以全面加强党的领导和党的建设为根本保障，不断完善现代企业制度，对标世界一流企业强化管理，用系统观念统筹“1213”高质量发展工程体系，加快建设现代农业大基地、大企业、大产业，努力建成农业领域航母，奋力续写新时代农垦改革发展新辉煌。

主要目标：以集团营业总收入“倍增计划”为努力方向，以进入世界500强、与国际粮商同台竞技为基本目标，粮食综合保障能力达到500亿斤以上，农地运营面积5000万亩以上，米、面、油、乳、肉、薯、种、通航等产业行业地位进一步提升，仓储能力达到3000万吨以上，落实企业上市3家以上，维护国家粮食安全和重要农产品有效供给的战略保障能力、现代企业治理能力、示范引领周边农业农村发展的带动能力大幅提升，努力建成中国特色新型农业现代化示范区、世界一流的现代农业

产业集团、保障国家粮食安全和重要农产品有效供给的大基地、推进“粮头食尾”和“农头工尾”的排头兵、吸引留住人才的聚集地。

主要任务：紧紧围绕“三大一航母”发展战略，加快推进北大荒“1213”高质量发展工程体系建设。盯住国内大市场，以国内大循环为主体，推进全产业链建设，创新市场营销方式，不断提升品牌价值和产品市场竞争力，加快建立农业生产、加工、仓储、物流体系，建设好大基地，培育好大企业，做强大产业。

——以“绿色智慧厨房”引领现代农业示范园、现代农业产业园、绿色智慧厨房博览园建设。通过绿色智慧厨房系统统一对外输出加工品和食品，大基地、大企业、大产业联动，延长产业链、打造供应链、提升价值链、落实利益链，实现农产品向加工品转化、产品向商品转化、商品向货币转化。

——以北大荒现代农业示范园建设加速推广“双控一服务”模式。坚持现代产业发展理念，大力推动农用物资统供、农产品统营和数字农服建设，构建新型双层经营体制，形成具有产业布局合理、组织方式先进、资源利用高效、供给保障安全、综合效益显著等特征的农产品生产示范基地。

——以北大荒现代农业产业园建设加速形成“一体两翼”格局。以农产品加工为主体，以科技创新和资本运作为两翼，依托优势特色主导产业，通过不断构建农业全产业链，推动“生产+加工+科技+品牌”一体化发展，形成具有种养规模化、加工集群化、科技集成化、营销品牌化，现代生产要素聚集、主导产业优势明显、一二三产业融合发展等特点的农业加工企业产业集群区。

——以北大荒绿色厨房博览园建设加速打造“三库一中心”体系。采用“前园后库”模式，通过科学布局产地供应库、物流节点库、城市分销库和交易转化中心，打造标准体系、创制体系、仓储体系、营销体系、加工体系、检测体系、交易体系和金融体系的承载体，形成完整的生产经营销售物流活动网络系统。

（二）2021 年集团工作重点和预期目标

2021 年是“十四五”开局之年，是开启“三大一航母”建设新征程的第一步。要立足新发展阶段、完整准确全面落实新发展理念、积极融入新发展格局，统筹发展和安全，全力以赴做好改革后半篇文章，用系统观念推动集团国企改革三年行动，加强改革政策统筹、进度统筹、效果集成，在经营体制改革、重点企业脱困、内控体系建设、充分发挥党组织领导作用等方面取得明显成效。要深入贯彻中央经济工作会议、中央农村工作会议精神，紧紧围绕“32366”任务体系，全面落实以巩固提升粮食综合产能为主线、以“双控一服务”战略为统领、以深化经营体制机制改革为动力“三大任务”，围绕建设国家粮食安全产业带和农业现代化示范区“两大抓手”，聚焦现代种业、黑土保护、智慧农业“三大工程”，大力推进规模格田替代一般农田、保护性耕作替代传统翻耕、智能化替代机械化、绿色农药替代传统化学农药、有机肥替代化肥、地表水替代地下水“六个替代”，全面实现高标准农田、农机智能化、标准化生产、绿色生产、投入品专业化统供、数字农服管控“六个全覆盖”。集团预期发展目标是：集团营业总收入确保增长 10%，其中，工业企业营业收入增长 10%左右；利润总额确保增长 10%；企业增加值增长 8%左右，其中，工业增加值增长 10%左右；直属企业 2019 年以前超账期应收款项清收 35 亿元，2020 年形成的应收款项应收尽收，2021 年当年应收款项增长率不得高于营业收入增长率，营业收入持平或下降企业当年应收款项年末余额不得高于上年应收款项年末余额；化肥统供率超过 80%，种子统供率超过 70%，主要农产品统营率 30%以上；全面启动数字农服建设，加快推进数字农服的数据承载平台和业务运营主体建设，在 6 月 30 日前完成新的农业生产承包租赁管理平台开发，9 月 30 日前在各农（牧）场全覆盖，在此基础上，在一批农（牧）场集成数字农服模式；研发经费增加 1 倍，研发投入强度达到 0.5%以上；力争 1 户企业在主板上市。形成土地资源资产化规划；建成集团数字驾驶舱，充分发挥首席利润官、首席风控官在企业经营管理中的作用，完善月度经济统计分析和经济运行监测预警，建成统一指标体系基础上的差异化业绩考评排序体系。

（三）持续推进农垦改革向纵深发展

牢牢抓住国企改革三年行动有利时机，加快完善新体制新机制，把制度红利转化为强大发展优势和巨大发展红利。

1.坚决完成改革三年行动首要任务。要把深入学习贯彻习近平总书记关于国有企业改革发展和党的建设的重要论述作为落实国企改革三年行动的首要任务。制定详细的学习培训计划，每年安排一次集中培训，采用专题讲座、北大荒讲坛、在线学习等多种方式，推动学习宣传贯彻工作深入企业、深入基层。继续在学懂弄通做实上下功夫，引导干部职工明确改革方向，领会核心要义，掌握实践要求，用以武装头脑、指导实践、推动工作。

2.全面落实改革三年行动总体要求。坚持和加强党对国有企业的全面领导，坚持和完善基本经济制度，坚持社会主义市场经济改革方向，抓重点、补短板、强弱项，突出系统集成、协同高效，着力构建高效的运行体系和有效的监管体系，按照“集团公司+产业公司+农（牧）场子公司”的要求开展常态化改革，以问题为导向，把改革的经验做法转化为制度化成果，增强竞争力、创新力、控制力、影响力、抗风险能力。各责任部门单位要按照《北大荒集团国企改革三年行动实施方案（2020—2022年）任务清单》层层落实责任，按时完成任务。各企业要根据集团统一部署，结合实际制定改革三年行动实施方案。

3.推进市场化用工及薪酬分配制度改革。持续深化三项制度改革，提高人事劳动分配制度市场化程度，真正实现集团企业管理人员能上能下、员工能进能出、收入能增能减。集团及所属企业要进一步优化管理岗位职位体系，全面推行经理层任期制和契约化管理，签订聘任协议和业绩合同。集团及所属企业要加快建立和实施以劳动合同管理为关键、以岗位管理为基础的市场化用工制度。大力推动所属企业岗位分类管理。健全企业考评体系、监督体系，实现企业利润最大化。深化企业内部分配制度改革，完善工资总额决定机制，实行全员绩效考核，建立健全按业绩贡献决定薪酬的分配机制，加大企业薪酬激励和约束力度，以增加干部职工收入为目的，让大家成为改革的受益者，并妥善解决退休职工待遇问题。

4.全面推进主责主业划分及功能界定。完成集团各分公司及农（牧）场有限公司主业界定，分类推进改革、促进发展。推动集团所属企业聚焦主责主业，严控非主业投资，减少非主业存量业务经营活动。规范企业经营管理行为，对主业发展情况实施全过程动态监管，引导企业围绕主业开展投资活动，做强做优做精主业，提升企业市场竞争力和行业引领力。制定出台存续农场改革一揽子方案，加快推进存续农场改革步伐。

5.下大力气压缩管理层级。2021年末，集团直属企业当年压减200家以上，北大荒商贸集团管理层级控制在4级以内（含4级），其他集团直属企业2021年末以前管理层级控制在3级以内（含3级，国家有明确监管要求的除外）。按照定位准确、职能清晰、流程顺畅、精干高效的要求，科学设置直属企业管理层级和职能部门，精简管理部门和管理人员，推行管理扁平化，提高管理效率，直属企业总部部门机构、人员编制，只能减少不能增加。

6.加大土地资源资产化力度。要提高站位，积极推进土地资源资产化，切实把黑土地保护好、利用好，实现国有资产保值增值，更好地维护国家粮食安全。要强化担当，明确目标任务、实现路径和推进措施，做好总体规划，选准小切口破题，要把握好工作步骤和时间节点，依法依规推进。要加强统筹协调，积极争取各方面的大力支持，形成工作合力。要进一步强化工作措施，成立工作专班推进，建立日常工作机制，倒排工期，挂图作战，推动垦区土地资源资产化改革早见成效。

7.切实做好行政与办社会职能移交的后续工作。民生是最大的政治。北大荒集团行政和办社会职能虽然已经移交，但保障民生始终是我们使命所在、职责所系，必须切实做好各项后续工作，履行好社会责任。一要确保职能衔接到位。要积极参与农场区域社会事业工作，确保服务不减，职工群众生活水准不降。特别是要高度重视分步分项移交的办社会职能和采取内部分开、管办分离方式的办社会职能，加大财力、物力、人力投入力度，主动上前补台补位，防止职能衔接中出现空档漏项，防止因为服务缺位失位，影响垦区社会稳定。二要确保民生保障到位。认真落实涉改人员安置政策，切实关心帮助职工解决实际困难。要创新工作思路，积极探索符合垦区实际的人员安置路径，特别是对行政职能移交后的剩余人员，要积极探索建立市场化用工机制，努力实现企业经济效益和职工个人利益双提升。要抓好民生兜底保障，加大扶老、救孤、助残、济困、助学、救灾等社会救助工作力度，扎实做好退伍士兵安置工作。三要确保垦地一体建设到位。要大力推动民生工作纳入地方经济社会发展规划，实现一体建设，共建共享。要配合属地政府做好乡村振兴规划，积极争取水、电、路、网、5G基站等基础设施建设项目，扎实开展人居环境整治提升行动。要抓住全面促进农村消费机遇，进一步完善物流体系，积极推动田头小型仓储保鲜冷链设施、产地低温直销配送中心、骨干冷链物流基地等仓储保鲜冷链物流设施建设。

（四）聚焦主业推进高质量发展

1.提升现代农业生产基地建设水平。要发挥比较优势，以建设国家粮食安全产业带、农业现代化示范区为抓手，坚决扛起维护国家粮食安全重大责任。要围绕农业现代化示范区建设，推进农业产业体系、生产体系、经营体系现代化。要深入实施“藏粮于地、藏粮于技”战略，进一步加大高标准农田建设力度，充分发挥集团资源优势，依托产业化龙头企业建设现代化专业化生产基地。要围绕国家粮食安全产业带规划，加强粮食生产功能区、重要农产品生产保护区和特色农产品优势区建设，形成水稻、大豆、玉米、马铃薯产业带和畜牧业、林下经济产业带。要加快“两牛一猪一禽”的牧业基地建设，整合畜牧业资源，加快畜牧业发展。投资108亿元启动建三江四大灌区远期工程，可置换地下水灌溉面积364万亩，增产粮食近5亿斤。2021年粮食总产保持上年水平。要大力推进垦地共建，增强对周边区域的辐射带动作用。

2.创新农业经营体制。要巩固国有土地经营制度，巩固农（牧）场国有土地经营主体地位，巩固家庭农场的生产经营主体地位，全面推进“双控一服务”，结合实际探索利益连接机制，加快建成以家庭农场为基础、大农场统筹小农场的新型农业统分结合双层经营体制，进一步提高规模化经营水平和劳动生产率。要探索开展三大粮食作物完全成本保险和收入保险试点，不断提高粮食作物保险保障程度。要树立主体思维、产业思维、效益思维，以加工、贸易类直属企业为主体，整合水稻、大豆、马铃薯主产区农场优质耕地、仓储资源，大力推广“产业公司+基地”一体化运营体制和“龙头+基地+金融”、“企业+基地+保险+期货”等模式，抓紧出台实施方案，建立健全企业主体链、产业增值链、利益分配链、资本控制链，实现利益共享、风险共担。要紧紧围绕提高农（牧）场经营能力，大力发展农业生产、生活服务业，建立区域农业综合服务中心和粮贸公司等经营载体和平台，进行专业化、标准化、社会化、企业化经营。要推进文化、旅游、医疗康养等产业的企业化、集团化经营，在红兴隆分公司举办第一届文化旅游节，不断增加就业岗位和农（牧）场收益，承担起稳就业、保收入的社会责任。

3.加快科技创新数字化转型步伐。坚持创新的核心地位，在生物技术和信息技术等领域弯道超车，推进数字技术运用、生命科学、食品科学、智能制造等领域的创新。以农垦科学院为主体，以成熟专家团队为依托，推进黑土地保护工作和种质资源创新与利用。以北大荒信息公司（北大荒研究院）为核心，构建一个中心、一个平台、一套体系；建设集团科创基地、高端协同创新平台。大力提升智慧农业和数字农业水平，提升“无人化”作用比率和精度，融合5G技术，在物联网、机器人、农机自动化智能化、农业航空、农业大数据、农事服务等领域加快布局，打造全国领先的数字农场、智慧农场。围绕黑土地保护，加大农田水利设施建设和高标准农田建设，加快推进水土流失综合治理体系建设，推广有机肥生产应用和保护性耕作措施，提高黑土地耕地质量。支持垦丰种业围绕“育繁推”一体化建设，在种源“卡脖子”技术攻关、种质资源保护和利用、生物育种产业化等关键任务项目上主动“揭榜挂帅”。推动垦丰种业、九三粮油集团实验室升级为国家重点实验室。要完善人才激励机制，加快人才队伍建设，完善科创生态体系，激发人才创新活力，完善科技创新体制机制，建立科技创新体系、政策体系、管理体系。要成立集团科创基金，建立完善的稳定支持机制，激发科技创新活力。加大与各科研院所的合作力度，建立产学研深度融合的技术创新体系。要建立完善科技评价机制，强化科技创新长效保障，根据不同企业类型，科学合理确定科研经费投入标准，并将研发投入强度、技术专利申请等指标纳入所属企业负责人经营业绩考核。要建立知识产权保护机制，更好地为集团科技创新保驾护航。

4.推进产业优化升级。紧紧围绕“粮头食尾”、“农头工尾”，以“一体两翼”为抓手，加大技术创新和技术改造的投入力度，推进食品制造和农副产品加工企业扩能升级。推动龙头企业聚焦主责主业，在做大规模的同时，在细分领域做专、做精，到2025年，培育500亿级企业2家（九三集团、北大荒商贸集团）、300亿级企业2家（北大荒粮食集团、北大荒国际资产管理公司）、百亿级企业6家（完达山乳业、北大荒丰缘集团、北大荒米业集团、北大荒建投公司、北大荒食品集团、北大荒农服集团）。引进战略投资者，做优做强北大荒农业股份有限公司。专班专题研究企业上市工作，下大力气推动垦丰种业、丰润生物、完达山乳业、九三食品、北大荒通航等企业上市，形成覆盖种植、养殖、加工、种业、服务全领域的上市公司体系。

5.建设绿色智慧厨房。要以“北大荒绿色智慧厨房”为牵引，突出研发、品牌、营销、渠道、服务五大核心要素，进一步改善供给质量，提升供给体系对需求的适配性，实现上下游、产供销有效衔接，推动全产业链优化升级，推动传统产业高端化、智能化、绿色化。要以哈尔滨绿色智慧厨房博览园为重点，加快“净菜进城”和“米袋子”、“菜篮子”、“油瓶子”、“肉盘子”、“奶罐子”、“面案子”等民生工程建设，实现从田园到餐桌的绿色安全闭环产业链，形成可复制可推广模式。要进一步明确北大荒食品集团的营销战略定位，整合营销资源，创新营销模式。建立北大荒母子品牌体系，以“北大荒”母品牌的影响力为各直属企业、分公司、农（牧）场优质品牌背书，带动子品牌发展。建立健全品牌管理办法，规范各级子品牌的授权管理使用，以子品牌的价值提升不断推动母品牌的壮大，形成母子品牌联动的卫星结构体系，切实提升北大荒品牌影响力。丰富北大荒智慧厨房榜单，进一步梳理集团所属各级企业产品核心优势，将优质米、面、油、乳、水、山珍、杂粮等绿色有机食品，以规范的准入机制和管理办法，不断整合到北大荒绿色智慧厨房榜单体系，丰富北大荒集团大营销平台，充分发挥“抱团”营销优势，切实提升北大荒产品市场竞争力。要积极融入国内大循环，立足东北，面向京津冀、长三角、粤港澳大湾区、成渝地区等核心城市群布局全国市场，建设“三库一中心”，完善现代物流体系，实现“收储、物流、交易”一体化。

6.创新北大荒乡村振兴模式。产业兴旺是实现垦区振兴发展的前提。分（子）公司、农（牧）场要依托自身资源，大力发展农产品产地初加工和精深加工，推动由卖原字号向卖制成品转变，总结推广宝泉岭分公司产业发展模式，推动一二三产融合发展。要创新打造“北大荒振兴发展模式”，打造兴旺垦区、绿美垦区、文明垦区、善治垦区、共富垦区的振兴发展新景象，为全国乡村振兴提供示范样板。要实现巩固拓展脱贫攻坚成果同乡村振兴有效衔接，建立低收入人口和欠发达农（牧）场帮扶机制，接续推进贫困农（牧）场发展，健全防止返贫监测和帮扶机制。要聚焦特色产业发展，培育一批具有较强辐射带动能力的农业产业强场、现代农业产业园、优势特色产业集群。

7.扎实推进招商引资。充分挖掘垦区山水林田湖草等资源优势，把自然资源优势和社会资本更好结合起来，转化为发展优势，通过招商引资，激活市场主体活力，加快形成产业发展和转型升级的新增长点。利用国家级现代农业产业园、省级经济开发区等平台和载体，加强与华润、中粮等大型企业集团和行业内领先企业洽谈合作，围绕生猪养殖、大米加工、粮食仓储、杂粮加工、光伏项目、生物质热电、矿泉水等重点项目，争取引进一批具有影响力的龙头企业和战略投资者，建立北大荒“共建共享”商业模式。要解放思想打开思路，引进社会资本，加快推进“三供两治一业”公共服务社会化运营。要加强垦地合作，积极融入中国（黑龙江）自由贸易试验区，探索在哈尔滨新区和绥芬河、黑河自贸区，以及大庆、牡丹江、绥化等地市县合作共建产业园区，发挥北大荒示范引领作用。

（五）强化管理有效防范化解各种风险挑战

1.推进管理体系和管理能力现代化。要不断加强企业管控，实施精益管理、精细管理，以对标国际大粮商以及丰益国际、新希望集团、华为等世界一流企业为出发点和切入点，以加强管理体系和管理能力建设为主线，突出重点、统筹推进、因企施策，促进企业管理水平进一步提升。要成立董事会战略委员会，由董事长兼任战略委员会主任，为企业发展把关定向。要加强战略管理、提升战略引领能力，加强组织管理、提升科学管控能力，加强运营管理、提升精益运营能力，加强财务管理、加快组建财务公司，加强科技管理、提升自主创新能力，加强风险管理、提升合规经营能力，加强人力资源管理、提升科学选人用人能力，加强信息化管理、提升系统集成能力。力争尽快实现集团管理理念、管理文化更加先进，管理制度、管理流程更加完善，管理方法、管理手段更加有效的目标。管理基础不断夯实，创新成果不断涌现，基本形成系统完备、科学规范、运行高效的中国特色现代国有企业管理体系。

2.清理退出不具备优势的非主营业务和低效无效资产。进一步深化压缩管理层级、减少法人户数。厘清集团债务底数，做好三项应收款清收，减少债务存量。加快处置低效、无效参股股权，切实提高国有资本配置效率。加强投资管理，对非主业、高风险、效益差、非持续经营的低效无效参股投资，通过清理退出、重组整合等措施，加大处置力度，加快资产盘活，特别是稻米加工企业资产。严格字号等无形资产使用，切实维护企业品牌价值。加速推进“僵尸企业”处置工作。

3.完善激励机制和企业考评体系。完善集团公司及所属企业绩效评价制度。完善考核目标动态调整机制，对不同功能定位、行业领域、发展阶段的企业实行差异化分类考核，强化利润导向，突出全员劳动生产率、净资产收益率等指标。加强企业统计监测与分析，有效发挥其对企业经营发展的全面评价和对标引导作用。

4.建立协同高效的风险防控和监督协调机制。健全风险防控机制，把风险管理各项要求嵌入各级企业管理中，增强风险化解能力。建立全过程监管机制，有效防范参股经营风险，强化国有股权管理，依法履行国有股东职责。密切关注融资风险，严禁任何形式的未经集团审批的融资行为。建立监督协调机制，推进出资人监督和纪检监察监督、巡视监督、审计监督、社会监督等统筹衔接。在重点领域制定科学、可量化、可考核的国资系统智能化监管指标，动态监管国有资本。落实企业总法律顾问制度，建立首席风控官制度。

5.全面开展三年脱困攻坚行动。聚焦主业开展专项整治，通过关停并转，用市场化方式加快整合非主业门类，压缩层级，完成三年消灭亏损行动，确保国有资产保值增值。加强重点企业监管，坚决落实“四三管控”，坚决推行“三三文化”，切实强化经营管理，以刮骨疗伤、猛药去疴的决心，实现重点监管企业扭亏增盈，坚决打赢重点企业脱困攻坚战。

三、切实加强党的全面领导

实现全面建成农业领域航母的奋斗目标，关键在党的领导，关键在党要管党、全面从严治党。要增强政治意识，提高政治站位，善于用政治眼光观察、分析和解决经济社会问题，全面加强和改进集团党的建设。

（一）持之以恒抓好党的政治建设

一是把党的政治建设摆在首位。各级党委必须担负起党的政治建设主体责任，落实加强党的政治建设总要求，强化政治引领，增强政治能力，增强“四个意识”、坚定“四个自信”、做到“两个维护”，自觉在思想上政治上行动上同以习近平同志为核心的党中央保持高度一致，扎扎实实落实省委省政府、财政部、农业农村部的各项工作部署。要建立完善党的全面领导制度体系，把党的领导落实到改革发展稳定各领域各方面各环节。要把政治标准和政治要求贯穿各级党组织党的思想建设、组织建设、作风建设、纪律建设以及制度建设、反腐败斗争始终，以政治上的加强推动全面从严治党向纵深发展。二是严格遵守政治纪律和政治规矩。各级党委要压紧压实全面从严治党政治责任，严格执行《中国共产党纪律处分条例》，坚持“五个必须”，严肃查处“七个有之”问题，通过严明政治纪律带动党的其他纪律严起来。要严格执行《中共黑龙江省委关于印发<严格执行重大事项请示报告制度的若干规定>的通知》等制度，不折不扣地落实向省委请示报告制度。要守纪律、讲规矩，坚决落实党中央重大战略决策和省委省政府工作部署，围绕集团发展战略，聚焦主责主业，全面履行经济责任、政治责任、社会责任。要把营造风清气正的政治生态作为基础性、经常性工作，发扬斗争精神，防范政治风险，敢于同各种歪风邪气和错误思想作斗争，勇于在重大任务和困难考验面前挺身而出，营造风清气正的良好政治生态。三是严肃党内政治生活。要严格执行《关于新形势下党内政治生活的若干准则》，着力提高党内政治生活质量，让党员干部经常接受政治体检，坚决防止和克服党内政治生活忽视政治、淡化政治、不讲政治的倾向，不断提高政治判断力、政治领悟力、政治执行力。要严格执行党的组织生活制度，认真召开民主生活会和组织生活会，提高“三会一课”质量，落实谈心谈话、民主评议党员和主题党日等制度，切实规范和落实党员领导人员的双重组织生活和讲党课制度，增强党内政治生活的政治性、时代性、原则性、战斗性。要推进“智慧党建”建设，使党内政治生活始终充满活力，坚决防止和克服党内政治生活不讲创新、不讲活力、照搬照套的倾向。

（二）一以贯之抓好宣传思想文化工作

一是围绕中心做好宣传思想工作。要充分认清新形势下做好宣传思想工作的重要性和艰巨性，不断提高自觉性、主动性和创造性，唱响主旋律，凝聚精气神，激发奋进力，构筑北大荒团结奋斗的共同思想基础。要紧紧围绕唱响庆祝中国共产党百年华诞这一主旋律和集团党委中心工作，扎实做好宣传思想工作。要进一步加强理论武装，充分发挥党委理论学习中心组、北大荒发展讲坛等载体平台作用，深入学习贯彻习近平新时代中国特色社会主义思想，特别是习近平总书记对垦区两次“特指性”重要讲话重要指示精神，在深学笃行中举旗定向、激发斗志、固本培元。要牢牢把握正确政治方向、舆论导向、价值取向，传承好红色基因，不断赋予北大荒精神新的时代内涵，真正把政治优势转化为市场竞争优势。要抓好舆论引导和新闻宣传，强化外宣工作，以上大报、大台、大网，上头条、上要位为目标，全面展示集团在改革、发展、稳定等方面取得的巨大成就，讲好“北大荒故事”，传播好“北大荒声音”，描绘好“北大荒愿景”。要继续发挥典型引路的重要作用，深入培育挖掘选树一批具有“闯”的精神、“创”的劲头、“干”的作风的典型，示范带动广大干部职工以强大工作激情投身改革发展。重点开展北大荒最美系列评选活动，培育时代新人、弘扬时代新风，深化精神文明创建和志愿服务工作。二是牢牢把握意识形态的领导权、管理权、话语权。要强化各级党委（党组）领导班子、领导干部的政治责任和领导责任，认真履行“一岗双责”。建立健全意识形态领域规章制度，确保意识形态工作有章可循。加强对基层单位意识形态责任制落实情况的督查与考核，推动考核工作规范化、常态化。要把握建党100周年这一重要时间节点，密切关注和分析研判意识形态领域动态，坚决防止出现大的舆论旋涡和意识形态事件，坚决做到守土有责、守土负责、守土尽责。三是精心打造北大荒文化品牌。要坚持创造性转化、创新性发展，全力打造北大荒文化品牌新优势。要深入实施企业文化建设“十四五”规划，努力培育“北大荒精神+”文化品牌集群，抓好文化兴企、文化惠民和文旅融合发展。要深入挖掘大基地、大企业、大产业文化，形成文化旅游业与传统农业资源、传统工业资源的互补共生局面，推进文化旅游业与传统产业的良性互动。要守正创新、勇开新局，充分发挥北大荒媒体、文化企业和各级文化协会组织作用，传播、传承、创作更多反映新时代北大荒改革发展的优秀文化产品和文艺作品，用文化传播的途径和手段释放北大荒精神的正能量，让北大荒文化薪火相传，发扬光大。

（三）全面有效抓好基层党组织建设

一是以开展党史学习教育为重点，认真组织开展庆祝中国共产党成立100周年系列活动。按照党中央和省委工作部署，在全体党员中开展党史学习教育，深入学习党史、新中国史、改革开放史、社会主义发展史，以及北大荒开发建设史。要围绕建党100周年，组织开展集团“两优一先”评选表彰、国企党建理论研讨会、党建引领保障高质量发展现场推进会、走访慰问、“奋进北大荒•党课正开讲”主题党课竞赛等活动，整理保管好农垦体制改革档案资料，营造浓厚庆祝氛围，提振广大党员干部和职工群众精气神。二是以提升组织覆盖力为基础，实现党的组织和党的工作全面有效覆盖。要坚定不移把坚持党的领导、加强党的建设作为集团各级企业的“根”和“魂”，以“党建融入公司治理、党建引领改革发展、党建保障工作落实”为工作思路，建立完善上下贯通、执行有力的基层组织体系。深入开展加强企业党的建设三年行动，规范完善各级党组织的设置和建设，抓好软弱涣散党组织整顿提升，扎实推进集团各级党组织换届选举。切实发挥党员干部模范带头作用，通过在企业领导人员尤其是党组织书记中实施“领头雁行动”，在广大党员尤其是党务工作人员中实施“先锋行动”，在团员和优秀青年中实施“春苗行动”，引导党员创先争优、攻坚克难。三是以提升发展推动力为目标，全面提高党建引领保障高质量发展水平。要以增强基层党组织政治功能和组织力为统领，建立健全与现代国有企业制度相适应的党建工作体制机制模式，持续推进现代企业党建制度建设。要通过实施党建载体项目化管理，围绕集团重点任务，大力开展党建促改革、党建促品牌建设、党建促营销、党建促化债清欠、党建促区域发展等活动。逐步创建以“效能党建、智慧党建、卓越党建”为主题的“北大荒堡垒工程”党建品牌，利用2年时间建立和推广100个党建引领保障高质量发展典型案例，打造具有北大荒特色的国有农业企业党建工作范本，以高质量党建推进集团高质量发展。四是全面推动群团工作整体水平提升。广泛开展“中国梦•劳动美•北大荒职工心向党”等主题宣传教育，大力弘扬劳模精神、劳动精神、工匠精神，深入开展劳动和技能竞赛活动，拓展小发明、小创造、小革新、小设计、小建议等群众性创新活动内涵，持续开展“产业工人队伍建设深化年”行动，全面加强北大荒航母队伍建设，进一步完善职代会制度，切实提升企业民主管理水平。深入开展“北大荒共青团号”活动，激发广大团员青年投身“三大一航母”建设热情和干劲。

（四）持续用力打造新时期领导人员队伍

一是加强领导班子和管理人员队伍建设。坚持新时期好干部标准，注重选用符合国有企业领导人员“20字”标准的干部，优化领导班子结构，提升班子整体功能。加快打造现代企业家队伍，重点做好企业经营管理人才、专业技术人才、高技能人才以及特殊领域紧缺人才的培养工作。围绕提高“七种能力”，分级分批组织集团各级企业领导人员进行专题培训，加快从行政思维向市场思维转变，从传统农业思维向系统的产业思维转变，从区域思维向全国思维转变，从场长向企业家转变。弘扬企业家精神，建立容错机制，激励企业领导人员真抓实干、担当作为。特别是全集团上下要培养过硬的思想品质和工作作风，形成加快落实、出实招硬招、守规则讲效率的良好风尚，坚决涤荡讲大话、讲空话、慵懒散等坏习气。加大年轻干部培养选任力度，组织实施年轻干部“四个一批”工作。二是加强对企业领导人员管理。建立完善符合市场经济规律和企业家成长规律的国有企业领导人员管理机制。完善领导班子和领导人员考核评价机制，深化三项制度改革，推行公开竞聘上岗，推动领导人员能上能下。巩固深化选人用人和领导干部个人事项报告制度专项整改成果，适时开展选人用人专项检查，推进领导人员人事档案专项审核“回头看”，不断提升选人用人工作科学化、规范化、标准化水平。严格落实谈心谈话、提醒函询诫勉等制度，坚决防止“带病提拔”。三是持续加强人才队伍建设。创新实施“十百千万”人才工程，为集团改革发展储备人才力量。加大人才引进力度，加强优秀人才“源头工程”建设，大力推进“北大荒英才”引进计划，立足龙江，面向全国，选聘紧缺的人才和懂经营善管理的行业治企优秀人才。加大探索市场化选聘干部人才力度，引入市场机制，用优厚待遇和岗位吸引、留住人才，合理增加市场化选聘领导人员比例，推行经理层任期制和契约化管理，加快建立市场化退出机制。深化校企合作，精准对接双方需求，搭建合作平台，大力宣传推介北大荒，吸引留住更多人才。采取有效措施，进一步加大人才教育培养力度。

（五）坚定不移正风肃纪反腐

一是聚焦“两个维护”强化政治监督。要立足党和国家工作大局，推动各级党员干部真正把“国之大者”放在心坎上、把“两个维护”体现到行动中，杜绝任何形式的“低级红”、“高级黑”。要压实党委主体责任，把纪律和规矩挺在前面。要做好政治生态建设成效考核，做到全面从严治党常态化长效化。二是着力提升监督治理效能。要紧盯各级党委及班子成员履责情况，综合运用走访、调研、督查等方式下沉监督，深入基层、深入群众主动发现问题。要用好内外部监督，以党内监督为主导，加强纪检、巡察、审计、财务、法务等监督贯通融合，推动垦区公、检、法机关以及地方监委协调联动，形成监督合力。要加强对企业关键岗位、重要人员特别是“一把手”的监督，推动上级“一把手”加强对下级“一把手”的监督管理。要强化对权力集中、资金密集、资产聚集的重点部门和单位的监督，突出“三重一大”决策、工程招投标、改制重组、产权变更和交易等重点环节的监督。要加强对农（牧）场下属管理区、作业站等直接接触职工群众的基层干部的监督。三是深化拓展群众身边腐败和作风问题整治工作。要加强对脱贫攻坚普查和脱贫人口“回头看”，持续巩固脱贫攻坚成果。要严厉惩治涉黑涉恶腐败和“保护伞”，严肃查处侵吞挥霍国有资产、利益输送等违规违纪问题，严肃查处在土地发包、生产资料采购、农业保险理赔过程中腐败和作风问题。四是坚决打好作风建设持久战。要驰而不息落实中央八项规定精神和省委省政府九项规定精神，针对公款旅游、违规发放津贴补助、借婚丧喜庆事宜敛财、私车公养等多发频发问题，加大查处问责力度，释放越往后越严的信号，坚决防止反弹回潮。加强对餐饮浪费行为的监督检查，坚决查处公款消费中的违规违纪问题。坚持纠“四风”和树新风并举，弘扬公私分明、亲清分开、为民务实、尚俭戒奢等价值理念，形成求真务实、清正廉洁的新风正气。五是以“三不”一体理念深化腐败治理。要深刻汲取隋凤富等案件教训，一体推进不敢腐、不能腐、不想腐。坚决查处党的十八大之后特别是十九大以来不收手不收敛腐败案件，建立健全现代企业内部管理制度，强化对制度执行的监督检查，坚持正面引领和反面警示相结合，加强廉洁文化建设，深化理想信念、党纪国法、廉洁家风教育，引导党员干部筑牢拒腐防变思想防线。六是更好激励干部担当作为。要准确运用“四种形态”，惩治极少数、教育大多数。认真落实“三个区分开来”要求，落实容错纠错机制，旗帜鲜明为敢于担当的干部担当，为敢于负责的干部负责。要坚决打击诬告陷害行为并通报曝光，大力营造干事创业良好氛围。七是推动建设专业化纪检监察队伍。要做强纪检监察力量，充实驻集团纪检监察组工作人员，配齐配强分公司、集团直属企事业单位纪委书记、副书记，充实纪委工作人员。要加强培训，严格监督管理，特别是要严查纪检干部问题线索，严防“灯下黑”，着力打造一支政治过硬、本领高强的纪检监察铁军。八是实现巡察和整改常态化。结合党中央、省委巡视新形势新任务新要求，以“三个聚焦”为重点，遵循“发现问题，形成震慑，推动改革，促进发展”的工作方针，高标准启动第二轮巡察工作。继续加大对第一轮被巡察单位巡察整改工作的监督检查力度，确保巡察工作朝着制度化、规范化方向高质量发展。

（六）扎实有效统筹好疫情防控和安全稳定

一是坚决维护垦区安全和社会安宁。要始终将社会稳定工作放在改革、发展大局中来谋划，提前谋篇布局，建章立制，更好地统筹发展和安全，充分发挥制度和机制的引领作用，全面推进平安北大荒、法治北大荒建设。聚焦人民群众反映强烈的突出问题，依法打击各类违法犯罪活动，加强社会治安防控体系建设，持续推动扫黑除恶专项斗争向纵深发展。要始终绷紧风险防范意识之弦，着力提高风险化解能力，围绕风险点，有效防范各类国家安全风险挑战。坚持统筹多方信息，切实做好“大数据+网格化”管理服务工作，建立健全社会稳定情况报告制度，扎实有效推进疫情防控期间社会稳定工作，把各类不稳定因素发现在萌芽、化解在基层。二是始终紧绷疫情防控的弦不放松。要坚决克服麻痹思想、厌战情绪、侥幸心理、松劲心态，咬紧牙关、一鼓作气，在属地党委政府统一组织指挥下，慎终如始坚决彻底打赢疫情歼灭战。要结合垦区实际认真贯彻做好疫情防控各项政策文件和“四早”要求，切实做到“十个第一时间”，加大日常监测排查管控力度，突出抓好备春耕期间疫情防控，精准施策、科学防控，确保防控不出纰漏。要进一步压紧压实疫情防控责任，对存在形式主义、官僚主义问题和不担当不尽责的要严肃追责问责。要把关心关爱抗疫一线人员各项政策落实到位，让他们感受温暖、安心工作。三是全面提升安全应急综合处置能力。要继续坚持安全发展理念，弘扬生命至上、安全第一的思想，完善安全生产责任制，坚决遏制较大以上安全事故，提升防灾减灾救灾能力。要以顾大局、勇担当、有作为、保发展的“大安全观”为统领，系统协调处理好可能发生的给集团带来重大风险的各类突发事件。以信息化建设为手段，以标准化建设为契机，以安全文化建设为载体，以能力建设为目标，强化落实企业主体责任，健全完善安全应急管理制度，持续巩固风险分级管控和隐患排查治理双重预防机制。要扎实推进安全生产专项整治三年行动，不断加强应急救援体系建设，全面提升集团的安全应急和防灾减灾救灾综合处置能力。四是扎实做好集团信访稳定工作。要切实抓好专项治理重复信访、加强制度建设夯实基层基础、做好敏感时期信访保障、压实落靠信访责任、做好风险防范排查稳控工作、加强干部队伍建设六项重点任务，围绕“抓初访、重规范，治重访、强法治，精督查、促落责，化积案、善维权”工作目标，深入开展“大督查大接访大调研”，畅通和规范群众诉求表达、利益协调、权益保障通道，完善信访制度，健全调解联动体系，构建源头防控、排查梳理、纠纷化解、应急处置的社会矛盾综合治理机制。要深入贯彻“五个常态化”机制，严格落实“双向规范”确保实现“三个转变”，做好风险防范排查稳控工作，及时有效地将矛盾化解在基层。要立足集团改革发展大局，认真贯彻“三到位一处理”总要求和“五个常态化”实施意见，全面深入排查各类矛盾纠纷，逐一压实落靠包保责任和源头化解责任，争取最大限度把矛盾解决在早、化解在小，切实做好敏感时期信访稳定工作。

同志们，历史已经把北大荒推向新的起点，我们责任重大，任务艰巨，使命光荣。让我们紧密团结在以习近平同志为核心的党中央周围，在省委省政府和财政部、农业农村部的坚强领导下，团结带领广大干部职工坚定信心，同心同德，只争朝夕，奋勇拼搏，用新时代创新发展的传奇故事续写《老兵新传》，以优异成绩庆祝建党一百周年！

在中共北大荒农垦集团有限公司委员会（扩大）会议上的总结讲话

杨宝龙

（2021 年 2 月 25 日）

同志们：

集团党委（扩大）会议，历时一天半，在各方努力和配合下，完成了各项议程，取得了圆满成功。王守聪同志代表集团党委作了题为《持续深化改革全力推进高质量发展 为全面建成农业领域航母而努力奋斗》的工作报告。《报告》全面总结了集团“十三五”取得的巨大成就和发展规律，深刻剖析了当前“危中育机”的形势，提出了集团“十四五”的目标任务和工作思路，部署了 2021 年的重点工作。

昨天下午，与会代表围绕《报告》进行了认真的讨论，大家对《报告》内容高度赞同，同时积极建言献策，充分发表了意见和建议。刚才，北安分公司、商贸集团、友谊农场等单位作了很好的表态发言，他们的想法和思路也值得大家借鉴。

下面，就完整、准确、全面贯彻落实这次会议精神，我讲三点意见。

一、会议取得了预期成效

这次大会是站在历史新起点上召开的一次继往开来的重要会议，进一步统一了思想，凝聚了共识，振奋了精神，坚定了信心。在昨天下午的讨论过程中，大家结合各自工作实际，积极踊跃发言，谈体会、理思路、提建议，取得了非常好的效果。下一步，大家还要深刻领会、准确把握会议精神实质，立即把会议精神传达给一线干部职工，迅速掀起“干事创业、担当作为、再创佳绩”的高潮。

（一）要充分认识本次大会的重要意义，坚定改革发展的信心和决心。代表们一致认为本次大会是在集团“十三五”收官、“十四五”开局的关键节点召开的一次重要的历史性会议，更是深入贯彻习近平总书记对垦区两次“特指性”重要讲话和重要指示精神，聚焦集团“三大一航母”战略，加快推进“1213”高质量发展工程体系的一次动员会，进一步坚定了推进农垦改革，加快高质量发展的信心和决心，具有极为重要的历史意义和现实意义。

与会代表一致对大会《报告》给予了高度评价。认为大会《报告》立足新发展阶段，贯彻新发展理念，构建新发展格局，系统总结了“十三五”期间全面完成政府行政职能移交和垦区集团化农场企业化改革的丰硕成果，改革红利充分释放，企业营收利润双创新高、粮食生产“十七连丰”、“北大荒”品牌进入世界 500 强，一系列丰硕改革发展成就振奋人心，让每一名改革的亲历者感到无比自豪和无上荣耀！

与会代表一致认为大会《报告》对垦区改革发展经验的总结进一步坚定了信心。《报告》总结形成的“十个必须”理论成果，体现了高超的政治判断力、政治领悟力和政治执行力，具有高度的政治性、思想性、理论性、实践性和指导性，使广大代表进一步增强了北大荒发展的道路自信，坚定了改革发展的信心和决心。

与会代表一致认为大会《报告》擘画的“十四五”蓝图催人奋进。大会《报告》提出的“以集团营业总收入‘倍增计划’为努力方向，以进入世界 500 强、与国际粮商同台竞技为基本目标，仓储能力达到 3000 万吨以上”等奋斗目标激励人心，鼓舞斗志，催人奋进。

（二）要系统准确把握《报告》精神实质，进一步统一发展思路。北大荒 70 多年历史，始终围绕保障国家粮食安全和重要农产品有效供给、更好服务国家战略而艰苦奋斗、开拓创新。习近平总书记亲自为北大荒规划“三大一航母”的定位定向，是我们总结“十三五”、谋划“十四五”乃至到2049年改革发展的总遵循。围绕大会《报告》提出的“十四五”发展思路和重点任务，各位代表统一思路，积极建言献策，主动融入集团发展战略，超前谋篇落子，创新发展方式、经营模式，提出了一系列意见建议，比如：

在推进“双控一服务”，加快打造“大基地”方面：有的代表建议集团应该尽早发力，加快产业整合力度，明确如何与基地农场形成利益联结机制，提升投入品统供、农产品统营能力；建议确定北大荒数字农服的数据承载平台和业务运营公司，加快数字农服建设步伐；建议加大各类农业基础设施投入，重点加强水利建设、特别是建三江分公司的水利建设投入，加强农机智能化升级改造、格田改造等；建议继续推进“两牛一猪一禽”的牧业基地建设，整合畜牧业资源，加快畜牧业发展；建议针对林业、渔政、畜牧等行政职权移交后，应该尽快成立林业公司和畜牧渔业公司，并就移交后的剩余人员建立市场化用工机制。

在推进“一体两翼”，加快打造“大企业”方面：有的代表建议通过内引外联，尽快盘活闲置的稻米加工企业资产；建议根据不同企业类型，合理确定科研经费投入标准；建议推进企业上市步伐，提升资本运营能力。

在推进“三库一中心”，加快打造“大产业”方面：有的代表介绍了本农场发挥自有粮库 30 万吨产能的作用，满仓运营每年获净利润400余万元，很好的收获了土地之外的效益；有的代表建议要尽快制定详细的“产业公司+基地”发展模式、经营体制机制，推进集团产业公司与农场基地的利益联结；建议集团为直属企业和各分公司、农（牧）场要组织对接会，搭建更多协同发展的平台。

在强化产品营销，加快打造“北大荒绿色智慧厨房”方面：有的代表建议要加强品牌梳理和管控，加快构建北大荒母子品牌体系；建议加快构建大营销格局，尽快建立合作机制，建议丰富“北大荒绿色智慧厨房”榜单，将农场区域内知名的白酒、调味品等好产品纳入到北大荒食品集团营销体系。

在提高保障能力，全面提升企业经营管理方面：有的代表建议围绕“三大一航母”战略、“1213”工程体系和“32366”重点任务成立集团层面的战略谋划专班，要从集团专班角度全盘谋划、抱团经营、形成合力；建议要进一步明确分公司、农（牧）场主责主业，促进农场更好发展；建议尽快出台《存续农场改革方案》、《存续场改革“三定”方案》，便于存续农场改革步伐与集团其他农场同步。

这些意见和建议体现了大家对《报告》精神的高度理解和认同，必将有力促动各项工作任务的快速落实，会后，我们还将组织相关部门认真研究和吸纳，对《报告》进一步完善、丰富。

（三）要立即将《报告》精神传达到一线干部职工，形成加快发展的良好氛围。会后，大家要立即行动起来，迅速把会议精神传达到一线和基层，要号召广大干部职工以永不懈怠的精神状态和一往无前的奋斗姿态，推进会议精神落地转化为全体北大荒人的自觉行动和价值追求。团结一致，开拓创新，坚决完成集团党委交给我们的各项目标和任务，实现北大荒的高质量发展。

要做好党委（扩大）会议精神宣讲和解读。集团党委将认真组织做好本次党委（扩大）会议精神的宣讲工作，组织人员组成宣讲团在各基层党组织进行宣讲。各单位也要把党委（扩大）会议精神列入各级党委理论学习中心组的学习内容。

干部要发挥率先垂范作用。各级各部门要在思想上、政治上和行动上与集团党委保持高度一致，各级领导要带头培育“闯”的精神，“创”的劲头，“干”的作风，特别是各单位一把手，要把心思集中在“想干事儿”上，把本领体现在“会干事儿”上，把目标锁定在“干成事儿”上，要进一步把广大干部职工的思想统一到集团党委的总体要求上、目标任务上和工作部署上，要示范带动广大干部职工投入到北大荒的改革发展中来。

采用多种形式扎实做好宣传工作。信心比黄金重要，冷静比胜负重要，执行力比什么都更重要。要运用好思想政治工作这个有力武器，通过讲形势鼓舞人心、通过讲目标振奋人心、通过讲任务凝聚人心、通过讲未来激励人心，采用形式多样的方式动员组织广大党员干部和职工群众认真学习领会《报告》的精神实质，强化市场思维，树立危机意识，增强等不起的紧迫感、慢不得的危机感、坐不住的责任感，动起来、快起来、干起来，在干中领会，在干中完善，在干中提升对党委（扩大）会议精神的理解和认识。

二、全方位抓好会议精神贯彻落实

当前，北大荒“十四五”改革发展的蓝图已经绘就，目标任务已经明确，关键在于全方位抓好会议精神的贯彻落实。各级各部门要以“现在就干、马上就办”的执行力，拿出对应的策略、方法和措施，确保各项目标任务结出硕果。

（一）坚持绿色发展、科技赋能，持续打造北大荒核心竞争力。要认真坚持绿色发展和科技赋能，强化农业科技创新、物质装备支撑以及北大荒人才队伍建设，构建具有北大荒特色的绿色发展模式，快速提升农业质量效益，持续打造北大荒集团核心竞争力。

一要巩固提升粮食生产和重要农产品有效供给保障能力。要把粮食安全作为首要政治任务，要以国家粮食安全产业带和现代农业示范区建设为抓手，抓好粮食综合产能巩固提升。要毫不动摇地抓住粮食种植面积和粮食产量两个硬指标，要确保农作物和粮食作物播种面积稳定在 4350 万亩和 4330 万亩以上，粮食产能要达到 450 亿斤以上，粮食总产要保持在 400 亿斤以上。

二要领军打好种业翻身仗。农业现代化，种子是基础。围绕开展种源“卡脖子”进行技术攻关，实施现代种业提升工程，依托农垦科学院、北大荒研究院、垦丰种业等科研院企，联合国内种业重点企业和研究机构，着力构建以企业为主体、科技为依托、产学研融合、育繁推一体化的现代种业体系。加快实施农业生物育种重大科技项目，推进垦丰种业国家重点实验室建设申报，将垦丰种业打造成具有国际先进水平的现代化生物技术和信息支持平台。

三要全力提升黑土地保护能力。坚持生态优先、用养结合，落实国家东北黑土地保护规划，加快编制《北大荒集团黑土地保护利用“十四五”规划》，确保黑土地不减少、不退化。要根据不同土壤类型、不同作物等特点分区域制定出相应的指标体系，要形成适应垦区不同区域特点的保护黑土解决方案，并在垦区 4100 万亩黑土地全面推广和示范应用。

四要示范引领数字农业、智慧农业。要以北大荒信息有限公司为承载平台，以土地资源数据化、企业内部管控系统建设、整合所有内部数据资产并开展运维作为核心业务，加快垦区数字化转型。加快“数字农服”研发推广进程，要推进数字农场建设，开展 5G 应用试点。数字农业的工作推进必须上下一盘棋，由集团科技信息产业部负责总体规划，北大荒信息公司负责具体实施，各分公司、农（牧）场不能出现各自为战的情况。2021 年，要以建三江分公司七星农场、大兴农场和北安分公司赵光农场、红星农场为试点全面推广数字农服系统。以九三粮油工业集团为试点开展企业内部管控系统建设。同时，积极打造数字农业生态圈，与高科技企业联合研发，共生共享，推进农业产业数字化、数字农业产业化、数字资源资产化发展，进一步提高农业生产要素的配置效率。

（二）做好改革“后半篇”文章，加快构建现代企业经营管理体系和市场化机制。要以国际化、市场化的思维持续推进农垦改革，在巩固农垦改革成果、妥善解决改革遗留问题的基础上，不断释放改革“前半篇”的改革红利。要充分发挥改革突破和先导作用，加快推进集团化、企业化改革进程，勇于对标世界一流企业，全面落实国企改革三年行动方案，尽快构建现代企业经营管理体系和市场化机制，重构体制、制度和机制优势，努力做好北大荒改革的“后半篇”文章。

一要加快健全法人治理结构。按照管理权限和程序配齐配强企业党委、董事会、监事会、经理层人员。要按照法律、法规、公司章程，明确权责界限，规范议事程序，加快推进建立党委把方向、管大局、保落实，董事会定战略、做决策、防风险，经理层谋发展、抓落实、强管理，各治理主体不缺位、不越位、不相互替代、不各自为政的法人治理结构和现代企业治理体系。

二要建立科学的内部管理架构。要进一步优化各个企业和分公司内部管理组织机构，不适应发展需要的机构要立即调整、撤并、销号，切实减少机构数量，机构设置要遵循为打赢战略服务的基本要求，推进扁平化管理。科学界定部门职责，要核定龙头企业和各分公司管理人员的编制数量和确定部门职责，要杜绝龙头企业和各分公司总部“机关化”倾向，要杜绝现在还存在的个别企业因人设岗的情况，必须做到人岗相配，最大限度发挥所有管理人员的工作效率，减少人员支出，做到精干、高效、简单、干净，形成自上而下的北大荒高效率战斗系统。

三要建立完善的内部管控体系。建立内部各项制度流程，形成全覆盖各领域、部门、岗位的内控体系，狠抓内控落实。根据情况不断地优化制度和流程，要全面推进所有单位OA办公系统，以OA办公系统为切入点全面推进信息化管理平台的建设，推动流程再造，堵塞管理漏洞，提高运行效率。加强各类风险管控，让快速奔跑的企业有“刹车”职能。要聚焦在债务风险、投资风险、法律风险、金融风险、境外投资运营风险、安全生产风险、对外合资合作参股风险，建立健全以风险管理为导向，合规监督为重点，严格、规范、全面、有效的北大荒内控体系。

四要坚决推进三项制度改革。加快建立和实施以劳动合同管理作为关键、以岗位合同管理作为基础的市场化用工机制，大力推行员工公开招聘、管理人员竞争上岗、末位调整和不胜任退出等机制，要真正解决能下、能低、能出的问题。要建立按照业绩贡献决定薪酬的分配机制，推动薪酬向做出突出贡献的人才倾斜、向一线人员倾斜，不让一线人员吃亏、不让多干事儿的人吃亏、不让老实人吃亏。要实行全员绩效考核，一岗一薪，破除平均主义和“高水平大锅饭”。要科学设定考核指标，树立正确绩效分配导向，确保考核结果符合实际，建立能够促进北大荒战略实施的科学绩效方案。

五要推进龙头企业和基地农场一体化运行。要及时总结“薯业集团+克山农场”的运行新模式，要形成可复制、可推广的典型经验。要继续推进北大荒米业与齐齐哈尔泰来农场和大山种羊场基地一体化运营，要探索农场现有资产和土地资产化作为资本注入到龙头企业，实现种植、加工、销售、股权一体化产业链条的有机衔接。要推进九三集团、丰缘集团与北安、九三分公司所属旱田农场基地的一体化运行和资本链接，要打造全产业链经营模式。推进农服集团与分公司、农（牧）场建立紧密科学的利益联结和分配机制，搞好北安、牡丹江2个区域农业综合服务中心的试点，做好北大荒集团与黑河等地（市）垦地共建、辐射地方的合作典范。畅通农业投入品统供、农业服务、农产品统营渠道，促进“双控一服务”的落地实施。

六要培育北大荒精英企业家团队。要坚持“对党忠诚、勇于创新、治企有方、兴企有为、清正廉洁”的国有企业领导人员标准，以强化忠诚意识、拓展世界眼光、提高战略思维、增强创新能力、锻造优秀品质为重点，积极培育高素质专业化的企业家团队。北大荒的高管和所有企业家团队要有中流击水、浪遏飞舟的胆量和豪气，要勇立潮头，创新创造，在经营措施和管理手段上创出亮点、创出成效。大力推行企业经理层任期制管理，加大市场化选聘力度。要落实“三个区分开来”的要求，坚持公私分明、功过厘清，要制定尽职尽责合规免责的事项清单。打造北大荒奋进向上、积极健康、阳光简单的企业文化，坚持推行“三要”——要执行、要速度、要结果，“三不”——不走四方步、不当老好人、不做老油条，“三真”——讲真话、干真事、出真照。要切实提高执行力，强化战斗力，要培育北大荒新时期有精气神的战斗型企业家团队，让北大荒的精气神成为北大荒建设农业航母的重要精神保障。

（三）聚焦短板弱项瓶颈，强化管理攻坚，快速提升企业整体盈利能力。要树立盈利是企业发展第一要务的管理理念，坚持问题导向、结果导向和目标导向，聚焦短板弱项，实行“一企一策、精准攻坚”。要坚决的界定主业，炼就各企业核心武功。要强化健身瘦身，加强财务管控，做好控债化债，提升资本运营能力，堵住“出血点”，创造“增效点”，坚决做到刹车、止血、疗伤。要坚决做好重点企业脱困攻坚战，确保三年坚决消灭亏损，集团整体实现扭亏增盈。

一要全面推行主业界定。各直属企业要按照已经核定的主业界定范围，立即清理不具备竞争优势、缺乏发展潜力的非主营业务，坚决遏制样样通、样样松。要做强做精主业，围绕核心的业务，延长产业链上下游，深耕行业市场，打造企业独门绝技，提升核心竞争力、行业影响力、市场控制力。在各分公司、农（牧）场同步推行主业界定，根据不同的资源禀赋、产业基础、人才状况等实际情况，合理界定分公司和农（牧）场主责主业。在聚焦土地资源经营的基础上，盘活农场的林地、草原、水面等耕地以外的资产，并围绕土地主业抓好经营，增加利费以外收入，提升自身经营能力，在确保农业生产和粮食稳产的基础上，各农（牧）场要主动与龙头企业合资合作，向仓储、食品加工、文旅转型升级。

二要坚决压缩管理层级和瘦身健体。各直属企业包括部分农（牧）场必须坚决压缩管理层级和瘦身，坚持以企业为主体、市场为导向，有进有退，主业要有所为、非主业不可为，年内完成压减企业户数减少235家，商贸集团管理层级控制在四级以内，其他企业管理层级控制在三级以内，实现瘦身健体，减少管理半径，提升管控能力，防止企业管理失控。操作过程中要严格程序，谨防国有资产流失，要警惕借瘦身健体和压缩层级输送利益、内外勾结、豁免债务。要强化对现有外部参股投资的管理，坚决纠正投而不管的现象，坚决清理虚假投资、挂靠经营等不规范行为，要坚决依法履行股东职责，切实防止只投不管、只生不养。要对参股企业进行全面梳理，核实分析参股企业的收益情况，对满3年不分红、长期亏损或非持续经营无关主业的参股企业，要进行价值评估，属于低效无效的要决心清理，属于战略性持有和处于培育期的要密切跟踪监督，决不能放手不管。要规范"北大荒"字号等无形资产管理，包括商标、品牌、专利等一系列无形资产，要按照国务院国资委文件要求，未经特许审批，不得将字号、经营资源和特许经营许可权提供给参股企业使用，有效维护北大荒的权益和品牌价值。

三要强化财务管控。要持续健全和完善北大荒集团化财务体系，实现预算体制调整的有效衔接，畅通争取国家政策资金的通道。要尽快确立集团与各分子公司分配关系，建立以股权为纽带的利益分配机制。继续完善全面预算管理体系，进一步压缩非生产性支出，初步建立预算监督执行和评价体系。今年，要全力推进财务公司的组建，要立即成立专班，设置独立机构，选调金融机构的专业人员，倒排工期，挂图作战，确保年底之前完成财务公司组建。要继续推进货币资金集中管理，实现"纵横覆盖"，发挥货币资源的价值创造能力。要持续推进融资贷款管理工作及贷后监管，优化融资结构，扩大融资储备规模，有效抵御资金风险。要初步完成财务数字化系统建设，财务预测、财务分析、财务预警的能力，2021年要明显增强，要推进北大荒财务从传统会计向管理会计转型。要持续加强财务队伍的建设，选好配强各级财务人员，要把对下属单位财务负责人垂直管理制度落到实处，上半年要开展对各分公司、直属企业、直属事业单位财务负责人的评估考核、优化交流，要继续完善会计基础工作，有效发挥财务的监督职能。

四要持续做好控债化债。严控债务新增红线，要建立大额举债报批制度，杜绝集团下属企业私自担保和串用贷款，要确保集团债务增量下降。坚持多措并举，通过采取债转股、账外资产入账、自然资源资产化、数字资源资产化等措施降低北大荒整体负债率，优化资债结构，严禁各分公司、农（牧）场、龙头企业大额举债进行固定资产投资，严控短贷长投，严控拍脑袋、想当然、凭感觉就上项目。要重点做好历史欠款的清欠，拟定清欠化债的政策制度，严格兑现奖惩，打通处置呆死账的通道。强化企业现任一把手清欠是第一责任人责任，要确保新官理旧账。年内，龙头企业所有新任领导上任以来的应收账款要100%清收，不允许新任领导在本人任期内产生新的超期应收账款。重点直属企业尤其重点亏损企业要把清欠办要作为常设机构，清欠办工作人员必须全部专职，要把真金白银转化成的应收账款应收尽收，清欠办主任要由企业总经理助理兼任，进一步提升清欠的决心和力度。对造成欠款的当事主要领导、分管领导和经办人，要落实责任倒查。有关当事人、责任人仍在岗的，要停止工作，只发基本薪酬，专职进行清收欠款；当事人、责任人已经离任，但仍在垦区其他单位任职的，要停止现岗位工作，回原单位清欠，清欠结束后继续回任职单位；有关当事人、责任人已调离垦区或退休的，要深挖失职、渎职和违法违纪线索，发现违法违纪问题的，一律移交。

五要提升资本运营能力。要大力做好垦丰种业、丰润生物上市的准备，确保如期通过证监会发审委审核。加快推进完达山、九三食品、通用航空的上市进程，要建立上市企业储备库，所有新组建企业全部按照上市标准做运行和管理，为将来上市做好准备。要强化集团现有金融类企业的盈利获利能力，要加强"一体两翼"的落地；资本能力中，北大荒农业股份要强化市值管理，近期要拿出农业股份市值管理方案，增强北大荒资本市场直接融资能力；阳光农业相互保险公司要加快域外市场拓展，不仅为黑龙江土地承保，更要为全国18亿亩土地承保，要大力推广"保险+期货"的业务模式，提升保险获利能力，近期要拿出为全国耕地服务的全国扩展计划；北大荒投资控股公司要进一步提升投资盈利能力，要尽快解决全力消化历史上的投资损失；北大荒国际资产公司要快速提升国际大宗商品交易能力和资本运营能力。

六要坚决盘活低效资产。要对现有资产进行全面核查，摸清底数，建立低效、闲置资产的档案。根据不同资产类别，综合采取资产租赁、资产重组、资产托管、合资合作、技术升级等多种方式激活低效和闲置资产，要牢记低效和闲置资产就不是资产，要实现资产有效高效配置和合理利用。对无效资产要考虑合法拍卖，及时处置。要深入推进“僵尸企业”处置，盘活利用所有低效、闲置和无效资产。

三、抓好当前重点工作

2021 年是“十四五”开局之年，做好 2021 年的工作对北大荒新时期发展意义重大。集团上下要立即行动，扎实做好重点工作，为全年目标任务的实现开好头、起好步，为“十四五”高质量成长打下坚实基础。

（一）持续做好常态化疫情防控工作。当前，我省全域降为低风险地区，但国际国内疫情尚未结束，防控不可大意。各级各单位要进一步提高政治站位，把职工群众生命安全和身体健康放在至高无上的位置，把疫情防控工作作为重点工作来抓，严格落实责任，坚决做到守土有责、守土尽责。

（二）突出做好备春耕生产准备工作。要突出抓好土地发包、结构调整、农资准备、技术培训、农业社会化服务、市场营销等重点环节，高标准、高质量做好备春耕工作。要落实农业“三减”，扩大绿色种植面积。落实农业技术标准化，实现全作物、全面积、全过程、全方位的“标准化生产全覆盖”。要逐步实现“农机智能化全覆盖”。要坚持科学规划，加快高标准农田建设。要继续抓好秸秆禁烧工作，实现垦区“零火点”的工作目标。

（三）重点强化政策对接和项目储备工作。为应对疫情影响，中央出台了一系列重大项目建设、促进稳投资的政策，这些政策含金量高、操作性强。我们一定要利用好这些政策，尤其是金融、财务、成本的降低，各种资金政策补贴，五险一金的减免及缓交工作，各农（牧）场、龙头企业一定要抓住这个机会，降低财务费用，减少管理费用支出。要重点关注“一带一区三要害”的工作，充分发挥北大荒国家队优势，主动对接、积极争取。要对接国家和省里的“十四五”规划，把北大荒发展融入到地方政府规划当中。积极储备实施一批项目，加快补齐我们的短板，紧紧围绕“1213”工程体系，聚焦重点领域、关键环节，要谋划出一批全局性、标志性的重大项目，进一步夯实大基地、打造大企业、培育大产业。

（四）坚决抓好安全稳定工作。坚持“有责要担当、失责必追究”，全力抓好安全生产和社会稳定，特别是“两会”即将到来，要真切的抓好“两会”期间信访稳定工作。严格落实好安全生产主体责任体系，要切实做好安全防范工作，坚决防范和遏制较大及以上生产安全事故。加强社会治安综合治理。

同志们，蓝图绘就，正当扬帆破浪，重任在肩，更需策马扬鞭。让我们在集团党委的坚强领导下，以我以我血荐轩辕的勇气，以不破楼兰誓不还的决心，同心同德、真抓实干、攻坚克难、开拓创新，持续深化改革，努力开创高质量发展新局面，为早日全面建成农业领域航母而努力奋斗！

北大荒农垦集团 2020年经济和社会发展统计公报

2020年，北大荒集团持续深入学习贯彻落实习近平总书记对垦区两次“特指性”重要讲话和重要指示精神，按照党中央、国务院和省委省政府、财政部、农业农村部的部署要求，加快推进改革进程；立足新发展阶段，贯彻新发展理念，构建新发展格局，扎实做好“六稳”工作，落实“六保”任务，紧紧围绕“三大一航母”战略和“1213”工程体系建设总体布局，聚焦主业主责，强化管理，补短板、锻长板，不断提高企业竞争力、创新力、控制力、影响力和抗风险能力，在“稳”中夯实了经营基础，在“进”中实现转型发展，高质量发展迈出新步伐。

一、综合

北大荒整体实力进一步增强。2020年，集团各级积极应对复杂多变的国内外经济形势和常态化疫情防控的双重挑战，精准施策，靶向发力，北大荒集团运行质量企稳向好。全年实现营业总收入1423.32亿元，比上年增长15.38%；实现利税总额35.62亿元，比上年增长43.92%，其中利润总额13.14亿元，增长329.41%，上缴税金22.48亿元，增长3.64%；资产负债率77.68%，比上年下降1.5%；年末资产总额2164.31亿元，比上年增长8.73%；年末所有者权益483.18亿元，比上年增长16.6%；实现集团企业增加值493.8亿元，同比增长5.7%；粮食产量426.8亿斤，实现“十七连丰”；职工家庭人均可支配收入达到27877元，同比增长7.3%；全年完成固定资产投资94.5亿元，同比增长43.8%；“北大荒”品牌价值达到1028.36亿元，比上年增加239.18亿元，增长30.31%，位列“中国500最具价值品牌排行榜”第50位，持续领跑中国农业第一品牌。位列“亚洲品牌500强排行榜”第90位；首次进入“世界品牌500强榜单”，位列第430位。“北大荒”品牌在国内国际上的美誉度和影响力不断增强。

产业呈不均衡发展态势。在集团企业增加值中，第一产业增加值356.9亿元，同比增长5.7%，占比72.3%。第二产业增加值45.2亿元，同比增长16.2%，占比9.2%。第三产业增加值91.6亿元，同比下降0.5%，占比18.5%，其中交通运输业增加值3.3亿元，下降17.0%，占集团企业增加值（以下占比同此）0.7%；批发和零售业增加值6.8亿元，下降9.5%，占比1.4%；卫生和社会业增加值20.8亿元，增长1.0%，占比4.2%；农林牧渔专业及辅助性活动增加值26.7亿元，增长12.2%，占比5.4%。三次产业结构为72.3∶9.2∶18.5，其中，第一产业比重同比上升2.7个百分点，第二产业比重同比上升1.2个百分点，第三产业比重同比下降3.9个百分点。

二、农、林、牧、渔业

农业的支撑作用更加凸显。2020年，集团上下克服新冠疫情和低温降雪等不利影响，充分发挥科技的力量，运用“云”上备耕、智能化催芽、无人化插秧等科技措施，抢农时，上科技，保春种，291.1万公顷农作物总播种面积全部播种在高产期，比上年增长0.3%，粮食种植面积达289.3万公顷，比上年增长0.5%。其中“三大主栽”作物水稻、玉米、大豆分别为153.0万公顷、52.4万公顷和80.2万公顷，占粮食作物面积的比重达98.7%，为垦区粮食产能的稳固奠定了基础。深入实施藏粮于地、藏粮于技战略，广泛应用增产技术措施，充分发挥机械化、智能化优势抗灾夺丰收，粮食综合单产实现7375.4公斤/公顷，粮食总产量为213.40亿公斤，当年为国家提供商品粮202.75亿公斤，粮食商品率达95.0%，分别占全国和黑龙江省粮食总产量的3.2%和28.5%。

历经74年的开发建设，垦区已累计生产粮食

4554.0 亿公斤，累计向国家交售商品粮 3838.5 亿公斤。北大荒在保障“中国粮食，中国饭碗”、当好国家粮食安全“压舱石”的重要地位更加突出。

绿色农业发展步伐加快，“两品一标”和重要产品质量追溯工作扎实推进。2020 年，垦区全年绿色食品作物种植面积 124.64 万公顷，占垦区种植面积 42.82%；有机食品作物认证面积 18.73 万公顷，占垦区农作物种植面积 6.43%。绿色食品获证企业 154 家，有效使用绿色食品标志产品数 365 个；有机农产品企业 115 家，有机农产品达到 384 个。到 2020 年末，垦区累计获得国家地理标志农产品 12 个，创建全国绿色食品原料标准化基地 38 个。垦区农产品质量追溯系统覆盖规模逐年扩大，实现稻米产品质量追溯全覆盖。2020 年垦区累计有全程建立农垦农产品质量追溯企业数量达到 91 家，分布在垦区 9 个分（子）公司农牧场和集团直属企业，追溯产品种类涵盖谷物、蔬菜、水果、畜禽肉、奶粉、种子、豆酱、蜂蜜、豆油等 9 大类 100 余个品种。

表 1　2020 年主要农产品产量

产品名称	产量（万吨）	比上年增长（%）
粮　食	2134.0	5.3
其中：水　稻	1386.5	3.9
小　麦	1.6	22.2
玉　米	523.5	3.7
大　豆	206.3	19.0
杂　豆	2.9	15.0
马铃薯（折粮）	7.3	23.6
油　料	0.1	-16.0
亚　麻	0.4	-10.3
蔬　菜	6.2	-22.3
瓜　类	4.8	-10.0
饲料作物	24.9	-37.8

林业产业快速发展。全年完成造林绿化面积 2.4 万亩，经济林达到 19.77 万亩，林药种植 7.55 万亩，食用菌当年生产 3068.8 万袋，林下经济总产值达 5.5 亿元。2020 年完成三江平原退耕还湿整改地块面积 5.44 万亩，三年来累计完成三江平原退耕还湿面积 15.82 万亩，完成了整改任务，涉及林草行业的 8 项中央环保督察问题全部完成整改及销号。完成自然保护地整合优化阶段性工作，共撤销垦区权限管理保护地 6 处，调出保护区内耕地 275.4 万亩。

畜牧业仍处在恢复发展阶段，全年实现增加值 37.9 亿元，比上年增长 2.3%。年末垦区“两牛一猪一禽”存栏“三增一降”，黄牛 8.2 万头、奶牛 10.2 万头、生猪 60.6 万头和家禽 769.5 万只，分别比上年增长 13.9%、-4.5%、4.1%和 64.7%；全年肉蛋奶产量分别为 22.7 万吨、2.8 万吨和 39.3 万吨，分别比上年增长-7.9%、7.3%和 6.2%。2020 年启动实施了“奶牛单产 12 吨提升行动”，扎实推进粮改饲试点建设，奶牛平均单产水平明显提高；全面落实国家惠农政策，获得农牧民补助奖励资金、高产优质苜蓿示范建设项目补助资金、畜禽粪污资源化利用（整县推进）项目建设资金共计 15835 万元。

渔业平稳发展。年末淡水养殖面积 2.52 万公顷，水产品产量 2.1 万吨，比上年增长 2.2%。

农业基础设施继续强化，现代化水平显著提高。年末垦区累计建成高标准良田 183.1 万公顷；有效灌溉面积达 159.5 万公顷，其中节水灌溉面积 39.2 万公顷。现有粮食处理中心 369 座，种子加工厂 41 个，水泥晒场 3880 万平方米，农用飞机场 66 处。集团自有粮食仓储能力达到 1514 万吨。农机装备能力显著提升。截至 2020 年末，主要农作物耕种收综合机械化水平 99.7%，农用机械总动力 1237.4 万千瓦，比上年增长 8.9%；农用大中型拖拉机 9.6 万台，增长 6.6%，其中 100 马力以上拖拉机 15401 台，增加 3560 台；机动水稻插秧机 9.2 万台，增长 6.8%；联合收获机 4.7 万台，增长 10.3%。现有飞机 110 架，其中农用飞机 77 架，航化作业面积 176.3 万公顷，增长 13.6%。建立了 10 个农机转型升级示范区，推动农业生产全程机械化向智能化迈进，继续引领、示范全国农业现代化发展方向。2020 年推广水稻辅助直行插秧面积 42.1 万亩，智能变量喷药作业面积 72 万亩，智能化轨道运输总长 2527.6 公里、辐射面积 216.2 万亩。开展全程无人化农场项目试验，形成智慧（无人化）农场群 6 个，示范应用无人农机装备 74 台套，无人化作业面积 1.6 万亩。

三、工业和建筑业

工业生产快速增长，高质量发展的意识增强。2020 年集团实现工业增加值 40.0 亿元，同比增长

11.9%。其中产业化龙头工业企业增加值34.7亿元，增长14.1%，占比为86.9%。

从行业门类看，制造业增加值36.6亿元，增长13.1%，占全部工业增加值的91.5%（以下所有占全部的比重简称占比）；电力、热力、燃气及水的生产和供应业增加值3.4亿元，增长6.5%，占比为8.5%。

从轻重工业看，轻工业增加值37.0亿元，增长13.5%，占比为92.5%；重工业增加值3.0亿元，增长4.0%，占比为7.5%。

从国民经济行业小类看，谷物磨制业增加值-0.7亿元，同比下降44.8%；食用植物油加工业增加值25.1亿元，增长21.4%，占比为62.8%；乳制品制造业增加值7.8亿元，增长8.4%，占比为19.5%；淀粉及淀粉制品制造业增加值0.4亿元，下降0.03%，占比为1.0%；豆制品制造业增加值0.1亿元，下降18.6%，占比为0.3%；化学药品原料药制造业增加值1.0亿元，增长9.7%，占比为2.5%；热力生产和供应业增加值2.7亿元，增长2.0%，占比为6.8%；自来水生产和供应业增加值0.7亿元，增长7.8%，占比为1.8%。

表2　2020年主要工业产品产量

指标名称	计量单位	产　量	比上年增长（%）
小麦粉	万吨	2.6	72.4
大米	万吨	31.6	23.4
食用植物油	万吨	173.2	43.5
乳制品	万吨	29.5	9.3
其中：乳粉	万吨	3.0	28.8
其中：液体乳	万吨	26.5	7.4
软饮料	万吨	3.8	-11.4
豆粕	万吨	667.9	33.4
豆制品	万吨	1.4	-48.2
发电量	亿度	3.4	1.1
热力	亿千焦	143261.7	91.1
淀粉	万吨	7.9	4.9

从产业化经营看，北大荒集团拥有11户国有及国有控股的国家级和省级农业产业化龙头企业，其中，工业企业8户，贸易企业3户；国家级企业3户（工业），省级8户；直属企业9户，农场属企业2户。2020年集团控股企业的粮食加工转化能力达到1473万吨，处理鲜奶能力73.2万吨；集团参股企业的生猪屠宰能力350多万头，白羽鸡屠宰能力6000多万只。

工业企业效益提升。国有及国有控股企业全年实现营业总收入612.7亿元，比上年增长26.5%；其中产业化龙头企业实现营业总收入541.0亿元，比上年增长14.1%。实现利润-5.2亿元，比上年减亏0.2亿元，增长3.7%；其中产业化龙头企业实现利润-0.8亿元，比上年减亏1.7亿元，增长68.0%。

建筑业稳步发展。2020年集团实现建筑业总产值36.5亿元，比上年增长7.8%，其中：在系统外完成产值15.3亿元，比上年下降24.1%。当年新开工的单位工程施工个数132个，比上年减少61个。当年单位工程竣工个数90个，比上年减少195个。年内房屋建筑施工面积和竣工面积分别达到10.1万平方米和9.3万平方米，分别比上年下降78.4%和71.3%。实现利税2.6亿元，增长40.6%。资产总额77.1亿元，增长26.7%。

四、固定资产投资

固定资产投资增长较快。全年完成集团口径固定资产投资总额94.5亿元，同比增长43.8%。从用途上看，生产性建设投资76.6亿元，增长52.2%；非生产性建设投资17.9亿元，增长16.2%。从产业投向上看，第一产业完成投资51.6亿元，增长59.8%，占54.6%；第二产业完成投资7.9亿元，增长108.2%，占8.4%，其中工业完成投资7.8亿元，增长133.9%，占8.2%；第三产业完成投资35亿元，增长43.8%，占37%。从投资规模上看，其中500万元及以上项目完成投资53.4亿元，同比增长97.3%，亿元以上项目完成投资16.9亿元（三江平原青龙山灌区重点产业项目当年完成投资13.3亿元），同比增长66.2%。

五、交通和通信业

公路建设扎实推进。全年完成交通建设投资2.8亿元，增长27.3%。危桥改造计划项目56项1688延米；完成公路生命防护工程建设规模120公里；农村公路养护补贴里程15555公里；垦区公路硬化里程达到11491公里，为垦区新农村建设做出了突出贡献。

通信事业持续发展。年末农垦通信拥有通信线路23555公里，比上年增加1.06%，其中：光缆线路总长度22524皮长公里，比去年增加444皮长公里；市话电缆总长度 1031 皮长公里，比去年减少 197 皮长公里；传输设备总容量：23427G，互联网出口总容量 380G。拥有国内较先进的云计算(IDC)数据中心机房 3 个，分别设立在东、西、中部的红兴隆、九三和哈尔滨等分子公司（管理局），三个数据中心现运行使用 53 台服务器，共可承载服务器 300 台套。垦网固定电话用户 17.7 万部，比去年增加 190 户。互联网宽带用户 15.95 万户，垦网户均互联网宽带普及率 31.22%。

六、国内贸易和对外经济

国内贸易稳步发展。2020 年集团贸易企业实现销售总额 690.8 亿元，比上年增长 20.4%，其中，批发业销售额 661.2 亿元，增长 20.4%；零售业销售额 29.6 亿元，增长 20.3%。在贸易销售总额中，其中线上交易额 4.77 亿元，比上年增长 71.1%。

对外贸易总额高速增长。全年实现自营进出口总额 36.2 亿美元，比上年增长 52.3%，其中，出口总额实现 0.8 亿美元，比上年下降 10.3%；进口总额实现 35.4 亿美元，比上年增长 54.8%。

招商引资和对外经济贸易合作持续发展。全年签订国内经济技术合作项目 52 项，引进外部投资 27.3 亿元，增长 81.6%。受新冠疫情影响未与国外开展项目合作。进一步深化与中信、中化、招商局等央企交流合作。合作内容包括共同编制战略发展规划、成立合资公司开展合作业务、拓宽线上市场推进网销合作、共筹基金携手进入资本市场、达成资本授信、并购合作、金融咨询、证券承销保荐等。

“走出去”工作稳中有降。2020 年垦区主要与俄罗斯、澳大利亚、泰国、老挝、美国、香港等国家和地区开展对外投资合作项目，种植品种有大豆、玉米、水稻、大麦、小麦、油菜籽等 6 种作物，境外开发土地面积 72.1 万亩，种植面积 58.73 万亩，比上年减少 13.76 万亩，粮食产量 8.51 万吨。

“营销”工作开创了新局面。展现了在所有企业经营活动的“龙头”作用，引领产业公司与基地农（牧）场签署订单种植协议 202 份、面积 1442 万亩。加快了营销体系建设，组织建立了垦区内绿色智慧厨房专营店已有 61 家试运营，73 家通过设计审核；新组建的北大荒食品集团整合了食品产业资源，逐步打造成北大荒绿色食品产业板块；“北大荒绿色智慧厨房”通过产品榜单融合，汇集北大荒集团旗下 8 个品项 40 个品类 1000 余种绿色安全优质产品，形成“大企业+大产业+大基地”联动模式，全年组织北大荒集团旗下企业参加各类展会近 20 场次，拓展了渠道、推广了产品。疫情期间，集团营销部组织产业公司先后发往北京、湖北、大连等地大米 2 万多吨、玉米 6100 吨、豆粕 4295 吨。

七、科技、教育、卫生

科技事业成果丰硕。2020 年末，集团共有各类科技园区 4 个，其中：国家级农业科技园区 1 个、省级农业科技园区 3 个；共有各类科技创新平台 21 个，其中：国家级工程技术研究中心 2 个、省级工程技术中心 5 个，国家级农业产业技术体系功能研究室 1 个、综合试验站 6 个，省部重点实验室 2 个，院士工作站 1 个、博士后科研工作站 3 个，生产力促进中心 1 个。农业科技进步贡献率达到 76.28%，比 2015 年提高 8.08 个百分点。集团全年 R&D 投入经费 32601 万元，其中获得国家级科技项目经费 6020 万元。全年组织实施省级以上科技项目 27 项，其中：有 3 项省“百千万”工程科技重大专项课题，集团重点科研项目 40 个课题，农技推广和试验示范项目 8 大类 69 个；获黑龙江省科技奖励 5 项，评选总局科技进步奖 29 项。全年培训高素质农民培训 7960 人；全年专利申请数 129 项、获批专利 68 项，共有有效专利 374 项。

教育事业健康发展。年末垦区共有各类中高等学校 8 所。其中，普通高等院校 2 所，招生 0.6 万人，在校生 1.8 万人，毕业生 0.4 万人；成人高等院校 1 所，招生 0.004 万人，在校生 0.01 万人，毕业生 0.01 万人； 中等职业教育学校 5 所（4 所全日制学校，1 所成人农广校），招生 0.07 万人，在校生 0.3 万人，毕业生 0.2 万人；幼儿园 107 所，在园幼儿 1.6 万人。

医疗卫生服务保障体系不断完善。年末垦区共有各级各类医院 124 所，其中，集团（总局）总医院 1 所，分公司（管理局）中心医院 7 所，神经精神病专科医院 1 所，疗养院 1 所，农场级医院（挂社区卫生服务中心牌子，承担社区卫生服务功能）114 所。共有卫生技术人员 13815 人，其中医生 5024 人，执业医师和执业助理医师 4453 人；护士 4925 人，注册护士 4854 人。拥有住院床位和观察床位 12466 张。每千人拥有医生 3.0 人，每千人拥有医院床位 7.4 张。

八、社会保障和环境保护

社会保障事业平稳运行。年末垦区参加企业基本养老险 95.3 万人，其中，在职参保缴费 44.7 万人，离退休人员 50.58 万人，全年养老保险基金支出 156.34 亿元，比上年增长 8.72%；参加机关事业保险养老保险 5.4 万人，其中参保职工 2.6 万人，离退休人员 2.8 万人，全年养老保险基金支出 17.38 亿元；参加城镇社会养老保险 1.24 万人，其中，享受待遇人数 0.76 万人；参加生育保险 30.9 万人，参加基本医疗保险 135 万人，其中参加职工医疗保险 77 万人，参加居民医疗保险 58 万人，全年医疗保险基金支出 26.2 亿元；参加失业保险 28.2 万人，全年失业基金支出 5.8 万元；参加工伤保险 31.2 万人，全年工伤保险基金支出 6458 万元。

保险事业稳步发展。全年实现保费收入 37.9 亿元，同比增长 13.3%。其中：农业保险保费收入 31.3 亿元，同比增长 12.1%，种植业保险承保面积 10325.4 万亩，同比增长 29.7%；养殖业保险承保数量 6429.1 万头（只），同比增长 209.6%；财产保险保费收入 6.6 亿元，同比增长 19.6%。全年赔付金额 27.7 亿元，比上年下降 34.2%，其中：农业保险赔付金额 24.6 亿元，下降 36.5%；受益农户户次 92.15 万户次。财产保险赔付金额 3.2 亿元，下降 8.5%。

资源环境保护力度加大。年末垦区已建各级各类自然保护区 16 个，总面积 51.5 万公顷，占垦区土地总面积的 9.3%。继续加强农垦环境保护和自然生态保护工作，2020 年垦区累计建成国家级生态文明建设示范区 1 个，国家级生态局 1 个，国家级生态场 53 个；省级生态示范区 1 个，省级生态局 5 个，省级生态场 107 个，基本构筑起国家商品粮和农产品生态安全基地。开展黑土保护行动，积极推动秸秆还田与规模养殖场畜禽粪污综合利用相结合，年末秸秆还田利用率 97.8%，畜禽粪污综合利用率 92.82%，规模场粪污处理设施装备配套率已完成国家和省里的任务指标；耕地休耕制度试点补贴面积 49.4 万亩、耕地轮作制度试点补贴面积 193 万亩，比上年增加 15.3 万亩；落实农业“三减”示范面积 1592 万亩，比上年增加 229 万亩，每亩平均减肥量 1.9 公斤、每亩平均减农药量 4.2 克。

九、人口与人民生活

人口持续减少。据农垦第七次全国普查摸底数据初步显示，2020 年末常住总人口 148.2 万人，比上年末减少 14.1 万人，下降 8.7%。其中，农场人口 127.7 万人，占总人口的 86.2%。年末垦区户籍人口 149.9 万人，比上年减少 0.4 万人。

职工工资水平稳步增长。年末全部在岗职工 26.2 万人， 比上年下降 2.6%，其中，农林牧渔业在岗职工 19.6 万人，下降 3.2%；在岗职工平均工资为 38036 元，同比增长 6.9%，其中，农林牧渔业在岗职工 29373 元，同比增长 7.0%。

职工群众生活水平稳步提高。职工家庭人均可支配收入增速连续五年保持在 6%以上，2020 年达到 27877 元，同比增长 7.3%。其中，工资性收入 6425 元，增长 6.9%，经营性净收入 12983 元，增长 15.2%，财产性净收入 538 元，增长 10.5%，转移性净收入 7931 元，下降 3.5%。脱贫攻坚取得决定性成果，脱贫攻坚目标任务全面完成。32 个贫困农（牧）场全部实现脱贫摘帽，4733 户、8086 人全部稳定实现脱贫，贫困农场职工家庭人均可支配收入 24892 元，比上年增长 9.1%，高于农（牧）场平均水平 1.8 个百分点。

居民居住条件和环境得到持续改善。年末，垦区居民住房面积达到 4683.9 万平方米， 比上年增长 0.7%，人均住房面积 33.4 平方米，增长 0.9%。

注：1.集团企业增加值、各产业和行业企业增加值及其构成项目绝对数按现价计算，增长速度按可比价格计算。

2.报告数据为初步统计数据，最终数据以《2021 黑龙江农垦统计年鉴》为准。

01 综合

1-1　垦区历年国民经济主要指标总量

指　　标	单位	1978	1980	1990	2000	2005	2010	2015	2018
一、年末总人口	**万人**	**166**	**156.7**	**155.4**	**157.5**	**158.6**	**167.3**	**167.2**	**165.6**
二、从业人员数	**万人**	**86.4**	**74.2**	**81.4**	**70.7**	**74.4**	**93.7**	**77.7**	**76**
#职　工	万人	80.9	68.5	73.1	43.4	34.5	37.9	37.5	32.8
三、生产总值	**亿元**	**9.7**	**11.3**	**40.2**	**145.7**	**269.8**	**688.1**	**1172.7**	**1083.8**
#第三产业增加值	亿元	2.6	2.4	9.9	42.6	70.9	171.1	375.7	462.6
四、工农业总产值	**亿元**	**16.3**	**18.7**	**71.6**	**211.4**	**495.7**	**1267.9**	**1793.4**	**1422.6**
五、固定资产投资									
1.全社会固定资产投资总额	万元	30651	43826	69629	219391	593665	2061482	1862754	958793
生产性建设	万元	21545	30897	54044	149840	396246	944962	1230632	637529
非生产性建设	万元	9106	12929	15585	69551	197419	1116520	632122	322254
#住　宅	万元	4099	2590	7916	17777	56095	807164	230756	112743
2.国有单位固定资产投资额	万元	30651	43826	63569	184210	421309	1346676	1304358	589377
六、企业主要财务指标(统营)									
1.固定资产净值	亿元	14.8	17.6	31.3	89.7	160.2	277.6	615	666
2.销售(经营)收入	亿元	14.7	22.8	65.7	111.8	207.8	639.1	1313	1160
3.利润总额	万元	-13110	13719	22646	16831	49384	71287	64662	24012
七、职工收入和消费									
1.职工工资总额	亿元	4.2	5.3	10.6	24.8	32.3	66.7	120.2	124.7
2.职工平均工资	元/人	518	763	1445	5593	9205	17639	32496	37755
3.垦区居民人均可支配收入	元/人	246	327	1217	3337	6179	13267	23855	28789
4.垦区居民人均消费支出	元/人			816	2511	3373	7761	11240	14844
八、农林牧渔业									
1.农林牧渔业总产值	亿元	10	13.2	44.9	144.0	279.7	693	957.4	784.9
2.主要农产品产量									
粮　食	万吨	234.6	324.9	460.3	814.1	1026.5	1818	2206.7	2279.6
油　料	万吨	0.9	0.3	6.4	7.7	11.4	2.2	0.7	0.5
蔬　菜	万吨	5.1	4.7	3.2	1.8	4.3	3.1	18.3	9.1
水　果	万吨		0.49	0.31	0.40	0.63	2.6	5.1	1.8
肉　类	万吨	6.3	5.1	3.5	10.0	32.4	52.8	22.9	27.4
牛　奶	万吨	2.5	1.9	21.9	28.0	82.5	89.3	37.5	37.6
水 产 品	万吨	0.19	0.17	0.69	1.21	1.90	2.58	3.36	3.15

注：垦区数据截至转制前2018年末。

1-1续表

指　标	单位	1978	1980	1990	2000	2005	2010	2015	2018
九、工　业									
1. 工业总产值	亿元	6.3	5.5	26.7	67.4	216.0	574.9	836.0	637.7
2. 主要工业产品产量									
原　煤	万吨	91.2	98.5	178.5	82.7	33.0	53.5	14.8	14.5
发电量	万度	13874	9464	47219	43917	51646	46779	121886	144159
水　泥	万吨	8.6	10.9	38.8	77.0	134.8	189.6	51.4	37.7
化　肥(实物量)	万吨	3.4	0.1	10.9	9.9	20.8	29.7	28.1	2.5
大　米	万吨	1.5	1.5	3.0	58.1	160.2	359.5	402.4	280.1
小麦粉	万吨	28.4	29.6	29.5	22.4	31.0	23.5	7.7	5.8
食用植物油	万吨	1.2	1.4	5.4	9.2	49.3	104.3	174.2	140
乳制品(含液体乳)	万吨	0.1	0.2	2.8	4.4	17.8	57.7	27.1	28.2
十、交通运输									
1. 货物周转量	万吨公里	42298	41435	30933	50882	126138	128706	176074	109090
2 .旅客周转量	万人公里			29178	29378	52308	63114	61230	29581
十一、国内商业									
1. 商品销售总额	亿元			14.0	90.3	110.1	400.4	943.0	770.4
2. 社会消费品零售总额	亿元	3.5	4.2	12.0	35.4	58.8	116.7	217.8	266.2
十二、对外贸易									
进出口总额	万美元		5669.8	11174.9	6998.1	46100	205359	250241	315434
进口额	万美元			912.0	229.2	21800	143995	185210	305144
出口额	万美元		5669.8	10262.9	6768.9	24300	61364	65031	10290
十三、教育文化									
1. 在校学生数									
高等学校	人	1225	1396	3030	7933	20659	29054	30135	28196
中等专业学校	人	992	2131	3070	8080	7221	3189	6026	2632
普通中学	万人	14.7	14.9	11.6	13.8	13.9	11	7.1	6.8
小　学	万人	26.9	27.8	16.9	14.6	12.8	9.7	5.9	5.2
2. 出版数量									
杂　志	万册	10.8	9.0	37.9	11.0	7.8	22.0	31.2	20.5
报　纸	万份	756.4	680.6	688.6	1650	1269.0	1829.1	1807.0	1750.0
十四、卫　生									
卫生机构床位数	张	9197	9677	9324	7838	7352	11416	11443	12177
卫生技术人员	人	17331	16324	14903	11487	10103	12143	12483	13570
#医　生	人	3852	4882	7628	6392	6347	8333	5891	5801

注：垦区数据截至转制前2018年末。

1-2　垦区历年国民经济主要指标发展速度

单位：%

指　标	发展速度(2018年为以下各年)						平均年增长速度	
	1978	1980	1990	2000	2005	2010	1978–2018	2000–2018
一、年末总人口	**99.6**	**105.7**	**106.6**	**105.1**	**104.4**	**99.0**	**-0.01**	**0.28**
二、从业人员数	**88.0**	**102.4**	**93.4**	**107.5**	**102.2**	**81.1**	**-0.32**	**0.40**
#职　工	40.5	47.9	44.9	75.6	95.1	86.5	-2.23	-1.54
三、生产总值	**3962.7**	**3416.5**	**1519.8**	**688.0**	**381.0**	**199.5**	**9.64**	**11.31**
#第三产业增加值	4653.4	4762.1	2338.1	898.8	535.4	275.7	10.08	12.97
四、固定资产投资								
1. 全社会固定资产投资总额	3128.1	2187.7	1377.0	437.0	161.5	46.5	8.99	8.54
生产性建设	2959.1	2063.4	1179.6	425.5	160.9	67.5	8.84	8.38
非生产性建设	3538.9	2492.5	2067.7	463.3	163.2	28.9	9.33	8.89
#住　宅	2750.5	4353.0	1424.2	634.2	201.0	14.0	8.64	10.81
2. 国有单位固定资产投资额	1922.9	1344.8	927.1	319.9	139.9	43.8	7.67	6.67
五、企业主要财务指标								
1. 固定资产原值	4928.9	4351.5	2396.3	837.4	467.4	226.7	10.23	12.53
2. 固定资产净值	4500.0	3784.1	2127.8	742.5	415.7	239.9	9.98	11.78
3. 销售(经营)收入	7891.2	5087.7	1765.6	1037.6	558.2	181.5	11.54	13.88
4. 利润总额	383.2	175.0	106.0	142.7	48.6	33.7	3.42	1.99
六、职工收入和消费								
1. 职工工资总额	2969.0	2352.8	1176.4	502.8	386.1	187.0	8.85	9.39
2. 职工平均工资	7288.6	4948.2	2612.8	675.0	410.2	214.0	11.32	11.19
3. 垦区居民人均可支配收入	2511.0	2279.9	1259.5	712.5	410.7	220.9	8.39	11.53
4. 垦区居民人均消费支出			1819.1	591.2	440.1	191.3		10.38
七、农林牧渔业								
1. 农林牧渔业总产值	1474.8	1116.2	639.3	351.0	216.1	126.6	6.96	7.22
2. 主要农产品产量								
粮　食	971.7	701.6	495.2	280.0	222.1	125.4	5.85	5.89
油　料	55.6	166.7	7.8	6.5	4.4	22.7	-1.46	-14.09
蔬　菜	178.4	193.6	284.4	505.6	211.6	293.5	1.46	9.42
水　果		367.3	580.6	450.0	285.7	69.2		8.72
肉　类	434.9	537.3	782.9	274.0	84.6	51.9	3.74	5.76
牛　奶	1504.0	1978.9	171.7	134.3	45.6	42.1	7.01	1.65
水 产 品	1657.9	1852.9	456.5	260.3	165.8	122.1	7.27	5.46

注：1.生产总值、人均可支配收入、农林牧渔业总产值、工业总产值的发展速度和平均年增长速度均按可比价计算。
　　2.垦区数据截至转制前2018年末。

1-2续表　　单位：%

指　标	发展速度(2018年为以下各年)						平均年增长速度	
	1978	1980	1990	2000	2005	2010	1978-2018	2000-2018
八、工　业								
1. 工业总产值	4090.8	4653.5	1628.4	907.9	314.4	146.0	9.72	13.04
2. 主要工业产品产量								
原　煤	15.9	14.7	8.1	17.5	43.9	27.1	-4.49	-9.22
发电量	1039.1	1523.2	305.3	328.3	279.1	308.2	6.03	6.83
水　泥	438.4	345.9	97.2	49.0	28.0	19.9	3.76	-3.89
化　肥(实物量)	73.5	2500.0	22.9	25.3	12.0	8.4	-0.77	-7.36
大　米	18673.3	18673.3	9336.7	482.1	174.8	77.9	13.97	9.13
小麦粉	20.4	19.6	19.7	25.9	18.7	24.7	-3.89	-7.23
食用植物油	11666.7	10000.0	2592.6	1521.7	284.0	134.2	12.64	16.33
乳制品(含液体乳)	28200.0	14100.0	1007.1	640.9	158.4	48.9	15.15	10.87
九、交通运输								
1. 货物周转量	257.9	263.3	352.7	214.4	86.5	84.8	2.40	4.33
2 .旅客周转量			101.4	100.7	56.6	46.9		0.04
十、国内商业								
1. 商品销售总额			5502.9	853.2	699.7	192.4		12.65
2. 社会消费品零售总额	7605.7	6338.1	2218.3	752.0	452.7	228.1	11.44	11.86
十一、对外贸易								
进出口总额		5563.4	2822.7	4507.4	684.2	153.6		23.56
进口额			33458.7	133134.2	1399.7	211.9		49.13
出口额		181.5	100.3	152.0	42.3	16.8		2.35
十二、教育文化								
1. 在校学生数								
高等学校	2301.7	2019.8	930.6	355.4	136.5	97.0	8.16	7.30
中等专业学校	265.3	123.5	85.7	32.6	36.4	82.5	2.47	-6.04
普通中学	46.3	45.6	58.6	49.3	48.9	61.8	-1.91	-3.86
小　学	19.3	18.7	30.8	35.6	40.6	53.6	-4.03	-5.57
2. 出版数量								
杂　志	189.8	227.8	54.1	186.4	262.8	93.2	1.62	3.52
报　纸	231.4	257.1	254.1	106.1	137.9	95.7	2.12	0.33
十三、卫　生								
卫生机构床位数	132.4	125.8	130.6	155.4	165.6	106.7	0.70	2.48
卫生技术人员	78.3	83.1	91.1	118.1	134.3	111.8	-0.61	0.93
#医　生	150.6	118.8	76.0	90.8	91.4	69.6	1.03	-0.54

注：垦区数据截至转制前2018年末。

1-3　垦区历年国民经济主要比例关系

单位：%

指　　标	1978	1980	1990	2000	2005	2010	2015	2018
一、生产总值三次产业比例								
第一产业	37.4	54.2	53.8	54.3	55.0	54.1	47.3	42.8
第二产业	35.6	24.5	21.6	16.4	18.7	21.4	20.7	14.5
第三产业	27.0	21.3	24.6	29.3	26.3	24.5	32.0	42.7
二、生产总值所有制结构比例								
公　　有				59.8	59.7	57.6	61.2	61.7
非 公 有				40.2	40.3	42.4	38.8	38.3
第一产业：公　有				75.5	77.6	74.2	83.8	90
非公有				24.5	22.4	25.8	16.2	10
第二产业：公　有				47	39.0	36.0	32.6	34.7
非公有				53	61.0	64.0	67.4	65.3
第三产业：公　有				38	37.0	41.5	46.2	42.5
非公有				62	63.0	58.5	53.8	57.5
三、社会总产出五大部门比例								
农林牧渔业	50.5	56.4	54.1	55.5	47.5	40.9	39.3	37.2
工　　业	31.9	23.8	32.1	26.4	36.4	35.0	35.1	31.6
建 筑 业	8.8	10.6	5.8	5.7	4.9	7.0	6.8	5.0
运输仓储和邮电业	1.7	2.0	1.8	3.9	3.4	3.0	4.2	5.5
贸易和餐饮业	7.1	7.2	6.2	8.5	7.8	6.3	14.6	20.7
四、固定资产投资资金来源比例								
国家预算内投资	50.6	32.9	20.2	26.8	15.8	16.9	31.4	38.7
国内贷款			23.2	7.1	4.7	3.5	9.9	
利用外资				7.1	0.03	0.4	0.2	
自筹投资	46.1	67.1	46.3	51.1	67.3	56.9	35.2	40.2
其他投资	3.3		10.3	7.9	12.17	22.3	23.3	21.2
五、固定资产投资生产与非生产比例								
生产性建设	70.3	70.5	77.6	68.3	66.7	45.8	66.1	66.4
非生产性建设	29.7	29.5	22.4	31.7	33.3	54.2	33.9	33.6
#住　　宅			11.4	8.1	9.4	39.2	12.4	11.7
六、固定资产投资主要行业投资比例								
农林牧渔业	50.6	40.6	46.5	64.7	28.9	20.8	33.1	48.7
工　　业	20.1	20.4	31.6	11.7	37.9	6.6	7.4	12.5
交通运输、通信业	5.6	7.7	4.1	3.8	4.7	17.6	12.9	2.8
教育文化艺术和广电事业	1.8	3.6	3.7	3.7	5.8	2.4	2.1	1.4
科技事业		0.1	0.6	1.1	0.4	0.2	0.3	0.2

注：1.生产总值、社会总产出、工业总产值、农林牧渔业总产值的比例按现价计算。
2.2018年以前历史数据为垦区转制前的全社会口径数据。

1-3续表

单位：%

指　标	1978	1980	1990	2000	2005	2010	2015	2018
七、国有固定资产投资三次产业比例								
第一产业	50.6	40.6	46.5	58.0	30.6	20.8	34.7	52.0
第二产业	20.1	20.4	31.6	14.4	38.2	6.6	6.3	11.1
第三产业	29.3	39.0	21.9	27.6	31.2	72.6	59.0	36.9
八、公有固定资产投资农工比例								
农林牧渔业	50.6	40.6	46.5	58.0	45.2	75.1	85.5	83.1
工　业	49.4	59.4	53.5	42.0	54.8	24.9	14.5	16.9
九、工农业总产值农轻重比例								
农林牧渔业	61.3	70.4	62.7	68.1	56.4	54.7	53.4	55.2
轻工业	20.7	19.2	26.6	24.4	37.2	38.5	38.5	37.0
重工业	18.0	10.4	10.7	7.5	6.4	6.8	8.1	7.8
十、工业总产值轻重工业比例								
轻工业	51.2	55.8	71.4	76.5	85.6	85.0	82.5	90.3
重工业	48.8	44.2	28.6	23.5	14.4	15.0	17.5	9.7
十一、农林牧渔业总产值各业比例								
农　业	90.4	93.6	90.7	84.9	73.2	69.9	80.7	88.2
林　业	0.8	0.9	0.8	0.9	0.6	0.8	0.9	1.3
牧　业	8.6	5.4	7.9	13.5	24.3	27.4	17.7	9.7
渔　业	0.2	0.1	0.6	0.7	0.7	0.5	0.7	0.8
十二、农林牧渔业总产值所有制结构比例								
农　业：国　有				89.1	99.0	98.7	98.1	97.2
非国有				10.9	1.0	1.3	1.9	1.8
林　业：国　有				64.8	73.4	74.4	78.8	70.8
非国有				35.2	26.6	25.6	21.2	29.2
牧　业：国　有				4.2	0.9	0.3	0.7	1.8
非国有				95.8	99.1	99.7	99.3	98.2
渔　业：国　有				20.1	12.6	27.9	39.0	40.5
非国有				79.9	87.4	72.1	61.0	59.5
十三、全社会从业人员人数比例								
1. 按三次产业分								
第一产业	59.4	55.0	54.3	59.6	62.5	64.3	59.3	61.0
第二产业	22.3	23.3	24.5	14.3	14.1	14.2	11.7	10.1
第三产业	18.3	21.7	21.2	26.1	23.4	21.5	29.0	28.9
2. 按经济类型分								
国有经济			89.8	81.2	73.1	71.9	61.2	61.6
非国有经济			10.2	18.8	26.9	28.1	38.8	38.4

注：2018年以前历史数据为垦区转制前的全社会口径数据。

1-4　垦区平均每天主要社会经济活动及主要经济指标人均占有量

指　标	单　位	1990	2000	2005	2010	2015	2018
一、平均每天主要社会经济活动							
(一)每天创造的财富							
生产总值	万元	1101.4	3991.8	7391.8	18852.4	32128.3	29692.7
农林牧渔业总产值	万元	1230.1	3945.2	7663.1	18987.4	26229.6	21504.1
工业总产值	万元	731.5	1848.6	5917.8	15749.8	22904.7	17470.1
销售(经营)收入	万元	1800.0	3063.0	5693.2	17509.6	35983.6	31780.8
利润总额	万元	62.0	46.1	135.3	195.3	177.2	66.0
水　泥	吨	1063.0	2109.6	3693.2	5194.5	1408.6	1032.0
化　肥	吨	298.6	271.2	569.9	813.6	769.7	69.8
(二)每天消费(销售)量							
消费总额	万元	328.8	970.5	1612.5	3192.8	5956.1	7293.9
平均每人消费额	元	2.1	6.1	10.2	19.1	35.6	44.1
粮食(原粮)	吨	894.6	541.2	670.3	604.2	528.5	536.7
肉　类	吨	46.2	67.2	76.4	77.0	84.1	82.7
食用植物油	吨	30.3	35.0	41.8	49.8	47.0	52.7
(三)每天其他经济活动							
新建住宅面积	平方米	121	1845	1426	26932	2466	682
(四)每天人口变动							
出　生	人	46	29.1	19.6	18.5	17.2	20.3
死　亡	人	17	17.5	18.6	24.4	23.6	25.2
二、主要经济指标人均占有量							
(一)人均创造财富							
生产总值	元	2586	9254	17012	41186	69612	65446
销售(经营)收入	元	4231	7100	13103	38190	78553	70052.7
利润总额	元	145.6	106.4	311.4	426	386.7	145.6
水　泥	公斤	250	488.7	849.9	1133.0	307.6	227.5
化　肥	公斤	70	63	131.2	177.5	168.1	15.4
粮　食	公斤	2962	5170.2	6472.5	10863.4	13199.6	13766.8
肉　类	公斤	22.5	58.9	190.8	311.1	137.2	165.3
(二)人均占有生产资料							
耕　地	公顷	1.3	1.3	1.4	1.7	1.7	1.8
森　林	公顷	0.5	0.5	0.6	0.5	0.5	0.6
草　原	公顷	0.3	0.2	0.2	0.2	0.2	0.2
水　域	公顷	0.2	0.2	0.2	0.2	0.2	0.2
固定资产(净值)	元	2011	5785	10101	16588	36782	40220
(三)其他人均占有量							
纯 收 入	元	1217	3337	6179	13267	23855	28789
生活消费	元	816	2511	3373	7761	12179	14844

注：2018年以前历史数据为垦区转制前的全社会口径数据。

1-5 集团机构数

(2020年)　　单位：个

项　目	合　计	宝泉岭分公司	红兴隆分公司	建三江分公司	牡丹江分公司
一、农　业					
农牧场个数	113	13	12	15	14
#农　场	105	13	12	15	14
牧　场	7				
农林牧渔业单位数	1128	153	164	258	159
#管理区	659	101	84	160	78
二、工　业					
工业企业及生产单位数	270	24	13	26	21
#国有及国有控股	254	19	11	25	21
法　人	164	12	4	7	10
集团总部	97				
三、建筑业					
建筑企业单位数	38	14			
#国有及国有控股	38	14			
四级以上资质等级	3	1			
集团总部	23				
四、交通运输、仓储业					
交通运输、仓储业单位数	143	13	15	44	25
#国有及国有控股	143	13	15	44	25
法　人	39	1	1	9	6
集团总部	15				
五、信息传输、计算机服务和软件业					
信息传输、计算机服务和软件业单位数	138		1	12	
六、批发和零售业					
批发和零售业单位数	517	14	5	13	18
#国有及国有控股	499	14	5	12	17
法　人	355	3	2	3	15
集团总部	305				
七、住宿和餐饮业					
住宿和餐饮业单位数	35	3	4	14	5
#国有及国有控股	35	3	4	14	5
法　人	19	2	1	1	3
八、金融保险业					
金融保险业单位数	251			1	
法　人	32			1	
九、房地产业					
房地产业单位数	35		1	3	3
十、租赁与商务服务业					
租赁与商务服务业单位数	56	4	6	5	3
十一、居民服务及其他服务业					
居民服务及其他服务业单位数	17	6	1	2	
法　人	11		1	2	

1-5续表　　　　　　　　　　　　(2020年)　　　　　　　　　　　　单位：个

项　　目	北　安 分公司	九　三 分公司	齐齐哈尔 分公司	绥　化 分公司	哈尔滨 有限公司	集　团 直　属
一、农　业						
农牧场个数	15	11	11	10	11	1
#农　场	15	11	8	7	9	1
牧　场			3	2	2	
农林牧渔业单位数	117	125	64	33	46	9
#管理区	87	80	39	19	11	
二、工　业						
工业企业及生产单位数	22	20	8	2	10	124
#国有及国有控股	22	19	8	2	6	121
法　人	11	12	2	2	8	96
集团总部						96
三、建筑业						
建筑企业单位数	1					23
#国有及国有控股	1					23
四级以上资质等级	1					1
集团直属						23
四、交通运输、仓储业						
交通运输、仓储业单位数	6	12	3		2	23
#国有及国有控股	6	12	3		2	23
法　人		3	2		2	15
集团直属						15
五、信息传输、计算机服务和软件业						
信息传输、计算机服务和软件业单位数			1		1	123
六、批发和零售业						
批发和零售业单位数	9	16			7	435
#国有及国有控股	9	16			7	419
法　人	4	16			7	305
集团直属						305
七、住宿和餐饮业						
住宿和餐饮业单位数	3	1	2		1	2
#国有及国有控股	3	1				2
法　人	3	2	1	2		4
八、金融保险业						
金融保险业单位数					1	249
法　人					1	30
九、房地产业						
房地产业单位数	3	1	1		9	14
十、租赁与商务服务业						
租赁与商务服务业单位数	1	2	2	1	2	30
十一、居民服务及其他服务业						
居民服务及其他服务业单位数		1			3	4
法　人		1			3	4

1-6　集团经济主要指标总量

指　　标	单位	2000	2005	2010	2015	2017	2018	2019	2020
一、土地总面积	**万公顷**	**538.6**	**543.9**	**553.6**	**553.6**	**553.7**	**553.7**	**553.7**	**553.7**
#耕　　地	万公顷	204.5	226.9	280.1	290.2	291.7	295.6	296.6	297.2
#林　　地	万公顷	79.1	89.5	91.7	92.5	92.0	92.0	90.8	90.6
#牧 草 地	万公顷	33.7	35.5	35.9	34.3	34.0	33.8	33.8	33.6
#水　　面	万公顷	27.8	26.8	26.1	25.7	25.9	25.9	25.9	25.0
二、年末总人口	**万人**	**157.5**	**158.6**	**167.3**	**167.2**	**167.3**	**165.6**	**162.3**	**148.2**
#农场人口	万人	137.1	137.9	144.3	146.4	147.9	146.6	143.0	127.7
三、从业人员数	**万人**	**56.9**	**53.8**	**56.7**	**54.7**	**54.5**	**55.3**	**53.2**	**52.1**
#职　　工	万人				30.5	29.1	28.1	26.9	26.2
四、企业增加值	**亿元**	**104.9**	**204.5**	**442.4**	**585.0**	**502.5**	**464.7**	**448.3**	**493.8**
#第三产业增加值	亿元	16.2	40.8	60.0	91.1	95.7	99.0	100.3	91.6
五、固定资产投资	**亿元**				**111.5**	**77.0**	**73.3**	**65.7**	**94.5**
六、企业主要财务指标(统营)									
1.固定资产净值	亿元	89.7	160.2	277.6	615	652	666	660	682
2.销售(经营)收入	亿元	111.8	207.8	639.1	1313	1082	1160	1233.6	1423.3
3.利润总额	万元	16831	49384	71287	64662	51596	24012	30641	131397
七、职工收入和消费									
1.职工工资总额	亿元	24.8	32.3	66.7	88.9	92.6	95.2	96.4	100.8
2.职工平均工资	元/人	5593	9205	17639	29512	31683	33288	35585	38036
3.职工家庭人均可支配收入	元/人	3337	6179	13267	20293	22909	24491	25985	27877
八、农林牧渔业									
1.农林牧渔业总产值	亿元	144.0	276.5	634.7	764.6	651.2	597.3	591.4	679.5
2.主要农产品产量									
粮　　食	万吨	814.1	1026.5	1818.0	2161.1	2094.1	2279.6	2027.0	2134.0
油　　料	万吨	7.7	11.4	2.2	0.7	0.9	0.5	0.2	0.1
蔬　　菜	万吨	17.5	43.2	31.3	18.3	9.5	9.1	7.9	6.2
水　　果	万吨	0.4	0.6	2.6	5.1	2.3	1.8	1.5	1.6
肉　　类	万吨	10.0	32.4	52.8	22.9	29.6	27.4	24.6	22.7
蛋	万吨	2.8	4.7	6.6	3.4	2.9	3.0	2.6	2.8
牛　　奶	万吨	28.0	82.5	89.3	37.5	41.8	37.6	36.9	39.2
水 产 品	万吨	1.21	1.90	2.58	3.36	3.23	3.15	2.09	2.10

1-6续表

指　　标	单位	2000	2005	2010	2015	2017	2018	2019	2020
3.两牛一猪一禽									
奶牛存栏	万头	11.5	30.4	29.9	15.6	13.6	11.8	10.6	10.2
黄牛饲养量	万头	24.7	84.1	88.6	22.7	17.7	17.8	15.3	16.0
生猪饲养量	万头	134.9	442.7	674.1	244.8	246.6	220.5	156.3	149.5
家禽饲养量	万只	1820	3426	4587	3829	7718	6844	7521	7052.5
九、工　　业									
1. 工业总产值	亿元	33.3	130.8	291.0	380.5	314.3	300.7	286.2	398.2
2. 主要工业产品产量									
大　　米	万吨	1.4	30.2	64.8	13.3	16.3	19.0	25.6	31.6
小 麦 粉	万吨	1.4	0.5	12.6	1.8	0.3	1.2	1.5	2.6
食用植物油	万吨	9.2	49.3	96.7	168.5	152.3	137.9	123.8	173.2
乳 制 品(含液体乳)	万吨	1.5	15.6	27.3	26.1	28.0	27.3	27.0	30.0
豆 制 品	万吨		1.2	0.6	0.7	0.8	1.0	2.7	1.4
化学药品原药	万吨				0.10	0.08	0.09	0.08	0.10
淀　　粉	万吨			4.5	9.6	10.5	8.4	7.9	8.0
包装饮用水	万吨				1.11	0.82	0.52	0.98	0.80
肠　　衣	万把			274	1063	727	1097	1196	318
肝 素 钠	亿单位			7417	19536	36574	73989	35325	34372
十、国内外贸易									
1. 商品销售总额	亿元	58.1	45.8	251.0	667.1	465.9	412.2	393.2	691.0
2. 进出口总额	万美元	6998	46100	205359	250242	330088	315434	237568	361723
进口额	万美元	292	21800	143995	185210	319088	305144	228606	353858
出口额	万美元	6769	24300	61364	65031	11000	10291	8962	7865
十一、卫　　生									
卫生机构床位数	张	7838	7352	11416	11443	12128	12177	12097	12677
卫生技术人员	人	11487	10103	12143	12483	14046	13570	11801	11561
#医　生	人	6392	6347	8333	5891	6237	5801	5322	5008
十二、品牌价值及国内500强排名									
"北大荒"	亿元		19.65	205.36	511.69	568.12	682.75	789.18	1028.36
排　名	位次		305	45	45	58	54	52	50
"九　三"	亿元			20.24	121.56	260.75	317.98	376.95	423.76
排　名	位次			370	199	167	158	166	165
"完达山"	亿元		19.55	51.83	202.85	293.95	328.69	366.18	405.39
排　名	位次		306	171	130	132	146	175	173

1-7　集团经济主要比例关系

单位：%

指　　标	2015	2016	2017	2018	2019	2020
一、企业增加值三次产业比例						
第一产业	74.3	71.6	72.0	69.9	69.6	72.3
第二产业	10.1	10.3	9.0	8.8	8.0	9.2
第三产业	15.6	18.1	19.0	21.3	22.4	18.6
二、固定资产投资资金来源比例						
国家预算内投资	51.6	64.9	55.5	49.9	45.9	51.7
国内贷款	16.2	3.7	0.03	0.0001	4.3	0.2
利用外资	0.3					
自筹投资	19.2	22.2	32.3	32.8	37.0	32.9
其他投资	12.8	9.2	12.2	17.3	12.8	15.2
三、固定资产投资三次产业投资比例						
第一产业	41.0	48.1	48.0	54.8	49.2	55.7
第二产业	7.4	10.1	9.7	8.7	5.8	8.4
第三产业	51.6	41.8	42.4	36.6	45.1	36.0
四、工农业总产值比例						
农林牧渔业	66.8	63.7	67.4	66.5	67.4	63.1
工　　业	33.2	36.3	32.6	33.5	32.6	36.9
五、工业总产值轻重工业比例						
轻 工 业	97.0	97.1	96.4	96.4	96.3	97.2
重 工 业	3.0	2.9	3.6	3.6	3.7	2.8
六、农林牧渔业总产值各业比例						
农　　业	86.5	86.9	87.0	86.9	85.6	86.1
林　　业	1.1	1.2	1.6	1.7	1.1	0.9
牧　　业	11.5	10.9	10.5	10.5	12.7	12.4
渔　　业	0.9	1.0	1.0	0.9	0.7	0.6
七、从业人员人数三次产业比例						
第一产业	78.9	78.8	79.1	79.8	80.0	80.5
第二产业	4.1	3.9	3.8	3.8	3.6	3.3
第三产业	17.0	17.3	17.1	16.3	16.4	16.2

注：企业增加值、工业总产值、农林牧渔业总产值的比例按现价计算。

1-8 集团主要经济指标与以往历史最高水平对比

指　标	单　位	以往历史最高水平		2019	2020	2020年比历史最高水平增长(%)
		年　份	数　量			
年末总人口	万人	2012	173.4	162.3	148.2	-14.5
企业增加值	亿元	2013	658.5	448.3	493.8	-25.0
农林牧渔业总产值	亿元	2014	904.6	591.4	679.5	-24.9
工业总产值	亿元	2014	440.6	286.2	398.2	-9.6
耕地面积	万公顷	2019	296.6	296.6	297.2	0.2
林地面积	万公顷	1978	98	90.8	90.6	-7.5
草原面积	万公顷	1978	105	33.8	33.6	-68.0
总播种面积	万公顷	2019	290.1	290.1	291.1	0.3
粮食作物面积	万公顷	2019	287.8	287.8	289.3	0.5
粮食总产量	万吨	2018	2279.6	2027.0	2134.0	-6.4
粮食平均单产	公斤/公顷	2018	7949	7044	7375.4	-7.2
水稻单产	公斤/公顷	2018	9023	8731	9061.1	0.4
小麦单产	公斤/公顷	2012	6080	3486	4284.9	-29.5
玉米单产	公斤/公顷	2018	9353	9101	9999.6	6.9
大豆单产	公斤/公顷	2012	3380	2287	2572.9	-23.9
奶牛年末存栏	万头	2009	32.0	10.6	10.2	-68.1
黄牛年末存栏	万头	2005	49.7	7.2	8.2	-83.4
猪年末存栏	万头	2009	217.6	58.3	60.6	-72.1
羊年末存栏	万只	2003	210.4	18.9	19.4	-90.8
肉类总产量	万吨	2011	54.9	24.6	22.7	-58.7
#猪　肉	万吨	2011	35.7	7.6	6.7	-81.3
牛　肉	万吨	2013	11.2	1.4	1.4	-87.9
羊　肉	万吨	2013	2.8	0.6	0.5	-81.7
牛奶产量	万吨	2007	97.7	36.9	39.3	-59.8
禽蛋产量	万吨	2012	8.0	2.6	2.8	-64.7
水产品产量	万吨	2012	3.5	3.1	2.1	-39.1
交售粮食	万吨	2018	2165.7	1911.5	2027.3	-6.4
粮食商品率	%	2015	94.4	94.3	95.0	0.6
出口大豆	万吨	1989	50			
职工家庭人均可支配收入	元/人	2019	25985	25985	27877	7.3
利润总额	万元	2009	166107	30641	131397	-20.9

注：企业增加值、农林牧渔业总产值、工业总产值、居民人均可支配收入的增长速度均现价计算。

1-9　主要经济指标占全国农垦的比重

(2019年)

指　　标	单位	黑龙江农垦	占全国农垦比重(%)
耕地	万亩	4448.3	45.8
农垦生产总值	亿元	448.3	5.7
粮食总产	亿斤	405.4	58.9
总人口	万人	162.3	11.3
在岗职工人数	万人	26.9	13.2
固定资产投资	亿元	65.6	2.5
人均可支配收入	元/人	25985	122.5
肉类总产量	万吨	24.6	12.3
牛奶产量	万吨	36.9	8.8
禽蛋产量	万吨	2.6	5.4
营业总收入	亿元	1233.6	19.2
资产总额	亿元	1990.6	16.8

1-9续表

(2020年)

指　　标	单位	黑龙江农垦	占全国农垦比重(%)
耕地	万亩	4458	45.6
农垦生产总值	亿元	493.8	6.0
粮食总产	亿斤	426.8	59.9
总人口	万人	148.2	10.6
在岗职工人数	万人	26.2	13.3
固定资产投资	亿元	94.5	2.7
人均可支配收入	元/人	27877	127.2
肉类总产量	万吨	22.7	11.8
牛奶产量	万吨	39.2	9.0
禽蛋产量	万吨	2.8	5.7
营业总收入	亿元	1423.3	20.8
资产总额	亿元	2164.3	16.0

1-10　2001-2020年集团及三次产业全要素生产率和贡献率

单位：%

年份	集团全要素生产率增长率	第一产业	第二产业	第三产业	集团全要素生产率贡献率	第一产业	第二产业	第三产业
2001	1.72	3.21	-24.39	5.36	31.93	40.62	-208.52	166.36
2002	3.40	2.02	3.16	22.22	34.80	40.42	9.69	98.06
2003	2.60	2.24	-10.39	19.91	25.97	37.39	-78.45	77.30
2004	4.45	5.13	-4.96	5.33	27.94	32.14	-35.84	31.54
2005	4.41	3.91	7.50	2.25	33.54	32.57	75.66	11.97
2006	2.83	4.74	7.18	-8.53	29.43	39.79	27.05	-149.53
2007	5.34	6.79	-1.07	-5.70	40.48	41.96	-61.19	-74.34
2008	2.11	1.61	7.29	-8.44	14.26	10.01	54.17	-85.76
2009	3.49	3.03	7.62	1.93	30.92	28.97	37.20	19.64
2010	3.53	2.57	11.54	-2.40	33.14	26.55	54.64	-27.63
2011	2.09	1.60	4.39	-2.39	15.28	12.53	23.21	-17.09
2012	3.21	4.44	8.36	-3.55	30.77	39.52	86.02	-48.93
2013	1.65	1.50	7.36	-1.22	37.75	35.06	114.71	-38.36
2014	1.16	1.53	-8.15	0.12	26.86	25.39	-106.79	2.32
2015	0.83	0.66	-1.71	1.50	31.26	26.15	-151.43	24.95
2016	0.43	0.59	-3.04	1.44	21.81	33.29	-95.14	22.68
2017	0.57	1.85	-11.63	-2.18	25.41	38.95	-84.16	-54.63
2018	0.84	1.49	-1.18	-0.67	21.76	31.17	-84.17	-30.36
2019	0.27	0.01	-11.05	0.29	15.37	11.86	-69.79	9.01
2020	2.16	2.30	-5.09	0.69	37.90	40.35	-31.40	53.34
年均	2.35	2.56	-0.91	1.30	28.33	31.24	-26.23	-0.47

1-11　集团数字经济发展情况

单位：亿元、%

年份	集团数字经济合计		数字产业化		产业数字化	
	增加值	占比	增加值	占比	增加值	占比
2010	21.4	6.97	1.34	0.43	20.07	6.53
2011	28.77	8.24	1.3	0.37	27.47	7.87
2012	36.28	9.41	1.59	0.41	34.69	9
2013	43.79	10.88	1.83	0.45	41.97	10.43
2014	50.66	12.07	2.12	0.51	48.54	11.57
2015	54.25	12.59	2.05	0.47	52.21	12.12
2016	62.02	14.11	1.86	0.42	60.15	13.69
2017	65.31	14.54	2.12	0.47	63.19	14.07
2018	68.42	14.66	2.5	0.54	65.92	14.13
2019	69.42	15.15	1.42	0.31	68	14.84
2020	74.44	15.37	1.32	0.27	73.12	15.09

1-11续表

单位：亿元、%

年份	农业		工业		服务业	
	增加值	渗透率	增加值	渗透率	增加值	渗透率
2010	13.52	5.99	4.23	12.56	2.32	4.87
2011	18.34	7.2	5.91	14.75	3.22	5.94
2012	23.06	8.14	7.52	17.1	4.12	7.08
2013	27.85	9.42	9.07	19.4	5.05	8.4
2014	32.58	10.4	9.99	23.12	5.97	9.45
2015	35.68	11.1	10.01	23.45	6.51	9.73
2016	40.97	12.53	10.13	24.5	9.06	12.7
2017	43.83	12.8	9.59	26.92	9.78	13.7
2018	46.3	12.91	9.57	27.25	10	13.79
2019	49.68	13.86	8.09	27.35	10.2	14.54
2020	52.85	13.95	9.67	28.15	10.6	14.86

注：测算方法参照中国信通院测算中国数字经济规模方法。

主要统计指标解释

国民经济行业分类　自 2018 年定期报表开始使用新的《国民经济行业分类》(GB/T4754-2017)。该分类是由国家统计局组织修订，经国家质量监督检验检疫总局和国家标准化管理委员会批准发布，并于 2017 年 10 月 1 日起实施。这次修订是在 2011 年分类标准的基础上，参照联合国 2007 年颁布的《国际标准产业分类》(ISIC Rev. 4) 进行的。修订后的《国民经济行业分类》(GB/T4754-2017) 共有门类 20 个，大类 97 个，中类 473 个，小类 1380 个。

企业(单位)登记注册类型　是以在工商行政管理机关登记注册的各类企业为划分对象，以工商行政管理部门对企业登记注册的类型为依据，将企业登记注册泪型分为内资企业、港澳台商投资企业和外商投资企业三大类。内资企业包括国有企业、集体企业、股份合作企业、联营企业、有限责任公司、股份有限公司、私营公司和其他企业；港澳台商投资企业和外商投资企业分别包括合资经营企业、合作经营企业、独资经营企业和股份有限公司。对不在工商行政管理部门进行登记注册的行政机关、事业单位和社会团体，主要按其经费来源和管理方式进行划分。

单产业法人　法人单位只位于一个场所并主要从事一种社会经济活动，称为单产业法人，单位产业法人本身也是一个产业活动单位。

多产业法人　法人单位从事多种经济活动，或者位于多个地点，称为多产业法人。多产业法人由两个或两个以上产业活动单位组成。

管理区　根据黑垦发[2003]6 号文件精神，重构农场（社区）基层管理组织，撤销分场、生产队建制，整合管理资源，集中设立管理区。管理区作为农场（社区）的派出机构，根据授权的委托，负责辖区经济建设和社会管理工作，履行社会公共服务职责，引导扶持非公有经济发展，代行农场和农业分公司土地、森林、草原、水面等资源性资产的发包和承包费收入。

发展速度　发展速度是报告期发展水平与基期水平之比。它是从相对数方面来说明现象发展程度的重要指标。

增长速度　增长速度是表明现象增长程度的相对指标。是根据增长量与基期水平之比计算的，也可用发展速度减 1 来计算，说明现象报告期水平比基期水平增长了多少倍或百分之几。

平均增长速度　平均增长速度表明社会经济现象在一个较长的时期内逐期平均增长变化的程度，它不能根据各个环比增长速度直接求得，但与平均发展速度之间存在着一定的数量关系：平均增长速度＝平均发展速度－1。

平均发展速度是一种根据环比发展速度计算的序时平均数，由于各时期对比的基础不同，所以计算平均发展速度不能采用一般的序时平均数的计算方法，计算方法分为水平法和累计法。水平法，又称几何平均法，即将环比发展速度按连乘法用几何平均数公式计算。累计法，也称方程法，根据一段时期内各年发展水平总和与基期水平的关系，列出方程式计算平均发展速度。水平法着重考虑最后一年所达到的发展水平；累计法着重考虑整个时期累计发展水平的总量。

在一般情况下，两种方法计算的平均增长速度比较接近，但在经济发展水平出现大起大落时，两种方法的结果差别较大，本《年鉴》内所列的平均增长速度，都是用“水平法”计算。

02 企业增加值核算

2-1 垦区历年生产总值

单位：万元

年 份	生 产 总 值	按三次产业分			按重点行业分			
		第 一 产 业	第 二 产 业	第 三 产 业	工 业	建 筑 业	交通运输、仓储及邮政业	批发和零售业、住宿和餐饮业
1949	93	69	7	17	3	4	1	8
1950	270	130	101	40	86	15	2	16
1951	225	128	55	41	32	23	2	20
1952	471	299	101	72	44	56	4	34
1953	860	478	244	138	91	153	9	68
1954	1697	1312	213	172	56	157	16	85
1955	2476	1641	396	440	70	326	17	210
1956	5957	3710	1336	910	235	1101	49	375
1957	7563	4129	2197	1237	795	1402	84	493
1958	11010	4328	3405	3277	1822	1582	134	1286
1959	20592	7661	6101	6830	4043	2058	302	2538
1960	19230	5732	7040	6458	5105	1934	214	2634
1961	19073	7005	5862	6206	5010	852	184	2567
1962	15026	6795	4895	3335	4352	543	156	1265
1963	18437	9046	5769	3622	4600	1169	199	1336
1964	20282	9892	6294	4096	4705	1589	239	1496
1965	22871	12061	6521	4290	4908	1613	280	1652
1966	27348	13537	8204	5607	6515	1689	360	2105
1967	33339	17770	8209	7360	6519	1691	485	2913
1968	34901	19023	8258	7620	6705	1553	537	2980
1969	32665	15022	9325	8318	7123	2202	420	3280
1970	40572	18143	11800	10629	8794	3006	533	3874
1971	41876	18274	12036	11566	8730	3306	628	4106
1972	47934	19821	14571	13542	11143	3429	674	4463
1973	49395	16478	16489	16428	11749	4740	720	5149
1974	65177	27320	19842	18015	16106	3736	881	6140
1975	77698	33290	23928	20480	19594	4334	998	6414
1976	80631	36095	24674	19862	21115	3558	1165	5752
1977	85550	34156	27772	23622	24025	3747	1280	6365
1978	96866	36259	34476	26131	29068	5408	1506	5424
1979	104102	40325	36452	27325	30211	6241	1484	5967

2-1续表

单位：万元

年份	生产总值	按三次产业分			按重点行业分			
		第一产业	第二产业	第三产业	工业	建筑业	交通运输、仓储及邮政业	批发和零售业、住宿和餐饮业
1980	113420	61462	27759	24199	21086	6673	1780	6290
1981	58905	5712	29109	24084	23279	5830	1241	6765
1982	123039	60295	31265	31479	25876	5389	2557	7541
1983	161292	91976	33333	35983	28591	4742	3291	7435
1984	136189	63325	36225	36639	30545	5680	3308	8200
1985	148093	66627	40622	40844	34530	6092	3589	9183
1986	178033	87239	43264	47530	36334	6930	4539	11904
1987	203952	92259	51194	60499	42791	8403	5547	19327
1988	243198	115960	63417	63821	53817	9600	6878	20746
1989	318931	166251	76980	75700	65876	11104	9512	22523
1990	401974	216131	86835	99008	70856	15979	10278	33453
1991	320288	121461	88443	110384	74502	13941	11516	41124
1992	362738	151691	90067	120980	75550	14517	11663	40621
1993	465133	229494	92592	143047	76075	16517	15041	39834
1994	567640	312972	94260	160408	77258	17002	13999	38670
1995	791074	454339	133478	203257	110943	22535	13710	51670
1996	1088400	669943	169305	249152	139262	30043	19377	67794
1997	1350782	846561	199633	304588	161680	37953	30470	90623
1998	1410402	826438	227622	356342	181139	46483	37472	116660
1999	1366008	759356	230359	376293	181782	48577	45996	115288
2000	1457251	791863	239595	425793	191459	48136	54207	129855
2001	1606628	865574	263036	478018	212872	50164	66735	140661
2002	1718555	874150	308845	535560	246834	62011	79257	177678
2003	1879502	938360	354302	586840	279843	74459	91421	214219
2004	2361168	1301394	432031	627743	338494	93537	100126	226270
2005	2698322	1484469	504860	708993	405276	99584	112212	268807
2006	3014742	1578985	622940	812817	501038	121902	134632	284547
2007	3603481	1892367	723288	987826	572210	151078	158832	372605
2008	4544690	2449720	898008	1196962	692135	205873	198462	471668
2009	4922240	2759188	965978	1197075	720623	245355	156365	385473
2010	6242100	3377043	1333866	1531191	948640	385226	189525	391574
2011	8055091	4226398	1841724	1986970	1274818	566905	275425	637106
2012	9744736	4885930	2396348	2462458	1665568	730779	370266	730651
2013	10951225	5215024	2760396	2975806	1924913	835483	409920	987635
2014	11335478	5436584	2500260	3398634	1913600	586660	474210	1160004
2015	11726820	5545732	2424111	3756977	1859558	564553	544991	1306296
2016	11937103	5188947	2476068	4272088	1877647	598421	559488	1436968
2017	11115782	5000737	1639003	4476042	1315691	323312	634283	1473739
2018	10837833	4637927	1575705	4624202	1264468	311238	616976	1566389

注：2018年以前历史数据为垦区全社会口径数据。

2-2 垦区历年生产总值构成

(以生产总值为100) 单位：%

年份	按三次产业分			按重点行业分				人均生产总值(元)
	第一产业	第二产业	第三产业	工业	建筑业	交通运输、仓储及邮政业	批发和零售业、住宿和餐饮业	
1949	74.2	7.7	18.1	3.0	4.7	0.9	8.6	192
1950	48.1	37.2	14.7	31.8	5.4	0.9	5.8	376
1951	57.0	24.7	18.4	14.2	10.4	0.7	8.9	152
1952	63.4	21.3	15.3	9.4	12.0	0.9	7.2	202
1953	55.6	28.4	16.0	10.6	17.8	1.0	7.9	278
1954	77.3	12.5	10.1	3.3	9.3	0.9	5.0	431
1955	66.3	16.0	17.8	2.8	13.2	0.7	8.5	397
1956	62.3	22.4	15.3	3.9	18.5	0.8	6.3	505
1957	54.6	29.1	16.4	10.5	18.5	1.1	6.5	434
1958	39.3	30.9	29.8	16.6	14.4	1.2	11.7	356
1959	37.2	29.6	33.2	19.6	10.0	1.5	12.3	368
1960	29.8	36.6	33.6	26.5	10.1	1.1	13.7	249
1961	36.7	30.7	32.5	26.3	4.5	1.0	13.5	234
1962	45.2	32.6	22.2	29.0	3.6	1.0	8.4	197
1963	49.1	31.3	19.6	24.9	6.3	1.1	7.2	248
1964	48.8	31.0	20.2	23.2	7.8	1.2	7.4	265
1965	52.7	28.5	18.8	21.5	7.1	1.2	7.2	280
1966	49.5	30.0	20.5	23.8	6.2	1.3	7.7	302
1967	53.3	24.6	22.1	19.6	5.1	1.5	8.7	348
1968	54.5	23.7	21.8	19.2	4.5	1.5	8.5	329
1969	46.0	28.5	25.5	21.8	6.7	1.3	10.0	258
1970	44.7	29.1	26.2	21.7	7.4	1.3	9.5	291
1971	43.6	28.7	27.6	20.8	7.9	1.5	9.8	287
1972	41.4	30.4	28.3	23.2	7.2	1.4	9.3	321
1973	33.4	33.4	33.3	23.8	9.6	1.5	10.4	327
1974	41.9	30.4	27.6	24.7	5.7	1.4	9.4	426
1975	42.8	30.8	26.4	25.2	5.6	1.3	8.3	502
1976	44.8	30.6	24.6	26.2	4.4	1.4	7.1	509
1977	39.9	32.5	27.6	28.1	4.4	1.5	7.4	525
1978	37.4	35.6	27.0	30.0	5.6	1.6	5.6	585
1979	38.7	35.0	26.2	29.0	6.0	1.4	5.7	649

2-2续表　　　　　　　　　　　　　　(以生产总值为100)　　　　　　　　　　　　　　单位：%

年 份	按三次产业分			按重点行业分				人均生产总值(元)
	第一产业	第二产业	第三产业	工业	建筑业	交通运输、仓储及邮政业	批发和零售业、住宿和餐饮业	
1980	54.2	24.5	21.3	18.6	5.9	1.6	5.5	729
1981	9.7	49.4	40.9	39.5	9.9	2.1	11.5	374
1982	49.0	25.4	25.6	21.0	4.4	2.1	6.1	775
1983	57.0	20.7	22.3	17.7	2.9	2.0	4.6	1006
1984	46.5	26.6	26.9	22.4	4.2	2.4	6.0	845
1985	45.0	27.4	27.6	23.3	4.1	2.4	6.2	927
1986	49.0	24.3	26.7	20.4	3.9	2.5	6.7	1127
1987	45.2	25.1	29.7	21.0	4.1	2.7	9.5	1297
1988	47.7	26.1	26.2	22.1	3.9	2.8	8.5	1559
1989	52.1	24.1	23.7	20.7	3.5	3.0	7.1	2056
1990	53.8	21.6	24.6	17.6	4.0	2.6	8.3	2589
1991	37.9	27.6	34.5	23.3	4.4	3.6	12.8	2055
1992	41.8	24.8	33.4	20.8	4.0	3.2	11.2	2325
1993	49.3	19.9	30.8	16.4	3.6	3.2	8.6	2977
1994	55.1	16.6	28.3	13.6	3.0	2.5	6.8	3639
1995	57.4	16.9	25.7	14.0	2.8	1.7	6.5	5093
1996	61.6	15.6	22.9	12.8	2.8	1.8	6.2	6979
1997	62.7	14.8	22.5	12.0	2.8	2.3	6.7	8617
1998	58.6	16.1	25.3	12.8	3.3	2.7	8.3	8959
1999	55.6	16.9	27.5	13.3	3.6	3.4	8.4	8646
2000	54.3	16.4	29.2	13.1	3.3	3.7	8.9	9237
2001	53.9	16.4	29.8	13.2	3.1	4.2	8.8	10186
2002	50.9	18.0	31.1	14.4	3.6	4.6	10.3	10868
2003	49.9	18.9	31.2	14.9	4.0	4.9	11.4	11906
2004	55.1	18.3	26.6	14.3	4.0	4.2	9.6	14973
2005	55.0	18.7	26.3	15.0	3.7	4.2	10.0	17049
2006	52.4	20.7	27.0	16.6	4.0	4.5	9.4	18956
2007	52.5	20.1	27.4	15.9	4.2	4.4	10.3	22214
2008	53.9	19.8	26.3	15.2	4.6	4.4	10.4	27467
2009	56.1	19.6	24.3	14.6	5.0	3.2	7.8	29582
2010	54.1	21.4	24.5	15.2	6.2	3.0	6.3	37361
2011	52.5	22.9	24.6	15.8	7.0	3.4	7.9	47586
2012	50.1	24.6	25.3	17.1	7.5	3.8	7.5	56560
2013	47.6	25.2	27.2	17.6	7.6	3.7	9.0	63365
2014	48.0	22.1	29.9	16.9	5.2	4.2	10.2	66286
2015	47.3	20.7	32.0	15.9	4.8	4.6	11.1	69612
2016	43.5	20.7	35.8	15.7	5.0	4.7	12.0	67362
2017	43.8	19.1	37.1	14.5	4.6	5.2	11.8	66427
2018	42.8	14.5	42.7	11.7	2.8	5.7	14.5	65446

注：2018年以前历史数据为垦区全社会口径数据。

2-3　垦区历年生产总值指数

(以1980年为100)　　单位：%

年份	生产总值	按三次产业分			按重点行业分			
		第一产业	第二产业	第三产业	工业	建筑业	交通运输、仓储及邮政业	批发和零售业、住宿和餐饮业
1949	0.09	0.12	0.03	0.11	0.01	0.10	0.06	0.20
1950	0.28	0.24	0.46	0.25	0.46	0.33	0.19	0.38
1951	0.24	0.24	0.26	0.26	0.18	0.52	0.13	0.49
1952	0.51	0.57	0.48	0.46	0.26	1.25	0.32	0.83
1953	0.85	0.87	1.04	0.76	0.50	2.94	0.60	1.44
1954	1.58	2.17	0.94	0.96	0.32	3.08	1.10	1.84
1955	2.36	2.73	1.84	2.63	0.42	6.81	1.30	4.83
1956	4.90	5.45	5.18	4.48	1.24	18.94	3.00	7.10
1957	6.53	6.78	8.27	5.88	4.09	23.31	5.00	9.03
1958	10.52	8.96	12.36	16.36	8.35	27.62	8.38	24.73
1959	18.54	15.49	21.05	30.60	18.11	32.25	17.03	43.81
1960	18.06	11.39	24.77	32.47	22.44	34.02	13.56	51.03
1961	17.10	12.66	19.12	32.17	20.02	15.44	11.97	51.27
1962	13.63	11.13	17.75	18.67	19.40	10.64	11.01	27.28
1963	16.27	14.63	20.01	19.50	19.60	22.01	13.50	27.71
1964	18.33	17.13	21.57	21.32	19.95	28.93	15.66	30.00
1965	20.63	20.89	22.31	22.15	20.81	29.13	18.19	32.87
1966	24.14	23.41	27.88	26.35	28.04	27.75	21.27	38.11
1967	28.66	30.74	27.33	31.24	28.04	25.10	25.89	47.64
1968	30.78	32.90	27.98	35.58	28.80	25.37	31.54	53.61
1969	29.78	26.00	32.39	42.87	30.62	39.70	27.23	65.14
1970	37.13	33.19	41.71	49.13	40.04	48.60	30.98	69.00
1971	37.23	33.14	41.46	50.11	39.29	50.10	34.22	68.54
1972	41.40	31.81	49.65	63.29	48.22	56.05	39.62	80.36
1973	41.17	26.41	54.88	70.63	50.83	71.29	38.93	85.30
1974	55.61	43.75	70.28	78.71	74.93	57.10	48.41	103.37
1975	68.68	57.34	84.90	90.48	91.13	66.97	55.45	109.18
1976	71.04	57.88	88.76	96.11	98.22	60.23	70.90	107.24
1977	73.51	54.68	98.87	105.74	111.72	58.66	72.06	109.78
1978	84.00	58.99	124.66	115.87	137.93	83.84	84.70	92.62
1979	89.41	65.61	131.39	119.19	143.35	93.57	83.44	100.19

2-3续表 (以1980年为100) 单位：%

年份	生产总值	按三次产业分			按重点行业分			
		第一产业	第二产业	第三产业	工业	建筑业	交通运输、仓储及邮政业	批发和零售业、住宿和餐饮业
1980	100.00	100.00	100.00	100.00	100.00	100.00	100.00	100.00
1981	53.90	9.50	87.69	97.49	94.64	70.63	87.03	107.99
1982	110.77	96.67	102.97	142.48	115.11	71.44	160.35	117.71
1983	140.70	127.15	108.84	194.63	126.65	62.60	193.28	114.18
1984	136.48	110.11	124.47	193.27	142.09	78.74	199.05	118.20
1985	138.55	110.80	131.81	192.64	151.84	79.83	195.05	116.43
1986	155.76	145.69	126.30	201.41	143.53	81.57	228.20	142.39
1987	161.66	146.06	138.14	211.08	156.16	91.38	265.64	204.76
1988	165.02	161.15	150.47	185.68	173.01	91.97	297.53	188.38
1989	191.71	215.03	162.83	179.52	190.39	91.29	354.06	177.67
1990	224.80	259.22	185.43	203.68	209.60	122.69	408.03	245.63
1991	173.17	140.89	185.12	217.03	217.30	101.60	429.46	311.61
1992	188.12	164.96	189.04	226.97	220.07	108.51	472.02	283.46
1993	223.81	228.33	194.84	243.98	222.95	121.87	555.66	281.51
1994	227.59	235.62	195.82	244.44	222.33	127.00	449.89	231.04
1995	276.50	296.50	238.31	279.00	271.22	152.92	397.03	278.03
1996	338.71	392.45	264.31	318.23	301.30	168.36	500.06	338.36
1997	409.64	495.47	300.36	367.68	335.95	208.14	747.34	399.84
1998	440.77	513.31	328.29	424.67	363.16	237.90	878.12	467.01
1999	463.25	531.28	344.70	460.34	381.32	250.03	1094.14	481.02
2000	496.60	552.00	363.00	529.85	406.87	249.53	1270.30	550.77
2001	553.21	616.03	401.48	590.25	455.69	260.01	1415.11	592.08
2002	605.76	641.90	480.97	669.96	538.63	327.87	1702.38	757.86
2003	672.39	711.23	546.86	734.24	607.04	385.90	1963.70	913.68
2004	792.75	888.32	632.72	786.37	699.31	451.51	2150.64	964.20
2005	896.60	1000.25	725.10	889.38	817.49	480.86	2380.76	1132.94
2006	1016.74	1107.28	879.55	1001.44	991.62	582.32	2805.96	1178.03
2007	1150.95	1236.83	1003.57	1156.66	1121.52	687.72	3146.60	1466.29
2008	1329.35	1431.01	1164.14	1326.69	1263.95	883.72	3723.06	1767.76
2009	1492.40	1581.09	1354.38	1496.26	1429.60	1124.27	4141.16	2002.21
2010	1712.40	1733.94	1739.16	1726.80	1744.55	1654.34	4793.81	2335.78
2011	2017.12	1955.92	2171.46	2117.97	2083.79	2285.97	5968.77	2925.56
2012	2366.68	2175.72	2781.28	2548.35	2683.80	2891.45	7146.41	3532.32
2013	2617.55	2319.32	3137.29	2961.18	3134.68	2995.54	7618.07	4138.14
2014	2766.75	2419.05	3181.21	3319.49	3332.17	2695.99	8646.51	4771.28
2015	2927.22	2518.23	3232.11	3677.99	3392.15	2728.34	9887.28	5346.22
2016	3105.78	2553.49	3358.16	4078.89	3490.52	2932.97	10787.02	5894.21
2017	3285.92	2706.69	3291.00	4482.70	3417.22	2880.17	12394.29	6300.91
2018	3417.35	2817.67	3215.31	4760.63	3355.71	2753.44	12233.16	6792.38

注：2018年以前历史数据为垦区全社会口径数据。

2-4 垦区历年生产总值指数

(以上年为100) 单位：%

年份	生产总值	按三次产业分			按重点行业分			
		第一产业	第二产业	第三产业	工业	建筑业	交通运输、仓储及邮政业	批发和零售业、住宿和餐饮业
1949	100.00	100.00	100.00	100.00	100.00	100.00	100.00	100.00
1950	300.31	196.26	1451.60	235.63	3216.00	333.30	300.00	194.40
1951	85.60	102.56	56.38	104.15	38.73	160.00	66.70	128.60
1952	211.99	235.82	184.86	174.51	144.00	240.60	250.00	170.00
1953	167.69	151.54	217.06	165.75	194.94	234.41	185.12	172.86
1954	185.10	250.42	89.86	127.09	64.66	104.85	183.56	127.68
1955	149.35	125.51	196.80	272.77	128.93	220.95	118.97	263.11
1956	207.85	200.12	281.57	170.37	297.09	278.24	230.24	146.97
1957	133.30	124.37	159.48	131.30	330.11	123.06	166.74	127.07
1958	161.08	132.15	149.47	278.22	204.06	118.52	167.46	273.89
1959	176.27	172.76	170.34	187.08	216.87	116.75	203.19	177.16
1960	97.44	73.55	117.70	106.13	123.92	105.49	79.66	116.48
1961	94.64	111.10	77.17	99.07	89.21	45.40	88.27	100.47
1962	79.72	87.95	92.83	58.04	96.90	68.89	91.95	53.22
1963	119.36	131.45	112.76	104.42	101.01	206.86	122.62	101.57
1964	112.67	117.09	107.80	109.37	101.79	131.42	116.01	108.26
1965	112.55	121.97	103.40	103.89	104.31	100.70	116.12	109.57
1966	117.04	112.07	125.01	118.93	134.77	95.28	116.99	115.94
1967	118.70	131.29	98.01	118.58	99.98	90.44	121.70	125.01
1968	107.40	107.03	102.39	113.89	102.73	101.08	121.81	112.53
1969	96.77	79.03	115.74	120.48	106.31	156.47	86.33	121.49
1970	124.66	127.66	128.80	114.61	130.77	122.43	113.81	105.93
1971	100.28	99.85	99.39	101.98	98.13	103.07	110.43	99.33
1972	111.19	95.99	119.75	126.31	122.72	111.89	115.79	117.25
1973	99.46	83.02	110.54	111.60	105.42	127.18	98.26	106.14
1974	135.07	165.64	128.06	111.44	147.41	80.10	124.35	121.19
1975	123.49	131.06	120.81	114.95	121.63	117.30	114.54	105.62
1976	103.45	100.95	104.55	106.22	107.78	89.93	127.86	98.22
1977	103.47	94.46	111.38	110.02	113.74	97.40	101.64	102.37
1978	114.26	107.89	126.08	109.58	123.46	142.92	117.54	84.37
1979	106.44	111.22	105.40	102.86	103.93	115.39	98.51	108.06

2-4续表 (以上年为100) 单位：%

年 份	生产总值	按三次产业分			按重点行业分			
		第一产业	第二产业	第三产业	工业	建筑业	交通运输、仓储及邮政业	批发和零售业、住宿和餐饮业
1980	108.97	152.42	80.43	95.00	72.80	110.49	119.86	99.81
1981	53.90	9.50	87.69	97.49	94.64	70.63	87.03	107.98
1982	205.53	1017.70	117.42	146.15	121.63	101.14	184.25	109.00
1983	127.01	131.53	105.70	136.60	110.02	87.63	120.54	97.00
1984	97.00	86.60	114.37	99.30	112.19	125.78	102.99	103.53
1985	101.52	100.63	105.89	99.67	106.86	101.38	98.00	98.50
1986	112.42	131.49	95.82	104.55	94.53	102.18	116.99	122.30
1987	103.79	100.26	109.38	104.80	108.80	112.02	116.41	143.80
1988	102.08	110.33	108.93	87.97	110.80	100.65	112.00	92.00
1989	116.17	133.44	108.21	96.68	110.04	99.27	119.00	94.32
1990	117.26	120.55	113.88	113.46	110.09	134.39	115.24	138.25
1991	77.04	54.35	99.84	106.56	103.67	82.81	105.25	126.86
1992	108.63	117.09	102.12	104.58	101.28	106.79	109.91	90.97
1993	118.97	138.41	103.07	107.49	101.31	112.31	117.72	99.31
1994	101.69	103.19	100.50	100.20	99.72	104.21	80.97	82.07
1995	121.49	125.83	121.70	114.14	121.99	120.41	88.25	120.34
1996	122.50	132.36	110.91	114.06	111.09	110.10	125.95	121.70
1997	120.94	126.25	113.64	115.54	111.50	123.63	149.45	118.17
1998	107.60	103.60	109.30	115.50	108.10	114.30	117.50	116.80
1999	105.10	103.50	105.00	108.40	105.00	105.10	124.50	103.00
2000	107.20	103.90	105.30	115.10	106.70	99.80	116.10	114.50
2001	111.40	111.60	111.60	111.40	112.00	104.20	111.40	107.50
2002	109.50	104.20	119.80	113.50	118.20	126.10	120.30	128.00
2003	111.00	110.80	113.70	109.60	112.70	117.70	115.35	120.56
2004	117.90	124.90	115.70	107.10	115.20	117.00	109.52	105.53
2005	113.10	112.60	114.60	113.10	116.90	106.50	110.70	117.50
2006	113.40	110.70	121.30	112.60	121.30	121.10	117.86	103.98
2007	113.20	111.70	114.10	115.50	113.10	118.10	112.14	124.47
2008	115.50	115.70	116.00	114.70	112.70	128.50	118.32	120.56
2009	112.27	110.49	116.34	112.78	113.11	127.22	111.23	113.26
2010	114.74	109.67	128.41	115.41	122.03	147.15	115.76	116.66
2011	117.79	112.80	124.86	122.65	119.45	138.18	124.51	125.25
2012	117.33	111.24	128.08	120.32	128.79	126.49	119.73	120.74
2013	110.60	106.60	112.80	116.20	116.80	103.60	106.60	117.15
2014	105.70	104.30	101.40	112.10	106.30	90.00	113.50	115.30
2015	105.80	104.10	101.60	110.80	101.80	101.20	114.35	112.05
2016	106.10	101.40	103.90	110.90	102.90	107.50	109.10	110.25
2017	105.80	106.00	98.00	109.90	97.90	98.20	114.90	107.70
2018	104.00	104.10	97.70	106.20	98.20	95.60	98.70	107.80

注：2018年以前历史数据为垦区全社会口径数据。

2-5 各管理局历年生产总值要素

单位：万元

年份 单位	生产 总值	劳动者 报酬	固定资 产折旧	生产税 净额	#补贴	营业盈余
2000	1457251	630025	210697	97431	401	528098
2005	2698322	1119155	337362	42417	57730	1199388
2008	4544690	1856973	532018	-39217	216608	2194916
2009	4922240	2182496	649424	-22853	239890	2113174
2010	6242100	2779120	769526	93200	243188	2600254
2011	8055091	3439553	991068	111533	270030	3512938
2012	9744736	4052423	1219652	216413	308641	4256248
2013	10951225	4358057	1330291	219182	304918	5043695
2014	11335478	4238481	1373273	150211	317057	5573513
2015	11726820	4428084	1474873	149752	292429	5674112
2016	11937103	4670711	1658095	-23943	480553	5633339
2017	11115782	4423011	1632278	-145085	546873	5205578
2018	10837833	4524673	1664376	-282729	676889	4931514
宝泉岭	1446515	433647	193066	-46331	83079	866133
红兴隆	1553627	736205	199737	-39643	79987	657328
建三江	2096303	1003942	360261	-98477	145611	830577
牡丹江	1680249	528255	279937	-37035	70099	909092
北安	972576	413449	155882	-111872	133155	515118
九三	905245	331607	110196	-82741	102215	546183
齐齐哈尔	663090	292195	126864	-2420	29045	246451
绥化	459170	206850	47393	-3063	24062	207991
哈尔滨	266948	104522	35673	11807	5780	114946
总局直属	794111	474002	155368	127045	3856	37696

注：2018年以前历史数据为垦区全社会口径数据。

2-6 各管理局历年生产总值要素构成

(以生产总值为100) 单位：%

年份 单位	生产 总值	劳动者 报酬	固定资 产折旧	生产税 净额	#补贴	营业盈余
2000	100	43.2	14.5	6.7	0.1	35.6
2005	100	41.5	12.5	1.6	2.1	44.4
2008	100	40.9	11.7	-0.9	4.8	48.3
2009	100	44.3	13.2	-0.5	4.9	42.9
2010	100	44.5	12.3	1.5	3.9	41.7
2011	100	42.7	12.3	1.4	3.4	43.6
2012	100	41.6	12.5	2.2	3.2	43.7
2013	100	39.8	12.1	2.0	2.8	46.1
2014	100	37.8	12.6	1.3	2.5	48.4
2015	100	37.7	12.6	1.3	2.5	48.4
2016	100	39.1	13.9	-0.2	4.0	47.2
2017	100	39.8	14.7	-1.3	4.9	46.8
2018	100	41.7	15.4	-2.6	6.2	45.5
宝泉岭	100	30.0	13.3	-3.2	5.7	59.9
红兴隆	100	47.4	12.9	-2.6	5.1	42.3
建三江	100	47.9	17.2	-4.7	6.9	39.6
牡丹江	100	31.4	16.7	-2.2	4.2	54.1
北安	100	42.5	16.0	-11.5	13.7	53.0
九三	100	36.6	12.2	-9.1	11.3	60.3
齐齐哈尔	100	44.1	19.1	-0.4	4.4	37.2
绥化	100	45.0	10.3	-0.7	5.2	45.3
哈尔滨	100	39.2	13.4	4.4	2.2	43.1
总局直属	100	59.7	19.6	16.0	0.5	4.7

注：2018年以前历史数据为垦区全社会口径数据。

2-7 各管理局历年生产总值所有制构成及指数

单位：万元、%

年份 单位	生产总值			构成		指数(上年=100)	
	合计	公有经济	非公有经济	公有经济	非公有经济	公有经济	非公有经济
2000	1457251	872036	585215	59.8	40.2	102.0	119.6
2005	2698322	1610853	1087469	59.7	40.3	113.1	113.0
2008	4544690	2547458	1997232	56.1	43.9	111.4	121.4
2009	4922240	3005077	1917163	61.1	38.9	111.6	113.3
2010	6242100	3793056	2449044	60.8	39.2	114.2	115.6
2011	8055091	4862098	3192993	60.4	39.6	117.0	119.0
2012	9744736	5857223	3887513	60.1	39.9	116.8	118.1
2013	10951225	6365375	4585850	58.1	41.9	107.2	116.3
2014	11335478	6809875	4525603	60.1	39.9	109.2	100.7
2015	11726820	7174820	4552000	61.2	38.8	107.8	102.9
2016	11937103	7150099	4787004	59.9	40.1	103.9	109.6
2017	11115782	6563443	4552339	59.0	41.0	104.2	108.0
2018	10837833	6685391	4152442	61.7	38.3	103.5	104.9
宝泉岭	1446515	781095	665420	54.0	46.0	103.5	107.6
红兴隆	1553627	926883	626744	59.7	40.3	98.1	102.5
建三江	2096303	1562521	533782	74.5	25.5	102.9	105.1
牡丹江	1680249	1118339	561910	66.6	33.4	104.1	105.1
北安	972576	475386	497190	48.9	51.1	104.9	107.3
九三	905245	488415	416830	54.0	46.0	106.9	107.5
齐齐哈尔	663090	297057	366033	44.8	55.2	105.2	103.2
绥化	459170	211592	247579	46.1	53.9	105.3	103.9
哈尔滨	266948	71505	195443	26.8	73.2	100.5	101.7
总局直属	794111	752598	41513	94.8	5.2	99.4	105.6

注：2018年以前历史数据为垦区全社会口径数据。

2-8 各管理局历年总产出

单位：万元

年份 单位	总产出	按三次产业分			按重点行业分			
		第一产业	第二产业	第三产业	工业	建筑业	交通运输、仓储和邮政业	批发和零售业、住宿和餐饮业
2000	2989144	1445564	834381	709199	686880	147501	102795	221639
2005	6476202	2797343	2495947	1182912	2199109	296838	204145	471878
2008	10567719	4645351	3881360	2041008	3287011	594349	373262	846102
2009	12040953	5274717	4740642	2025594	4055704	684938	298903	699084
2010	15525196	6346454	6585048	2593694	5472311	1112736	391608	844249
2011	19614722	7826626	8360977	3427119	6763668	1597310	528228	1176263
2012	23450345	8923297	10308881	4218168	8418886	1889995	706290	1333956
2013	27940808	9468761	11706675	6765372	9589388	2117287	773862	3440904
2014	27040228	9655405	10920687	6464670	9302269	1618418	887605	2657187
2015	27592137	9573789	10177284	7841064	8520935	1656349	1031042	3554974
2016	28436653	8858226	10326360	9200767	8688066	1638294	1063946	4332188
2017	28921863	8733780	9570669	9911777	7870945	1699724	1195136	4308938
2018	25240738	7849002	7726400	9665336	6667569	1058832	1152189	4382789
宝泉岭	2869972	1116361	688157	1065454	601329	86828	189169	420663
红兴隆	2986129	1348878	644055	993196	504477	139578	192883	289427
建三江	3857013	2006003	841808	1009202	672410	169398	205334	367716
牡丹江	2980321	1451118	724541	804661	663990	60552	145351	243065
北安	1935850	640923	242441	1052486	197836	44605	171067	444319
九三	1655363	493745	378695	782923	253203	125492	70036	203965
齐齐哈尔	1429222	452858	249303	727062	219447	29856	93426	324025
绥化	883043	221804	206975	454265	165775	41200	48351	189573
哈尔滨	622611	96353	279779	246479	277302	2477	11069	72184
总局直属	6021215	20960	3470646	2529610	3111800	358846	25504	1827853

注：2018年以前历史数据为垦区全社会口径数据。

2-9 集团历年企业增加值

单位：万元

年份	企业增加值	按三次产业分			按重点行业分			
		第一产业	第二产业	第三产业	农业	畜牧业	工业	建筑业
2000	1048866	791863	95201	161802	676826	102570	83246	11955
2001	1118119	865574	81365	171180	719007	133748	70907	10458
2002	1203523	874152	114058	215313	690800	169662	101658	12400
2003	1409518	1003754	130262	275502	744222	240777	118319	11943
2004	1777317	1292023	153700	331593	1013868	260391	138217	15483
2005	2045240	1466372	170475	408393	1130718	315712	153847	16628
2006	2187516	1572250	219756	395510	1184845	365848	192277	27479
2007	2439880	1764795	235840	439245	1322167	423688	208097	27743
2008	3201383	2416424	294493	490466	1768880	617816	247313	47180
2009	3640093	2759188	346510	534395	2097151	625154	281337	65173
2010	4424416	3377043	446884	600489	2608665	719901	335726	111158
2011	5522087	4226398	581749	713940	3261470	904048	423180	158569
2012	6311740	4885930	643804	782006	3808621	992205	477022	166782
2013	6584842	5056004	705273	823565	4115049	846706	536581	168692
2014	6347345	4832045	642584	872716	4156589	587488	540667	101917
2015	5850363	4348076	591495	910791	3833214	428877	512975	78520
2016	5315024	3806707	547815	960503	3363424	355832	483297	64518
2017	5025091	3616334	452101	956656	3178623	339590	427033	25068
2018	4646829	3249132	407496	990201	2866272	308936	376148	31348
2019	4482591	3119695	360174	1002722	2719765	340077	327651	32523
2020	4937791	3569383	452112	916296	3133880	378966	399618	52494

2-10 集团历年企业增加值构成

(以企业增加值为100) 单位：%

年 份	按三次产业分			按重点行业分			
	第一产业	第二产业	第三产业	农 业	畜牧业	工 业	建筑业
2000	75.5	9.1	15.4	64.5	9.8	7.9	1.1
2001	77.4	7.3	15.3	64.3	12.0	6.3	0.9
2002	72.6	9.5	17.9	57.4	14.1	8.4	1.0
2003	71.2	9.2	19.5	52.8	17.1	8.4	0.8
2004	72.7	8.6	18.7	57.0	14.7	7.8	0.9
2005	71.7	8.3	20.0	55.3	15.4	7.5	0.8
2006	71.9	10.0	18.1	54.2	16.7	8.8	1.3
2007	72.3	9.7	18.0	54.2	17.4	8.5	1.1
2008	75.5	9.2	15.3	55.3	19.3	7.7	1.5
2009	75.8	9.5	14.7	57.6	17.2	7.7	1.8
2010	76.3	10.1	13.6	59.0	16.3	7.6	2.5
2011	76.5	10.5	12.9	59.1	16.4	7.7	2.9
2012	77.4	10.2	12.4	60.3	15.7	7.6	2.6
2013	76.8	10.7	12.5	62.5	12.9	8.1	2.6
2014	76.1	10.1	13.7	65.5	9.3	8.5	1.6
2015	74.3	10.1	15.6	65.5	7.3	8.8	1.3
2016	71.6	10.3	18.1	63.3	6.7	9.1	1.2
2017	72.0	9.0	19.0	63.3	6.8	8.5	0.5
2018	69.9	8.8	21.3	61.7	6.6	8.1	0.7
2019	69.6	8.0	22.4	60.7	7.6	7.3	0.7
2020	72.3	9.2	18.5	63.5	7.7	8.1	1.1

2-11 集团历年企业增加值指数

(以2000年为100) 单位：%

年 份	企 业 增加值	按三次产业分			按重点行业分			
		第一产业	第二产业	第三产业	农 业	畜牧业	工 业	建筑业
2000	100.00	100.00	100.00	100.00	100.00	100.00	100.00	100.00
2001	101.59	102.84	88.30	103.32	99.30	126.50	88.82	84.71
2002	111.78	107.99	117.28	127.09	100.19	160.53	121.27	89.50
2003	126.31	119.02	133.08	158.04	105.60	204.99	139.62	87.58
2004	146.43	138.02	151.36	184.71	129.47	199.37	157.58	108.04
2005	165.74	154.61	166.51	219.80	141.77	242.83	174.70	109.51
2006	181.71	173.01	210.25	207.47	156.05	288.13	217.69	158.47
2007	205.67	201.01	214.49	223.27	181.58	338.42	223.95	148.63
2008	236.00	233.33	240.68	246.35	209.00	397.97	243.29	222.52
2009	262.46	257.77	287.69	270.58	234.03	424.78	284.73	308.30
2010	289.87	282.68	341.12	294.90	258.05	459.74	319.34	492.82
2011	329.25	318.87	401.14	337.78	295.13	495.57	363.94	660.11
2012	363.34	354.67	442.51	359.21	330.63	540.11	408.21	681.35
2013	379.67	369.88	476.71	370.52	357.23	481.12	455.53	624.23
2014	396.65	392.13	453.57	385.31	394.36	415.72	461.31	399.76
2015	407.80	402.01	453.08	409.49	411.40	377.47	471.64	323.86
2016	416.16	409.07	441.76	435.76	419.26	379.15	466.75	267.71
2017	427.12	428.46	390.61	442.08	438.30	401.16	431.85	103.50
2018	443.27	448.91	383.16	451.06	464.98	404.60	420.32	124.42
2019	436.10	448.44	319.62	444.28	467.38	398.73	347.04	128.69
2020	460.75	474.13	371.53	442.06	497.32	408.05	388.34	201.51

2-12 集团历年企业增加值指数

(以上年为100)　　单位：%

年份	企业增加值	按三次产业分			按重点行业分			
		第一产业	第二产业	第三产业	农业	畜牧业	工业	建筑业
2000	100.00	100.00	100.00	100.00	100.00	100.00	100.00	100.00
2001	101.59	102.84	88.30	103.32	99.30	126.50	88.82	84.71
2002	109.77	105.00	132.57	123.01	100.90	126.90	136.54	105.65
2003	113.03	110.21	113.25	124.35	105.40	127.70	115.12	97.85
2004	115.95	115.97	113.83	116.88	122.60	97.25	112.87	123.37
2005	113.14	112.02	109.91	119.00	109.50	121.80	110.87	101.36
2006	109.63	111.90	126.57	94.39	110.07	118.66	124.61	144.71
2007	113.18	116.18	101.74	107.61	116.36	117.45	102.88	93.79
2008	114.79	116.08	113.47	110.34	115.10	117.60	108.63	149.71
2009	111.30	110.48	120.48	109.84	111.98	106.74	117.03	138.55
2010	110.65	109.66	121.13	108.99	110.26	108.23	112.15	159.85
2011	113.66	112.80	118.94	114.54	114.37	107.79	113.97	133.94
2012	110.44	111.23	109.72	106.34	112.03	108.99	112.16	103.22
2013	104.36	104.29	106.42	103.15	108.05	89.08	111.59	91.62
2014	104.30	106.02	92.36	103.99	110.39	86.41	101.27	64.04
2015	102.67	102.52	98.87	106.28	104.32	90.80	102.24	81.01
2016	101.98	101.76	96.80	106.42	101.91	100.45	98.96	82.66
2017	102.23	104.74	86.18	101.45	104.54	105.80	92.52	38.66
2018	103.88	104.77	98.60	102.03	106.09	100.86	97.33	120.21
2019	98.22	99.90	84.17	98.50	100.52	98.55	82.57	103.44
2020	105.65	105.73	116.24	99.50	106.40	102.34	111.90	156.58

2-13 集团企业增加值

(2020年)　　单位：万元

指　　标	合　　计	劳动者报酬	固定资产折旧	生产税净额	#补贴	营业盈余
企业增加值	**4937791**	**2601132**	**760494**	**-627096**	**801831**	**2203262**
按三次产业分						
第一产业	3569383	1812848	436671	-792955	794738	2112819
第二产业	452112	166229	80569	136285	3449	69030
第三产业	916296	622054	243254	29574	3645	21413
按国民经济行业分						
1.农林牧渔业	3836597	1929369	513795	-793035	796926	2186469
(1)农　业	3133880	1676331	384110	-784965	786704	1858405
(2)林　业	34230	18598	4189	-166	166	11609
(3)畜牧业	378966	108873	46427	-7797	7836	231463
(4)渔　业	22307	9047	1945	-27	32	11342
(5)农、林、牧、渔专业及辅助性活动	267214	116521	77124	-80	2188	73650
2.采矿业						
3.制造业	366033	134529	62186	107127	3338	62191
4.电力、热力、燃气及水生产和供应业	33585	14348	17589	4365	102	-2716
5.建筑业	52494	17352	794	24793	9	9555
6.批发和零售业	68405	73749	38548	18269	191	-62161
7.交通运输、仓储业和邮政业	33112	15840	23347	405	179	-6480
(1)交通运输业	26130	14098	19007	155	179	-7130
(2)仓储业	6982	1742	4340	250		650
(3)邮政业						
8.住宿和餐饮业	4123	3964	3301	192	3	-3335
#餐饮业	814	977	1126	9	3	-1299
9.信息传输、软件和信息技术服务业	13936	10642	4366	128	15	-1200
#电　信	12707	9376	4107	121	15	-897
10.金融业	31377	24292	4022	3758		-694
#银　行	-49	103	7			-160
11.房地产业	12631	3613	776	5132	-27	3110
12.租赁和商务服务业	58961	39207	13655	1602	70	4497
13.科学研究和技术服务业	22916	14724	2770	530		4893
14.水利、环境和公共设施管理业	85093	52139	28958	168	133	3828
15.居民服务、修理和其他服务业	5266	4565	652			49
16.教　育	55394	48095	7330	-37	142	5
17.卫生和社会工作	208439	181858	26487	-545	750	639
18.文化、体育和娱乐业	2609	2017	529	5		59
19.公共管理、社会保障和社会组织	46821	30829	11391	47		4555

2-14 各分公司历年企业增加值要素

单位：万元

年份 单位	企业 增加值	劳动者 报酬	固定资 产折旧	生产税 净额	#补贴	营业盈余
2015	5850363	2598418	739311	-186324	353845	2698958
2016	5315024	2514718	784718	-344206	507696	2359793
2017	5025091	2499420	806065	-448661	653378	2168267
2018	4646829	2354999	732397	-541044	638343	2100477
2019	4482591	2495994	736634	-689142	827631	1939104
2020	4937791	2601132	760494	-627096	801831	2203262
宝泉岭	699037	257849	82995	-88831	89784	447024
红兴隆	685932	385520	67591	-114319	114494	347141
建三江	1105265	660477	193698	-170247	175005	421338
牡丹江	629415	284629	134313	-123098	125713	333571
北安	398202	205406	71211	-129129	129592	250714
九三	391311	226517	41642	-95794	96734	218946
齐齐哈尔	212337	117804	29676	-35355	35440	100211
绥化	107487	72178	10692	-24460	24460	49076
哈尔滨	63464	35561	6051	-5863	6271	27716
集团直属	645342	355191	122627	160000	4338	7525

2-15 各分公司历年企业增加值要素构成

(以生产总值为100) 单位：%

年份 单位	企业 增加值	劳动者 报酬	固定资 产折旧	生产税 净额	#补贴	营业盈余
2015	100	44.4	12.6	-3.2	6.0	46.1
2016	100	47.3	14.8	-6.5	9.6	44.4
2017	100	49.7	16.0	-8.9	13.0	43.1
2018	100	50.7	15.8	-11.6	13.7	45.2
2019	100	55.7	16.4	-15.4	18.5	43.3
2020	100	52.7	15.4	-12.7	16.2	44.6
宝泉岭	100	36.9	11.9	-12.7	12.8	63.9
红兴隆	100	56.2	9.9	-16.7	16.7	50.6
建三江	100	59.8	17.5	-15.4	15.8	38.1
牡丹江	100	45.2	21.3	-19.6	20.0	53.0
北安	100	51.6	17.9	-32.4	32.5	63.0
九三	100	57.9	10.6	-24.5	24.7	56.0
齐齐哈尔	100	55.5	14.0	-16.7	16.7	47.2
绥化	100	67.2	9.9	-22.8	22.8	45.7
哈尔滨	100	56.0	9.5	-9.2	9.9	43.7
集团直属	100	55.0	19.0	24.8	0.7	1.2

2-16 各分公司历年总产出

单位：万元

年份 单位	总产出	按三次产业分			按重点行业分			
		第一产业	第二产业	第三产业	农业	畜牧业	工业	建筑业
2015	15450080	7646001	4340995	3463084	6616976	877587	3948500	392495
2016	14646644	6740337	4362018	3544290	5855543	735038	3972862	389156
2017	13538406	6512449	3469610	3556347	5662966	681087	3307292	162318
2018	12990211	5973269	3459848	3557094	5192522	628174	3145082	314765
2019	12681796	5904143	3258383	3519270	5061911	739298	2920070	338313
2020	15222159	6795137	4378435	4048587	5848260	843142	4019798	358637
宝泉岭	1261046	1038251	23403	199392	772182	261738	11064	12339
红兴隆	1234575	1119202	7334	108039	983733	104014	7334	
建三江	2040406	1739593	70473	230340	1699625	34858	70473	
牡丹江	1231119	1029680	21671	179768	924422	98377	21671	
北安	874334	672298	26167	175869	563858	67469	20568	5599
九三	701076	497938	13657	189482	371374	121572	13657	
齐齐哈尔	493708	398798	1491	93419	298379	96994	1491	
绥化	197921	188991	2902	6028	163164	20816	2902	
哈尔滨	115567	85172	587	29808	63547	20244	587	
集团直属	7072408	25216	4210750	2836442	7976	17059	3870052	340699

主要统计指标解释

三次产业 按照我国现行计算国内生产总值的有关规定，将各物质生产部门和非物质生产部门在国民经济和社会发展中的地位和作用不同划分为三次产业。

第一产业 是指农林牧渔业。

第二产业 是指采矿业，制造业，电力、燃气及水的生产和供应业，建筑业。

第三产业 即服务业，是指除第一产业、第二产业以外的其他行业。第三产业包括：批发和零售业，交通运输、仓储和邮政业，住宿和餐饮业，信息传输、软件和信息技术服务业，金融业，房地产业，租赁和商务服务业，科学研究和技术服务业，水利、环境和公共设施管理业，居民服务、修理和其他服务业，教育，卫生和社会工作，文化、体育和娱乐业，公共管理、社会保障和社会组织，国际组织，以及农、林、牧、渔业中的农、林、牧、渔专业及辅助性活动，采矿业中的开采专业及辅助活动，制造业中的金属制品、机械和设备修理业。

总产出 指一定时期内一个国家（或地区）常住单位生产的所有货物和服务的价值，既包括新增价值，也包括被消耗的货物和服务价值及固定资产的转移价值。总产出按生产者价格计算，它反映常住单位生产活动的规模。

中间投入 指常住单位在生产或提供货物与服务过程中，消耗和使用的所有非固定资产货物和服务的价值。中间投入也称中间消耗，一般按购买者价格计算。

企业增加值 指集团所属企业在一段时期内新创造出来的价值。生产活动的总成果扣除生产过程中消耗或转移的物质产品和劳务价值后的新增价值的总和。它可以按生产法计算，也可以按收入法计算，按生产法计算，它等于总产出减中间投入；按收入法计算，它等于劳动者报酬、生产税净额、固定资产折旧和营业盈余之和。

劳动者报酬 指劳动者因从事生产活动所获得的全部报酬。包括劳动者获得的各种形式的工资、奖金和津贴，既包括货币形式，也包括实物形式的，还包括劳动者所享受的公费医疗和医药卫生费，上下班交通补贴、单位支付的社会保险费、住房公积金等。

生产税净额 是生产税减生产补贴的差额。生产税指政府对生产单位从事生产、销售和经营活动以及因从事这些活动使用某些生产要素如固定资产、土地、劳动力所征收的各种税、附加费和规费。生产补贴与生产税相反，是政府为了影响生产单位的生产水平和产品价格水平，对生产单位做出的无偿转移支出，它通常被看作是负生产税，包括政策性亏损补贴等。

固定资产折旧 指一定时期内为弥补固定资产损耗按照规定的固定资产折旧率提取的固定资产折旧，或按国民经济核算统一规定的折旧率虚拟计算的固定资产折旧。它反映了固定资产在当期生产中的价值转移，是一种补偿性价值，不是生产过程中新产生的价值。各种类型企业和企业化管理的事业单位的固定资产折旧按会计上提取的折旧费计算。

营业盈余 指常住单位创造的增加值扣除劳动者报酬、固定资产折旧和生产税净额后的余额。实际上，营业盈余等于常住单位所创造的增加值在对劳动者进行了分配，上缴国家税收（不包括所得税），对固定资产进行了价值补偿以后，所余下的单位从事增加值的创造而应得到的份额。它相当于企业的营业利润加上生产补贴等，但要扣除从利润中开支的工资和福利等。

当年价格 指报告期的实际价格，如工厂的出厂价格，农产品的收购价格，商业的零售价格等。按当年价格计算，是指一些以货币表现的物量指标，如工、农业总产值、国民收入、国民生产总值等，按照当年的实际价格来计算总量，是为了使国民经济各项指标互相衔接，便于考察当年社会经济效益，便于对生产和流通、生产和分配、生产和消费进行经济核算和综合平衡。

按当年价格计算的价值指标，在不同年份之间进行对比时，因为包含有各年间价格变动的因素，不能确切地反映实物量的增减变动，必须消除价格变动因素后才能真实反映经济发展动态。因此，在计算增长速度时都使用可比价格计算的数字。

可比价格 指在不同时期的价格指标对比时，扣除了价格变动的因素，以确切表示物量的变动，按可比价格计算有两种方法：一种是直接按产品产量乘其不变价格计算；一种是用物价指数换算。

指数 指数是表明现象数量对比关系的相对数。广义上的指数，就是相对数。狭义上的指数，是一种特殊的相对数，是用来表明不能直接相加的各种要素所构成的复杂现象总体的数量对比关系的相对数。

03 人口、就业人员和职工工资

3-1 垦区历年年末户数和人口数

单位：户、人

年 份	总户数	农场户	非农场户	总人口	农场人口	非农场人口
1949	1008	1008		4836	4836	
1950	1744	1744		9557	9557	
1955	9891	8789	1102	81368	73098	8270
1960	116074	114259	1815	845814	790964	54850
1961	126957	125053	1904	786068	732406	53680
1962	127627	125633	1994	735683	682999	52684
1963	143450	138409	5041	748974	711476	37498
1964	139721	138543	1178	782495	738221	44274
1965	148639	144963	3676	853410	808494	44916
1966	176408	164830	11578	960571	863576	96995
1967	182203	172720	9483	956213	908389	47824
1968	205272	193309	11963	1162770	1096069	66701
1969	195158	181837	13321	1364831	1284793	80038
1970	199688	186254	13434	1426115	1341899	84216
1971	210764	195732	15032	1490392	1391233	99159
1972	217068	201456	15612	1492790	1385534	107256
1973	226752	209249	17503	1526608	1406482	120126
1974	241190	222834	18356	1534111	1419799	114312
1975	252320	236604	15716	1560671	1466163	94508
1976	265322	247804	17518	1609681	1475938	133743
1977	287719	265219	22500	1649667	1532771	116896
1978	308553	274437	34116	1663485	1509127	154358
1979	308255	286403	21852	1544882	1419951	124931
1980	333997	290889	43108	1567498	1417376	150122
1981	341806	312675	29131	1578689	1442805	135884
1982	364111	331392	32719	1596901	1457331	139570
1983	376948	342469	34479	1608840	1463934	144906
1984	390008	350737	39271	1612954	1465712	147242
1985	396939	357237	39702	1582424	1428940	153484
1986	406125	366585	39540	1576941	1423474	153467
1987	417000	375087	41913	1569000	1404137	164863
1988	417005	371586	45419	1551050	1380516	170534
1989	425613	386040	39573	1551257	1395910	155347
1990	444939	396467	48472	1554242	1383853	170389
1991	458444	409170	49274	1562401	1387522	174879
1992	466431	412990	53441	1558581	1370455	188126
1993	469268	420014	49254	1566351	1313572	252779
1994	470143	407047	63096	1553486	1370395	183091
1995	480926	429076	51850	1553051	1354009	199042
1996	489908	434803	55105	1566168	1363310	202858
1997	494924	434041	60883	1569137	1303196	265941
1998	499906	437884	62022	1579481	1370286	209195
1999	502246	445101	57145	1580554	1377611	202943
2000	510477	450073	60404	1574655	1371087	203568
2001	518438	460517	57921	1579927	1363533	216394
2002	520350	458559	61791	1582752	1349727	233025
2003	523822	462631	61191	1574558	1356351	218207
2004	529588	468388	61200	1579389	1365675	213714
2005	545198	484845	60353	1585954	1379391	206563
2006	552652	494864	57788	1594897	1390611	204286
2007	586854	525004	61850	1649509	1452205	197304
2008	596355	534825	61530	1659685	1460384	199301
2009	609174	544834	64340	1668033	1456360	211673
2010	626056	560598	65458	1673491	1443366	230125
2011	651529	570845	80684	1711963	1465347	246616
2012	659149	576075	83074	1733822	1481857	251965
2013	657971	598536	59435	1722718	1516837	205881
2014	654659	590872	63787	1697451	1489580	207871
2015	652296	587265	65031	1671766	1463684	208082
2016	672496	603480	69016	1677021	1471289	205732
2017	671484	605462	66022	1673391	1478566	194825
2018	669537	604248	65289	1655896	1466461	189435
2019	673102	596636	76466	1622608	1430074	192534
2020	662385	572032	90353	1482108	1276750	205358

注：人口指标为垦区口径数据。

3-2 各分公司年末人口数

单位：户、人

年份 单位	总户数	总人口	按性别分		按农场、非农场户口分	
			男	女	农场	非农场
2000	510477	1574655	829433	745222	1371087	203568
2001	518438	1579927	830911	749016	1363533	216394
2002	520350	1582752	836669	746083	1349727	233025
2003	523822	1574558	822635	751923	1356351	218207
2004	529588	1579389	825065	754324	1365675	213714
2005	545198	1585954	821075	764879	1379391	206563
2006	552652	1594897	824151	770746	1390611	204286
2007	586854	1649509	857094	792415	1452205	197304
2008	596355	1659685	861105	798580	1460384	199301
2009	609174	1668033	877934	790099	1456360	211673
2010	626056	1673491	870314	803177	1443366	230125
2011	651529	1711963	883112	828851	1465347	246616
2012	659149	1733822	892265	841557	1481457	252365
2013	657971	1722718	883662	839056	1516837	205881
2014	654659	1697451	892206	805245	1489580	207871
2015	652296	1671766	868668	803098	1463684	208082
2016	672496	1677021	901599	775422	1471289	205732
2017	671484	1673391	896036	777355	1478566	194825
2018	669537	1655896	887598	768298	1466461	189435
2019	673102	1622608	856228	766380	1430074	192534
2020	662385	1482108	790523	691585	1276750	205358
宝泉岭	88173	183679	93308	90371	150214	33465
红兴隆	138039	313451	167569	145882	286427	27024
建三江	111587	276323	140828	135495	222932	53391
牡丹江	86031	198832	112720	86112	186278	12554
北安	81603	152328	75729	76599	149876	2452
九三	50794	117244	63156	54088	82438	34806
齐齐哈尔	49972	107295	56822	50473	106769	526
绥化	25408	48639	24011	24628	48458	181
哈尔滨	15465	39467	23183	16284	39142	325
集团直属	15313	44850	33197	11653	4216	40634

3-3 各分公司按年龄分组的人口数

(2020年) 单位：人

单位	年末辖区常住人口	0-6岁	7-15岁	16-54岁	#女性
合计	**1442209**	**54254**	**104211**	**839167**	**408949**
宝泉岭	183679	5771	10937	109290	55742
红兴隆	310053	11560	24276	176600	83983
建三江	276323	13502	24110	168082	79303
牡丹江	194426	8034	13488	100902	50712
北安	151681	5446	11060	91247	47679
九三	108212	3551	6493	60809	31546
齐齐哈尔	106769	3376	7246	59347	27712
绥化	48458	1664	3065	30161	14128
哈尔滨	34304	907	2852	20282	9472
集团直属	28304	443	684	22447	8672

3-3续表 (2020年) 单位：人

单位	55-59岁	#女性	60-64岁	#女性	65岁及以上
合计	**167069**	**73650**	**117193**	**53012**	**160315**
宝泉岭	19310	9156	13732	6526	24639
红兴隆	41256	16158	25408	11736	30953
建三江	26705	11674	17723	8435	26201
牡丹江	27088	12407	18613	8155	26301
北安	16206	7532	13222	6066	14500
九三	12969	5788	9351	4343	15039
齐齐哈尔	11188	5200	11432	4062	14180
绥化	5187	2212	3859	1894	4522
哈尔滨	5314	2809	2820	1289	2129
集团直属	1846	714	1033	506	1851

3-4 按民族分组的人口数

(2010年11月1日第六次人口普查资料)　　单位：人

单　位	总人口	汉　族	满　族	蒙古族	朝鲜族	回　族	其他民族
合　计	**1667494**	**1634359**	**18072**	**4975**	**4709**	**1852**	**3527**
宝泉岭	192159	189369	1580	311	448	191	260
红兴隆	343807	335916	4659	525	1564	221	922
建三江	240892	238191	1677	403	237	96	288
牡丹江	220789	216302	2469	428	938	256	396
北　安	185852	181102	3247	531	122	170	680
九　三	166274	163760	1078	468	266	444	258
齐齐哈尔	127448	124600	661	1017	470	81	619
绥　化	63609	61548	543	1165	120	212	21
哈尔滨	43931	42934	560	72	270	61	34
总局直属	82733	80637	1598	55	274	120	49

3-5 6岁及以上按文化程度分的人口数

(2010年11月1日第六次人口普查资料)　　单位：人

单　位	六岁及以上人口	未上过小学	小学	初中	高中	大学专科	大学本科	研究生
合　计	**1606333**	**58656**	**339593**	**719970**	**315021**	**126866**	**45155**	**1072**
宝泉岭	186467	7942	40604	81981	39777	11468	4602	93
红兴隆	332839	13908	70896	151831	65995	21807	8266	136
建三江	230299	7123	54708	113331	39477	10968	4609	83
牡丹江	213575	7547	53462	99276	35697	12572	4941	80
北　安	179930	6101	39020	88704	32905	10197	2938	65
九　三	156626	7087	33392	69624	31500	11454	3516	53
齐齐哈尔	123365	4665	24211	58793	27717	6356	1595	28
绥　化	61434	2281	13176	30965	11458	2783	750	21
哈尔滨	42513	1219	7373	17748	10869	4030	1234	40
总局直属	79285	783	2751	7717	19626	35231	12704	473

3-6 分年龄人口数

(2010年11月1日第六次人口普查资料)

年龄	人口数(人)			比重(%)			性别比
	合计	男	女	合计	男	女	(女=100)
合计	**1667494**	**849357**	**818137**	**100.00**	**50.94**	**49.06**	**103.82**
少年儿童组(0-14岁)	178095	92595	85500	10.68	5.55	5.13	108.30
学龄前儿童组(1-6岁)	63248	33065	30183	3.79	1.98	1.81	109.55
婴儿组(0岁)	8843	4561	4282	0.53	0.27	0.26	106.52
托儿组(1-3岁)	28774	15016	13758	1.73	0.90	0.83	109.14
幼儿组(4-6岁)	34474	18049	16425	2.07	1.08	0.99	109.89
学龄儿童(7-12岁)	74713	38652	36061	4.48	2.32	2.16	107.19
初中适龄组(13-15岁)	50371	26066	24305	3.02	1.56	1.46	107.25
高中适龄组(16-18岁)	57687	29570	28117	3.46	1.77	1.69	105.17
大学适龄组(18-24岁)	145990	75520	70470	8.76	4.53	4.23	107.17
男性兵员组(18-22岁)	100976	52470	48506	6.06	3.15	2.91	108.17
孕龄高峰妇女组(20-29岁)	201232	102893	98339	12.07	6.17	5.90	104.63
女性劳动力组(16-54岁)	1110844	569677	541167	66.62	34.16	32.45	105.27
男性劳动力组(16-59岁)	1219461	625459	594002	73.13	37.51	35.62	105.30
老年人口组(60岁及以上)	250858	121554	129304	15.04	7.29	7.75	94.01
高龄老年人口组(80岁及以上)	22801	12611	10190	1.37	0.76	0.61	123.76

3-7 家庭户数及家庭规模

(2010年11月1日第六次人口普查资料)

单　位	家庭户数(户)	家庭人口数(人)				平均家庭户规模(人/户)
		合　计	男	女	性别比(女为100)	
合　计	**643928**	**1594170**	**807427**	**786743**	**102.6**	**2.48**
宝泉岭	75620	183532	92340	91192	101.3	2.43
红兴隆	137406	338757	170569	168188	101.4	2.47
建三江	87908	234031	120542	113489	106.2	2.66
牡丹江	89158	216746	109960	106786	103.0	2.43
北　安	73021	180362	91612	88750	103.2	2.47
九　三	65807	158549	80233	78316	102.4	2.41
齐齐哈尔	50699	125734	63659	62075	102.6	2.48
绥　化	25208	63020	31308	31712	98.7	2.50
哈尔滨	16502	42905	21731	21174	102.6	2.60
总局直属	22599	50534	25473	25061	101.6	2.24

3-8 户籍人口及外出人口

(2010年11月1日第六次人口普查资料)　　单位：人

单　位	户籍人口			外出半年以上人口		
	合　计	男	女	小　计	男	女
合　计	**1664363**	**845471**	**818892**	**294751**	**147230**	**147521**
宝泉岭	211033	106283	104750	48440	23791	24649
红兴隆	348047	175360	172687	64350	31575	32775
建三江	209346	108464	100882	30965	16083	14882
牡丹江	194302	98486	95816	31478	15739	15739
北　安	203378	103851	99527	41605	20784	20821
九　三	174261	88222	86039	35636	17777	17859
齐齐哈尔	137224	69846	67378	18378	9227	9151
绥　化	72808	36812	35996	15279	8020	7259
哈尔滨	41159	20817	20342	6801	3299	3502
总局直属	72805	37330	35475	1819	935	884

3-9 人口增减变动情况

单位：人

年份 单位	年初 人口数	年内 增加数	迁入	出生	年内 减少数	迁出
2000	1580554	75065	66231	8834	80964	74493
2005	1579389	56147	48994	7153	49582	42795
2010	1668033	79846	73079	6767	74388	65466
2011	1673491	95540	88820	6720	57068	48147
2012	1711963	74929	67469	7460	53070	43525
2013	1733822	55036	47760	7276	66140	56427
2014	1722718	62941	55058	7883	88208	79025
2015	1694644	54859	48581	6278	77737	69119
2016	1671766	89257	79378	9879	84002	75228
2017	1677021	52720	43054	9666	56350	47404
2018	1673391	38845	31422	7423	56340	47143
2019	1655896	86481	79593	6888	119769	109920
2020	1622608	59365	53173	6192	199865	188491
宝泉岭	203528	3858	2969	889	23707	22163
红兴隆	340269	11038	9887	1151	37856	35484
建三江	303771	8096	6605	1491	35544	34219
牡丹江	204631	6927	6272	655	12726	10968
北安	180455	7911	7369	542	36038	34791
九三	133954	8107	7588	519	24817	23619
齐齐哈尔	124375	1244	939	305	18324	17299
绥化	55770	1095	626	469	8226	7592
哈尔滨	40691	520	404	116	1744	1564
集团直属	35164	10569	10514	55	883	792

3-9续表 单位：人

年 份 单 位	死 亡	年末人口数	年平均人口数	出生率（‰）	死亡率（‰）	自然增长率（‰）
2000	6375	1574655	1577605	6.82	4.10	2.72
2005	6787	1585954	1582672	5.17	4.74	0.43
2010	8922	1673491	1670762	4.05	5.34	-1.29
2011	8921	1711963	1692727	3.97	5.27	-1.30
2012	9545	1733822	1722893	4.33	5.54	-1.21
2013	9713	1722718	1728270	4.21	5.62	-1.41
2014	9183	1697451	1710085	4.61	5.37	-0.76
2015	8618	1671766	1683205	3.73	5.12	-1.39
2016	8774	1677021	1674394	5.90	5.24	0.66
2017	8946	1673391	1675206	5.77	5.34	0.43
2018	9197	1655896	1664644	4.46	5.52	-1.07
2019	9849	1622608	1639252	4.20	6.01	-1.81
2020	11374	1482108	1552358	4.09	7.50	-3.42
宝泉岭	1544	183679	203723	4.59	7.98	-3.38
红兴隆	2372	313451	338464	3.60	7.42	-3.82
建三江	1325	276323	283529	5.14	4.57	0.57
牡丹江	1758	198832	207047	3.30	8.85	-5.56
北 安	1247	152328	184002	3.37	7.76	-4.39
九 三	1198	117244	142044	4.29	9.89	-5.61
齐齐哈尔	1025	107295	133319	2.65	8.89	-6.25
绥 化	634	48639	57484	9.08	12.27	-3.19
哈尔滨	180	39467	45346	3.19	4.96	-1.76
集团直属	91	44850	44296	1.93	3.19	-1.26

3-10 垦区历年离退休、退职及五七工家属工人员数

单位：人

年　份 单　位	离退休人员 总　数	离休人员	退休人员	退职人员	五七工 家属工人数
2000	176445	8218	160012	8215	
2005	215859	8010	199292	8557	
2010	341186	3326	250611	11444	75805
2011	356967	3573	267833	10873	74688
2012	390134	3501	302160	9785	74688
2013	410121	3203	336409		70509
2014	427887	2891	424996		68373
2015	450767	2595	381977		66195
2016	466901	2279	400685		63937
2017	484278	1995	420706		61577
2018	504697	1745	443618		59334
2019	517576	1389	466186		57873
2020	505788	872	450397		54519
宝泉岭	72363	148	63293		8922
红兴隆	114975	237	107251		7487
建三江	56719	79	51180		5460
牡丹江	72655	182	69580		2893
北　安	58530	72	48348		10110
九　三	49465	48	41702		7715
齐齐哈尔	37162	27	30910		6225
绥　化	21876	34	17771		4071
哈尔滨	9943	19	8586		1338
集团直属	12100	26	11776		298

注：本表2009年离退休人员总数没包括“五七工”和“家属工”。2013年起不再单独统计退职人员人数。

3-11 垦区历年职工工资总额及指数

单位：万元、%

年份	绝对数			指数(以上年为100)		
	全部工资总额	#国有单位	#集体单位	全部工资总额	#国有单位	#集体单位
1980	53083	53083		112.4	112.4	
1981	49232	49232		92.7	92.7	
1982	53829	51536	2293	109.3	104.7	
1983	59919	57340	2579	111.3	111.3	112.5
1984	56220	54301	1919	93.8	94.7	74.4
1985	59625	58357	1268	106.1	107.5	66.1
1986	71514	70085	1429	119.9	120.1	112.7
1987	75577	74081	1496	105.7	105.7	104.7
1988	83782	82320	1462	110.9	111.1	97.7
1989	98052	96550	1502	117.0	117.3	102.7
1990	105714	104587	1127	107.8	108.3	75.0
1991	122926	121398	1528	116.3	116.1	135.6
1992	128583	127369	1214	104.6	104.9	79.5
1993	134022	132909	891	104.2	104.3	73.4
1994	159523	158477	907	119.0	119.2	101.8
1995	206936	204441	445	129.7	129.0	49.1
1996	225754	223234	352	109.1	109.2	79.1
1997	293753	289674	562	130.1	129.8	159.7
1998	293082	281792	3889	99.8	97.3	692.0
1999	255899	247033	2371	87.3	87.7	60.9
2000	247612	237619	1642	96.8	96.2	69.3
2001	255055	242167	1361	103.0	101.9	82.9
2002	271122	247702	1667	106.3	102.3	122.5
2003	289497	262480	826	106.8	105.9	49.6
2004	321104	282633	229	110.9	107.7	27.7
2005	323252	287772	128	100.7	101.8	55.9
2006	367043	305834	145	113.5	106.3	113.3
2007	418058	360559	121	113.9	117.9	83.4
2008	462402	401942	181	126.0	131.4	124.8
2009	535581	441496	137	116.0	110.0	76.0
2010	667263	549249	169	144.3	136.6	93.4
2011	773721	637378	1174	116.0	116.0	694.7
2012	904081	736852	1291	116.8	115.6	110.0
2013	1059542	852454	943	117.2	115.7	73.0
2014	1186860	933203	1117	112.0	109.5	118.5
2015	1202089	941372	47	101.3	100.9	4.2
2016	1203458	935344	157	100.1	99.3	334.0
2017	1232147	979026	3434	102.4	104.7	2187.3
2018	1247317	989192	32	101.2	101.0	0.9

注：垦区数据截止到2018年末。

3-12 垦区历年职工平均工资及指数

单位：元、%

年份	平均货币工资			指数(以上年为100)		
	全部职工	#国有职工	#集体职工	全部职工	#国有职工	#集体职工
1980	763	763		119.4	119.4	
1981	720	720		94.4	94.4	
1982	732	761	391	101.7	105.7	
1983	802	839	402	109.6	110.2	102.8
1984	763	783	442	95.1	93.3	110.0
1985	827	842	449	108.4	107.5	101.6
1986	971	986	556	117.4	117.1	123.8
1987	1004	1011	745	103.4	102.5	134.0
1988	1146	1151	887	114.1	113.8	119.1
1989	1363	1370	1041	118.9	119.0	117.4
1990	1445	1455	913	106.0	106.2	87.7
1991	1641	1646	1329	113.6	113.1	145.6
1992	1713	1718	1327	104.4	104.4	99.8
1993	1835	1843	1163	107.1	107.3	87.6
1994	2242	2248	1669	122.2	122.0	143.5
1995	3084	3077	2643	137.6	136.9	158.4
1996	3541	3544	2205	114.8	115.2	83.4
1997	4714	4730	3048	133.1	133.5	138.2
1998	4985	5024	3844	105.7	106.2	126.1
1999	5360	5366	4065	107.5	106.8	105.7
2000	5593	5621	4827	104.3	104.8	118.8
2001	6158	6138	5421	110.1	109.2	112.3
2002	6639	6544	7031	107.8	106.6	129.7
2003	7256	7060	5492	109.3	107.9	78.1
2004	8255	8026	7099	113.8	113.7	129.3
2005	9205	9012	6574	111.5	112.3	92.6
2006	10291	10094	7591	111.8	112.0	115.5
2007	11531	11291	7402	112.0	111.9	115.5
2008	13066	12806	8036	113.0	113.0	109.0
2009	14862	14305	10301	114.0	112.0	128.0
2010	17639	16947	14355	135.0	132.3	178.6
2011	20480	19850	27820	116.1	117.1	193.8
2012	24174	23202	24059	118.0	117.0	87.0
2013	27742	27004	26349	114.8	116.4	109.5
2014	30336	30304	26678	109.4	112.2	101.3
2015	32496	31318	23450	107.1	103.4	87.9
2016	33806	32555	58196	104.0	103.9	248.2
2017	35593	34389	131564	105.3	105.6	226.1
2018	37755	35797	29281	106.1	104.1	22.3

注：垦区数据截止到2018年末。

3-13 集团各分公司按三次产业分的从业人员人数

单位：人、%

年 份 单 位	绝对数			构成(以全部从业人员为100)		
	第一产业	第二产业	第三产业	第一产业	第二产业	第三产业
2000	442900	42743	83286	77.8	7.5	14.6
2001	445178	39215	72091	80.0	7.0	13.0
2002	450878	35864	72674	80.6	6.4	13.0
2003	442999	26386	71578	81.9	4.9	13.2
2004	456353	23044	72809	82.6	4.2	13.2
2005	445001	20394	72110	82.8	3.8	13.4
2006	450574	23352	72989	82.4	4.3	13.3
2007	451567	23752	77056	81.8	4.3	13.9
2008	458551	22814	73639	82.6	4.1	13.3
2009	462133	26985	78276	81.4	4.8	13.8
2010	456844	22695	86985	80.6	4.0	15.4
2011	461542	22692	92157	80.1	3.9	16.0
2012	460315	23605	82958	81.2	4.2	14.6
2013	445109	23393	86520	80.2	4.2	15.6
2014	444060	22604	84844	80.5	4.1	15.4
2015	431542	22345	92959	78.9	4.1	17.0
2016	432666	21329	94759	78.8	3.9	17.3
2017	431452	20959	93085	79.1	3.8	17.1
2018	441394	21163	90291	79.8	3.8	16.3
2019	425477	19282	87222	80.0	3.6	16.4
2020	419373	16975	84475	80.5	3.3	16.2
宝泉岭	52769	677	11526	81.2	1.0	17.7
红兴隆	106354	374	6488	93.9	0.3	5.7
建三江	61380	1158	11975	82.4	1.6	16.1
牡丹江	55875	541	9356	85.0	0.8	14.2
北 安	44789	739	13890	75.4	1.2	23.4
九 三	35912	466	8909	79.3	1.0	19.7
齐齐哈尔	30602	56	3104	90.6	0.2	9.2
绥 化	23132	9	1747	92.9		7.0
哈尔滨	7512	107	1414	83.2	1.2	15.7
集团直属	1048	12848	16066	3.5	42.9	53.6

注：本表为集团口径(不含非国有经济和划出的行政及事业单位)。

3-14 集团各分公司分行业从业人员人数

单位：人

年份 单位	合计	农、林、牧渔业	工业	建筑业	交通运输、仓储和邮政业	批发和零售业、住宿和餐饮业
2000	568929	442900	32385	10358	3772	10796
2005	537505	452073	12658	7736	4206	5886
2010	566524	466242	20780	1915	3800	5310
2011	576391	471937	19798	2894	3897	5374
2012	566878	471549	19856	3749	4140	5672
2013	555022	455467	20203	3190	4183	5681
2014	551508	456430	20277	2327	4407	5778
2015	546846	445688	15447	6898	4610	8682
2016	548754	453053	15261	6068	4505	8769
2017	545496	452460	15112	5847	4605	8702
2018	552848	461377	15211	5952	3722	10335
2019	531981	445928	13661	5621	3584	7962
2020	520823	440764	15339	1636	3199	8836
宝泉岭	64972	57069	508	169	212	321
红兴隆	113216	108505	374		463	215
建三江	74513	63966	1158		976	458
牡丹江	65772	57635	541		539	283
北安	59418	48070	608	131	160	306
九三	45287	39501	466		171	263
齐齐哈尔	33762	32535	56		59	16
绥化	24888	24340	9			
哈尔滨	9033	8053	107		9	89
集团直属	29962	1090	11512	1336	610	6885

3-14续表

单位：人

年份 单位	房地产业、居民服务、修理和其他服务业	卫生和社会工作	教育、文化、体育和娱乐业	科学研究和技术服务业	公共管理、社会保障和社会组织	其他
2000	32147	14030	10120	1679	10742	
2005	10168	11573	7280	1851	13143	10931
2010	5559	13126	5949	1773	19694	22376
2011	5953	14624	5795	2489	20654	22976
2012	5335	15130	6303	1681	15133	18330
2013	4199	15555	6021	2031	14859	23633
2014	2810	15093	6280	2105	14146	21855
2015	2149	15590	6038	1938	10836	28970
2016	1173	15731	5714	1617	10277	26586
2017	1773	15353	5744	1646	10667	23587
2018	856	15110	4096	1791	13932	20466
2019	704	14266	4643	1567	14081	19964
2020	1094	14082	4581	1590	10567	19135
宝泉岭	62	1958	622	426	2704	921
红兴隆	32	2214	564	36	108	705
建三江	134	2016	1003	315	132	4355
牡丹江	57	1820	320	13	132	4432
北安	240	1521	250	52	6980	1100
九三	24	994	355	27	142	3344
齐齐哈尔	3	819	110		41	123
绥化		387				152
哈尔滨	196	138	9		289	143
集团直属	346	2215	1348	721	39	3860

3-15 年末集团各行业从业人员人数

(2020年) 单位：人

行 业	从业人员人数	大专及大专以上学历	在岗职工	其他从业人员
总 计	**520823**	**75305**	**262093**	**310431**
一、按国民经济行业分组				
(一)农、林、牧、渔业	440764	42157	196128	299841
1.农 业	390186	30592	172501	271821
2.林 业	1511	188	726	826
3.畜牧业	26054	863	4775	21210
4.渔 业	1622	46	178	1425
5.农、林、牧、渔专业和辅助性活动	21391	10468	17948	4559
(二)采矿业				
(三)制造业	12414	4302	11796	530
(四)电力、热力、燃气及水的生产和供应业	2925	653	2568	349
(五)建筑业	1636	1130	1584	11
(六)批发和零售业	7672	3608	7468	199
(七)交通运输、仓储和邮政业	3199	1069	2931	250
(八)住宿和餐饮业	1164	270	991	167
(九)信息传输、软件和信息技术服务业	1346	623	1259	51
(十)金融业	1917	3	1917	
(十一)房地产业	690	145	503	256
(十二)租赁和商务服务业	2492	1972	2255	190
(十三)科学研究和技术服务业	1590	1299	1348	53
(十四)水利、环境和公共设施管理业	13380	2683	9841	3524
(十五)居民服务、修理和其他服务业	404	61	276	143
(十六)教 育	4417	2664	3789	219
(十七)卫生和社会工作	14082	9561	12475	784
(十八)文化、体育和娱乐业	164	84	149	9
(十九)公共管理、社会保障和社会组织	10567	3021	4815	3855
二、按三次产业分组				
(一)第一产业	419373	31689	178180	295282
(二)第二产业	16975	6085	15948	890
(三)第三产业	84475	37531	67965	14259

3-16 按性别分的集团各行业从业人员数

(2020年) 单位：人、%

行业	从业人员合计	#女性	女性比重
总计	**520823**	**195983**	**37.6**
一、按国民经济行业分组			
(一)农、林、牧、渔业	440764	161145	36.6
1.农业	390186	144038	36.9
2.林业	1511	318	21.0
3.畜牧业	26054	9687	37.2
4.渔业	1622	292	18.0
5.农、林、牧、渔专业和辅助性活动	21391	6810	31.8
(二)采矿业			
(三)制造业	12414	4917	39.6
(四)电力、热力、燃气及水的生产和供应业	2925	601	20.5
(五)建筑业	1636	424	25.9
(六)批发和零售业	7672	1925	25.1
(七)交通运输、仓储和邮政业	3199	870	27.2
(八)住宿和餐饮业	1164	697	59.9
(九)信息传输、软件和信息技术服务业	1346	352	26.2
(十)金融业	1917	720	37.6
(十一)房地产业	690	353	51.2
(十二)租赁和商务服务业	2492	885	35.5
(十三)科学研究和技术服务业	1590	552	34.7
(十四)水利、环境和公共设施管理业	13380	5306	39.7
(十五)居民服务、修理和其他服务业	404	193	47.8
(十六)教育	4417	3238	73.3
(十七)卫生和社会工作	14082	9604	68.2
(十八)文化、体育和娱乐业	164	74	45.1
(十九)公共管理、社会保障和社会组织	10567	4127	39.1
二、按三次产业分组			
(一)第一产业	419373	154335	36.8
(二)第二产业	16975	5942	35.0
(三)第三产业	84475	35706	42.3

3-17 集团年末从业人员及平均从业人员情况

(2020年) 单位：人

行业	从业人员期末人数	#在岗职工	从业人员平均人数	#在岗职工
总计	**520823**	**262093**	**577208**	**265081**
一、按企业、事业、机关分组				
1.企业	490591	243182	549189	246373
2.事业	23973	17497	21724	17158
3.其他	6259	1414	6295	1550
二、按国民经济行业分组				
(一)农、林、牧、渔业	440764	196128	498582	198741
1.农业	390186	172501	447130	175309
2.林业	1511	726	1527	701
3.畜牧业	26054	4775	26260	5050
4.渔业	1622	178	1613	188
5.农、林、牧、渔专业和辅助性活动	21391	17948	22052	17493
(二)采矿业				
(三)制造业	12414	11796	12144	11443
(四)电力、热力、燃气及水的生产和供应业	2925	2568	2890	2537
(五)建筑业	1636	1584	1748	1697
(六)批发和零售业	7672	7468	7708	7500
(七)交通运输、仓储和邮政业	3199	2931	3188	2938
(八)住宿和餐饮业	1164	991	1163	996
(九)信息传输、软件和信息技术服务业	1346	1259	1370	1305
(十)金融业	1917	1917	1872	1872
(十一)房地产业	690	503	761	478
(十二)租赁和商务服务业	2492	2255	2549	2310
(十三)科学研究和技术服务业	1590	1348	1706	1465
(十四)水利、环境和公共设施管理业	13380	9841	13624	10099
(十五)居民服务、修理和其他服务业	404	276	429	286
(十六)教育	4417	3789	4432	3815
(十七)卫生和社会工作	14082	12475	14196	12625
(十八)文化、体育和娱乐业	164	149	166	151
(十九)公共管理、社会保障和社会组织	10567	4815	8680	4823

3-18 集团各分公司分行业在岗职工人数

单位：人

年份 单位	合计	农、林、牧渔业	工业	建筑业	交通运输、仓储和邮政业	批发和零售业、住宿和餐饮业
2015	304952	229150	13654	2061	3378	7734
2016	296768	225889	13447	2069	3446	7670
2017	291070	221994	13291	1935	3293	7677
2018	280618	211354	13070	1983	3296	7507
2019	268586	202559	12934	1849	3096	7523
2020	262093	196128	14364	1584	2931	8459
宝泉岭	33465	27089	462	169	159	300
红兴隆	51346	47419	290		445	171
建三江	32033	21602	1151		963	452
牡丹江	25071	17843	458		480	196
北安	33076	28125	210	90	99	195
九三	26590	23015	332		107	209
齐齐哈尔	18011	16856	48		59	14
绥化	10468	9973				
哈尔滨	3970	3122	75		9	83
集团直属	28063	1084	11338	1325	610	6839

3-18续表

单位：人

年份 单位	房地产业、居民服务、修理和其他服务业	卫生和社会工作	教育、文化、体育和娱乐业	科学研究和技术服务业	公共管理、社会保障和社会组织	其他
2015	1489	13680	5236	1680	7429	19461
2016	496	13926	4938	1343	6912	16632
2017	833	13511	4833	1339	7419	14945
2018	1237	13235	4809	1362	7181	15584
2019	503	12494	3932	1317	8497	13882
2020	779	12475	3938	1348	4815	15272
宝泉岭	53	1910	561	412	1628	722
红兴隆	3	1979	396	36	84	523
建三江	134	1939	1003	315	130	4344
牡丹江	52	1679	288	13	132	3930
北安	108	1398	234	52	2382	183
九三	24	959	326	24	141	1453
齐齐哈尔	3	791	107		32	101
绥化		343				152
哈尔滨	154	130	9		256	132
集团直属	248	1347	1014	496	30	3732

3-19 年末按登记注册类型分的集团各行业从业人员劳动报酬

(2020年) 单位：万元

行业	全部从业人员劳动报酬	在岗职工	其他从业人员
总计	**1940371**	**1008273**	**932099**
一、按国民经济行业分组			
(一)农、林、牧、渔业	1472858	583764	889094
1.农业	1317877	494600	823277
2.林业	3686	1938	1749
3.畜牧业	63759	12827	50932
4.渔业	3585	329	3256
5.农、林、牧、渔专业和辅助性活动	83950	74070	9880
(二)采矿业			
(三)制造业	77525	76022	1504
(四)电力、热力、燃气及水的生产和供应业	12777	11794	983
(五)建筑业	14902	14839	63
(六)批发和零售业	65710	64416	1294
(七)交通运输、仓储和邮政业	13505	12862	643
(八)住宿和餐饮业	3670	3152	518
(九)信息传输、软件和信息技术服务业	7963	7616	347
(十)金融业	19542	19542	
(十一)房地产业	3918	3308	609
(十二)租赁和商务服务业	25687	24517	1170
(十三)科学研究和技术服务业	10848	9604	1244
(十四)水利、环境和公共设施管理业	38721	30531	8191
(十五)居民服务、修理和其他服务业	2103	1738	365
(十六)教育	23671	21212	2459
(十七)卫生和社会工作	118130	105000	13130
(十八)文化、体育和娱乐业	1033	942	92
(十九)公共管理、社会保障和社会组织	27809	17416	10394
二、按三次产业分组			
(一)第一产业	1388908	509694	879214
(二)第二产业	105204	102655	2549
(三)第三产业	446259	395924	50335

3-20 集团各分公司分行业从业人员劳动报酬

单位：万元

年份 单位	合计	农、林、牧渔业	工业	建筑业	交通运输、仓储和邮政业	批发和零售业、住宿和餐饮业
2015	1770362	1374855	54642	36180	13902	40343
2016	1799658	1414827	57788	26326	13301	41286
2017	1839221	1427078	62537	31625	13815	41426
2018	1888664	1437547	75797	31753	14154	47739
2019	1940152	1461446	87249	31633	13612	62739
2020	1940371	1472858	90302	14902	13505	69380
宝泉岭	184164	146020	1589	874	813	1218
红兴隆	365701	342333	909		949	601
建三江	459241	409102	6254		3753	1706
牡丹江	212451	175687	3093		1659	1040
北安	107983	75145	1888	426	340	897
九三	141727	114310	1688		583	951
齐齐哈尔	125628	119219	122		137	48
绥化	54596	51289	20			
哈尔滨	39955	33377	364		41	361
集团直属	248925	6376	74375	13603	5229	62557

3-20续表

单位：万元

年份 单位	房地产业、居民服务、修理和其他服务业	卫生和社会工作	教育、文化、体育和娱乐业	科学研究和技术服务业	公共管理、社会保障和社会组织	其他
2015	5997	83872	28919	7754	36818	87082
2016	5613	88953	29277	7969	39306	75013
2017	7195	98311	31388	8322	46898	70625
2018	7249	103845	32054	8628	46209	83689
2019	3352	114511	25424	8887	57904	73397
2020	6021	118130	24704	10848	27809	91913
宝泉岭	265	15653	3424	1970	9125	3213
红兴隆	69	14648	1892	201	824	3276
建三江	389	15218	4230	1485	810	16294
牡丹江	112	15147	1145	36	738	13793
北安	459	11462	1285	276	13419	2387
九三	172	8767	1232	260	1078	12685
齐齐哈尔	28	4409	478		349	838
绥化		1912				1375
哈尔滨	1377	805	43		1255	2332
集团直属	3151	30107	10976	6619	211	35721

3-21 集团各分公司分行业全部职工工资总额

单位：万元

年份 单位	合计	农、林、牧渔业	工业	建筑业	交通运输、仓储和邮政业	批发和零售业、住宿和餐饮业
2015	888534	557280	55466	9460	13239	39229
2016	900770	561539	58271	6421	13000	39883
2017	926122	563189	65089	9484	13052	40022
2018	951720	551722	75728	9686	13952	46120
2019	960515	561077	83431	10317	12512	59667
2020	1008273	583764	87816	14839	12862	67567
宝泉岭	109301	75403	1444	874	684	1175
红兴隆	174239	152628	765		928	479
建三江	143002	93277	6240		3698	1683
牡丹江	85821	51118	2933		1510	837
北安	65347	42923	466	384	257	660
九三	89868	69075	1400		378	799
齐齐哈尔	64009	57808	108		137	44
绥化	23021	19832				
哈尔滨	21111	15415	269		41	344
集团直属	232555	6286	74192	13582	5229	61548

3-21续表

单位：万元

年份 单位	房地产业、居民服务、修理和其他服务业	卫生和社会工作	教育、文化、体育和娱乐业	科学研究和技术服务业	公共管理、社会保障和社会组织	其他
2015	4182	76975	28348	6963	33250	64144
2016	2265	83838	28977	6735	35838	64004
2017	3273	92495	30088	7090	41052	61290
2018	4106	98632	31589	7397	42366	70422
2019	2744	102137	22224	7811	39024	59573
2020	5046	105000	22153	9604	17416	82205
宝泉岭	238	15470	3316	1932	5959	2808
红兴隆	15	14071	1495	201	777	2880
建三江	389	14936	4230	1485	803	16262
牡丹江	100	14701	1076	36	738	12772
北安	166	11138	1249	276	6393	1436
九三	172	8665	1183	252	1075	6871
齐齐哈尔	28	4307	468		328	784
绥化		1814				1375
哈尔滨	1078	789	43		1170	1962
集团直属	2862	19109	9094	5422	174	35058

3-22 集团从业人员劳动报酬总额及平均工资情况

(2020年) 单位：万元、元

行业	从业人员工资总额	#在岗职工	从业人员平均工资	#在岗职工
总计	**1940371**	**1008273**	**33617**	**38036**
一、按企业、事业、其他分组				
(一)企业	1771794	870568	32264	35342
(二)事业	153111	132563	70480	77260
(三)其他	15466	5142	24568	33176
二、按国民经济行业分组				
(一)农、林、牧、渔业	1472858	583764	29541	29373
1.农业	1317877	494600	29474	28213
2.林业	3686	1938	24141	27644
3.畜牧业	63759	12827	24280	25400
4.渔业	3585	329	22228	17506
5.农、林、牧、渔专业和辅助性活动	83950	74070	38069	42343
(二)采矿业				
(三)制造业	77525	76022	63838	66435
(四)电力、热力、燃气及水的生产和供应业	12777	11794	44210	46487
(五)建筑业	14902	14839	85252	87445
(六)批发和零售业	65710	64416	85249	85887
(七)交通运输、仓储和邮政业	13505	12862	42362	43779
(八)住宿和餐饮业	3670	3152	31556	31645
(九)信息传输、软件和信息技术服务业	7963	7616	58123	58361
(十)金融业	19542	19542	104391	104391
(十一)房地产业	3918	3308	51482	69214
(十二)租赁和商务服务业	25687	24517	100771	106132
(十三)科学研究和技术服务业	10848	9604	63586	65558
(十四)水利、环境和公共设施管理业	38721	30531	28421	30232
(十五)居民服务、修理和其他服务业	2103	1738	49019	60760
(十六)教育	23671	21212	53409	55600
(十七)卫生和社会工作	118130	105000	83213	83168
(十八)文化、体育和娱乐业	1033	942	62252	62366
(十九)公共管理、社会保障和社会组织	27809	17416	32039	36110

3-23 集团职工工资总额和平均工资及指数

年份	全部工资总额(万元)	指数(%)(以上年为100)	平均工资(元)	指数(%)(以上年为100)
2015	888534		29512	
2016	900770	101.4	30402	103.0
2017	926122	102.8	31683	104.2
2018	951720	102.8	33288	105.1
2019	963515	101.2	35585	106.9
2020	1008273	104.6	38036	106.9

主要统计指标解释

总户数 是指与人口数相应的户数。“户”以公安派出所核发的户口簿为准，一个户簿即一户。

农场总户数 指独立核算的农（牧）场辖区范围内总户数。

总人口 为全面反映和掌握黑龙江垦区系统总人口数，黑龙江垦区常住人口不仅包括某一时点（一般指年度最后一天，即年度12月31日24时）辖区范围内的常住人口，还应包括不在垦区辖区范围内居住，而本人是本系统正式职工的人口。垦区常住人口=垦区辖区范围内常住人口+垦区辖区范围外单位正式职工。

农场人口 指独立核算的农（牧）场辖区范围内的符合黑龙江垦区常住人口定义的人口数。

年初人口 指一月一日零时的人口数，当年年初人口数实际上就是上年年末人口数。年初人口＝上年初人口数＋上年内出生人数＋上年内迁入人数－上年内死亡人数－上年内迁出人数

年末人口 指十二月三十一日二十四时的人口数，实际上就是下一年的年初人口数。年末人口＝年初人口数＋年内出生人数＋年内迁入人数－年内死亡数－年内迁出人数

平均人口数 是指某一时期内各个时点的人口平均数。它综合反映一个时期的人口规模。平均人口数是计算出生率、死亡率、人均产值等指标的基础。常用的指标是年平均人口数，其计算方法是：

$$年平均人口=\frac{年初人口数}{年末人口数}$$

出生人口 是指一定时期（一般是一年）内出生的有生命标志的婴儿的总和。

出生人数 出生胎儿只要脱离母体时有过呼吸、心跳、脐带搏动或随意肌肉收缩等任何一种生命现象的均列入出生统计。不包括死产数。如刚出生有生命而又很快死去的，则既作出生人数统计，又作死亡人数统计。统计出生人数时，无论婚生子与非婚生子女，都要包括在内。

出生率 又称粗出生率或总出生率，是指一定时期（通常为一年）内出生人数与同期平均人口数之比，以千分数表示。若出生人数计算期不是一年（或大于一年）的，需折算为年出生人数。公式：

$$人口出生率=\frac{年内出生人口数}{年内平均人口数}\times 1000‰$$

死亡人口 指一定时期（一般是一年）内丧失生命的人口数。凡丧失生命的人均包括在内。统计死亡人数时，不包括死产，但有生命现象的活婴出生后发生死亡，不论其生存时间长短，均应加以统计。

死亡率 又称粗死亡率或总死亡率。死亡率是一个国家或地区在一定时期（通常为一年）内的死亡人数与同期平均人口数之比，以千分比表示。公式为：

$$人口死亡率=\frac{年内死亡人口数}{年内平均人口数}\times 1000‰$$

死亡率一般按年计算，如统计期满一年或超过一年，年内死亡人数与同年平均人口数之比应折算成一年计算。

人口自然增长率 指一定时期内（通常为一年）某一地人口的净增（减）数与年平均人口数的比例，以千分数表示。公式为：

$$人口自然增长率(‰)=\frac{全年出生人口数-全年死亡人口数}{年平均人口数}\times 1000‰$$

或=年出生率（‰）-年死亡率（‰）

从业人员 指从事一定社会劳动并取得劳动报酬或经营收入的人员。包括：（1）在岗职工；（2）再就业的离退休人员；（3）私营业主；（4）个体户主；（5）私营和个体从业人员；（6）乡镇企业从业人员；（7）农村从业人员；（8）其他从业人员（包括宗教职业者、现役军人等）。这一指标反映了一定时期内全部劳动力资源的实际利用情况，是研究我国基本国情国力的重要指标。

单位从业人员 指在各级国家机关、政党机关、社会团体及企业、事业单位中工作，取得工资或其他形式的劳动报酬的全部人员。包括在岗职工、再就业的离退休人员、民办教师以及在各单位中工作的外方人员和港澳台方人员、兼职人员、借

用的外单位人员和第二职业者。不包括离开本单位仍保留劳动关系的职工。各单位的从业人员反映各单位实际参加生产或工作的全部劳动力。

农业从业人员 是指从事农业生产经营，并取得工资或其他形式劳动报酬的人员数。农垦农业从业人员指各农牧场从事农业生产的年末在册人数，不含季节性临时雇工人员。原则上以各单位 2013 年 7 月份按黑垦统联字［2013］2 号文件《关于进一步核准城镇就业人员人数情况的通知》精神确定的农业从业人员为依据。

在岗职工 指在本单位工作且与本单位签订劳动合同，并由单位支付各项工资和社会保险、住房公积金的人员，以及上述人员中由于学习、病伤、产假等原因暂未工作仍由单位支付工资的人员。

从业人员平均人数 指报告期内(年度、季度、月度)平均拥有的从业人员数。季度或年度平均人数按单位实际月平均人数计算得到，不得用期末人数替代。

从业人员工资总额 指根据《关于工资总额组成的规定》(1990 年 1 月 1 日国家统计局发布的一号令)进行修订，本单位在报告期内(季度或年度)直接支付给本单位全部从业人员的劳动报酬总额。包括计时工资、计件工资、奖金、津贴和补贴、加班加点工资、特殊情况下支付的工资，是在岗职工工资总额、劳务派遣人员工资总额和其他从业人员工资总额之和。

在岗职工工资总额 指本单位在报告期内直接支付给本单位全部在岗职工的劳动报酬总额。在岗职工工资总额由基本工资、绩效工资、工资性津贴和补贴、其他工资四部分组成。工资总额不包括病假、事假等情况的扣款。

工资总额是税前工资，包括单位从个人工资中直接为其代扣或代缴的房费、水费、电费、住房公积金和社会保险基金个人缴纳部分等。工资总额不论是计入成本的还是不计入成本的，不论是以货币形式支付的还是以实物形式支付的，均应列入工资总额的计算范围。

其他从业人员工资总额 指本单位在报告期内直接支付给本单位其他从业人员的全部劳动报酬。

04 固定资产投资

4-1 垦区固定资产投资构成

单位：万元、%

指　　标	2000	2005	2010	2014	2015	2016	2017	2018
一、投资总额	**219391**	**593665**	**2061482**	**2114235**	**1862754**	**1480817**	**1300146**	**959783**
按资金来源分								
国家预算内投资	60396	93632	340755	383590	574891	561603	427537	365870
国内贷款	15918	27798	69943	130341	180566	31860	254	1
利用外资	15900	187	7348	23770	2900			
自筹资金	115166	399571	1144056	899775	643434	644024	587732	380001
其他投资	17880	73468	448380	550597	428278	268709	221318	200126
按用途分								
生产性建设	149840	396246	944962	1298933	1230632	889381	886782	637529
非生产性建设	69551	197419	1116520	815302	632123	591436	413364	322254
#住宅	17777	56095	807164	391070	230756	163419	140907	112743
按产业分								
第一产业	142051	171316	429583	591411	616423	588971	582746	467046
第二产业	26545	247080	136005	325892	144710	186242	175602	123697
第三产业	50797	175269	1496794	1196932	1101621	705604	541798	369039
二、构成								
按资金来源分								
国家预算内投资	26.8	15.7	16.9	19.3	31.4	37.3	34.6	38.7
国内贷款	7.1	4.7	3.5	6.5	9.9	2.1		
利用外资	7.1	…	0.4	1.2	0.2			
自筹资金	51.1	67.2	56.9	45.3	35.2	42.8	47.5	40.2
其他投资	7.9	12.4	22.3	27.7	23.4	17.8	17.9	21.1
按用途分								
生产性建设	68.3	66.7	45.8	61.4	66.1	60.1	68.2	66.4
非生产性建设	31.7	33.3	54.2	38.6	33.9	39.9	31.8	33.6
#住宅	8.1	9.4	39.2	18.5	12.4	10.8	10.8	11.7
按产业分								
第一产业	64.7	28.9	20.8	28.0	33.1	39.8	44.8	48.7
第二产业	12.1	41.6	6.6	15.4	7.8	12.6	13.5	12.9
第三产业	23.2	29.5	72.6	56.6	59.1	47.6	41.7	38.4
三、新增固定资产	**183265**	**483168**	**1663907**	**1425280**	**1105633**	**1783733**	**88379**	**776391**

注：垦区历史数据截止到2018年末。

4-2 集团历年分行业固定资产投资

单位：万元

指标名称	2000年	2001年	2002年	2003年	2004年
固定资产投资	159924	195357	288387	349696	398743
(一)农、林、牧、渔业	102584	110584	143584	152584	151919
#农、林、牧、渔专业及辅助性活动					
(二)工业	25612	39629	71396	90713	109399
(三)建筑业	933	2996	1391	3239	1761
(四)批发和零售业	1268	3942	917	2186	3842
(五)交通运输、仓储和邮政业	8288	4523	8503	13442	54267
(六)住宿和餐饮业					224
(七)信息传输、软件和信息技术服务业					148
(八)房地产业	1849	7945	8487	10817	2118
(九)科学研究和技术服务业	2379	1714	1130	2166	3102
(十)水利、环境和公共设施管理业			13560	15870	17657
(十一)居民服务、修理和其他服务业			2098	2156	4369
(十二)教育	2252	6410	4007	16351	18775
(十三)卫生和社会工作	2363	5202	11024	12413	7927
(十四)文化、体育和娱乐业			1021	1131	1269
(十五)公共管理、社会保障和社会组织	12396	12412	21269	26628	21966

4-2续表1

单位：万元

指标名称	2005年	2006年	2007年	2008年	2009年
固定资产投资	438309	447338	506764	595050	753118
(一)农、林、牧、渔业	171316	174809	199543	266469	291948
#农、林、牧、渔专业及辅助性活动					
(二)工业	126369	128640	107207	90040	148203
(三)建筑业	4650	1655	2083	599	3743
(四)批发和零售业	253	3804	1847	4910	19134
(五)交通运输、仓储和邮政业	47560	56857	91339	110464	103759
(六)住宿和餐饮业	117	107	1741	1050	3221
(七)信息传输、软件和信息技术服务业	3851	80	160	847	252
(八)房地产业	827	5439	7715	9029	22618
(九)科学研究和技术服务业	2228	1224	821	2052	11512
(十)水利、环境和公共设施管理业	20725	20065	20999	24955	59953
(十一)居民服务、修理和其他服务业	4449	5857	8006	7102	16289
(十二)教育	22167	20733	29471	30204	28102
(十三)卫生和社会工作	8133	9020	9833	20011	18876
(十四)文化、体育和娱乐业	2529	1488	7744	6872	7433
(十五)公共管理、社会保障和社会组织	23135	17560	18255	20446	18075

4-2续表2　　单位：万元

指标名称	2010年	2011年	2012年	2013年	2014年
固定资产投资	946675	1232862	1531910	1483035	1155345
(一)农、林、牧、渔业	340959	449356	527247	559087	372059
#农、林、牧、渔专业及辅助性活动					
(二)工业	135306	170731	355488	233856	159838
(三)建筑业	699	1102	2298	12841	1201
(四)批发和零售业	14005	28711	47013	32163	25549
(五)交通运输、仓储和邮政业	180328	212368	157955	201516	263896
(六)住宿和餐饮业	2390	7582	1705	2106	2376
(七)信息传输、软件和信息技术服务业	13544	2386	1895	3037	122
(八)房地产业	81283	26093	88729	46620	21329
(九)科学研究和技术服务业	4356	11250	6268	14516	4827
(十)水利、环境和公共设施管理业	66461	114187	114612	128806	114849
(十一)居民服务、修理和其他服务业	47977	48523	44257	65394	70472
(十二)教育	12134	37732	35761	72004	37583
(十三)卫生和社会工作	17123	42343	57036	40704	29342
(十四)文化、体育和娱乐业	16615	34272	45342	33257	22596
(十五)公共管理、社会保障和社会组织	13495	46226	46304	37128	29306

4-2续表3　　单位：万元

指标名称	2015年	2016年	2017年	2018年	2019年	2020年
固定资产投资	1114771	865213	770481	732625	657199	945095
(一)农、林、牧、渔业	457169	416406	369660	401184	323117	525976
#农、林、牧、渔专业及辅助性活动	1353	7255	2034	2933	11122	9544
(二)工业	76628	83766	69228	62244	33135	77505
(三)建筑业	6166	3350	5244	1176	4861	1608
(四)批发和零售业	28976	21996	23780	18616	34825	7659
(五)交通运输、仓储和邮政业	152191	67469	56577	23492	19887	15146
(六)住宿和餐饮业	342	134	1180	19	1972	481
(七)信息传输、软件和信息技术服务业	2817	5009	54	928	2422	1987
(八)房地产业	6905	1637	1061	3469		12718
(九)科学研究和技术服务业	3533	1284	1459	2077	6968	1450
(十)水利、环境和公共设施管理业	280405	162272	129037	121953	168485	236910
(十一)居民服务、修理和其他服务业	41561	19062	29170	29426	16527	21276
(十二)教育	16027	32803	24273	14142	4768	2718
(十三)卫生和社会工作	17610	26523	20332	17406	11535	26025
(十四)文化、体育和娱乐业	11845	9028	12540	13697	9741	4076
(十五)公共管理、社会保障和社会组织	11244	7218	24850	19864	7832	5829

4-3 各分公司固定资产投资完成情况

单位：万元、%

年份 单位	本年固定资产投资	绝对数		比重(以投资总额为100)	
		生产性建设	非生产性建设	生产性建设	非生产性建设
2015	1114771	832572	282199	74.7	25.3
2016	865213	524027	341186	60.6	39.4
2017	770481	544580	225901	70.7	29.3
2018	732625	538854	193771	73.6	26.4
2019	657199	503261	153937	76.6	23.4
2020	945095	766167	178873	81.1	18.9
宝泉岭	125302	107212	18090	85.6	14.4
红兴隆	63803	53635	10168	84.1	15.9
建三江	375457	328436	47022	87.5	12.5
牡丹江	93306	75925	17381	81.4	18.6
北安	45571	30271	15300	66.4	33.6
九三	56265	41918	14347	74.5	25.5
齐齐哈尔	32555	23381	9174	71.8	28.2
绥化	26464	19965	6499	75.4	24.6
哈尔滨	43807	26300	17507	60.0	40.0
集团直属	82565	59126	23384	71.6	28.3

4-4 各分公司按产业分固定资产投资

单位：万元、%

年份 单位	绝对数			比重(以投资总额为100)		
	第一产业	第二产业	第三产业	第一产业	第二产业	第三产业
2015	457169	82794	574808	41.0	7.4	51.6
2016	416406	87117	361691	48.1	10.1	41.8
2017	369660	74472	326348	48.0	9.7	42.4
2018	401184	63420	268021	54.8	8.7	36.6
2019	323117	37997	296085	49.2	5.8	45.1
2020	516431	79113	349551	54.6	8.4	37.0
宝泉岭	98972	2395	23935	79.0	1.9	19.1
红兴隆	47961	380	15462	75.2	0.6	24.2
建三江	179031	1382	195044	47.7	0.4	51.9
牡丹江	72259	2381	18666	77.4	2.6	20.0
北安	32587	1474	11510	71.5	3.2	25.3
九三	39288	2795	14182	69.8	5.0	25.2
齐齐哈尔	19652	456	12446	60.4	1.4	38.2
绥化	19829	1447	5188	74.9	5.5	19.6
哈尔滨	6853	19282	17672	15.6	44.0	40.3
集团直属		47121	35444		57.1	42.9

4-5 各分公司按行业分固定资产投资

(2020年) 单位：万元

单位名称	总计	宝泉岭	红兴隆	建三江	牡丹江
按国民经济行业分合计	**945095**	**125302**	**63803**	**375457**	**93306**
(一)农、林、牧、渔业	525976	98988	47961	188101	72280
1.农　业	506319	98658	47884	178723	71460
#农机具购置	176452	39779	10104	103275	14397
2.林　业	1426	28			
3.畜牧业	8683	286	74	308	799
4.渔　业	3		3		
5.农、林、牧、渔专业及辅助性活动	9544	16		9070	21
(二)采矿业					
(三)制造业	69005	15		175	700
(四)电力、热力、燃气及水的生产和供应业	8499	2380		1208	1681
(五)建筑业	1608		380		
(六)批发和零售业	7659	30		3	
(七)交通运输、仓储和邮政业	15146	171		4209	1273
(八)住宿和餐饮业	481	41		13	
(九)信息传输、软件和信息技术服务业	1987	218		44	
(十)金融业	3672				
(十一)房地产业	12718			2	
(十二)租赁和商务服务业	60				
(十三)科学研究和技术服务业	1450			190	
(十四)水利、环境和公共设施管理业	236910	19304	8349	174859	9822
(十五)居民服务、修理和其他服务业	21276	619	2631	3380	3594
(十六)教　育	2718	290	1220	7	181
(十七)卫生和社会工作	26025	1606	556	2009	1324
(十八)文化、体育和娱乐业	4076	291	1709	61	1963
(十九)公共管理、社会保障和社会组织	5829	1349	997	1195	488

4-5续表1

单位：万元

单位名称	北安	九三	齐齐哈尔	绥化	哈尔滨	集团直属
按国民经济行业分合计	**45571**	**56265**	**32555**	**26464**	**43807**	**82565**
(一)农、林、牧、渔业	32665	39494	19805	19829	6853	
1.农　业	32150	35915	17741	19597	4192	
#农机具购置	1912	5537	1406	15	26	
2.林　业			1167	231		
3.畜牧业	437	3373	745		2661	
4.渔　业						
5.农、林、牧、渔专业及辅助性活动	78	206	153			
(二)采矿业						
(三)制造业	604	1939		324	19282	45966
(四)电力、热力、燃气及水的生产和供应业	796	856	456	1123		
(五)建筑业	74					1154
(六)批发和零售业		113				7513
(七)交通运输、仓储和邮政业	2975	702	3272	79	2465	
(八)住宿和餐饮业		183				244
(九)信息传输、软件和信息技术服务业	32		21		13	1659
(十)金融业						3672
(十一)房地产业					12666	50
(十二)租赁和商务服务业						60
(十三)科学研究和技术服务业						1259
(十四)水利、环境和公共设施管理业	5200	7494	7523	4126	233	
(十五)居民服务、修理和其他服务业	2471	4716	1425	240	1418	781
(十六)教　育	3	57				959
(十七)卫生和社会工作	10	541	46	260	425	19247
(十八)文化、体育和娱乐业		52				
(十九)公共管理、社会保障和社会组织	741	118	6	483	452	

4-6 各分公司新增固定资产及资金来源

(2020年)　　单位：万元

单位	本年新增固定资产	国有及控股企业	参股企业	本年资金来源	国有及控股企业	参股企业
总计	**652559**	**572022**	**55643**	**939949**	**849955**	**62364**
宝泉岭	105335	80441		125302	97672	
红兴隆	57714	57714		60561	60561	
建三江	194068	141901	52167	378057	319168	58888
牡丹江	82690	82690		93306	93306	
北安	33669	31321	2348	44823	42475	2348
九三	50042	49027	1015	56385	55370	1015
齐齐哈尔	29224	29224		32555	32555	
绥化	20281	20281		26748	26748	
哈尔滨	8790	8790		31016	31016	
集团直属	70746	70633	113	91196	91083	113

4-7 各分公司按资金来源分固定资产投资

单位：万元

年份 单位	投资总额	国家预算内投资	国内贷款	利用外资	自筹资金	其他资金
2000	159924	60396	15918	15900	58610	9100
2005	438309	93632	27798	187	267506	49186
2010	946675	340755	69943	7348	379784	148845
2015	1114771	574891	180566	2900	213984	142430
2016	865213	561603	31860		191747	80003
2017	770481	427537	254		248946	93744
2018	732625	365870	1		240235	126519
2019	734158	337344	31692		271411	93712
2020	939949	486262	1475		308982	143019
宝泉岭	125302	71405			52880	1017
红兴隆	60561	38624			21447	490
建三江	378057	172814	1475		74213	129554
牡丹江	93306	64686			26278	2342
北安	44823	35058			9026	590
九三	56385	40007			14566	1812
齐齐哈尔	32555	28455			2835	1264
绥化	26748	23696			3052	
哈尔滨	31016	9070			21946	
集团直属	91196	2447			82737	5950

4-8 全社会房屋年末实有面积及构成

单位：万平方米、%

指　　标	2000	2005	2010	2014	2015	2016	2017	2018	2019	2020
总　　计	**3808.0**	**4494.5**	**6534.2**	**8145.5**	**8233.3**	**8254.7**	**8323.1**	**8371.3**	**6634.6**	**7150.8**
农业用房	230.7	247.5	289.3	337.0	347.6	361.1	363.7	366.3	358.1	365.9
畜牧用房	143.6	333.0	520.6	555.3	556.7	560.7	557.0	558.0	510.3	540.4
科学研究用房	6.7	6.5	7.1	8.1	13.3	89.9	7.9	8.8	6.0	13.3
文教卫生用房	245.6	287.5	349.0	426.8	446.0	338.1	448.1	427.6	233.5	275.0
住　宅	2315.5	2700.5	4215.3	5361.9	5386.4	5391.8	5401.5	5444.6	4651.3	4874.0
其他用房	865.9	919.5	1152.9	1456.4	1483.3	968.4	1544.9	1566.1	875.4	1082.2
构成										
农业用房	6.1	5.5	4.4	4.1	4.1	4.2	4.4	4.4	5.4	5.1
畜牧用房	3.8	7.4	8.0	6.7	6.8	6.8	6.7	6.7	7.7	7.6
科学研究用房	0.2	0.1	0.1	0.1	0.1	0.2	0.1	0.1	0.1	0.2
文教卫生用房	6.4	6.4	5.3	5.2	5.2	5.4	5.4	5.1	3.5	3.8
住　宅	60.8	60.1	64.6	66.3	65.9	65.4	64.9	65.0	70.1	68.2
其他用房	22.7	20.5	17.6	17.6	17.9	18.0	18.6	18.7	13.2	15.1

主要统计指标解释

全社会固定资产投资　指以货币形式表现的在一定时期内全社会建造和购置固定资产的工作量以及与此有关的费用的总称。它是反映固定资产投资规模、结构和发展速度的综合性指标，又是观察工程进度和考核投资效果的重要依据。全社会固定资产投资按登记注册类型可分为：国有、集体、个体、私营、股份制、外商、港澳台商、其他等。按照管理渠道可分为：基本建设、更新改造、房地产开发和其他固定资产投资四个部分，按照投资主体可分为：城镇、农村和房地产开发投资。

固定资产投资用途分　固定资产投资按其不同的经济用途，分为生产性和非生产性建设两类，其目的在于反映固定资产投资在各种不同用途的建设工程中的分配情况，以便研究固定资产投资的使用方向。

生产性建设　是指直接用于物质生产服务的建设，包括农林牧渔水利业建设；工业建设；建筑业建设；交通运输、仓储、邮电业建设；批发和零售业建设；住宿和餐饮业建设。

非生产性建设　指用于满足人民物质和文化生活福利需要的建设。包括;住宅建设，文化、教育、卫生建设，房地产和公用事业建设，生活服务事业建设，科学研究建设，综合技术服务事业建设等。

本年新增固定资产　指报告期内交付使用的固定资产价值。包括本年内建成投入生产或交付使用的工程投资和达到固定资产标准的设备、工具、器具的投资及有关应摊入的费用。

属于增加固定资产价值的其他建设费用，应随同交付使用的工程一并计入新增固定资产。

本年资金来源小计　指固定资产投资单位在报告期收到的，用于固定资产投资的各种货币资金。包括国家预算资金、国内贷款、债券、利用外资、自筹资金和其他资金。

国家预算资金　自2011年起，按照全国人大和国务院的要求，各级财政的所有资金，包括税收和非税收人，均必须纳入预算管理，我国已不存在预算外资金的概念，因此各级政府用于固定资产投资的财政资金均为预算资金。由于已经没有预算外资金，因此名称改为国家预算资金，旧的国家预算内资金的内容和现中央预算资金的内容基本一致。

国家预算包括一般预算、政府性基金预算、国有资本经营预算和社保基金预算。各类预算中用于固定资产的资金全部作为国家预算资金填报，其中一般预算中用于固定资产投资的部分包括基建投资、车购税、灾后恢复重建基金和其他财政投资。各级政府债券也应归入国家预算资金。

国内贷款　指报告期固定资产投资项目单位向银行及非银行金融机构借入的用于固定资产投资的各种国内借款，包括银行贷款、非银行金融机构贷款等。

利用外资　指报告期收到的用于固定资产建造和购置投资的境外资金（包括设备、材料、技术在内）。

包括外商直接投资、对外借款（外国政府贷款、国际金融组织贷款、出口信贷、外国银行商业贷款、对外发行债券和股票）及外商其他投资（包括补偿贸易和加工装配由外商提供的设备价款、国际租赁）。不包括我国自有外汇资金（包括国家外汇、地方外汇、留成外汇、调剂外汇和中国银行自有资金发行的外汇贷款等）。计算利用外资时，需要折算成人民币，折算进所使用的外汇汇率按现汇汇率计算，即按报告期末的汇率计算。

自筹资金　固定资产投资单位报告期收到的，由各企事业单位筹集用于固定资产投资的资金，包括各类企事业单位的自有资金和从其他单位筹集的用于固定资产投资的资金，但不包括各类财政性资金、从各类金融机构借入资金和国外资金。与原有的自筹资金相比，最大的变化是地方财政资金全部归为国家预算资金，自筹资金中不再含有财政资金。

其他资金来源　在报告期收到的除以上各种资金之外其他用于固定资产投资的资金。包括社会集资、个人资金、无偿捐赠的资金及其他单位拨入的资金等。

05 资源环境和能源

5-1 自然状况及资源

(2020年)

项　　目	单位	数量	项　　目	单位	数量
一、自然状况			水库数量	座	140
1.地理位置			水库容量	万立方米	106426
北　　纬	度	43°56'-50°21'	大型水库	座	2
东　　经	度	123°32'-134°33'		万立方米	30415
2.土地总面积	万公顷	553.65	八五二农场蛤蟆通水库	万立方米	15115
构成：山　　地	%	11.7	查哈阳农场太平湖水库	万立方米	15300
丘　　陵	%	29.0	中型水库	座	16
漫　　岗	%	24.6		万立方米	36531
平　　原	%	16.5	八五三农场清河水库	万立方米	2588
沼　　泽	%	18.2	八五二农场大索伦水库	万立方米	1650
3.气候			八五二尖山水库	万立方米	注销
年平均气温	摄氏度	1.7-4.8	云山农场云山水库	万立方米	-1
有效积温≥10	摄氏度	2300-2700	八五六农场青山水库	万立方米	4362
年降水总量	亿立方米	260	八五五农场红星水库	万立方米	1505
年平均降水量	毫米	430-600	海林农场双峰水库	万立方米	1163
相对湿度	%	66-74	二龙山农场跃进水库	万立方米	5757
全年日照时数	小时	2112-2628	引龙河农场青年水库	万立方米	4910
年无霜期	天	100-140	赵光农场工农水库	万立方米	1974
二、自然资源			尾山农场三七水库	万立方米	1238
1.土地资源			建设农场青石岭水库	万立方米	1470
耕地面积	万公顷	291.7	襄河农场襄河水库	万立方米	1401
水面面积	万公顷	25.89	格球山农场炮台山水库	万立方米	1286
#已养殖面积	万公顷	2.62	七星泡农场东风水库	万立方米	3031
林地面积	万公顷	92.02	红五月农场南阳河水库	万立方米	1614
草地面积	万公顷	33.96	大西江农场西江水库	万立方米	2583
2.林木资源			小(I)型水库	座	99
森林蓄积量	万立方米	9454.08		万立方米	32850
森林覆盖率	%	16.8	小(II)型水库	座	23
3.水利资源				万立方米	1307
河流入境水量	亿立方米	3000	4.矿产资源		
水资源总量	亿立方米	97.59	煤　　炭	万吨	15000
(1)地表水量	亿立方米	56.66	石 灰 石	亿吨	10
(2)地下水量	亿立方米	40.93	黄　　金	吨	15.4
#可开发量	亿立方米	33			

注：5-1表数据由集团农业发展部提供，气候数据为多年平均值，矿产数据为以前调查数。

5-2 土地资源利用情况

单位：公顷

年份 单位	土地 总面积	耕地	林地	#苗圃	园地	牧地草原
2000	5385957	2045117	790619	2298	2667	336986
2005	5439344	2268907	895467	2055	1899	355370
2010	5536308	2800938	916808	2370	2951	358918
2011	5536485	2853885	916743	2939	3428	353542
2012	5536483	2879660	917792	3248	3309	351651
2013	5536699	2885333	920230	3471	3222	349690
2014	5536583	2892305	922789	3759	3269	343505
2015	5536487	2902038	924929	4082	3384	342742
2016	5536279	2908927	920991	4118	3384	339316
2017	5537193	2917370	920202	4259	3375	339637
2018	5537012	2956354	920486	4293	3404	338196
2019	5537167	2965537	908161	4322	3436	337786
2020	5537048	2972040	906304	4291	3434	335917
宝泉岭	575667	344084	71949	461	63	10663
红兴隆	880875	500965	163789	684	2426	15090
建三江	1234694	796089	177454	390	2	24767
牡丹江	855719	467041	172013	494	230	44127
北安	898616	340288	126574	1079	84	79833
九三	565729	253919	84828	580	5	93449
齐齐哈尔	265367	146556	47639	369	448	39851
绥化	201214	92607	52654	98	92	21405
哈尔滨	53788	27254	9148	134	66	6700
总局直属	5380	3236	255	1	18	32

5-2续表1

单位：公顷

年份 单位	苇塘	水面	可垦荒地	宜林地	场址道路及其他建筑占地	其他土地
2000	36956	277967	562315		235584	1095448
2005	37297	268335	395013	17662	234451	964943
2010	33849	260797	185950	17091	232279	726727
2011	33849	256683	164635	17124	229672	708653
2012	32003	252261	155552	16751	227605	699899
2013	31792	252249	154478	16768	226591	696347
2014	29881	254241	156942	15713	227480	690458
2015	30264	256682	148291	15526	227538	685095
2016	30097	258467	145950	15672	227953	685523
2017	30093	258906	141758	16200	228079	681574
2018	30093	258628	137994	16205	226372	649281
2019	30081	258829	136599	16157	225510	655072
2020	30044	250015	135319	15783	226340	661852
宝泉岭	889	32773	22122	1426	23808	67889
红兴隆	11969	54351	23838	5948	58545	43953
建三江	7352	48134	38327	5594	50135	86840
牡丹江	3851	74188	9993	793	29545	53936
北安	1	13098	17457	576	23388	297319
九三	1480	9460	16867	104	15213	90403
齐齐哈尔	3860	6985	1679	1322	9749	7277
绥化	357	8601	5035		9601	10861
哈尔滨	285	2114		21	5132	3068
总局直属		311			1224	305

5-3 各分公司平均气温

(2020年) 单位：摄氏度

月 份	宝泉岭	红兴隆	建三江	牡丹江	北安	九三	齐齐哈尔	绥化	哈尔滨
一月	-14.9	-13.1	-14.0	-12.2	-15.9	-16.5	-14.9	-16.2	
二月	-11.4	-9.9	-10.3	-7.8	-12.7	-12.9	-11.7	-12.1	
三月	-1.1	-1.1	-0.7	-0.3	-2.4	-3.2	-1.8	-1.2	
四月	7.4	7.5	7.8	7.1	5.6	5.3	6.3	6.6	
五月	13.2	14.4	14.4	14.0	12.4	13.0	13.6	13.6	
六月	17.0	17.8	17.8	17.4	17.5	18.2	18.5	18.2	
七月	21.9	22.7	22.5	22.0	21.3	20.8	21.4	21.4	
八月	19.3	20.2	20.1	20.9	18.3	18.1	18.6	19.5	
九月	14.7	15.5	15.6	15.9	14.1	13.7	14.7	14.8	
十月	6.3	7.6	7.8	8.0	4.9	3.7	5.0	6.7	
十一月	-7.0	-6.1	-6.7	-5.7	-9.2	-9.4	-9.0	-7.4	
十二月	-18.2	-15.1	-16.6	-15.5	-19.7	-21.8	-19.3	-18.1	
全年	**3.9**	**5.0**	**4.8**	**5.3**	**2.9**	**2.4**	**3.5**	**3.8**	
比历年(+、-)	1.2	1.8	2.3	1.7	1.8	1.7	2.0	2.0	

注：5-3表至5-6表资料由集团农业发展部提供。

5-4 各分公司降水量

(2020年) 单位：毫米

月 份	宝泉岭	红兴隆	建三江	牡丹江	北安	九三	齐齐哈尔	绥化	哈尔滨
一月	2.9	1.4	7.5	1.0	2.5	0.3	0.1	3.7	
二月	0.1	0.2	1.1	0.1		0.4		0.1	
三月	7.6	6.9	8.5	9.1	9.0	0.2	3.5	9.1	
四月	6.2	7.8	3.5	8.4	41.3	9.6	22.4	9.1	
五月	123.7	118.7	96.5	186.2	79.1	49.9	84.9	126.6	
六月	129.4	167.5	124.8	182.7	152.0	116.1	121.7	122.5	
七月	166.3	137.3	218.4	56.9	216.1	358.3	181.7	247.6	
八月	232.5	345.2	276.9	270.8	249.3	156.5	150.5	286.3	
九月	117.3	69.6	81.9	23.5	27.7	34.0	49.6	79.4	
十月	9.3	22.9	28.9	33.1	9.2	30.0	20.8	13.4	
十一月	12.9	33.9	37.5	42.0	13.4	13.2	9.1	20.7	
十二月	12.5	9.5	13.6	10.0	5.0	1.8	1.0	19.9	
全年	**820.7**	**920.9**	**899.1**	**823.8**	**804.6**	**770.3**	**645.3**	**938.4**	
比历年(+、-)	251.7	413.2	369.6	257.8	237.0	275.8	152.7	316.8	

5-5 各分公司日照时数

(2020年)

单位：小时

月 份	宝泉岭	红兴隆	建三江	牡丹江	北安	九三	齐齐哈尔	绥化	哈尔滨
一月	185.3	133.9	206.2	199.0	164.1	204.8	195.3	164.1	
二月	212.3	170.3	227.9	210.2	206.6	237.5	222.9	175.8	
三月	249.7	198.6	242.9	234.0	235.4	259.2	257.6	206.4	
四月	292.0	227.9	292.7	266.1	260.5	273.8	275.4	257.2	
五月	248.8	176.8	219.3	245.6	212.9	234.4	256.4	208.3	
六月	199.4	141.7	223.6	205.2	239.0	256.6	237.7	215.4	
七月	196.3	170.5	215.8	219.0	182.1	188.7	200.0	177.2	
八月	129.0	67.7	129.4	127.7	126.2	152.4	165.8	125.1	
九月	273.5	247.7	259.4	274.5	255.3	242.8	262.3	245.6	
十月	232.8	227.0	235.5	221.9	186.9	196.8	198.8	182.1	
十一月	170.8	151.3	160.1	165.9	170.1	179.2	177.4	155.4	
十二月	149.5	161.4	164.1	178.8	141.5	157.0	177.8	128.2	
全年	**2539.4**	**2074.8**	**2576.9**	**2547.9**	**2380.6**	**2583.2**	**2627.4**	**2240.8**	
比历年(+、-)	130.2	-445.4	223.9	128.9	-279.8	-83.9	54.8	-69.0	

5-6 各分公司无霜期及≥10℃积温

(2020年)

单 位	初终霜日期(日/月)及无霜期(天)				≥10℃初终日期(日/月)及积温(℃)			
	终 日	初 日	无霜期	比历年	初 日	终 日	积 温	比历年
宝泉岭	6/5	25/9	141	4	10/5	2/10	2563.6	3.3
红兴隆	10/5	25/9	137	-6	27/4	3/10	2880.0	238.3
建三江	10/5	5/10	147	11	8/5	2/10	2722.6	207.4
牡丹江	22/4	5/10	165	14	28/4	3/10	2851.3	235.2
北 安	23/5	16/9	115	-6	23/5	15/9	2121.2	-183.5
九 三	16/9	23/5	115	-7	27/4	15/9	2444.0	133.8
齐齐哈尔	9/5	9/9	129	7	26/4	15/9	2535.8	142.4
绥 化	9/5	19/9	132	13	7/5	17/9	2442.7	-8.8
哈尔滨								

5-7 集团分行业能源消费量(实物量)

(2020年)

指标名称	原煤(吨)	天然气(万立方米)	汽油(吨)	煤油(吨)	柴油(吨)	燃料油(吨)	液化石油气(吨)	润滑油(吨)	外购热力(百万千焦)	电力(万千瓦时)
能源消费量	**1271511**	**1332**	**99067**	**6312**	**361117**	**246**	**21845**	**4878**	**24777138**	**201401**
一、第一产业	291450	38	32929	6293	296037	182	4433	4107	3856596	97837
二、第二产业	830531	1120	2686		25253	35	9648	5	2993043	53172
1.工业	821873	1120	438		17984	35	8780	5	2156819	50091
2.建筑业	104		1967		7262		662		117850	2697
三、第三产业	149530	174	63452	19	39827	29	7764	767	17927500	50393
1.交通运输、仓储和邮政业	1033		947		17067		2	18	70950	580
2.批发零售业、住宿餐饮业	25444	6	572	8	370	26	11	1	188152	3627
3.其他	55073	135	49805	4	15894	2	816	53	3573206	15749
四、生活消费	256856	46	25870	7	10205	1	11032	918	17134387	47626
1.分公司以上	6656	33	2252	2	21	1	380		1214953	1634
2.农场(子公司)以下	250199	13	23618	5	10184		10652	917	15919434	45992

5-8 各分公司能源消费量(实物量)

(2020年)

年 份 单 位	原煤(吨)	天然气(万立方米)	汽油(吨)	煤油(吨)	柴油(吨)	燃料油(吨)	液化石油气(吨)	润滑油(吨)	外购热力(百万千焦)	电力(万千瓦时)
2000	1922201	122	54970	398	226558	47132	11568	8440	6546158	89517
2005	2650825	167	56175	655	265944	2460	12689	5880	9566747	119862
2010	3513869	544	103234	1343	375630	461	22217	5788	19511821	253393
2015	4116294	1147	149649	3652	451751	3019	26204	6361	33394198	334810
2016	4011715	4614	181148	4945	454696	2359	26596	7285	36061078	336154
2017	3896169	4991	161244	3834	467451	2359	26596	6461	37435529	310431
2018	3633008	2134	196078	2511	468656	3971	29438	6456	36823114	312101
2019	1520576	1007	131547	5683	383255	756	21560	4816	27717677	172570
2020	1271511	1332	99067	6312	361117	246	21845	4878	24777138	201401
宝泉岭	134563	2	6322		44096		947	661	1860361	15507
红兴隆	199705	35	10107	6040	50838	16	1399	734	2871084	27660
建三江	204944		19665	7	93543		2513	1411	4577019	54497
牡丹江	225068	2	45786	217	71523	6	3143	1048	6345139	18673
北 安	113281	10	4808		27964	5	1866	708	2993188	15605
九 三	140542	8	2440		24788		360	167	2206786	8775
齐齐哈尔	18580	31	2984	43	12781	180	1459	60	400031	5261
绥 化	22196		824		9586		535	71	453309	4306
哈尔滨	21443	1	614		2133		222	18	258702	7219
集团直属	191189	1243	5518	5	23866	39	9402	1	2811518	43899

主要统计指标解释

森林面积　指生长着乔木和竹林郁闭度在0.3度以上（不包括0.3）的林地面积，即有林地面积。它是反映森林资源总面积的重要指标。森林面积包括天然森林和人工林面积。但不包括灌木林地和疏林地面积。

森林覆盖率　通常是指森林面积与土地总面积之比，一般用百分数表示。但国家规定在计算森林覆盖率时，森林面积还包括灌木林面积、农田林网树占地面积以及四旁树木的覆盖面积。森林覆盖率，是反映一个国家或地区森林资源和绿化水平的重要指标。计算公式：

森林覆盖率(%)=森林面积/土地总面积×100%

森林蓄积量　指森林面积上生长着的林木树干材积总量。它是反映一个国家或地区森林资源总规模和水平的重要指标。

草地面积　指牧区和农区用于放牧牲畜或割草，植被盖度在5%以上的草原、草坡、草山等面积。包括天然的和人工种植或改良的草地面积。

淡水总面积　指江、河、湖泊、塘堰、水库等各种流水或蓄水的水面占地面积。

≥0℃积温　为稳定通过0℃的各日平均温度累计值。

有效积温　对植物生长发育起有效作用的高出的温度值。

平均气温　气温指空气的温度，我国一般以摄氏度为单位表示。气象观测的温度表是放在离地面约1.5米处通风良好的百叶箱里测量的，因此，通常说的气温指的是离地面1.5米处百叶箱的温度。计算方法：月平均气温是将全月各日的平均气温相加，除以该月的天数而得。年平均气温将12个月的月平均气温累加后除以12而得。

相对湿度　指空气中实际水汽压与当时气温下的饱和水气压之比。其统计方法与气温相同。

降水量　指从天空降落到地面的液态或固态（经融化后）水，未经蒸发、渗透、流失而在地面上积聚的深度。计算方法：月降水量是将全月各日的降水量累加而得。年降水量是将12个月的降水量累加而得。

日照时数　指太阳实际照射地面的时数。其计算方法与降水量相同。

水资源总量　指当地降水形成的地表和地下产水总量，即地表径流量与降水入渗补给量之和。

地表水资源量　指河流、湖泊以及冰川等地表水体中可以逐年更新的动态水量，即天然河川径流量。

地下水资源量　指地下饱和含水层逐年更新的动态水量，即降水和地表水入渗对地下水的补给量。

生活用水　包括城镇生活用水和农村生活用水。城镇生活用水由居民用水和公共用水（含第三产业及建筑业等用水）组成；农村生活用水除居民生活用水外，还包括牲畜用水在内。

单位GDP能耗　GDP，即国内（地区）生产总值。单位GDP能耗，即一个国家或地区生产（创造）一个计量单位（通常为万元）的GDP所使用的能源。能源消费的核算范围即包括全部三次产业的生产、经营及其他活动用能，也包括居民生活用能。

能源消费总量　指一定地域（行政或地理区域）内，国民经济各行业和居民家庭在一定时期消费的各种能源总和。能源消费总量分为三部分，即终端能源消费量、能源加工转换损失量和损失量。

终端能源消费量　所谓终端，指能源消费环节的最后一个环节，是相对能源加工转换过程而言的。终端能源消费量就是指能源消费环节的最后一个环节的能源消费，包括直接用作燃料、原材料、动力的各种未经过加工转换的一次能源直接消费，以及经过加工转换的各种二次能源消费。指一定时期内全国生产和生活消费的各种能源在扣除了用于加工转换二次能源消费量和损失量以后的数量。

终端能源消费量=第一产业消费+第二产业消费
+第三产业消费+生活消费

06 人民生活

6-1 垦区物质文化生活水平

指　　标	单　位	1985	1990	1995	2000	2005	2010	2015	2016	2017	2018
一、收　入											
垦区居民人均可支配收入	元	453	1217	2348	3337	6179	13267	23855	25421	27153	28789
职工年平均工资	元	827	1445	3084	5593	9205	17639	32496	33806	35593	37755
二、消费水平											
人均生活消费	元	327	816	1674	2511	3373	7761	12179	13108	14026	14844
消费品支出	元	307	701	1629	1815	2222	4757	10373	10379	11331	11955
服务性支出	元	20.00	115.00	38.10	695.70	1150.88	3003.30	1806.4	2711.1	2694.96	2889.00
三、储　蓄											
居民年末储蓄存款余额	亿元	2.01	13.35	33.73	65.63	118.25	224.33	495.17	440.43	477.64	471.57
人均储蓄存款余额	元	127	861	2172	4168	7456	13405	29620	26263	28543	28478
四、住　房											
年末住宅总面积	万平方米	1449	1768	2040	2316	2701	4215	5386	5392	5401	5445
平均每人居住面积	平方米	9.10	11.40	13.10	14.70	17.03	25.19	32.20	32.20	32.30	32.90
五、交　通											
每百人拥有汽车	辆						2.61	6.04	6.92	7.75	7.84
每百人拥有摩托车	辆	0.80	1.40	2.70	12.00	18.00	24.75	14.20	15.58	15.38	13.32
六、公用事业											
已安装自来水管理区	个		891	1410	1659	644	566	634	634	634	634
管理区自来水普及率	%		35.10	58.70	72.90	97.40	99.00	99.84	99.84	99.84	99.84
七、文　化											
每百人拥有彩色电视机	台	17.00	24.80	29.30	32.25	33.00	38.21	40.51	40.93	41.04	41.70
每百人拥有电脑	台						19.90	20.90	19.43	20.67	20.20
每百人每天有报纸	份	1.20	1.20	2.40	14.20	4.14	3.00	2.96	2.83	2.87	2.89
每百人每年有杂志	册	17.60	24.40	8.60	18.75	4.92	11.48	18.66	12.28	12.16	12.18
八、教　育											
学龄儿童入学率	%	98.80	99.70	100.00	100.00	100.00	100.00	100.00	100.00	100.00	100.00
每万人口有在校大学生数	人	14.70	19.50	27.50	47.30	131.84	173.61	182.00	179.62	178.51	169.08
九、卫　生											
每万人拥有医院病床数	张	50.70	57.90	60.00	49.78	46.36	57.31	68.40	69.80	75.10	75.02
每万人拥有医生人数	人	25.10	49.10	43.10	40.59	40.02	49.79	35.20	35.90	35.70	36.00
十、就　业											
每一劳动力负担人数	人	1.73	1.60	1.37	1.57	1.45	1.34	1.36	1.38	1.35	1.38

注：垦区统计数据截止到2018年。公用事业部分2004年前为生产队数；2005年后为管理区数。

6-2　垦区物质文化生活水平主要指标

年　份 单　位	垦区居民人均可支配收入（元）	职工年平均工资（元）	居民年末储蓄存款余额（万元）	人均储蓄存款余额（元）	人均居住面积（平方米）
2000	3337	5593	656293	4168	14.7
2005	6179	9205	1182537	7456	17.0
2010	13267	17639	2243266	13405	25.2
2011	16466	20480	2543774	14859	28.2
2012	20227	24174	2988718	17238	30.2
2013	22891	27742	3187065	18500	31.1
2014	25226	30336	4022813	23699	31.6
2015	23855	32496	4951705	29620	32.2
2016	25421	33806	4404349	26263	32.2
2017	27153	35593	4776423	28543	32.3
2018	28789	37755	4715722	28478	32.9
宝泉岭	26620	33313	1074584	52697	34.4
红兴隆	24579	35228	1173498	34857	31.9
建三江	28065	41738	1546184	58726	30.4
牡丹江	25263	33402	238572	11390	33.8
北　安	23479	19974	202222	10782	32.3
九　三	21793	33256	184112	12263	25.6
齐齐哈尔	25599	37974	102694	7219	38.6
绥　化	23018	21371	47493	8023	38.2
哈尔滨	30027	50414	48055	9611	26.7
总局直属		76657	98308	18400	48.9

注：垦区数据截止到2018年。2014年及以前可支配收入为农场职工人均纯收入数据。

6-2续表

年　份 单　位	自来水普及率(%)	学龄儿童入学率(%)	每万人拥有医院病床数(张)	每万人拥有医生数(人)	每一就业者负担人数(人)
2000	77.5	100	49.8	40.6	2.23
2005	95.1	100	46.4	40.0	2.13
2010	99.0	100	56.3	49.8	1.79
2011	99.3	100	59.6	50.7	1.79
2012	99.5	100	61.7	49.5	1.76
2013	99.5	100	65.3	37.4	2.03
2014	99.8	100	65.9	37.4	2.17
2015	99.8	100	68.4	35.2	2.24
2016	99.8	100	69.8	35.9	2.16
2017	99.8	100	75.1	35.7	2.15
2018	100.0	100	76.1	35.0	2.18
宝泉岭	100.0	100	72.3	38.0	2.28
红兴隆	100.0	100	56.9	33.2	2.14
建三江	100.0	100	49.4	37.9	2.39
牡丹江	100.0	100	74.5	39.9	2.27
北　安	100.0	100	47.5	30.0	2.29
九　三	100.0	100	69.9	26.9	2.02
齐齐哈尔	96.7	100	63.1	30.9	2.46
绥　化	100.0	100	50.7	28.9	1.63
哈尔滨	100.0	100	46.0	16.2	2.37
总局直属	100.0	100	558.7	112.1	1.36

6-3 垦区居民人均全年消费性支出与构成

单位：元、%

指　　标	1985	1990	1995	2000	2005	2010	2015	2016	2017	2018
消费性支出	**327.23**	**816.36**	**1666.70**	**2510.75**	**3372.80**	**7760.69**	**12179.00**	**13108.29**	**14026.22**	**14884.02**
一、食品	187.40	381.33	916.88	906.37	1214.28	2677.44	3193.57	3468.32	3730.91	3900.12
1.食品							2460.93	2664.96	2848.99	3006.91
2.烟酒							282.70	306.22	329.15	336.73
3.饮料							50.24	48.61	54.82	52.89
4.饮食服务							399.70	448.53	497.95	503.59
二、衣着	46.03	115.26	201.07	287.79	332.12	735.80	1126.41	1129.91	1281.39	1307.81
1.衣类			96.50	163.58	202.61	478.70	856.36	858.61	977.04	992.24
2.鞋类							270.05	271.30	304.35	315.57
三、居住	19.75	81.45	193.55	185.74	394.20	1017.32	2388.08	2520.90	2593.44	2675.85
四、生活用品及服务	41.81	93.20	84.61	206.00	195.10	480.38	612.27	733.29	776.18	830.52
五、交通通信	5.97	19.88	34.04	210.80	369.59	957.00	2378.68	2505.91	2687.02	2757.01
六、教育文化娱乐	15.26	67.84	127.55	367.80	524.49	1176.08	1474.66	1638.12	1709.68	1903.81
1.教育	7.49	26.16	31.72	80.35	101.59	278.03	1057.13	1171.08	1323.36	1387.45
2.文化娱乐							417.53	467.04	386.32	571.94
七、医疗保健	9.65	40.66	55.99	221.56	270.13	565.45	766.20	867.21	971.59	1213.99
八、其他商品和服务	1.36	16.74	52.95	124.68	72.88	151.20	239.14	244.63	276.01	294.91
消费支出中服务消费支出							1806.41	2013.50	2694.96	2889.00
消费支出构成										
一、食品烟酒(恩格尔系数)	57.30	46.70	55.00	36.10	36.00	34.50	26.22	26.46	26.59	26.20
二、衣着	14.10	14.10	12.10	11.46	9.85	9.48	9.25	8.61	9.13	8.79
三、居住	6.00	10.00	11.60	7.40	11.69	13.11	19.61	19.23	18.49	17.98
四、家庭设备、用品及服务	12.80	11.40	5.10	8.20	5.78	6.19	5.03	5.59	5.54	5.58
五、交通通信	1.80	2.40	2.00	8.40	10.96	12.33	19.53	19.12	19.16	18.53
六、文化教育娱乐用品及服务	4.70	8.30	7.60	14.65	15.55	15.15	12.11	12.50	12.19	12.79
七、医疗保健	2.90	5.00	3.40	8.82	8.01	7.29	6.29	6.62	6.93	8.15
八、其他商品和服务	0.40	2.10	3.20	4.97	2.16	1.95	1.96	1.87	1.97	1.98

注：数据截止到2018年。

6-4 垦区居民人均可支配收入与支出情况

(1978-2018年)

单位：元、%

年 份	总收入	总支出	#生活消费支出	可支配收 入	可支配收入指 数(上年=100)	可支配收入指 数(1978=100)
1978				246	100.0	100.0
1979				289	104.1	104.1
1980				327	105.8	110.1
1981				321	98.5	108.5
1982	370	330	288	351	103.9	112.7
1983	429	373	309	405	107.1	120.7
1984	466	384	317	440	103.7	125.2
1985	1198	1164	327	453	96.2	120.4
1986	994	894	366	507	104.4	125.7
1987	920	764	465	655	120.2	151.1
1988	1469	1164	553	789	105.5	159.4
1989	1885	1584	675	938	103.6	165.2
1990	1456	1122	816	1217	120.7	199.4
1991	1246	1149	888	1058	86.8	173.1
1992	1274	1116	825	1049	97.2	168.2
1993	2679	2210	983	1491	127.3	214.1
1994	4361	3870	1254	1831	104.9	224.6
1995	6911	6143	1674	2348	111.5	250.4
1996	6541	5893	2394	2832	111.7	279.8
1997	8128	6785	2644	3321	114.7	320.9
1998	5610	5066	2703	3448	104.8	336.3
1999	5462	4814	2463	3216	100.0	336.3
2000	5546	4929	2511	3337	104.8	352.4
2001	6062	5387	2675	3650	109.3	385.2
2002	6789	6275	2761	3863	106.5	410.2
2003	11180	10638	2912	4267	109.1	447.5
2004	13994	12198	3119	5593	125.1	559.8
2005	15726	13869	3373	6179	109.2	611.3
2006	18203	16200	4078	7064	112.3	686.5
2007	20968	18493	5144	8087	111.1	762.7
2008	26674	24883	6772	9525	112.2	855.7
2009	28696	27040	7358	10936	113.7	972.9
2010	34622	32151	7761	13267	116.8	1136.3
2011	41702	36103	8675	16466	117.3	1332.9
2012	50301	41858	9479	20227	116.7	1555.5
2013	55123	45449	10639	22891	113.2	1760.8
2014	60560	48898	11240	25226	110.2	1940.4
2015	38855	32816	12179	23855	107.2	2080.1
2016	42318	33670	13108	25421	106.6	2217.4
2017	43906	36058	14026	27153	106.8	2368.5
2018	45222	37697	14884	28789	106.0	2511.2

注：垦区数据截止到2018年。2014年及以前可支配收入为农场职工人均纯收入数据。

6-5　垦区居民人均全年主要消费品消费量

单位：公斤

品　名	1985	1990	1995	2000	2005	2010	2015	2016	2017	2018
粮食	161.71	210.10	229.13	125.45	154.27	131.78	115.38	112.03	119.78	118.30
油脂类	7.11	8.12	12.31	8.71	9.62	10.86	10.26	10.46	12.53	11.62
蔬菜及菜制品	142.23	140.33	150.75	187.99	70.31	63.36	46.87	47.98	52.43	49.17
肉类	8.60	10.86	11.82	15.57	15.17	16.79	18.35	19.60	18.43	18.24
禽类	1.06	2.32	1.86	2.03	2.52	2.64	2.69	2.96	3.05	3.72
水产品	2.75	3.42	5.24	5.70	5.18	5.23	6.24	6.57	7.33	7.49
蛋类及蛋制品	4.80	6.69	5.89	6.43	6.23	6.11	7.56	7.93	10.01	8.96
奶和奶制品							1.97	2.34	8.21	8.11
干鲜瓜果类		11.84	9.87	36.76	26.97	24.31	24.36	31.37	50.26	48.24
糖果糕点类	2.32	2.10	2.51	1.75	1.21	1.13	0.89	1.24	5.28	4.98
酒	4.60	7.58	9.75	12.98	13.64	15.09	13.11	13.75	12.34	19.39

注：垦区数据截止到2018年末。

6-6　农场职工家庭人均可支配收入情况

单位：元、%

年　份 单　位	可支配 收　入	家庭经营性 净收入	工资性收入	转移性净收入	财产性净收入	可支配收入 指　数 (上年＝100)
2015	20293	9622	4730	5546	395	—
2016	21476	10183	5006	5869	418	105.8
2017	22909	11790	5425	5231	463	106.7
2018	24491	11732	5670	6610	479	106.9
2019	25985	11274	6010	8214	487	106.1
2020	27877	12983	6426	7930	538	107.3
宝泉岭	26392	15044	6365	5014	-30	107.6
红兴隆	24852	11820	6544	6195	293	107.6
建三江	30404	16313	9281	4271	566	108.0
牡丹江	25683	10903	7310	7151	319	108.3
北　安	26455	11838	6212	7419	986	112.0
九　三	27465	10595	8472	7997	400	116.8
齐齐哈尔	24076	16180	4430	3654	-187	107.2
绥　化	23869	12859	5378	4539	1093	107.7
哈尔滨	27837	17309	9933	588	7	107.9

注：6-6、6-7表为集团统计口径的农场职工及家庭成员的可支配收入。

6-7 农场职工家庭人均可支配收入

(2020年) 单位：元

指　　标	数　　量	指　　标	数　　量
可支配收入	**27877**	(三)第三产业净收入	1672
一、家庭经营性净收入	**12983**	1.第三产业经营收入	3669
(一)第一产业净收入	11202	2.第三产业经营费用	1751
1.农业净收入	9663	3.第三产业生产性固定资产折旧	171
农业经营收入	41574	4.第三产业生产税	79
农业经营费用	29819	**二、工资性收入**	**6426**
农业生产性固定资产折旧	2092	1.工　资	5781
2.畜牧业净收入	1359	2.其他工资性收入	4
畜牧业经营收入	4028	3.从单位得到的实物和服务	641
畜牧业经营费用	2435	**三、转移性净收入**	**7931**
畜牧业生产性固定资产折旧	234	1.转移性收入	10143
3.林业和渔业净收入	181	其中：养老金或离退休金	5895
林业和渔业经营收入	337	政策性惠农补贴	3796
林业和渔业经营费用	137	其他	452
林业和渔业生产性固定资产折旧	19	2.转移性支出	2212
(二)第二产业净收入	109	其中：社会保障支出	2190
1.第二产业经营收入	761	**四、财产性净收入**	**538**
2.第二产业经营费用	557	1.财产性收入	754
3.第二产业生产性固定资产折旧	84	其中：转让土地承包权租金净收入	209
4.第二产业生产税	11	2.财产性支出	216

主要统计指标解释

常住人口 指全年经常在家或在家居住六个月以上，而且经济生活和本户连成一体的人口。在外劳动超过六个月的合同工、临时工和其他副业工，其收入主要带回家中或交给国有或集体单位的，仍要计算在内。在家居住，生活和本户连成一体的国家职工、退休人员也要计算在内。不包括参军人员，以及已成家，经济自理，不在一起用饭，但因住房问题仍住在一起的人口。

职工家庭整半劳动力 指常住职工家庭成员中有劳动能力并经常参加实际劳动的人员。它是生产的基本要素指标之一，是发展生产增加职工家庭收入的重要源泉。按规定，男 18 周岁至 50 周岁、女 13 周岁至 45 周岁为整劳动力；男 16 周岁至 17 周岁、51 周岁至 60 周岁，女 16 周岁至 17 周岁、46 周岁至 55 周岁为半劳动力。职工家庭整半劳动力既包括在上述规定劳动力的年龄内和在劳动年龄以外有劳动能力并经常参加实际劳动的男女整半劳动力，也包括家庭常住人员中属于职工的劳动力。但不包括在劳动年龄内已丧失劳动能力的人员。

平均每个劳动力负担人口 指职工家庭中每个整半劳动力负担的人口数量，包括劳动者本人。

总收入 指调查期内农场住户和住户成员从各种来源渠道得到的收入总和。按收入的性质划分为工资性收入、家庭经营收入、财产性收入、转移性收入。

纯收入 指农场住户当年从各个来源得到的总收入相应地扣除所发生的费用后的收入总和。纯收入主要用于再生产投入和当年生活消费支出。“农场职工人均纯收入”按人口平均的纯收入水平，反应的是一个地区或一个农场住户居民的平均收入水平。计算方法：纯收入=总收入-家庭经营费用支出-税费支出-生产性固定资产折旧-赠送农场外部亲友支出。

居民可支配收入 指居民可用于最终消费支出和储蓄的总和，即居民可用于自由支配的收入。既包括现金收入，也包括实物收入。按照收入的来源，可支配收入包含四项，分别为：工资性收入、经营净收入、财产净收入和转移净收入。

总支出 指农场住户用于生产、生活和再分配方面的全部支出。包括家庭经营费用支出、购置生产性固定资产支出、生产性固定资产折旧、税费支出、生活消费支出、财产性支出和转移性支出。

生活消费支出 指农场住户用于物质生活和精神生活方面的支出。包括食品、衣着、居住、家庭设备用品及服务、医疗保健、交通和通讯、文化教育娱乐用品及服务、其他商品和服务等消费支出。

现金收入 指农场住户和住户成员在调查期内得到以现金形态表现的收入。按来源分成工资性收入、家庭经营现金收入、财产性收入、转移性收入。

现金收入 指农场住户在调查期内用于生产、生活和再分配所支付的现金。包括家庭经营费用支出、缴纳的税费、购买生产性固定资产、生活消费、财产性和转移性支出。

居民年底储蓄存款余额 指农垦系统的居民存入银行及信用社储蓄的年底时点数（存入数扣除取出数的余额），不包括居民的手存现金。

07 农林牧渔业

7-1　各分公司农林牧渔业总产值

（当年价格）　　单位：万元

年份 单位	农林牧渔业总产值	农业	#粮食主产品	林业	畜牧业	渔业
2000	1440064	1223047	1037488	12177	194617	10223
2001	1553656	1267426	1052990	12290	262876	11064
2002	1561395	1210540	973539	12954	325104	12797
2003	1839996	1331122	1071201	21316	472756	14802
2004	2326930	1806636	1523628	17005	487221	16068
2005	2764991	2047212	1665820	18018	680610	19150
2006	2983718	2128337	1737508	18662	814408	22311
2007	3366619	2399577	1979926	20994	930663	15385
2008	4583423	3191649	2707028	30124	1336385	25264
2009	5272666	3821771	3333971	40644	1380912	29339
2010	6346708	4666137	4142778	56764	1588803	35004
2011	7826625	5722440	4998320	73890	1986827	43468
2012	8920871	6584607	5680861	99947	2176427	59890
2013	9046376	7072961	5954801	108457	1796152	68805
2014	8478290	7090735	6135425	90530	1231631	65394
2015	7646001	6616976	5805227	82737	877587	68701
2016	6740337	5855543	4872784	83854	735038	65902
2017	6512449	5662966	4594147	100972	681087	67424
2018	5973269	5192522	4248299	99792	628174	52782
2019	5913915	5061561	4873912	63141	749306	39908
2020	6795137	5848260	5624279	62870	843142	40866
宝泉岭	1038251	772182	722217	2731	261738	1600
红兴隆	1119202	983733	942765	18980	104014	12476
建三江	1739593	1699625	1640516	623	34858	4487
牡丹江	1029680	924422	892299	2448	98377	4434
北安	672298	563858	532957	33005	67469	7966
九三	497938	371374	368625	3131	121572	1861
齐齐哈尔	398798	298379	296114	1143	96994	2282
绥化	188991	163164	157537	218	20816	4793
哈尔滨	85172	63547	63274	593	20244	788
集团直属	25216	7976	7976		17059	180

注：2018年以前的农林牧渔总产值是根据北大荒集团口径的衔接数。

7-2 各分公司农林牧渔业总产值构成

(以农林牧渔总产值为100)　　单位：%

年份 单位	农林牧渔业总产值	农业	#粮食主产品	林业	畜牧业	渔业
2000	100	84.9	72.0	0.8	13.5	0.7
2001	100	81.6	67.8	0.8	16.9	0.7
2002	100	77.5	62.4	0.8	20.8	0.8
2003	100	72.3	58.2	1.2	25.7	0.8
2004	100	77.6	65.5	0.7	20.9	0.7
2005	100	74.0	60.2	0.7	24.6	0.7
2006	100	71.3	58.2	0.6	27.3	0.7
2007	100	71.3	58.8	0.6	27.6	0.5
2008	100	69.6	59.1	0.7	29.2	0.6
2009	100	72.5	63.2	0.8	26.2	0.6
2010	100	73.5	65.3	0.9	25.0	0.6
2011	100	73.1	63.9	0.9	25.4	0.6
2012	100	73.8	63.7	1.1	24.4	0.7
2013	100	78.2	65.8	1.2	19.9	0.8
2014	100	83.6	72.4	1.1	14.5	0.8
2015	100	86.5	75.9	1.1	11.5	0.9
2016	100	86.9	72.3	1.2	10.9	1.0
2017	100	87.0	70.5	1.6	10.5	1.0
2018	100	86.9	71.1	1.7	10.5	0.9
2019	100	85.6	82.4	1.1	12.7	0.7
2020	100	86.1	82.8	0.9	12.4	0.6
宝泉岭	100	74.4	69.6	0.3	25.2	0.2
红兴隆	100	87.9	84.2	1.7	9.3	1.1
建三江	100	97.7	94.3	0.0	2.0	0.3
牡丹江	100	89.8	86.7	0.2	9.6	0.4
北安	100	83.9	79.3	4.9	10.0	1.2
九三	100	74.6	74.0	0.6	24.4	0.4
齐齐哈尔	100	74.8	74.3	0.3	24.3	0.6
绥化	100	86.3	83.4	0.1	11.0	2.5
哈尔滨	100	74.6	74.3	0.7	23.8	0.9
集团直属	100	31.6	31.6		67.7	0.7

7-3　各分公司农林牧渔业总产值

（可比价格）　　单位：万元

年　份 单　位	农林牧渔业总产值	农　业	#粮食主产品	林　业	畜 牧 业	渔　业
2000	1406732	1190682	1077350	12177	193851	10023
2001	1462567	1184720	1007012	12290	255020	10537
2002	1622287	1271309	1067900	12954	325227	12797
2003	1763649	1302292	1080902	21316	425400	14641
2004	2096501	1625856	1342239	17091	438148	15405
2005	2730956	2010037	1631103	18018	683724	19177
2006	3110862	2235648	1824816	18662	833922	22630
2007	3481126	2502166	2054386	20994	943878	14089
2008	3876557	2745860	2301341	30124	1077730	22843
2009	5122152	3609652	3148521	30399	1456658	25443
2010	5699291	4136148	3610095	39969	1493236	29938
2011	7036349	5234805	4529012	59931	1705431	36182
2012	8594341	6316979	5539971	74194	2161298	41871
2013	9129243	7072961	5962008	107924	1874898	73460
2014	9435369	7749437	6684374	88408	1533787	63736
2015	8725014	7485267	6580843	79862	1091526	68359
2016	7840251	6800863	5721246	83938	889876	65574
2017	7181598	6264343	5100844	93580	755085	68590
2018	6958596	6108849	5063429	99792	696424	53531
2019	6134703	5359909	5172260	63141	671193	40460
2020	6323672	5439771	5215791	62870	780429	40601
宝泉岭	978550	725589	675624	2731	248560	1670
红兴隆	1032862	910571	869602	18980	90783	12529
建三江	1742367	1709360	1650251	623	27855	4529
牡丹江	994362	895262	863139	2448	92315	4338
北　安	532728	429904	399003	33005	62359	7460
九　三	407708	287727	284978	3131	115151	1699
齐齐哈尔	369462	277228	274962	1143	88889	2203
绥　化	160004	137024	131396	218	17664	5098
哈尔滨	81955	59964	59690	593	20529	870
集团直属	23673	7144	7144		16325	204

7-4 各分公司农林牧渔业总产值指数

(以上年为100)　　单位：%

年份 单位	农林牧渔业总产值	农业	#粮食主产品	林业	畜牧业	渔业
2000	99.9	96.6	96.3	103.3	104.3	101.1
2001	101.6	96.9	97.1	100.9	131.0	103.1
2002	104.4	100.3	101.4	105.4	123.7	115.7
2003	113.0	107.6	111.0	164.6	130.9	114.4
2004	113.9	122.1	125.3	80.2	92.7	104.1
2005	117.4	111.3	107.1	106.0	140.3	119.4
2006	112.5	109.2	109.5	103.6	122.5	118.2
2007	116.7	117.6	118.2	112.5	115.9	63.1
2008	115.1	114.4	116.2	143.5	115.8	148.5
2009	111.8	113.1	116.3	100.9	109.0	100.7
2010	108.1	108.2	108.3	98.3	108.1	102.0
2011	110.9	112.2	109.3	105.6	107.3	103.4
2012	109.8	110.4	110.8	100.4	108.8	96.3
2013	102.3	107.4	104.9	108.0	86.1	122.7
2014	104.3	109.6	112.3	81.5	85.4	92.6
2015	102.9	105.6	107.3	88.2	88.6	104.5
2016	102.5	102.8	98.6	101.5	101.4	95.4
2017	106.5	107.0	104.7	111.6	102.7	104.1
2018	106.9	107.9	110.2	98.8	102.3	79.4
2019	102.7	103.2	111.7	63.3	106.8	76.7
2020	106.9	107.5	107.0	99.6	104.2	101.7
宝泉岭	108.1	111.7	110.9	124.4	99.1	67.2
红兴隆	102.7	104.8	104.6	94.4	89.2	85.4
建三江	108.5	108.9	109.0	34.2	88.7	121.6
牡丹江	109.3	108.2	104.3	114.0	119.6	160.3
北安	115.5	116.0	114.8	104.1	118.9	114.5
九三	103.1	94.9	101.3	100.4	132.1	85.3
齐齐哈尔	98.4	99.2	100.0	127.4	95.7	107.8
绥化	101.3	103.8	102.8	29.4	86.3	106.8
哈尔滨	104.9	107.8	107.9	149.6	96.2	116.1
集团直属	120.2	124.7	135.5		119.0	79.7

7-5 各分公司国有经济农林牧渔业总产值

单位：万元

年份 单位	农林牧渔业总产值	农业	林业	畜牧业	渔业
2000	1108208	1090048	7890	8213	2057
2001	1188370	1167483	9270	9694	1923
2002	1183982	1162086	11117	8782	1997
2003	1311986	1276394	18006	14453	3133
2004	1781448	1759781	13263	6237	2167
2005	2048887	2027107	13231	6144	2405
2006	2124247	2099402	13214	3071	8560
2007	2398464	2373356	17360	3255	4493
2008	3174618	3139524	21756	6428	6909
2009	3809874	3769132	25707	6373	8662
2010	4638530	4581674	41646	5531	9679
2011	5694657	5615529	64964	3318	10846
2012	6523247	6403783	86803	8730	23930
2013	7053487	6921461	89568	9329	33130
2014	7048587	6936984	70819	6965	33819
2015	6590810	6492484	65231	6326	26770
2016	5741738	5641541	66997	6685	26515
2017	5503417	5394545	74325	6727	27821
2018	5148957	5045920	70627	11019	21391
2019	5055410	4967095	48173	23485	16657
2020	5864141	5774269	51443	24478	13950
宝泉岭	774496	770782	2386		1328
红兴隆	992863	964553	18980		9331
建三江	1699819	1699276	543		
牡丹江	897862	891558	2421	3867	16
北安	586041	563858	22183		
九三	375194	371374	3116		704
齐齐哈尔	300370	298379	1143		848
绥化	152295	151015	103		1177
哈尔滨	70013	63147	569	5752	546
集团直属	15188	329		14859	

注：本表按当年价格计算。

7-6 各分公司非国有经济农林牧渔业总产值

单位：万元

年份 单位	农林牧渔业总产值	农业	林业	畜牧业	渔业
2000	331856	132999	4287	186404	8166
2001	365286	99943	3020	253182	9141
2002	377413	48454	1837	316322	10800
2003	528010	54728	3310	458303	11669
2004	545482	46855	3742	480984	13901
2005	716104	20105	4788	674466	16745
2006	859471	28935	5448	811337	13751
2007	968155	26221	3634	927408	10892
2008	1408805	52125	8368	1329957	18355
2009	1462792	52639	14937	1374539	20677
2010	1708177	84463	15118	1583272	25325
2011	2131968	106911	8926	1983509	32621
2012	2397624	180823	13144	2167697	35960
2013	1992889	151500	18890	1786823	35676
2014	1429703	153751	19711	1224666	31575
2015	1055191	124492	17506	871261	41932
2016	998599	214002	16856	728353	39387
2017	1009033	268422	26648	674360	39603
2018	824312	146602	29165	617155	31391
2019	858506	94466	14968	725820	23251
2020	930997	73991	11427	818664	26915
宝泉岭	263755	1400	345	261738	273
红兴隆	126339	19180	0.1	104014	3145
建三江	39774	350	79	34858	4487
牡丹江	131818	32864	27	94510	4417
北安	86257		10822	67469	7966
九三	122743		15	121572	1156
齐齐哈尔	98427			96994	1433
绥化	36696	12149	115	20816	3616
哈尔滨	15159	400	24	14493	242
集团直属	10028	7648		2200	180

注：本表按当年价格计算

7-7 农林牧渔业分项产值

(2020年) 单位：万元、%

指 标	现价产值	可比价产值	构成
农林牧渔业总产值	**6795137**	**6323672**	**100.0**
一、农业产值	**5848260**	**5439771**	**86.1**
(一)主产品产值	5624279	5215791	96.2
1.谷物	4575242	4432551	81.3
#水稻	3618197	3691661	79.1
小麦	4251	4251	0.1
玉米	933084	716930	20.4
高粱	18960	18960	0.4
2.大豆	927180	662082	16.5
3.杂豆	17648	17648	0.3
4.薯类	25131	24564	0.4
5.油料	1658	1658	0.03
#白瓜籽	1135	1135	68.4
向日葵	5	5	0.3
花生	514	514	31.0
6.麻类	3788	3788	0.1
#亚麻	524	524	13.8
7.糖类	62	62	0.001
8.烟叶	251	274	0.004
9.药材	4558	4558	0.1
10.蔬菜	15423	15191	0.3
#叶菜类	3965	3808	25.7
瓜菜类	3817	3742	24.7
11.食用菌	4418	4400	0.1
12.瓜果类	26407	26407	0.5
#果用瓜	6710	6431	25.4
13.食用坚果	513	513	0.01
14.花卉园艺	5516	5610	0.1
15.饲料饲草	8482	8482	0.2
16.其他农业	8003	8003	0.1
(二)副产品产值	223981	223981	3.8
#粮食副产品	222755	222755	99.5

7-7续表

单位：万元、%

指　　标	现价产值	可比价产值	构成
二、林业产值	**62870**	**62870**	**0.9**
(一)林木的培育和种植	20848	20848	33.2
1.育种育苗	4689	4689	22.5
2.造林	1290	1290	6.2
3.抚育和管理	14869	14869	71.3
(二)林产品采集	38092	38092	60.6
(三)林木采运	3931	3931	6.3
三、牧业产值	**843142**	**780429**	**12.4**
(一)牲畜的饲养	326021	321254	38.7
1.黄牛(含肉牛)	86284	86857	26.5
2.奶牛	40899	41171	12.5
3.马.驴.骡	714	714	0.2
4.羊	45795	41443	14.0
5.奶产品	151150	149950	46.4
#生牛奶	151149	149950	100.0
6.毛绒产品	1180	1119	0.4
(1)羊毛	671	610	56.8
(2)羊绒	509	509	43.2
(二)猪的饲养	291919	199726	34.6
(三)家禽的饲养	208320	242569	24.7
1.肉禽	156940	181569	75.3
2.禽蛋	51380	60999	24.7
(四)其他畜牧业	16881	16881	2.0
#兔	1	1	0.01
鹿茸	2140	2140	12.7
狐	915	915	5.4
四、渔业产值	**40866**	**40601**	**0.6**
1.鱼类	36859	36594	90.2
#鲤　鱼	17112	19390	46.4
鲢鳙鱼	4860	3573	13.2
鲫　鱼	7541	6284	20.5
2.虾蟹类	4007	4007	9.8

7-8 耕地面积增减变动情况

单位：公顷

指　　标	2010	2015	2016	2017	2018	2019	2020
一、年初耕地面积	**2649854**	**2892305**	**2903053**	**2908927**	**2917370**	**2956354**	**2965537**
二、年内增加面积	**158837**	**37453**	**49372**	**75087**	**122172**	**25008**	**14263**
三、年内减少面积	**7753**	**26705**	**43498**	**66645**	**83188**	**15825**	**7760**
1.国家基建占地	76	946	1176	22	12	242	69
2.场队基建占地	329	75	28	21	3	274	24
3.个人建房占地							
4.农业结构调整	104	2338	1558	734	4	1279	385
退耕还林						120	161
退耕还草	104		413		4		
退耕改园地							
退耕还湿池		2338	1145	734		1159	221
5.划归系统外						35	
6.其他减少	7244	23346	40735	65868	83169	13996	7283
四、年末耕地面积	**2800938**	**29053053**	**2908927**	**2917370**	**2956354**	**2965537**	**2972040**
1.水田	1285450	1464619	1490785	1561441	1604320	1582649	1584455
2.旱田	1515488	1438434	1418142	1355929	1352035	1382888	1387585
#水浇地	105433	77299	84471	93124	90355	87557	95486

7-9 各分公司耕地面积增减变动情况

单位：公顷

年份 单位	年初耕地面积	年内增加面积	年内减少面积	国家基建占地	场队基建占地	农业结构调整占地	#退耕还林
2010	2649854	158837	7753	76	329	104	
2015	2892305	37453	26705	946	75		
2016	2903053	49372	43498	1176	28		
2017	2908927	75087	66645	22	21	734	
2018	2917370	122172	83188	12	3	4	
2019	2956354	25008	15825	242	274	1279	120
2020	2965537	14263	7760	69	24	385	164
宝泉岭	343972	610	498	63			
红兴隆	498144	5456	2634	6			
建三江	795599	2491	2002			385	164
牡丹江	467041	960	960				
北安	338519	2134	365				
九三	253794	767	642				
齐齐哈尔	146556						
绥化	92723	519	635				
哈尔滨	25975	1303	25		24		
集团直属	3212	24					

7-9续表

单位：公顷

年份 单位	#退耕还草	划归系统外	其他减少	年末耕地面积	水田面积	旱田面积	#水浇地
2010	104		7244	2800938	1285450	1515488	105433
2015			23346	2903053	1464619	1438434	77299
2016	413		40735	2908927	1490785	1418142	84471
2017			65868	2917370	1561441	1355929	93124
2018	4		83169	2956354	1604320	1352035	90355
2019		35	13996	2965537	1582649	1382888	87557
2020			7283	2972040	1584455	1387585	95486
宝泉岭			435	344084	211061	133023	23478
红兴隆			2628	500965	249864	251101	3343
建三江			1617	796089	699274	96815	4
牡丹江			960	467041	305841	161201	613
北安			365	340288	3238	337050	
九三			642	253919	9926	243993	10808
齐齐哈尔				146556	69823	76733	47158
绥化			635	92607	20655	71952	8855
哈尔滨			1	27254	13042	14212	1227
集团直属				3236	1732	1504	

7-10 各分公司主要农业机械年末拥有量

单位：台

年份 单位	农业机械总动力(万千瓦)	农用大中型拖拉机	#100马力以上	农用小型拖拉机	大中型拖拉机配套农具	小型拖拉机配套农具
2010	671.6	52577	5409	69808	100628	72513
2015	980.4	76502	8289	51911	143781	62051
2016	1045.1	80934	9710	49656	163133	59543
2017	1099.2	84509	10848	48102	173905	58508
2018	1137.5	90450	11675	43610	188952	55401
2019	1136.5	89704	11841	35371	202760	50319
2020	1237.4	95580	15401	31152	243420	62743
宝泉岭	202.9	18734	2410	2862	41261	3144
红兴隆	194.6	14162	2800	8644	26632	12259
建三江	417.8	28733	5093	3029	103715	22558
牡丹江	200.7	18464	1852	5423	37678	7227
北安	68.9	4744	1274	5280	10691	8196
九三	56.4	2402	921	2169	7360	2737
齐齐哈尔	49.0	4000	610	1651	8631	4092
绥化	25.6	2530	355	1551	3856	1511
哈尔滨	14.9	1689	79	439	3243	954
集团直属	6.6	122	7	104	353	65

7-10续表1

单位：台

年份 单位	机动水稻插秧机	水稻工厂化育秧设备(套)	农用排灌动力机械	#柴油机	农用水泵	喷灌机(套)
2010	60989	176	80197	58168	78041	7771
2015	75438	322	99568	60852	93513	10420
2016	78528	143	102263	60812	94377	11221
2017	82717	120	100851	58294	94267	11544
2018	85373	136	103020	52941	97561	12102
2019	86382	145	101945	48115	94463	12003
2020	92223	152	105554	44080	93724	12044
宝泉岭	14151	23	17636	9170	16615	648
红兴隆	12119	30	17271	7890	15142	3409
建三江	38667	73	39837	10659	36877	910
牡丹江	15324	16	20582	13185	16262	1735
北安	96		320	291	356	471
九三	412	4	1586	50	1510	481
齐齐哈尔	8827	1	5580	2042	4328	3644
绥化	1214	4	900	206	721	254
哈尔滨	1319	1	1667	579	1703	440
集团直属	94		175	8	210	52

注：2015年及以后喷灌机中包含滴灌机械。

7-10续表2

单位：台

年份 单位	联合收获机				机动割晒机	其他收获机械
		自走式	牵引式	水稻收获机		
2010	19802	19054	748	11120	5748	1079
2015	32020	30276	1744	21459	4196	878
2016	36068	34001	2067	25059	3165	794
2017	38426	36593	1833	27622	3087	794
2018	41688	39295	2393	31215	3149	881
2019	42423	39424	2999	32658	3041	745
2020	46796	43890	2906	37635	3209	702
宝泉岭	8036	7131	905	6694	189	47
红兴隆	7170	6824	346	4675	720	129
建三江	18026	17882	144	17093	1175	15
牡丹江	8903	8266	637	6732	1070	234
北安	989	901	88	54	36	36
九三	753	752	1	197	6	38
齐齐哈尔	1650	929	721	1327		192
绥化	693	691	2	397	4	
哈尔滨	513	465	48	423	9	4
集团直属	63	49	14	43		7

7-10续表3

单位：台

年份 单位	机动 脱粒机	谷物 烘干机	种子 包衣机	种子 清选机	机动 喷雾(粉)机	牧草 播种机
2010	4383	371	267	1007	12814	37
2015	2393	413	174	683	26184	196
2016	2212	533	140	590	28511	285
2017	2088	540	146	559	29176	319
2018	1870	587	120	522	28990	273
2019	1898	429	339	354	27053	527
2020	1774	374	324	340	29839	272
宝泉岭	188	26	13	22	1644	3
红兴隆	482	167	32	121	2071	3
建三江	155	35	11	21	24059	71
牡丹江	709	38	177	56	1826	42
北安	44	45	50	59	94	144
九三	9	40	38	49	122	1
齐齐哈尔	157	23	2	11	3	4
绥化	13					1
哈尔滨	11		1	1		3
集团直属	6				20	

7-10续表4

年 份 单 位	牧 草 收割机 (台)	牧 草 打捆机 (台)	铡草机 (台)	电 动 挤奶机 (部)	机 动 渔 船 (艘)	农 用 汽 车 (辆)	#农用载 重汽车	农 用 运输车 (辆)
2010	478	150	3425	5492	294	2820	775	5671
2015	440	158	2238	4300	354	5802	1124	4786
2016	440	157	2872	3877	401	6283	1102	4964
2017	411	169	1901	3376	366	6798	1193	4910
2018	347	187	1906	3031	361	6763	1281	5653
2019	280	137	1593	2831	248	6297	1269	4813
2020	233	183	1530	2769	248	6516	1310	4389
宝泉岭	3	7	671	628	103	2251	84	357
红兴隆	5	42	513	3	15	1325	429	1194
建三江	5	20	112		90			1152
牡丹江	27	8	130	383		517	85	218
北 安	1	4	5	265	20	775	277	554
九 三	13	13	37	1057	1	1188	386	667
齐齐哈尔	159	86	17	274	8	45	35	99
绥 化	8	1	31	6	10	355	8	13
哈尔滨	12	2	13	148	1	12	5	106
集团直属			1	5		48	1	29

7-10续表5

单位：台

年 份 单 位	农产品 加工机械	#碾米机	#磨面机	#榨油机	农用飞机 (架)	飞机场 (处)	推土机	挖掘机
2010	5528	1382	467	317	45	68	1214	756
2015	764	147	92	49	72	69	282	128
2016	778	160	90	51	76	68	257	125
2017	765	132	87	47	80	68	258	127
2018	972	129	85	43	77	68	266	146
2019	707	128	99	24	77	67	268	123
2020	641	128	72	23	77	67	252	147
宝泉岭	45	9				8	33	23
红兴隆	94	54	5	4		10	44	24
建三江	1	1				16	30	21
牡丹江	321	15	3	1		8	43	22
北 安	24	7	8	9		13	18	18
九 三	56	7		3		7	36	11
齐齐哈尔						3	31	11
绥 化	46	33	8	3		1	5	10
哈尔滨	51		48	2			11	6
集团直属	3	2		1	77	1	1	1

注：2014年及以前年度农用运输车、农产品加工机械、推土机和挖掘机数据为全社会口径。

7-11 各分公司农业机械化情况

单位：公顷

年 份 单 位	机械耕整地面积	#水田机整地面积	机械播种面积	#水稻机播、机插面积	机械田间管理面积
2010	2797725	1280987	2709132	1228426	2577674
2015	2859131	1463916	2785687	1449769	2711155
2016	2845806	1482689	2802568	1474134	2681794
2017	2868613	1544367	2827602	1533072	2712928
2018	2885491	1561146	2850145	1553910	2733963
2019	2893966	1543583	2851933	1520850	2748126
2020	2924255	1543321	2944797	1526872	2912471
宝泉岭	348246	209880	348039	209312	348221
红兴隆	505658	247344	543027	247344	504952
建三江	766503	675367	751527	661659	759029
牡丹江	453431	298288	452237	297979	452324
北 安	337108	3238	337108	3238	337108
九 三	252849	9815	252828	9815	252893
齐齐哈尔	141468	65635	142276	63799	142249
绥 化	89929	19688	89924	19684	89925
哈尔滨	25925	12361	24781	12338	22814
集团直属	3137	1705	3050	1705	2957

7-11续表

单位：公顷

年 份 单 位	#飞机作业面积	#飞机施肥面积	#飞机防治病虫害面积	机械收获面积	#水稻机收面积
2010	1411412	1013899	1043785	2706084	1254540
2015	1563245	1183413	1342897	2806154	1460663
2016	1421342	1170630	1290900	2816810	1472907
2017	1452968	1181088	1318176	2840314	1526924
2018	1514264	1253305	1352251	2865472	1537322
2019	1551827	1329589	1390784	2812953	1507612
2020	1763135	1364828	1576318	2897119	1520308
宝泉岭	259953	224862	232510	348028	206877
红兴隆	240206	155210	211303	504717	247348
建三江	645641	545805	617861	741843	661106
牡丹江	258046	165984	241058	451917	295902
北 安	139498	103325	104873	337105	3238
九 三	136677	111794	100077	252823	9815
齐齐哈尔	49009	35326	39526	142233	63799
绥 化	21466	11407	21466	89779	19684
哈尔滨	11114	11114	6118	25538	12360
集团直属	1525		1525	3137	180

7-12 各分公司农用肥料、农药、农膜、电力使用量

单位：吨

年份 单位	化肥施用总量 实物量	折纯量	氮肥 实物量	氮肥 折纯量	磷肥 实物量	磷肥 折纯量	钾肥 实物量	钾肥 折纯量
2010	1006176	483542	384874	185013	289598	128202	184324	90894
2015	1214704	587229	453615	217002	322844	149457	239976	119208
2016	1167049	569813	437087	207515	308449	137203	236868	116115
2017	1152211	564008	424374	203809	308996	137854	235968	115110
2018	1157188	571852	423890	204309	308561	139589	234356	115781
2019	1206811	589447	437351	210554	317659	142518	236761	113927
2020	1116376	545655	406095	202237	290467	129110	219458	108303
宝泉岭	143697	73703	62246	31148	39480	19518	31343	17174
红兴隆	211292	101062	75658	40551	49906	21002	31683	13828
建三江	265435	129841	81697	39083	55013	24947	69064	34505
牡丹江	201136	91815	78884	29601	50631	20769	38546	17853
北安	113435	59872	40592	25736	46653	21196	20675	10296
九三	76133	40757	27428	16347	28441	13230	13835	7564
齐齐哈尔	58037	26971	25175	13110	13826	6032	7515	3912
绥化	33570	15065	10667	4829	3274	941	4159	1893
哈尔滨	12373	5745	3207	1494	2948	1241	2431	1101
集团直属	1269	823	540	338	294	236	206	176

7-12续表

单位：吨

年份 单位	复合肥 实物量	复合肥 折纯量	生物肥施用量	有机肥施用量	农药施用量	#化学除草剂	农膜使用量	农业用电量（万度）
2010	147380	79433	16918	998044	13686	10706	13912	45656
2015	198269	101562	8448	579653	15904	12088	16890	53798
2016	184645	108980	9428	508243	14473	10881	16167	55127
2017	182873	107235	9622	464051	15345	11233	15061	56510
2018	190381	112173	9837	459363	15627	12093	14294	61321
2019	215040	122448	7915	215250	16530	12333	13764	73345
2020	200355	106006	12906	203535	13834	11007	13654	95597
宝泉岭	10629	5863	1407	2246	1127	929	1517	10649
红兴隆	54044	25681	4253	33605	2553	2011	1735	21422
建三江	59661	31306	5954	11583	3477	2838	5877	34176
牡丹江	33075	23593	492	17922	2305	1647	3887	10101
北安	5514	2645	739	3214	1839	1466	15	8353
九三	6428	3617	46	15135	1455	1344	5	3537
齐齐哈尔	11520	3917		114800	516	271	248	3148
绥化	15470	7402	2	4563	476	442	215	2735
哈尔滨	3787	1909	13	408	64	50	143	1383
集团直属	228	73		60	21	8	12	93

7-13 各分公司农田水利化情况

年 份 单 位	机电井 (眼)	#已配套	排灌站 (座)	排灌能力 (立方米/秒)
1990	5027	3870	124	412
1993	7268	5632	119	258
1994	7413	5934	138	457
1995	10854	8610	129	548
1996	21775	19255	131	600
1997	28017	24034	144	682
1998	37213	31950	124	623
1999	40678	37534	127	682
2000	43320	39921	141	786
2001	45342	41489	146	807
2002	49462	43714	152	907
2003	45166	39464	165	943
2004	46987	41199	166	816
2005	48924	44007	168	887
2006	52747	47599	173	916
2007	61891	56757	202	991
2008	66571	60413	208	1349
2009	70539	64309	211	1488
2010	73936	67488	220	2027
2011	81711	74174	230	2513
2012	86544	79111	223	2497
2013	87417	80021	249	3159
2014	85917	79836	249	3243
2015	89349	83498	240	3252
2016	88294	82592	237	1156
2017	89718	84708	247	1311
2018	92407	86839	262	1598
2019	93362	88883	265	1501
2020	94923	88561	287	2306
宝泉岭	18765	18333	38	446
红兴隆	14439	13667	71	777
建三江	35492	33899	43	771
牡丹江	12328	10324	59	218
北 安	325	324	5	3
九 三	1931	1801	4	9
齐齐哈尔	7696	6681	54	72
绥 化	1391	1365	8	5
哈尔滨	2386	2018	4	5
集团直属	170	149	1	

7-14 灌溉、除涝、治水情况

指　　标	单　位	2010	2015	2016	2017	2018	2019	2020
年底灌区数	处	282	343	342	342	343	343	328
设计0.067万公顷以上灌区	处	49	54	53	53	53	53	58
设计0.067万公顷以下灌区	处	233	289	289	289	290	290	270
设计灌溉面积	万公顷	189.29	220.27	217.56	220.94	220.83	220.79	218.80
有效灌溉面积	万公顷	155.74	187.86	185.57	190.06	192.03	192.43	193.89
江河引水灌溉	万公顷	9.04	11.36	10.77	11.03	11.31	11.56	14.48
水库塘坝蓄水灌溉	万公顷	5.44	4.84	4.96	5.05	5.26	5.13	5.29
江河提水灌溉	万公顷	15.65	18.02	18.78	18.92	21.36	21.90	26.76
机电井灌溉	万公顷	102.86	120.30	120.88	125.88	125.17	124.96	123.50
喷滴灌灌溉	万公顷	22.75	33.34	30.18	29.18	28.93	28.89	25.67
在有效灌溉面积中:								
机电灌溉面积	万公顷	141.26	171.66	169.84	173.98	175.46	175.25	174.15
涝区面积	万公顷	260.30	260.80	260.80	260.80	260.80	260.80	260.80
易涝耕地面积	万公顷	166.75	167.05	167.05	167.05	167.05	167.05	167.05
除涝面积	万公顷	142.10	144.57	144.71	144.84	144.85	144.85	144.85
三至五年	万公顷	124.24	124.23	120.75	119.58	119.50	119.50	119.50
五年以上	万公顷	17.86	20.34	23.95	25.23	25.35	25.35	25.35
除涝面积占易涝面积比重	%	85.21	86.54	86.63	86.70	86.71	86.71	86.71
堤防长度	公里	2856.72	3058.89	3058.89	3058.89	3058.89	3058.89	3058.89
保护耕地面积	万公顷	89.38	90.47	90.47	90.47	91.38	91.38	91.38
保护人口	万人	93.37	93.98	93.98	93.98	93.09	93.09	93.09
水库	座	190	188	187	166	159	145	140
#大型水库	座	2	2	2	2	2	2	2
中型水库	座	16	16	17	17	16	16	16
水土流失面积	万公顷	68.42	68.42	68.42	68.42	68.42	68.42	68.42
治理水土流失面积	万公顷	37.05	30.04	32.89	35.56	38.44	38.44	38.44
占流失面积比重	%	54.17	43.91	48.07	51.97	56.18	56.18	56.18

注：7-14至7-15表数据由集团农业发展部提供。

7-15 各分公司灌溉、除涝、治水情况

年份 单位	水库座数 (座)	年底 灌区数 (处)	有效灌溉 面积 (万公顷)	#水田灌 溉面积	#喷滴灌 面积	#机电井 灌溉面积	当年实际 灌溉面积 (万公顷)	易涝耕地 面积 (万公顷)
2010	190	282	155.74	132.23	22.75	141.26	134.95	166.75
2015	188	54	187.86	153.49	33.34	120.30	149.56	167.05
2016	187	53	185.57	154.90	29.01	120.88	151.97	167.05
2017	166	53	190.06	155.53	28.13	125.88	158.51	167.05
2018	159	53	192.03	155.79	27.96	125.17	156.56	167.05
2019	145	53	192.43	152.76	28.89	124.96	154.48	167.05
2020	140	58	193.89	156.32	25.67	123.50	154.02	167.05
宝泉岭	5	8	27.46	17.13	5.04	19.10	20.31	29.60
红兴隆	28	16	31.06	24.50	4.46	19.11	25.26	37.60
建三江	5	3	78.09	74.09	4.00	66.82	66.16	51.60
牡丹江	29	9	34.24	29.78	1.43	14.53	29.78	29.20
北安	25	5	4.20	0.33	2.43		0.39	9.51
九三	27		4.62	0.98	3.64	0.98	0.98	0.95
齐齐哈尔	6	7	10.06	6.42	3.64	1.66	7.10	2.76
绥化	11	9	2.83	1.98	0.85	0.69	2.83	5.02
哈尔滨集团直属	4	1	1.33	1.11	0.19	0.62	1.21	0.82

7-15续表

年份 单位	除涝面积 (万公顷)	二至五年	五年及 以上	堤防长度 (公里)	保护耕地 面积 (万公顷)	保护人口 (万人)	水土流失 面积 (万公顷)	治理水土 流失面积 (万公顷)
2010	142.10	124.24	17.86	2856.72	89.38	93.37	68.42	37.06
2015	144.57	124.23	20.31	3058.89	90.47	93.98	68.42	30.04
2016	144.71	120.75	23.95	3058.89	90.47	93.98	68.42	32.89
2017	144.84	119.58	25.26	3058.89	90.47	93.98	68.42	35.56
2018	144.85	119.50	25.35	3058.89	91.38	93.09	68.42	38.44
2019	144.85	119.50	25.35	3058.89	91.38	93.09	68.42	38.44
2020	144.85	119.50	25.35	3058.89	91.38	93.09	68.42	38.44
宝泉岭	23.95	23.61	0.34	570.49	12.12	12.39	4.38	2.60
红兴隆	39.28	26.36	12.92	1122.37	29.90	27.32	8.52	4.41
建三江	42.90	37.16	5.74	282.01	8.76	4.56	4.69	2.21
牡丹江	27.53	21.41	6.12	636.96	18.12	15.37	10.87	8.42
北安	8.05	8.05		114.25	1.40	0.59	18.21	11.47
九三	0.13	0.13		36.09	1.50	0.10	17.12	5.79
齐齐哈尔	2.15	2.15		199.41	17.73	31.00	1.65	1.57
绥化	0.33	0.10	0.23	97.31	1.85	1.76	2.81	1.84
哈尔滨集团直属	0.53	0.53					0.16	0.12

7-16 各分公司主要农作物播种面积

单位：公顷、%

年份 单位	总播种面积	粮食作物		在粮食作物播种面积中				
		播种面积	占总播种面积比重	谷物	水稻	小麦	玉米	高粱
1978	1739733	1529800	87.9	961472	16066	710579	187146	5144
1979	1873067	1695267	90.5	1063575	13359	850036	158944	5666
1980	1979466	1792200	90.5	1176699	12600	994600	139800	5737
1981	2003823	1827914	91.2	1170057	12008	1042224	92919	3375
1982	1867053	1703727	91.3	895802	12015	795348	59702	1988
1983	1930423	1758921	91.1	1139398	14846	1003805	80069	2131
1984	1841471	1689064	91.7	931291	18198	807498	82038	663
1985	1776333	1649451	92.9	900872	25977	814418	45185	93
1986	1731472	1617913	93.4	988708	36559	859662	71534	216
1987	1789005	1649684	92.2	925571	43328	758713	75804	234
1988	1608482	1428899	88.8	670148	36560	550714	50766	138
1989	1772186	1604916	90.6	918121	44427	763635	74705	363
1990	1817801	1636135	90.0	1006983	58401	786456	122182	271
1991	1836356	1646932	89.7	998233	68478	779710	117302	171
1992	1675355	1463223	87.3	868330	80901	682557	87005	872
1993	1830058	1634846	89.3	815628	105500	612565	67172	648
1994	1819826	1621119	89.1	835928	126805	532896	93949	916
1995	1776749	1609675	90.5	846297	178407	460556	169622	2247
1996	1867409	1732325	92.8	1156427	342894	499287	269373	2405
1997	1923167	1811557	94.2	1196837	530844	401375	232471	745
1998	1994437	1861392	93.3	1283230	658253	397761	203639	775
1999	1978736	1846120	93.3	1373003	686358	476386	186162	1568
2000	1980732	1818622	91.8	1081524	676635	299502	83388	1501
2001	2011437	1831757	91.1	1045046	677710	207770	115990	1161
2002	2012107	1792702	89.1	1074587	698925	128580	149664	3958
2003	1967419	1693944	86.1	910432	553540	124719	154178	2193
2004	2152183	1875886	87.2	1105061	686162	152599	225490	924
2005	2155968	1904847	88.4	1197993	737454	140178	252205	837
2006	2349243	2083721	88.7	1410757	872768	133647	301992	
2007	2396780	2151491	89.8	1557184	1000355	110038	402616	670
2008	2501994	2296413	91.8	1623454	1030062	114038	401657	929
2009	2643866	2544187	96.2	1830295	1092140	144604	588071	574
2010	2801189	2702869	96.5	2017606	1282393	112860	621620	560
2011	2842779	2744067	96.5	2229179	1454964	93520	680399	196
2012	2870592	2797784	97.5	2438180	1548497	34901	854478	138
2013	2879922	2803387	97.3	2469569	1567146	10014	890869	1359
2014	2872462	2831264	98.6	2348467	1500396	7601	839089	1263
2015	2861184	2825386	98.7	2365403	1464067	4872	895355	889
2016	2859504	2814323	98.4	2120223	1486671	4859	620865	7332
2017	2881868	2847233	98.8	2030567	1555363	17700	445978	9606
2018	2892983	2867795	99.1	2296084	1557869	7511	708568	21515
2019	2900685	2877831	99.2	2094153	1527675	3703	554687	7832
2020	2910635	2893407	99.4	2066050	1530140	3681	523560	8364
宝泉岭	348336	347350	99.7	284848	209881	5	74935	26
红兴隆	506346	502742	99.3	362871	249241	11	113215	333
建三江	751670	751260	99.9	687598	661647	54	25870	27
牡丹江	452835	448508	99.0	383171	298309	27	84488	127
北安	337112	333426	98.9	100742	3238	2494	94795	214
九三	253092	251704	99.5	79329	9815	979	61198	7333
齐齐哈尔	142287	141553	99.5	98573	63800	87	34554	132
绥化	89856	89177	99.2	47631	20136		27474	18
哈尔滨	25926	24550	94.7	18436	12367	24	5892	149
集团直属	3174	3137	98.8	2852	1707		1139	5

注：1985-2007年的粮食作物中不含薯类。

7-16续表1

单位：公顷

年份 单位	谷子	其他谷物	#大麦	豆类	#大豆	薯类	油料	#油菜籽	麻类
1978	33774	8763	4867	557133	557133		37200	34467	2133
1979	26991	8579		624867	624867		4533	2333	1867
1980	17829	6133		613600	613600		5933	2261	1314
1981	12562	6969		657175	657175		5669	1273	948
1982	9079	17670	13913	807564	807564		7750	3605	645
1983	8435	30112	26313	618993	618993		6603	2222	500
1984	3566	19328	12167	757696	757696		6067	2267	467
1985	486	14713	10867	748579	748579	5425	14609	8302	696
1986	250	20487	18687	629205	629205	5007	28299	25856	617
1987	164	47328	44333	724113	724113	4511	46764	44885	1038
1988	63	31907	29333	758751	758751	4408	67556	66167	1161
1989	84	34907	32224	686795	686795	4703	51322	49248	657
1990	14	39659	36610	629152	629152	3859	59328	57833	439
1991		32572	30403	648699	648699	6037	57400	55796	324
1992	3	16992	15342	594893	592025	5655	85228	83529	18
1993	6	29737	28258	819218	810407	5129	60596	56809	50
1994	40	81322	79449	785191	754305	3693	64055	48320	54
1995	40	35425	34225	763378	746029	3363	47838	41212	380
1996	30	42438	41123	575898	567290	2382	32041	26210	77
1997		31402	31248	614720	607972	2116	21740	18780	67
1998		22802	22802	578162	571893	2701	34328	27256	161
1999	367	22162	21266	473117	452723	2187	76687	56632	1311
2000	182	20316	19530	737098	668210	2914	80684	50196	7196
2001	204	42211	38753	786711	709823	5297	47650	2077	34388
2002	123	93337	92154	718115	664521	6619	64533	801	38974
2003	90	75712	74942	783512	661744	10015	90804	1474	60523
2004	67	39819	39007	770825	663949	8959	80960	2195	61496
2005	2	67317	67223	706854	595631	16399	79222	1267	46125
2006		102350	102350	672964	539975	17827	88537		32187
2007	439	43066	42959	594307	473146	23882	70006		29991
2008	371	76398	76398	628770	538538	44188	67587		22700
2009	33	4873	4873	696891	664137	17001	21189		3874
2010	128	45		658930	624125	26333	14543		1250
2011	100			497164	456299	17724	20783		854
2012	166			340409	316545	19195	10631		551
2013	181			311280	284905	22538	5566	76	200
2014	118			462823	436264	19974	4915		899
2015	220			440915	420283	19068	4472		700
2016	273	223	5	675711	634767	18389	11536	21	2445
2017	591	1329	699	798655	774023	18011	6612	79	2119
2018	261	360	277	558226	545901	13485	2068	23	1136
2019	244	12	11	771408	758365	12270	790	28	2188
2020	294	10	10	815154	801942	12204	809	15	2258
宝泉岭				62502	61577				10
红兴隆	62	10	10	139850	139745	21	164		267
建三江				63662	63652				
牡丹江	220			64631	64145	705	106		439
北安				227765	226798	4919	280	4	1539
九三	5			169524	169173	2851	59	11	
齐齐哈尔				39317	28953	3663			
绥化	3			41546	41545		200		
哈尔滨	4			6069	6067	46			4
集团直属				285	285				

7-16续表2　　单位：公顷

年份 单位	甜菜	烟叶	药材	蔬菜瓜类 合计	蔬菜	瓜类	其他作物	#青饲料	#饲草
1978	10533	133	100	58933	56266	2667	100901	67600	
1979	10333	27	500	55467	52400	3067	105073	66133	
1980	22982	5	800	59203	55643	3560	97029	54067	
1981	22344	23	607	56008	52226	3782	90310	39889	
1982	24324	52	653	52386	49207	3179	77516	37094	
1983	31968	7	813	50123	45917	4206	81488	35121	
1984	33851	33	833	37293	34026	3267	73863	33000	
1985	37045	45	727	24898	21698	3200	43437	22600	
1986	30706	76	600	23736	20028	3708	24518	16887	
1987	34473	28	600	24057	18044	6013	27850	18413	
1988	51046	10	47	21442	17632	3810	33913	19454	
1989	41538	226	87	25187	18699	6488	43550	22690	
1990	50956	403	21	24022	21068	2954	42638	28667	
1991	51982	546	36	19897	16911	2986	53202	34703	
1992	49130	264	174	18184	15519	2665	53479	31852	
1993	47257	106	566	20010	16516	3494	61498	37830	
1994	53427	2	415	21643	16424	5219	55418	36940	
1995	51683		182	15794	11809	3985	47834	30810	
1996	48086	5	3	12968	9944	3024	39522	23748	
1997	45398	88	100	13010	9059	3951	29091	18848	
1998	46674	6	2773	19077	15368	3709	27325	16758	
1999	18943	37	2940	8418	5480	2938	22093	11431	
2000	12335	210	1949	14717	8246	6471	42105	13815	3490
2001	25601	305	2810	17299	10853	6446	46330	19857	11464
2002	32994	47	3941	19576	11705	7871	52721	26003	9602
2003	14967	57	10424	25246	16021	9225	61439	43838	8926
2004	12173	138	15888	18056	10680	7376	78627	41718	7533
2005	14702	40	14929	22251	13318	8933	57453	42016	1358
2006	18762	44	13969	24651	12131	12520	69545	52163	1215
2007	22554	54	15893	23812	12041	11771	59097	48943	331
2008	21755	157	12133	23854	14025	9829	57395	47207	502
2009	12738	203	5987	13737	7122	6615	41951	37798	576
2010	12375	239	8470	13865	6808	7057	47578	35874	1633
2011	17906	467	5641	12682	6449	6233	40379	35032	833
2012	15334	705	4931	8341	3994	4347	32315	24643	
2013	16705	744	4997	11358	4552	6806	36965	29484	333
2014		707	2072	7864	3594	4270	24741	20131	700
2015	14	300	2072	6147	3092	3055	22093	14092	1128
2016	184	147	1845	6535	2046	4489	22489	13007	2295
2017	861	107	2395	4354	1542	2812	18187	8715	3006
2018	695	123	3266	5404	1738	3666	12496	7337	2333
2019	136	107	1574	5305	1671	3634	12754	8535	1792
2020	95	69	1537	3564	1160	2404	8895	5306	2123
宝泉岭		25	93	70	18	52	789	498	60
红兴隆	5		443	2293	153	2140	432	113	
建三江			158	67	59	9	184	149	
牡丹江		26	215	237	85	152	3304	2741	236
北安			103	125	119	6	1640	1451	117
九三			120	193	186	7	1017	244	678
齐齐哈尔			130	153	153		450	110	
绥化	10	19	276	170	165	5			
哈尔滨	80			233	212	22	1059		1032
集团直属				22	11	11			

7-17 各分公司主要农作物产品产量

单位：吨

年 份 单 位	粮 食	#交售量	谷 物			
				水 稻	小 麦	玉 米
1978	2345727	1046229	1576444	39831	1018266	482387
1979	2686098	1330553	2068585	32401	1641213	362199
1980	3248751	1912481	2476467	35739	2052748	364534
1981	1768858	566732	1376864	17646	1253212	95887
1982	2348038	1226370	1342349	29748	1195097	92815
1983	3310967	1963993	2506506	32432	2244818	169216
1984	2740114	1409748	1783774	43596	1553092	153476
1985	2523653	1352367	1713948	72044	1520038	95392
1986	2990814	1708914	2030390	105584	1691502	192359
1987	3095582	1661438	2033181	122009	1595222	217155
1988	2571177	1263996	1481975	128103	1167808	116669
1989	3556477	2079103	2434079	167015	1973870	224654
1990	4602621	3007306	3482435	250726	2678139	444493
1991	3665609	2307705	2725918	274700	2041543	332033
1992	3748940	2268879	2934079	374382	2245505	279436
1993	4020256	2615917	2425519	508549	1597071	251228
1994	4144379	2745415	2483452	715899	1174573	424953
1995	5145803	3660850	3651251	1238760	1356677	969940
1996	7156390	5526525	5883478	2449896	1691549	1595375
1997	8519638	6833772	7010823	4049746	1475454	1376591
1998	8685468	7007850	7473844	4758487	1408724	1226452
1999	9052941	7437180	8070419	5175982	1607090	1197488
2000	8141318	6434761	6518426	5286365	645111	535983
2001	8607864	6981008	6820851	5274201	620391	791115
2002	8105875	6342259	6401178	4527726	485210	1005977
2003	7553359	6596891	5692853	4241574	268480	1004569
2004	9375115	8245476	7477942	5286192	558042	1484851
2005	10265095	9043548	8448308	5734267	610861	1839583
2006	11322488	10090187	9797336	6825046	585291	1939997
2007	12463848	11355394	11175179	7980678	507476	2512890
2008	14205932	12995003	12338535	8421787	560774	2990738
2009	16526330	15286855	14626455	9273179	777029	4550139
2010	18179839	16940364	16330285	10943942	565399	4816312
2011	20369839	19147649	18904030	12789134	534767	5577911
2012	21051884	19809823	19783276	13704198	212203	5865000
2013	21209471	19979322	20484245	13856705	56060	6563032
2014	21806897	20563905	20513039	13293509	38272	7170555
2015	21610952	20399390	20349350	12915103	15361	7412627
2016	20594598	19441301	19005860	13368146	20871	5575989
2017	20940592	19767919	18884917	14312061	64755	4425886
2018	22796351	21656533	21332271	14056925	30478	7091870
2019	20270303	19114895	18452151	13338056	12911	5048057
2020	21340028	20272508	19175253	13864714	15772	5235388
宝泉岭	2831335	2719572	2658465	1904850	16	753429
红兴隆	3763743	3630069	3419443	2271626	29	1145162
建三江	6413053	6064691	6309816	6077641	67	231965
牡丹江	3551351	3348194	3409785	2607297	81	800267
北 安	1743846	1623206	1064631	22759	10324	1029984
九 三	1232203	1190650	744033	89082	4806	599601
齐齐哈尔	1071321	1028634	958287	611174	377	345484
绥 化	560970	512026	452278	178635		273508
哈尔滨	148595	133072	135538	88794	72	45869
集团直属	23611	22394	22978	12855		10121
自1949年起累计	**455369761**	**383824916**	**391765832**	**230697523**	**56985506**	**98691612**

注：2015-2016年集团粮食总产量和单产水平均为国家统计局认定数据。

7-17续表1 单位：吨

年 份 单 位	高 粱	谷 子	其 他	#大 麦	豆 类	大 豆	杂 豆
1978	7705	19399	8856	5925	750694	750694	
1979	7158	14047	11567		605377	605377	
1980	8559	5856	9031		770838	770838	
1981	2520	2287	5312		391508	391508	
1982	2259	3330	19100	17209	1005003	1005003	
1983	2463	2761	54816	50174	803931	803931	
1984	890	965	31755	26486	956175	956175	
1985	115	261	26098	22955	809705	809705	
1986	285	175	40485	38682	960424	960424	
1987	313	165	98317	95597	1062401	1062401	
1988	318	36	69041	65760	1089202	1089202	
1989	513	50	67977	64913	1122398	1122398	
1990	1029	11	108037	103747	1120186	1120186	
1991	253		77389	74679	939691	939691	
1992	2237	2	32517	30299	814861	811304	3557
1993	2574	8	66089	64192	1594737	1584474	10263
1994	3485	104	164438	162991	1660927	1621171	39756
1995	8549	26	77299	73182	1494552	1462054	32498
1996	11427		135231	131075	1272912	1257467	15445
1997	1598		107434	106818	1508815	1494345	14470
1998	4989		75192	75192	1211624	1199335	12289
1999	6979	1288	81592	79702	982522	949581	32941
2000	4607	372	45988	43800	1622892	1493855	129037
2001	5390	408	129346	126839	1787013	1636025	150988
2002	22608	560	359097	355641	1704697	1594186	110511
2003	12753	478	164999	161821	1860506	1659458	201048
2004	5678	229	142950	139864	1897173	1683111	214062
2005	5796	4	257797	257259	1816787	1546258	270529
2006			447002	447002	1525152	1300800	224352
2007	1841	988	171306	171000	1288669	1099642	189027
2008	6128	1072	358037	358037	1628727	1401814	226913
2009	4276	148	21684	21684	1798430	1718641	79789
2010	3636	726	250		1710548	1622101	88447
2011	1618	600			1346499	1239764	106735
2012	879	996			1136796	1070000	66796
2013	7677	771			674278	620924	53354
2014	10290	413			1207334	1148247	59087
2015	5334	925			1165016	1118455	46561
2016	39242	970	643	15	1498114	1412991	85123
2017	72987	2662	6565	3140	1947887	1893067	54820
2018	150269	1346	1383	1096	1386357	1358927	27430
2019	51822	1276	30	29	1759358	1734311	25047
2020	57785	1575	20	20	2092102	2063299	28804
宝泉岭	171				172870	170757	2113
红兴隆	2305	301	20	20	344116	343929	187
建三江	143				103237	103217	20
牡丹江	911	1229			138491	137517	974
北 安	1564				647389	645045	2344
九 三	50529	15			469034	468098	936
齐齐哈尔	1251				94822	72598	22224
绥 化	126	9			108692	108690	2
哈尔滨	782	21			12818	12814	4
集团直属	2				633	633	
自1949年起累计	**712585**	**621860**	**4056749**	**3376828**	**62082944**	**59483266**	**2599679**

注：杂豆产量1991年以前含在其他谷物里，本表杂豆累计数是从1992年起累计，大麦累计数是从1978年起累计。

7-17续表2 单位：吨

年 份 单 位		油 料			甜 菜	麻 类	烟 叶	蔬 菜	瓜 类
	薯 类		#油菜籽	#向日葵					
1978		8534	7401		59310	298	54	513907	10340
1979		1164	535		67731	312	20	530157	20769
1980		3317	962		194884	220	2	469098	13966
1981		1890	141		147096	98	12	314145	4617
1982		2111	164		231193	46	34	606060	22960
1983		3512	738		443406	67	6	652593	13640
1984		2738	207	2090	416433	834	13	453591	34227
1985		8513	4184	4035	405133	847	50	327236	44328
1986		12844	10191	2626	379570	838	84	333750	65370
1987		35348	33992	1356	455427	1907	48	300719	56068
1988		31115	29888	1195	729370	3043	13	286882	72248
1989	67505	48357	44940	2467	592554	1751	350	253503	99933
1990	66919	63607	61804	1707	988590	1043	635	322784	61476
1991	63801	61213	59753	1423	728592	712	528	179160	39123
1992	57173	85658	83899	1711	866393	61	317	232268	36496
1993	43233	39300	36292	1567	524383	140	119	180879	64447
1994	38151	38654	33589	1305	645152	80	2	202785	75561
1995	42174	55554	49522	2896	1036056	2031		194770	86225
1996	42906	31810	26295	1663	1047763	293	8	168107	63039
1997	39093	29415	25847	1365	1115768	258	181	197064	70110
1998	39969	34608	25961	2251	759729	75	20	232690	89574
1999	38222	78974	58421	6091	382447	1788	75	114744	95741
2000	50731	76698	37831	20670	307432	20237	405	175048	188553
2001	107111	69131	2351	27305	612372	108789	902	282490	193803
2002	147050	76175	1053	36185	973844	165110	87	330153	233107
2003	196172	102957	2238	26579	268794	168293	139	502168	294507
2004	246028	95081	3246	12819	357607	237066	293	369724	267068
2005	450810	113547	2290	21400	516002	214731	86	432312	367972
2006	501402	119821		25320	758524	188043	81	355916	480376
2007	669698	90274		19555	850796	99028	89	452823	475203
2008	238669	103807		21346	790566	86174	496	492484	392681
2009	101445	32851		11351	461963	18266	809	301799	293320
2010	139006	22313		2428	533580	5258	817	312886	322631
2011	119310	28960		2044	834173	4385	1525	318380	292134
2012	131812	17202		1894	759113	2840	2085	204204	222457
2013	50948	10497	233	1710	435866	772	1701	247939	272534
2014	86525	8414		1028		7676	1640	197557	182961
2015	96586	7028		930	630	2747	421	183319	121540
2016	90624	18593	441	3758	7875	14367	347	89096	126772
2017	107789	8757	178	1110	36735	14748	279	94835	103659
2018	77723	5019	55	654	25458	8221	286	91061	112243
2019	58793	1708	42	270	4957	11295	264	79492	53010
2020	72673	1434	12	17	1170	14121	134	61764	47720
宝泉岭							36	596	1186
红兴隆	184	150			120	1191		5937	40025
建三江								3907	340
牡丹江	3075	110				3293	55	5286	3570
北 安	31827	455				9637		8061	211
九 三	19136	29	12	17				4910	185
齐齐哈尔	18212							8632	
绥 化		690			450		43	6387	1325
哈尔滨	239				600			17779	598
集团直属								269	280

注：薯类自2008年起按5:1折粮计算。

7-18 各分公司主要农作物单位面积产量

单位：公斤/公顷

年份 单位	粮食	谷物	水稻	小麦	玉米	高粱	谷子	其他	#大麦
1978	1533	1640	2479	1433	2578	1498	574	1011	1215
1979	1584	1945	2425	1931	2279	1263	520	1348	
1980	1813	2105	2836	2064	2608	1492	328	1473	
1981	968	1177	2470	1202	1032	747	182	762	
1982	1378	1498	2476	1503	1555	1136	367	1081	1230
1983	1882	2200	2185	2236	2113	1156	327	1820	1905
1984	1622	1915	2396	1923	1871	1342	271	1643	2175
1985	1530	1903	2773	1866	2111	1237	537	1774	2115
1986	1849	2054	2888	1968	2689	1319	700	1976	2070
1987	1876	2197	2816	2103	2865	1338	1006	2077	2160
1988	1799	2211	3504	2121	2298	2321	571	2164	2265
1989	2220	2651	3765	2580	3000	1410	600	1950	2010
1990	2820	3458	4290	3405	3645	3810	795	2730	2834
1991	2226	2731	4012	2618	2831	1480		2376	2456
1992	2562	3379	4628	3290	3212	2565	667	1816	1975
1993	2459	2974	4820	2607	3740	3972	1333	2222	2272
1994	2556	2971	5646	2204	4523	3805	2600	2022	2052
1995	3197	4314	6943	2946	5418	3805	650	2182	2138
1996	4131	5088	7145	3388	5923	4751		3187	3187
1997	4703	5858	7629	3676	5922	2145		3421	3418
1998	4666	5824	7229	3542	6023	6437		3298	3298
1999	4904	5878	7541	3373	6433	4451	3510	3682	3748
2000	4477	6027	7813	2154	6428	3069	2044	2264	2243
2001	4699	6527	7782	2986	6821	4643	2000	3064	3273
2002	4522	5957	6478	3774	6722	5712	4553	3847	3859
2003	4459	6253	7663	2153	6516	5815	5311	2179	2159
2004	4998	6767	7704	3657	6585	6145	3418	3590	3586
2005	5398	7052	7776	4358	7294	6925	2000	3830	3827
2006	5434	6945	7820	4379	6424			4367	4367
2007	5793	7177	7978	4612	6241	2747	2250	3977	3980
2008	6186	7600	8176	4917	7446	6596	2889	4686	4686
2009	6496	7991	8491	5373	7737	7449	4485	4450	4450
2010	6726	8094	8534	5010	7748	6529	5672	5556	
2011	7423	8480	8790	5718	8198	8255	6000		
2012	7524	8114	8850	6080	6864	6370	6000		
2013	7566	8295	8842	5598	7367	5649	4260		
2014	7702	8735	8860	5035	8546	8147	3500		
2015	7905	9008	8842	3153	9353	7287	3855		
2016	7318	8964	8992	4295	8981	5352	3553	2883	3000
2017	7355	9300	9202	3659	9924	7598	4504	4940	4486
2018	7949	9291	9023	4058	10009	6984	5157	3842	3957
2019	7044	8811	8731	3486	9101	6616	5224	2507	2500
2020	7375	9281	9061	4285	10000	6908	5351	2000	2000
宝泉岭	8151	9333	9076	2981	10054	6514			
红兴隆	7486	9423	9114	2719	10115	6929	4853	2000	2000
建三江	8536	9177	9186	1237	8967	5261			
牡丹江	7918	8899	8740	2995	9472	7149	5578		
北安	5230	10568	7028	4139	10865	7292			
九三	4895	9379	9076	4911	9798	6891	3020		
齐齐哈尔	7568	9722	9580	4343	9998	9486			
绥化	6291	9495	8871		9955	7005	3000		
哈尔滨	6053	7352	7180	3000	7785	5263	5249		
集团直属	7527	8058	7530		8883	450			

7-18续表　　　　单位：公斤/公顷

年 份 单 位	豆 类	大 豆	杂 豆	薯 类	油 料	#油菜籽	甜 菜	麻 类	烟 叶	蔬 菜	瓜 类
1978	1347	1347			229	215	5631	140	406	9134	3878
1979	969	969			257	229	6555	167	741	10118	6773
1980	1256	1256			559	425	8480	167	400	8430	3953
1981	596	596			333	111	6583	103	522	6015	1215
1982	1244	1244			272	45	9505	71	654	12317	7328
1983	1299	1299			532	332	13870	134	857	14212	3248
1984	1262	1262			451	91	12302	1786	394	13331	10478
1985	1082	1082			583	504	10936	1217	1111	12065	13853
1986	1526	1526			454	394	12361	1358	1105	13331	17631
1987	1467	1467			756	757	13211	1837	1714	13333	9330
1988	1436	1436			461	452	14288	2621	1300	13016	18961
1989	1635	1635		14354	942	913	14265	2665	1549	13557	15402
1990	1785	1785		17341	1072	1100	19401	1622	1576	15321	20811
1991	1449	1449		10568	1066	1071	14016	2198	967	10594	13102
1992	1370	1370	1240	10110	1005	1004	17635	3389	1201	14967	13695
1993	1947	1955	1165	8429	649	639	11096	2800	1123	10952	18445
1994	2115	2149	1287	10330	603	695	12075	1481	1000	12347	14478
1995	1958	1960	1873	12541	1161	1202	20046	5345		16493	21637
1996	2210	2217	1794	18013	993	1003	21789	3805	1600	16905	20846
1997	2454	2458	2144	18475	1353	1376	24577	3851	2057	21753	17745
1998	2096	2097	1960	14798	1008	952	16277	466	3333	15141	24150
1999	2077	2097	1615	17477	1030	1032	20189	1364	2027	20939	32587
2000	2202	2236	1873	17409	951	754	24924	2812	1929	21228	29138
2001	2271	2305	1964	20221	1451	1132	23920	3164	2957	26029	30066
2002	2374	2399	2062	22216	1180	1315	29516	4236	1851	28206	29616
2003	2375	2508	1651	19588	1134	1518	17959	2781	2439	31344	31925
2004	2461	2535	2003	27462	1174	1479	29377	3855	2123	34618	36208
2005	2570	2596	2432	27490	1433	1807	35097	4655	2150	32461	41192
2006	2266	2409	1687	28126	1353		40429	5842	1841	29339	38369
2007	2168	2324	1560	28042	1290		37723	3302	1648	37607	40371
2008	2590	2603	2515	5401	1536		36340	3796	3159	35115	39951
2009	2581	2588	2436	5967	1550		36267	4715	3985	42376	44342
2010	2596	2599	2541	5279	1534		43118	4206	3418	45959	45718
2011	2708	2717	2612	6732	1393		46586	5135	3266	49369	46869
2012	3340	3380	2799	6867	1618		49505	5154	2957	51128	51175
2013	2166	2179	2023	2261	1886	3066	26092	3860	2286	54468	40043
2014	2609	2632	2225	4332	1712			8538	2320	54969	42778
2015	2558	2566	2374	5030	1572		45000	3924	1403	59519	39706
2016	2217	2226	2079	4928	1612	21000	42799	5876	2361	43546	30184
2017	2439	2446	2226	5985	1324	2253	42419	6966	2735	60482	44054
2018	2484	2489	2226	5764	2427	2391	36630	7237	2325	52364	34901
2019	2281	2287	1920	4792	2162	1500	36449	5162	2467	47572	14619
2020	2567	2573	2180	5955	1775	800	12447	6254	1942	54562	20298
宝泉岭	2766	2773	2284						1500	33111	22377
红兴隆	2461	2461	1787	8743	915		30000	4461		39318	19280
建三江	1622	1622	1995							66220	37778
牡丹江	2143	2144	2003	4362	1038			7501	2115	62188	25319
北 安	2842	2844	2424	6471	1631			6266		67739	35167
九 三	2767	2767	2666	6712	492	1091				26398	26429
齐齐哈尔	2412	2507	2144	4972						56418	
绥 化	2616	2616	2000		3450		45000		2263	44048	53000
哈尔滨	2112	2112	1500	5249			7500			85067	31474
集团直属	2218	2218								38429	18667

注：薯类自2008年起按5：1折粮计算。

7-19 各分公司农作物受灾情况

单位：公顷、%

年份 单位	全部作物受灾面积	#粮食作物	占粮食播种面积比重	全部作物成灾面积	占全部作物播种面积比重	粮食作物成灾面积	占粮食播种面积比重
2010	791434	780744	28.9	432205	15.4	426601	15.8
2015	455409	452372	16.0	279142	9.8	278343	9.9
2016	1151190	1120455	39.8	825271	28.9	813409	28.9
2017	518075	513460	18.0	302383	10.5	298003	10.5
2018	759969	754864	26.3	380547	13.2	380121	13.3
2019	1324188	1303333	45.3	891150	30.7	887670	30.8
2020	795710	792475	27.4	453458	15.6	451745	15.6
宝泉岭	88030	88030	25.3	52127	15.0	52127	15.0
红兴隆	144122	144104	28.7	94798	18.7	94795	18.9
建三江	100440	100440	13.4	71387	9.5	71387	9.5
牡丹江	74208	73911	16.5	58258	12.9	57989	12.9
北安	180915	178430	53.5	80678	23.9	79632	23.9
九三	77851	77829	30.9	45327	17.9	45305	18.0
齐齐哈尔	69064	69010	48.8	19153	13.5	19100	13.5
绥化	50001	49754	55.8	23119	25.7	22909	25.7
哈尔滨	10208	10096	41.1	7757	29.9	7647	31.1
集团直属	871	871	27.8	854	26.9	854	27.2

7-19续表

单位：公顷

年份 单位	在全部作物成灾面积中：						
	旱灾	水灾	涝灾	风灾	雹灾	霜冻灾	病虫灾
2010	88396	11253	123531	33025	19799	1800	152904
2015	87084	13243	100277	41533	21800	7094	5357
2016	363003	3004	121872	309268	17587	4309	5527
2017	58550	1885	89633	37237	51161	28319	34962
2018	27371	23208	130349	98422	20051	71376	7220
2019	22	128013	583902	146565	17805	267	14284
2020	200	4693	166460	259738	12920	210	8576
宝泉岭			14897	36815	200	210	5
红兴隆		746	39195	51932	2712		213
建三江		2347	40080	21548			6771
牡丹江	200	1510	33002	21289	717		1520
北安			13933	62791	3887		67
九三			16591	28684	52		
齐齐哈尔			1206	17947			
绥化			1612	16155	5352		
哈尔滨		10	5707	2040			
集团直属		80	237	537			

7-20　各分公司粮食销售留用情况

单位：吨

年份 单位 作物	垦区留粮	场内消费					分公司口粮
			种子	口粮	饲料	工业用粮	
2013	1230149	1230149	100270	308097	813782	8000	
2014	1242992	1242992	122095	306077	806320	8500	
2015	1211562	1211562	100318	305931	796313	9000	
2016	1153297	1153297	91891	307855	753551		
2017	1172673	1172673	81529	293869	797275		
2018	1139818	1139818	72979	289754	777085		
2019	1155408	1155408	48648	276745	830015		
2020	1067520	1067520	48561	336644	682315		
宝泉岭	111763	111763	5872	31960	73931		
红兴隆	133674	133674	8467	53949	71258		
建三江	348362	348362	12525	138080	197757		
牡丹江	203157	203157	7491	33830	161836		
北安	120640	120640	5636	26392	88612		
九三	41553	41553	4255	18829	18469		
齐齐哈尔	42687	42687	2393	18578	21716		
绥化	48944	48944	1507	8432	39005		
哈尔滨	15523	15523	415	5969	9139		
集团直属	1217	1217		625	592		
按作物分							
一、谷物	878614	878614	45698	300885	532031		
小麦	435	435	62	342	31		
水稻	296365	296365	36672	259693			
玉米	581482	581482	8817	40665	532000		
杂粮	332	332	147	185			
二、豆类	188906	188906	2863	35759	150284		
大豆	188788	188788	2820	35684	150284		
杂豆	118	118	43	75			
三、薯类							
马铃薯							

注：7-20表数据由集团发展战略部提供，按粮食年度统计。

7-20续表 单位：吨

年份 单位 作物	商品粮	国家政策收购	国家临时储备	国家最低收购价粮收购	商品粮销售	加工销售	自营出口或出口供货
2013	19979322	5919479	1500238	4419241	10506552	3553291	
2014	20563905	9011464	3161051	5850413	8584044	2968397	
2015	20399390	7720832	3395451	4325381	10214770	2463788	
2016	19441301	3349297		3349297	13803601	2271403	17000
2017	19767919	4538573		4538573	12824150	2405196	
2018	21656533	2418830		2418830	15905216	3332487	
2019	19114895	2587677		2587677	13333962	3193256	
2020	20272508	992734		992734	15157297	4122477	
宝泉岭	2719572	43386		43386	2380373	295813	
红兴隆	3630069	268708		268708	3102230	259131	
建三江	6064691	537258		537258	3375662	2151771	
牡丹江	3348194	140807		140807	2620329	587058	
北安	1623206				1538690	84516	
九三	1190650				1143137	47513	
齐齐哈尔	1028634				466307	562327	
绥化	512026	2575		2575	437420	72031	
哈尔滨	133072				70755	62317	
集团直属	22394				22394		
按作物分							
一、谷物	18296639	992734		992734	13380339	3923566	
小麦	15337				5829	9508	
水稻	13187341	992734		992734	8409205	3785402	
玉米	5034913				4906257	128656	
杂粮	59048				59048		
二、豆类	1903197				1776958	126239	
大豆	1874511				1748272	126239	
杂豆	28686				28686		
三、薯类	72672					72672	
马铃薯	72672					72672	

7-21 林业生产情况

指　　标	单　位	2010	2015	2016	2017	2018	2019	2020
一、年末实有造林面积	公顷	596591	594749	574575	555105	554788	537541	535688
按用途分:								
1. 用材林	公顷	308586	295628	275414	254868	251167	236743	236472
2. 经济林	公顷							
3. 防护林	公顷	272001	284265	283332	284160	287505	281493	280024
#农田防护林	公顷	229275	228196	221575	214205	216310	205286	203681
4. 薪炭林	公顷	8523	7826	7758	7435	7462	7257	7257
5. 其他林	公顷	7481	7030	8071	8642	8654	12048	11935
二、当年造林面积	公顷	11445	1251	1221	1226	1505	1478	1053
按用途分:								
1. 用材林	公顷	3956	540	538	770	1138	573	552
2. 经济林	公顷							
3. 防护林	公顷	6814	666	553	446	340	801	501
#农田防护林	公顷							
4. 薪炭林	公顷			123		27	41	
5. 其他林	公顷	675	45	7	10		63	
三、当年迹地更新面积	公顷	6192	1744	1824	922	719	435	510
四、年末封山育林面积	公顷	32134	49804	47676	61153	40897	41678	36827
五、当年零星植树	百株	30952	75172	28188	38074	22298	44487	18116
六、年末实有育苗面积	公顷	1833	2958	2833	3129	2996	2940	2939
#当年新育面积	公顷	1149	1592	1416	1552	1304	1051	861
七、当年幼林抚育作业面积	公顷次	22963	30913	11970	10755	12792	9126	5528
八、当年成林抚育面积	公顷	26007	24559	23671	23200	27297	20542	15338
九、当年低产林改造面积	公顷	1434	51	31				
十、林木出材量	立方米	81033	17560	66004	17403	11811	34858	58556
#抚育改造出材量	立方米	25218	7717	11797	4660	3332	1156	1538

7-22 各分公司林业生产情况

单位：公顷

年份 单位	当年造林 面积	用材林	薪炭林	防护林	当年迹地 更新面积	年末封山 育林面积	当年零星 植树 (百株)
2010	11445	3956		6814	6192	32134	30952
2015	1251	540		666	1744	49804	75172
2016	1221	538		553	1824	47676	28188
2017	1226	770		446	922	61153	38074
2018	1505	1138	27	340	719	40897	22298
2019	1478	573	41	801	435	41678	44487
2020	1053	552		501	510	36827	18116
宝泉岭	7			7		134	682
红兴隆	227	113		114	27	100	417
建三江	213	25		188			250
牡丹江	489	381		108	57	8569	1415
北安	77	33		44		20548	8840
九三					113	6759	5520
齐齐哈尔					293	217	992
绥化	40			40	20	500	
哈尔滨							
集团直属							

7-22续表

单位：公顷

年份 单位	年末实有 育苗面积	#当年新育 面积	幼林抚育 作业面积 (公顷次)	成林抚育 面积	低产林 改造面积	林木 出材量 (立方米)	#抚育改造 出材量
2010	1833	1149	22963	26007	1434	81033	25218
2015	2958	1592	30913	24559	51	17560	7717
2016	2833	1416	11970	23671	31	66004	11797
2017	3129	1552	10755	23200		17403	4660
2018	2996	1304	12792	27297		11811	3332
2019	2940	1051	9126	20542		34858	1156
2020	2939	861	5528	15338		58556	1538
宝泉岭	266	5		7143		5896	
红兴隆	616	5	36	2124		15828	444
建三江	216	34	1388	3062		4671	
牡丹江	138	93	695	306		5608	863
北安	782	553	1421	632		3106	
九三	506	119	1386	200			
齐齐哈尔	251	10	526	61		17013	
绥化	30		76			3300	
哈尔滨	134	42		1810		3134	231
集团直属							

7-23 各分公司水果、食用菌生产情况

单位：公顷、吨

年份 单位	年末果园面积	#小苹果园	#梨园	#葡萄园	#李子园	水果产量(不含果用瓜)	#小苹果	#梨
2010	2529	2099	43	84	287	26267	16643	548
2015	2745	2323	82	74	266	50645	42716	442
2016	937	485	79	107	261	18381	9566	370
2017	1126	554	151	93	318	22593	11377	1378
2018	964	386	87	159	323	18019	7455	1149
2019	816	227	116	107	357	15387	3436	1873
2020	782	149	111	145	360	16283	2785	1908
宝泉岭								
红兴隆	492	149	101	108	117	8095	2785	1785
建三江								
牡丹江	21		10	11		423		123
北安								
九三								
齐齐哈尔	260			20	240	7221		
绥化								
哈尔滨	4			4		133		
集团直属	5			2	3	411		

7-23续表

单位：吨

年份 单位	#葡萄	#李子	食用菌产量(干鲜混合)	黑木耳(干品)	香菇(干品)	蘑菇类(鲜品)	猴头	其它
2010	775	8300	13688	2188	298	11201	239	10962
2015	1265	6222	13303	1294	637	11371	255	11116
2016	1952	6396	12680	3312	197	9170	277	8894
2017	3088	6735	8509	1655	236	6618	260	6358
2018	2448	6958	7001	951	85	5966		5966
2019	2387	7691	6143	765		5378		5378
2020	3549	7987	3557	341		3216		3216
宝泉岭			175	175				
红兴隆	1465	2006	22	22				
建三江			38	38				
牡丹江	300		40	22		18		18
北安								
九三			78			78		78
齐齐哈尔	1450	5771	190			190		190
绥化			85	85				
哈尔滨	133		2930			2930		2930
集团直属	201	210						

7-24 各分公司畜牧业生产情况

单位：头

年份 单位	大牲畜年末存栏	#从事农事劳役的	黄牛	#能繁母牛	#当年生仔牛	奶牛	#能繁母牛	#当年生仔牛
2010	677527	392	376030	172228	78271	299381	171285	55893
2015	193941	14	36394	14778	6710	156100	79969	22453
2016	204255	36	45464	19562	9653	155024	84550	29508
2017	204382	36	57824	25009	12492	135636	66587	24524
2018	204888		68455	29644	14980	118441	56818	25639
2019	197265		72348	33290	15010	106287	58601	21698
2020	201873		82391	39154	17897	101509	54357	23355
宝泉岭	11710		6703	3185	1268	5007	2401	1051
红兴隆	31074		11705	6821	2201	2869	1476	1079
建三江	5288		5288	2737	828			
牡丹江	43830		9165	3300	2460	34665	16728	10573
北安	34004		20756	10126	4534	12390	7054	2281
九三	44787		21137	9920	4786	23510	13641	3968
齐齐哈尔	11392		4493	1506	848	6851	3638	1180
绥化	7905		1811	976	467	5670	3202	1099
哈尔滨	4288		1318	583	505	2967	1670	165
集团直属	7595		15			7580	4547	1959

7-24续表1

单位：头

年份 单位	马（匹）	#能繁母马	#当年生仔马	驴	骡	鹿年末存栏	#能繁母鹿	#梅花鹿
2010	1444	587	186	659	13	25631	6184	18967
2015	621	313	85	819	7	9609	2322	7755
2016	1187	429	117	2573	7	8880	2457	7651
2017	1382	694	157	9533	7	8924	2583	7683
2018	1622	943	256	16363	7	7003	1963	6684
2019	1902	1065	236	16721	7	4513	1031	4114
2020	1399	795	261	16567	7	4645	651	4102
宝泉岭						589	131	589
红兴隆				16500		411		15
建三江						588	12	588
牡丹江						2261	366	2242
北安	858	440	191			220	42	135
九三	102	45		38		425	80	382
齐齐哈尔	15	10	3	26	7			
绥化	424	300	67			80	5	80
哈尔滨				3		71	15	71
集团直属								

7-24续表2

单位：头

年份 单位	猪年末存栏	能繁母猪	种公猪	仔猪	65公斤以上肥猪及架子猪	家禽年末存栏（百只）	#鹅（百只）	#肉鸡（百只）
2010	2121345	259967	15197	627484	1218697	129054	11835	44092
2015	805885	93734	7096	216819	488236	112745	2495	82954
2016	768022	90644	2878	224601	449899	82858	2352	51067
2017	883264	101561	5161	260009	516533	86491	3008	53779
2018	705280	80098	3865	218124	403193	93830	2116	65573
2019	582554	70429	1970	146954	363201	46721	2137	17330
2020	606319	75110	3331	171900	355978	76950	2791	46911
宝泉岭	222547	25989	362	66248	129948	36416	55	23482
红兴隆	143986	18191	287	41446	84062	21262	489	16509
建三江	58472	7655	297	19153	31367	2165	291	762
牡丹江	41885	4995	238	9156	27496	3874	671	741
北安	37306	4856	199	10160	22091	623	88	78
九三	30093	4215	94	5964	19820	1067	78	16
齐齐哈尔	38776	4433	161	8548	25634	7528	596	5157
绥化	24246	3410	242	8802	11792	1064	522	69
哈尔滨	5408	766	31	843	3768	2887	1	66
集团直属	3600	600	1420	1580		64		32

7-24续表3

单位：只

年份 单位	羊年末存栏	山羊	#绒山羊	#能繁母羊	#当年生仔山羊	绵羊	#能繁母羊	#当年生仔绵羊
2010	1416476	805902	689711	428144	239641	610574	283689	157082
2015	265518	68049	33833	25011	14814	197469	91191	48085
2016	261706	55415	31506	25486	14187	206291	99291	48642
2017	245991	42976	23933	19843	11721	203015	93662	52065
2018	193755	34219	18121	15597	9841	159536	73546	39543
2019	188716	31171	15895	14679	6239	157545	68148	34488
2020	193682	27304	10465	12843	5413	166378	75010	38661
宝泉岭	10747	2854	1203	1324	482	7893	3817	2160
红兴隆	24461	9586	2158	4285	2300	14875	7896	3267
建三江	17788	5209	5202	3125	360	12579	7426	1902
牡丹江	9249	2730	505	997	748	6519	3225	2231
北安	24954	1211	271	483	332	23743	9866	6207
九三	36324	700	564	204	88	35624	18822	7789
齐齐哈尔	52133	3949		2060	874	48184	14496	10986
绥化	13822	533	254	136	122	13289	6805	3625
哈尔滨	4094	472	308	229	107	3622	2642	494
集团直属	110	60				50	15	

7-24续表4 单位：只

年 份 单 位	家兔年末 存 栏	貂年末 存 栏	貉年末 存 栏	狐年末 存 栏	熊年末 存 栏	鸵鸟年 末存栏	山鸡年 末存栏	养蜂箱数 (箱)
2010	155240	9149	66963	65116	645	23		33078
2015	9770	44831	14516	20881	664	300		38285
2016	6155	44957	9882	15294	555	336	7000	39019
2017	1527	23298	5194	15816	529	870		41126
2018	4445	14887	6450	6996	570	1182		29986
2019	739	20500	16322	4339	3	694		19338
2020	622	41	1175	1680	4	567		22287
宝泉岭			445			27		373
红兴隆				800				15290
建三江						340		2102
牡丹江								200
北 安	622	41			4	120		
九 三								1263
齐齐哈尔						80		
绥 化			730	880				2870
哈尔滨								189
集团直属								

7-24续表5

年 份 单 位	肉 类 总产量 (吨)	出栏肥猪 (头)	猪肉产量 (吨)	出栏肉牛 (头)	牛肉产量 (吨)	出栏肉羊 (只)	羊肉产量 (吨)	出栏家禽 (百只)
2010	528133	4619856	346497	509866	87060	1649010	27186	329628
2015	229369	1642606	129815	190628	33742	379434	9334	270131
2016	260166	1532494	116926	84056	15785	292930	5827	612553
2017	295839	1582514	121908	119256	20250	339293	6547	685329
2018	273688	1499501	116032	109422	18713	346421	6709	590530
2019	246039	980322	75887	80344	14451	320272	5600	705412
2020	226683	889034	66882	77895	13541	288100	5115	628302
宝泉岭	132409	348940	24406	4236	825	7435	134	461170
红兴隆	35631	178389	14706	7175	1526	19571	364	103074
建三江	6765	71172	5371	2900	507	19631	377	2880
牡丹江	8701	72017	5396	14552	2288	10037	177	4398
北 安	6671	38706	3002	9673	1616	17727	297	7065
九 三	8038	44696	3476	19574	3312	24681	429	3075
齐齐哈尔	22322	95177	7258	14404	2316	176036	3087	39650
绥 化	3609	26400	2052	2874	534	9133	177	4068
哈尔滨	1613	9537	809	786	131	3749	70	2801
集团直属	924	4000	406	1721	487	100	2	120

7-24续表6 单位：吨

年份 单位	禽肉产量	其他肉产量	生牛奶产量	生羊奶产量	羊毛产量（公斤）	#绵羊毛	禽蛋产量
2010	64533	2857	893375	60	2176351	2148835	66499
2015	55687	791	374586	2	589366	569097	33611
2016	120942	687	426787	32	542221	538101	30114
2017	146492	642	418404	2	485340	481954	28613
2018	131744	490	376142	2	401034	399450	29617
2019	149884	216	369425	2	373402	371375	26353
2020	141029	116	392509	2	336579	331158	28269
宝泉岭	107035	8	13791		25779	25369	10358
红兴隆	19012	23	7929		11364	11364	5102
建三江	510				23530	23530	1311
牡丹江	840		152075		10670	10670	3475
北安	1710	46	59702		28448	23437	560
九三	809	13	104044		110443	110443	1017
齐齐哈尔	9660		10413		88599	88599	1878
绥化	841	6	6239	2	27786	27786	324
哈尔滨	583	20	10755		9960	9960	4244
集团直属	29		27561				

7-24续表7 单位：公斤

年份 单位	鹿茸产量	羊绒产量	天然蜂蜜产量	产奶牛年平均头数（头）	产奶牛年平均产奶	成母奶牛年平均头数（头）	成母奶牛年平均产奶
2010	20881	314374	1430810	160799	5556	177215	5041
2015	19693	21159	1908512	67903	5516	77230	4850
2016	16737	32956	1852370	72100	5919	79938	5339
2017	16505	25940	1937005	63169	6624	69944	5982
2018	6700	24983	1419843	53766	6996	58162	6467
2019	4718	17648	280854	50169	7364	57060	6474
2020	6232	12948	826600	45387	8648	52515	7474
宝泉岭	399	410	12305	2090	6599	2443	5645
红兴隆	3030	5177	563537	1127	7035	1139	6961
建三江	256	6162	105000				
牡丹江	1288	105	7500	15005	10135	17242	8820
北安	520	115		7212	8278	7026	8497
九三	640	769	47150	11666	8919	14139	7359
齐齐哈尔				2018	5160	2261	4605
绥化	74	210	86100	1967	3172	2883	2164
哈尔滨	25		5008	1730	6217	1966	5470
集团直属				2572	10716	3416	8068

7-25 各分公司水产品产量

单位：吨、%

年份 单位	水产品产量	虾蟹类	鱼类	产量		比重(以鱼类为100)	
				天然生产	人工养殖	天然生产	人工养殖
2010	25805	737	25068	4960	20108	19.8	80.2
2015	33636	742	32894	8511	24383	25.9	74.1
2016	32680	829	31851	7854	23997	24.7	75.3
2017	32314	977	31337	8012	23325	25.6	74.4
2018	31490	930	30560	7652	22908	25.0	75.0
2019	20865	837	20028	4632	15396	23.1	76.9
2020	21318	917	20401	4140	16261	20.3	79.7
宝泉岭	1009	4	1005	221	784	22.0	78.0
红兴隆	5366	233	5133	1472	3661	28.7	71.3
建三江	2416	146	2270	668	1602	29.4	70.6
牡丹江	2358	382	1976	617	1359	31.2	68.8
北安	4263	3	4260	420	3840	9.9	90.1
九三	1054		1054	51	1003	4.9	95.1
齐齐哈尔	1060	146	914	441	473	48.2	51.8
绥化	2976		2976	159	2817	5.3	94.7
哈尔滨	636	4	632	91	541	14.4	85.6
集团直属	180		180		180		100.0

7-26 各分公司淡水养鱼生产情况

单位：公顷、吨

年份	淡水养鱼面积	池塘面积	水库面积	其他面积	池塘养鱼产量	水库养鱼产量	其他养鱼产量
2010	23363	4853	18158	352	10038	9800	270
2015	24241	4979	17278	1984	11787	12037	552
2016	24274	4936	17390	1948	11413	12005	579
2017	24595	5077	17610	1908	11330	11409	566
2018	24218	5164	16058	2997	10258	11104	1546
2019	23501	4370	16073	3059	6153	7507	1737
2020	23426	4255	16103	3068	6202	7896	1149
宝泉岭	936	413	443	80	182	572	31
红兴隆	7145	1525	4378	1242	2313	811	538
建三江	1668	193	392	1083	462	66	60
牡丹江	4804	685	4120		286	1073	
北安	3293	321	2972		740	3058	43
九三	2645	123	2519	2	127	861	16
齐齐哈尔	739	415	244	80	195	247	31
绥化	1415	482	934		1707	1110	
哈尔滨	752	78	93	581	51	60	430
集团直属	28	20	8		140	40	

7-27 创新农业经营体制基本情况

单位：个

年份 单位	一、经营组织数量									
	合计	家庭农林牧渔场	家庭农场	家庭林场	家庭牧场	家庭渔场	专业大户	农业企业	农业模拟股份制企业	农场统一经营
2013	316452	305519	293623	2937	8800	159				
2014	291483	281062	270998	2778	7116	170				
2015	284976	271113	262541	2748	5648	176				
2016	281679	267660	261221	2245	4015	179				
2017	271048	256608	250138	3219	2901	350				
2018	271496	256572	252834	1871	1652	215				
2019	275620	260522	256803	1906	1525	288				
2020	260138	244504	242068	1527	609	300	15552	56	14	13
宝泉岭	28632	28594	27944	511	76	63	36			2
红兴隆	47803	47800	47609	146	36	9			1	2
建三江	44632	37420	36878	402	109	31	7210			2
牡丹江	42111	34522	34409		3	110	7582	1	4	2
北安	26116	26060	26020	5	25	10	38	16		2
九三	28915	28540	28414	42	83	1	338	28	9	
齐齐哈尔	18161	18157	18109	15	18	15	1	1		2
绥化	16169	16169	15621	296	219	33				
哈尔滨	6917	6560	6382	110	40	28	347	10		1
集团直属	682	682	682							

7-27续表1

单位：公顷

年份 单位	二、承租耕地面积									
	合计	家庭农林牧渔场	家庭农场	家庭林场	家庭牧场	家庭渔场	专业大户	农业企业	农业模拟股份制企业	农场统一经营
2013	2840021	2669046	2659932	1361	7697	56				
2014	2756989	2592172	2586192	1182	4740	58				
2015	2845068	2630199	2624456	668	5028	47				
2016	2839153	2622787	2619773	479	2498	37				
2017	2811098	2599664	2593880	1413	4230	141				
2018	2894437	2662723	2661408	230	1084	1				
2019	2899494	2668383	2668176		207					
2020	2942129	2619639	2619501		138		262535	30173	23352	6429
宝泉岭	348429	348005	348005				405			19
红兴隆	509360	509194	509194						118	49
建三江	785697	638827	638827				146836			34
牡丹江	453492	347966	347828		138		104022	600	876	28
北安	333643	330565	330565				608	2440		30
九三	251615	203853	203853				7625	11586	22358	6193
齐齐哈尔	140784	127282	127282					13480		22
绥化	89912	89912	89912							
哈尔滨	26332	21170	21170				3040	2067		54
集团直属	2865	2865	2865							

7-27续表2

单位：人

年份 单位	三、劳动力情况									
	合计	家庭农林牧渔场	家庭农场	家庭林场	家庭牧场	家庭渔场	专业大户	农业企业	农业模拟股份制企业	农场统一经营
2013	636957	608873	586078	3503	18736	556				
2014	596788	572212	553855	3023	14933	401				
2015	591232	563145	547705	3151	11899	390				
2016	581929	555679	543750	2497	9023	409				
2017	564814	535414	526347	2163	6457	447				
2018	540767	511704	506061	1229	4093	321				
2019	518321	491017	485423	1286	3916	392				
2020	491287	463295	460779	826	1236	454	21956	176	5791	69
宝泉岭	57293	57226	56797	55	251	123	67			
红兴隆	91141	91112	90846	172	74	20			10	19
建三江	77131	65967	65518	251	166	32	11164			
牡丹江	62144	52342	52210		6	126	9752	11	38	1
北安	51485	51454	51447	7				31		
九三	53114	46815	46736	10	67	2	473	58	5743	25
齐齐哈尔	37283	37201	37120	15	41	25	63			19
绥化	21100	21100	20245	193	564	98				
哈尔滨	39746	39228	39010	123	67	28	437	76		5
集团直属	850	850	850							

7-27续表3

单位：万元

年份 单位	四、应交利费									
	合计	家庭农林牧渔场	家庭农场	家庭林场	家庭牧场	家庭渔场	专业大户	农业企业	农业模拟股份制企业	农场统一经营
2013	943964	877512	872529	328	4493	162				
2014	969245	900865	898369	269	2139	88				
2015	1165149	1056255	1053743	168	2198	146				
2016	1224609	1108927	1107743	71	978	135				
2017	1322527	1198111	1181427	15796	708	180				
2018	1420535	1279956	1263528	15773	562	93				
2019	1432447	1294650	1293931	31	574	114				
2020	1466713	1297293	1296547	109	495	141	143222	15654	9780	765
宝泉岭	178376	178120	178100	4		16	257			
红兴隆	270653	270581	270581						72	
建三江	375292	304703	304685	4		14	70572			17
牡丹江	267534	201290	201137		64	89	65635		603	5
北安	159534	158099	158087	1		10	258	1177		
九三	108617	88625	88582	43			4989	5156	9105	743
齐齐哈尔	54302	45869	45722	4	136	6	360	8073		
绥化	38876	38876	38632	6	235	3				
哈尔滨	11927	9527	9417	47	60	3	1151	1248		
集团直属	1603	1603	1603							

7-28 家庭农场土地规模经营情况

单位：户、公顷

年份 单位	总计		一、水田									
	户数	耕地面积	户数	面积	6.7公顷以下		6.7-13.3公顷		13.3-33.3公顷		33.3公顷以上	
					户数	面积	户数	面积	户数	面积	户数	面积
2018	267686	2896349	122127	1564804	36980	128273	38089	371288	40601	768389	6457	296854
2019	272328	2911555	121931	1545159	39113	141900	38192	379590	37899	724608	6727	299061
2020	242642	2619799	102757	1328994	32618	120659	31462	312039	33917	666129	4760	230167
宝泉岭	27944	348005	17265	210538	3905	15846	7153	71291	5853	108467	354	14934
红兴隆	47800	509194	20395	250123	5568	24482	8388	84109	5895	115041	544	26492
建三江	36878	638827	31047	560348	5502	18652	7769	77088	14357	304712	3419	159897
牡丹江	34462	348125	16918	204981	4216	15847	5424	56133	7089	124587	189	8414
北安	26020	330565	110	3020	8	40	19	203	46	952	37	1824
九三	28455	203853	490	2476	373	1037	85	672	23	424	9	343
齐齐哈尔	18109	127282	8677	63943	6458	24603	1606	13996	434	8355	179	16989
绥化	15764	89912	3674	20518	2717	10812	766	6257	178	2852	13	597
哈尔滨	6528	21170	3573	11520	3311	8259	204	1845	42	739	16	678
集团直属	682	2865	608	1525	560	1081	48	444				

7-28续表

单位：户、公顷

年份 单位	二、旱田													
	户数	面积	6.7公顷以下		6.7-13.3公顷		13.3-33.3公顷		33.3-66.7公顷		66.7-333.3公顷		333.3公顷以上	
			户数	面积	户数	面积	户数	面积	户数	面积	户数	面积	户数	面积
2018	150261	1331545	91667	290937	33073	300121	18901	361809	3357	146316	3156	185030	107	47331
2019	154945	1366396	95559	306804	34676	316445	19680	385322	3784	161958	1162	156428	84	39438
2020	142846	1290805	88725	288019	29926	285722	18688	368901	3892	175320	1552	150091	63	22752
宝泉岭	13172	137467	6202	20365	3706	37475	2836	58725	377	15881	51	5020		
红兴隆	27681	259071	15185	60965	7798	78227	3929	78903	656	28856	112	11180	1	939
建三江	5831	78479	2462	9538	1561	16795	1522	34113	241	11406	45	6627		
牡丹江	17544	143144	11200	37508	3607	35922	2341	45687	326	14716	67	7068	3	2244
北安	25917	327546	14295	49084	5559	51324	4054	76519	1350	63128	633	78333	26	9158
九三	27952	201376	20889	57416	3811	36231	2138	42342	562	26965	534	30927	18	7497
齐齐哈尔	9561	63338	7860	29298	1072	10220	390	8069	165	7632	72	7425	2	695
绥化	12090	69394	7842	17395	2600	17474	1400	22967	200	6076	35	3262	13	2221
哈尔滨	3024	9650	2786	6442	162	1510	67	1284	8	348	1	67		
集团直属	74	1340	4	8	50	545	11	292	7	313	2	181		

7-29 各分公司“两田一地”承包情况

单位：公顷、万元

年份 单位	基本田				规模田			
	面积	水田	承包费	水田	面积	水田	承包费	水田
2019	137159	17935	36916	5568	2611400	1437282	1294443	784023
2020	126610	11361	30645	2674	2432693	1312912	1282721	767667
宝泉岭	2931	2155	486	170	328747	192885	165724	120160
红兴隆	11835	1505	6581	951	452937	274326	239485	158226
建三江					620943	502657	344731	289144
牡丹江	13135	3594	3935	1009	406611	244221	242870	158981
北安	33074		9552		228368	2519	111807	358
九三	44628	1361	6946	282	183985	5804	90002	3718
齐齐哈尔	1213		200		139549	63943	53593	23119
绥化	14721	1575	2355	211	49918	13622	23414	7639
哈尔滨	4850	1172	557	51	19042	11410	9526	5399
集团直属	222		33		2594	1525	1569	923

7-29续表

单位：公顷、万元、人

年份 单位	机动地				基本田货币化	
	面积	水田	承包费	水田	人数	金额
2019	150929	69615	80960	38485	376429	62915
2020	234914	75273	139392	52265	350819	65126
宝泉岭	16732	15666	12132	11621	70845	10994
红兴隆	39855	13235	23456	8974	101826	20534
建三江	41330	35651	24640	23616	64994	17685
牡丹江	25911	6772	19095	5427	31141	8425
北安	65020	532	36326	321	54676	5572
九三	21727	5	11623	2	107	28
齐齐哈尔					24756	870
绥化	22157	3382	11693	2304	1867	897
哈尔滨	2180	30	427		607	121
集团直属						

7-30 土地承包期限情况

单位：个、公顷

年份 单位	家庭农(林牧渔)场					
	经营组织数量	经营耕地面积	1年	2-5年		
			面积	面积	缴费	
					一年一缴费	一次缴纳
2020	242598	2619639	2434610	57129	41775	15354
宝泉岭	27944	348005	347902			
红兴隆	47800	509194	500726	4391		4391
建三江	36878	638827	541540	2915		2915
牡丹江	34435	347966	335561	7320	6599	721
北安	26020	330565	315843	9348	2091	7257
九三	28455	203853	197604	5284	5224	60
齐齐哈尔	18109	127282	102731	7463	7460	3
绥化	15764	89912	68752	20408	20401	7
哈尔滨	6560	21170	21088			
集团直属	633	2865	2865			

7-30续表1

单位：个、公顷

年份 单位	6-10年			11-20年			20年以上		
	面积	缴费		面积	缴费		面积	缴费	
		一年一缴费	一次缴纳		一年一缴费	一次缴纳		一年一缴费	一次缴纳
2020	57712	11452	46260	15341	8195	7146	54848	2603	52245
宝泉岭	3	1	2				100		100
红兴隆	527	14	513	1122	1122		2428	529	1900
建三江	40610	12	40598	4407		4407	49356	168	49188
牡丹江	3274	904	2370	1797	532	1265	14	14	
北安	5042	2287	2755	333	231	101			
九三	135	135					830	830	
齐齐哈尔	8096	8096		7650	6278	1372	1342	1044	298
绥化							752		752
哈尔滨	26	3	22	31	31		26	18	8
集团直属									

7-30续表2 单位：个、公顷

年 份 单 位	专业大户					
	经营组织数量	经营耕地面积	1年	2-5年		
			面积	面积	缴费	
					一年一缴费	一次缴纳
2020	15505	262535	230484	5621	4599	1023
宝泉岭	36	405	405			
红兴隆						
建三江	7173	146836	126154			
牡丹江	7573	104022	94400	4047	3024	1023
北 安	38	608	608			
九 三	338	7625	7442	116	116	
齐齐哈尔						
绥 化						
哈尔滨	347	3040	1474	1458	1458	
集团直属						

7-30续表3 单位：个、公顷

年 份 单 位	6-10年			11-20年			20年以上		
	面积	缴费		面积	缴费		面积	缴费	
		一年一缴费	一次缴纳		一年一缴费	一次缴纳		一年一缴费	一次缴纳
2020	11006	2119	8887	1826	269	1557	13598	465	13133
宝泉岭									
红兴隆									
建三江	7287		7287				13395	263	13132
牡丹江	3648	2052	1596	1825	269	1556	101	101	
北 安									
九 三	67	67							
齐齐哈尔									
绥 化									
哈尔滨	5		5	1		1	101	100	1
集团直属									

7-30续表4

单位：个、公顷

年 份 单 位	农业企业					
	经营组织数量	经营耕地面积	1年	2-5年		
			面积	面积	缴费	
					一年一缴费	一次缴纳
2020	56	30173	16070			
宝泉岭						
红兴隆						
建三江						
牡丹江	1	600				
北 安	16	2440	2440			
九 三	28	11586	11586			
齐齐哈尔	1	13480				
绥 化						
哈尔滨	10	2067	2044			
集团直属						

7-30续表5

单位：个、公顷

年 份 单 位	6-10年			11-20年			20年以上		
	面积	缴费		面积	缴费		面积	缴费	
		一年一缴费	一次缴纳		一年一缴费	一次缴纳		一年一缴费	一次缴纳
2020				623		623	13480	13480	
宝泉岭									
红兴隆									
建三江									
牡丹江				600		600			
北 安									
九 三									
齐齐哈尔							13480	13480	
绥 化									
哈尔滨				23		23			
集团直属									

7-30续表6

单位：个、公顷

年份 单位	农业模拟股份制企业					
	经营组织数量	经营耕地面积	1年	2-5年		
			面积	面积	缴费	
					一年一缴费	一次缴纳
2020	14	23352	23352			
宝泉岭						
红兴隆	1	118	118			
建三江						
牡丹江	4	876	876			
北安						
九三	9	22358	22358			
齐齐哈尔						
绥化						
哈尔滨						
集团直属						

7-30续表7

单位：个、公顷

年份 单位	农场统一经营					
	经营组织数量	经营耕地面积	1年	2-5年		
			面积	面积	缴费	
					一年一缴费	一次缴纳
2020	13	6429	6361	54	54	
宝泉岭	2	19	19			
红兴隆	2	49	49			
建三江	2	34	34			
牡丹江	2	28	28			
北安	2	30	30			
九三		6193	6193			
齐齐哈尔	2	22	8			
绥化						
哈尔滨	1	54		54	54	
集团直属						

7-30续表8

单位：个、公顷

年份 单位	6-10年			11-20年			20年以上		
	面积	缴费		面积	缴费		面积	缴费	
		一年一缴费	一次缴纳		一年一缴费	一次缴纳		一年一缴费	一次缴纳
2020							14		14
宝泉岭									
红兴隆									
建三江									
牡丹江									
北安									
九三									
齐齐哈尔							14		14
绥化									
哈尔滨									
集团直属									

7-31 各分公司绿色食品认证面积

单位：个、公顷

年份 单位	认证个数	面积合计	水稻	小麦	玉米	谷子	大豆	绿豆	马铃薯	甜菜	其他
2020	149	673578	171764	41527	182815		235820		11333		30319
宝泉岭	28	146859	87665		41668		14126				3400
红兴隆	22	85832	42445		17738		16400				9249
建三江	1	13333					13333				
牡丹江	2	7333			2000		5333				
北安	30	145169	2187	4999	65954		67359		4667		4
九三	43	201634	4849	36528	45322		97269				17666
齐齐哈尔	13	51300	23300		8000		13333		6667		
绥化	5	16667	8000				8667				
哈尔滨	5	5451	3318		2133						
集团直属											

注：7-31至7-33表数据由集团农业发展部提供。

7-32 各分公司绿色食品原料标准化生产基地面积

单位：个、公顷

年份 单位	认证个数	面积 合计	水稻	小麦	玉米	谷子	大豆	绿豆	马铃薯	甜菜	其他
2013	63	597601	267800	20000	47600		178867		10000		73334
2014	60	986533	751866	6667	41333		176667		10000		
2015	63	1064201	828867	6667	92000		126667		10000		
2016	63	1064201	828867	6667	92000		126667		10000		
2017	52	955535	771534	6667	60667		106667		10000		
2018	39	855733	761734		60667		33333				
2019	39	848400	774400		54000		20000				
2020	38	573333	499333		54000		20000				
宝泉岭											
红兴隆	6	72667	59333				13333				
建三江	15	306333	306333								
牡丹江	17	194333	133667		54000		6667				
北安											
九三											
齐齐哈尔											
绥化											
哈尔滨											
集团直属											

7-33 各分公司有机食品认证面积

单位：个、公顷

年份 单位	认证个数	面积 合计	水稻	小麦	玉米	谷子	大豆	绿豆	马铃薯	甜菜	其他
2020	333	187342	48151	3037	50873	367	68688	225	90	1000	14912
宝泉岭	25	17714	2265		9667		5769				13
红兴隆	46	20118	7272		4242	10	6164	67			2364
建三江	21	13479	11840		572		1067				
牡丹江	51	26097	14933		3832	350	5910	133			939
北安	25	9834		2347	3140		4160	24			164
九三	151	87398	7239	690	24909	7	43072	1	90		11390
齐齐哈尔	4	5467	667		3800					1000	
绥化	8	4503	1203		712		2546				42
哈尔滨	2	2733	2733								
集团直属											

主要统计指标解释

农林牧渔业总产值　是以货币表现的农林牧渔业的全部产品产量和对农林牧渔业生产活动进行的各种支持性服务活动的价值。它用价值形态反映一定时期农林牧渔业生产的总规模和总成果。农林牧渔业总产值统计范围是北大荒集团所属各种经济类型的全部农林牧渔业生产单位和非农行业单位附属的农林牧渔业生产活动单位，但不包括农业科学实验机构进行的农业生产。核算范围是集团在一定时期内生产的农业、林业、牧业、渔业产品的价值量和对农林牧渔业生产活动进行的各种支持性服务活动的价值的总和。执行日历年度，对于收获期延长到次年年初的个别农产品(如甘蔗)，依然把延期收获的部分算在本年度内。根据农业生产的特点，农林牧渔业总产值的核算采用“产品法”进行计算，即用产品产量乘以价格求出各种产品的产值，然后把他们加总求得各业的产值，最后各业相加求出农林牧渔业总产值。

农产品现行价格　指农林牧渔业产品生产地当年实际价格。采用农产品生产价格，即生产者第一手出售农产品的价格，来源于农产品生产价格调查。生产价格调查资料中没有涵盖到的少数农产品，可以用集贸市场价格资料代替；没有市场价格的农作物用生产成本代替。按现价计算的产值主要反映生产的总规模和水平。

农林牧渔业商品产值　指本生产年度内集团全部农业生产单位和农户生产出来的农产品总产量中可供社会需要的商品产值，即农产品商品量作价计算的货币总额。包括出售给国家、城镇居民的或职工之间相互交换的商品产值，自产自用农产品价值不包括在内。

耕地　指专门用于种植农作物，并经常耕锄的田地。包括熟地、当年新开荒地、连续撂荒未满三年的耕地和当年的休闲地(轮歇地)。以种植农作物为主并附带种植桑树、茶树、果树和其它林木的土地及沿海、沿湖地区已围垦利用的“海涂”、“湖田”等也包括在内。但不包括专业性的桑园、果园、茶园、果木苗圃、林地、芦苇地、天然草原以及利用枯水季节的河滩、水库空闲地种植农作物的不固定土地。南方小于一米、北方小于两米宽的渠、路、田埂包括在耕地中。

林地　指用来成片种植林木的土地面积。包括天然生长和人工植造的用材林、经济林、防护林、薪炭林和特种用途林等用地，以及未成林的造林地、疏林地、灌木林地、采伐迹地火烧迹地、苗圃地和国家规定的预备造林地。

绿色食品　是指产自优良生态环境、按照绿色食品标准生产、实行全程质量控制并获得绿色食品标志使用权的安全、优质食用农产品及相关产品。

绿色食品分为A级绿色食品和AA级绿色食品二种。A级绿色食品，系指产地环境质量符合NY/T 391的要求，遵照绿色食品生产标准生产，生产过程中遵循自然规律和生态学原理，协调种植业和养殖业的平衡，限量使用限定的化学合成生产资料，产品质量符合绿色食品产品标准，经专门机构许可使用绿色食品标志的产品。AA级绿色食品，系指产地环境质量符合NY/T 391的要求，遵照绿色食品生产标准生产，生产过程中遵循自然规律和生态学原理，协调种植业和养殖业的平衡，不使用化学合成的肥料、农药、兽药、渔药、添加剂等物质，产品质量符合绿色食品产品标准，经专门机构许可使用绿色食品标志的产品。

有机食品　是指来自于有机农业生产体系，根据国际有机农业生产要求和相应的标准生产加工的，并通过独立的有机食品认证机构认证的一切农副产品，包括粮食、蔬菜、水果、奶制品、禽畜产品、蜂蜜、水产品、调料等。

它是真正的源自自然、富营养、高品质的安全环保生态食品。

无公害农产品　指产地环境、生产过程、最终产品质量符合无公害农产品标准和规范，经中国无公害农产品管理机构审定，许可使用无公害农产品标志的未经加工或者初加工的食用农产品。

本年造林面积　指调查年度内(1月1日至12月31日)在荒地、荒山、沙丘等一切可以造林的土地上，采用人工播种、植苗、飞机播种等方法新植的成片禾木林和灌木林，经验收符合“造林技术规程”要求株数，成活率达 85%以上的面积。四旁植树如一侧在四行以上，连续面积 0.066 公顷(1 亩)以上，应统计在造林面积内。不包括补植面积、治沙种草面积、经济林垦复面积、迹地更新面积和低产林改造面积。零星植树不折算造林面积。

年末实有造林面积 指在调查年度年末时实际存活的人工造林面积，不包括天然林面积。它等于年初造林实有面积加上本年内增加的面积(当年新植面积或划入面积等)减去本年内减少面积(当年采伐面积或划出面积)。

畜禽存栏数 指报告期初、期末北大荒集团各种经济类型生产单位和住户饲养的全部禽畜存栏数量。除科学研究单位专门用于试验研究的牲畜和但不包括茶园、果园、桑园面积。

播种面积和产量的统计年度 凡是在本日历年度内(自 1 月 1 日至 12 月 31 日)收获的农作物(包括上年秋冬播和本年春播、夏播以及南方地区的晚秋播而在本年收获的全部作物)，都要统计。有些收割期较长的作物，虽在当年冬季就开始收割，但需“跨年”延至来年春季才能收割完(如甘蔗)，仍应计算为本年的农作物播种面积和产量。本年内不能收获的多年生作物，以本年新植和过去存留的面积计算为本年的播种面积。

播种面积 指播种季节结束时实际播种或移植有农作物的面积。凡是实际种植有农作物的面积，不论种植在耕地上还是非耕地上，也不论面积大小，均应如实统计播种面积。科研单位除在小块地上(一般不超过一亩)所进行的专门用于小样试验研究部分外，其所进行的大田试验部分(包括制种田)以及农业大专院校附属教学实习农场中作为教学实习用的大田生产部分，也要统计在内。

农作物总产量 指调查年度内北大荒集团生产的各种农产品的数量，不论是耕地上与非耕地上的农作物产量都应统计在内。不仅要把农场有限公司、产业集团、事业单位、科研单位附属的国有经济和集体经济的农作物产量统计在内，还要把职工自留地、园田地、饲料地以及其他经营生产的农作物产量统计在内。各种主要农作物产量按国家统一规定计算：①谷物一律按脱粒后的原料计算(玉米按脱粒后的粒子计算)。②豆类按去豆荚后的干豆计算。③棉花按去籽后的皮棉计算。④花生按带壳的干花生计算。⑤麻类除亚麻以麻杆计算，苎麻以刮皮后的干麻计算，苘麻和线麻以熟麻皮计算外，其余一律以生麻皮计算。如果原来就习惯按熟麻皮计算的，亦要按比例折成生麻皮上报，一般情况是 1 斤熟麻皮可折成 2 斤生麻皮。⑥甜菜以根块计算。⑦甘蔗以蔗杆计算，包括糖蔗和果蔗。⑧烤烟与晒烟均以干烟叶计算。⑨薯类，实际统计工作中有两种方式，一种是作蔬菜类按鲜品计算，另一种是作折粮薯类按 5 公斤鲜薯折 1 公斤粮食计算，黑龙江垦区 1985 年以前和 2008 年以后薯类按后一种即折粮进行统计计算。

农产品交售量 指一定时期内(一年)农业生产单位和农户生产的农产品总量中扣除作种籽、饲料、生活用粮和储备以后，作为商品可向全社会出售的农产品数量。包括本年生产本年内已销售商品量和本年生产本年待售(要结转下年销售)部分。

军马外，不分大小、公母、品种、用途一律包括在内。专业运输组织的运输用牲畜也应包括在内，但批发零售贸易部门库存的和运输途中的活牲畜不进行统计。

禽畜出栏数 指报告期内各种经济类型的生产单位和住户饲养的可供食用并已屠宰或出售的全部畜禽数量。包括交售给国家、集市上出售以及农牧民自食的部分。但不包括出售的仔畜和幼畜，也不包括个别地区习惯吃的“烤小猪”或“乳猪”。出栏肉牛中也包括淘汰的低产老化奶牛和耕牛的出栏数。

生牛奶产量 指报告期内各种经济类型生产单位和住户饲养的奶牛所生产的全部奶产量。包括出售给国家和乳制品加工企业、农贸市场交易及农牧民自食部分。不论是纯种牛、杂种牛、黄牛和兼用牛所产的奶均要计算为产量。牛犊直接吮食部分不计入产量。

肉类总产量 指报告期内可供食用并已出售或屠宰的全部畜禽肉产量，即屠宰后除去头蹄下水后带骨肉的重量，也叫胴体重。包括屠宰后出售的胴体肉数量和出售的活育肥畜(禽)所折合的胴体肉总数量(折合胴体肉系数为：猪 0.7，牛 0.5，羊 0.4，禽 0.5，兔 0.4)。不论是农牧民自食的，还是交售给国家或加工企业，以及在农贸集市上的肉产量都应统计在内。

水产品总产量　指本年度内捕捞的水产品(包括人工养殖并捕获的水产品和捕捞天然生长的水产品)数量。可分为海水产品和淡水产品两大类。海水产品包括海水的鱼类、虾蟹类、贝类和藻类。淡水产品包括淡水的鱼类、虾蟹类和贝类，不包括淡水水生植物。

淡水养殖面积　指已放养鱼苗、鱼种等水产品苗种并进行人工饲养和管理的池塘、湖泊、水库、河沟及其他淡水水域的养殖面积。不包括稻田养殖面积。有些池塘、湖泊、水库、河沟，虽然指定专人管理，也放养了一些鱼苗，但起捕的鱼类中，人工养殖的淡水鱼不足30%的不计为养殖面积。对一些大江、大河、大湖投放鱼种或灌江纳苗，只进行一般的繁殖保护，增殖水产资源的，不计为淡水养殖面积。

淡水养殖产量　指在淡水湖泊、水库、河沟、池塘及其他淡水养殖水域中捕获的人工养殖的水产品数量，包括稻田养殖产量。养殖与捕捞的划分原则是：人工投放鱼、虾、蟹、贝、藻等苗种并经常饲养管理的水产品生产划为养殖(养殖产量一律以捕获的产量计算，虽养成而未捕获仍继续放养的不应包括在内)；捕捞天然生长的水产品生产划为捕捞。

08 工业

8-1　垦区历年工业总产值和指数

单位：万元、%

年　份	绝对数				指数(以上年为100)			
	工业总产值	国有经济	集体经济	其他经济	工业总产值	国有经济	集体经济	其他经济
1985	86192	84153	1861	178	112.1	110.6	164.6	
1990	266873	261825	3202	1846	104.6	104.8	83.5	85.9
1995	529307	490357	500	38450	125.6	119.5	56.4	219.0
1999	679918	379162	24476	276280	103.6	91.1	100.2	125.1
2000	674349	362556	10088	301705	101.0	94.9	45.7	113.3
2001	740401	291434	8093	440874	110.5	82.1	76.4	141.4
2002	940686	266764	8270	665652	129.5	88.7	91.7	154.8
2003	1230311	515353	8384	706574	123.6	182.7	95.9	100.4
2004	1574572	91414	669	1482489	121.9	16.9	7.6	199.8
2005	2159869	75550	635	2083684	133.9	80.7	92.7	137.2
2006	2470653	138111	1132	2331410	112.3	179.4	174.9	109.8
2007	2743733	151802	821	2591110	108.9	107.8	71.1	109.0
2008	3240989	128981	930	3111078	109.6	78.8	105.1	111.4
2009	4009994	150035	1049	3858910	133.6	127.5	117.2	134.7
2010	5314829	218030	1114	5095685	120.3	131.9	97.9	119.9
2011	6624570	484565	7041	6132964	118.3	210.9	580.0	114.2
2012	8197040	339950	8860	7848230	119.9	71.6	124.2	123.3
2013	9388886	277486	9004	9102396	109.6	80.9	102.7	111.9
2014	9199041	280352	9808	8908881	106.7	110.3	117.6	106.4
2015	8360198	325755	9921	8024522	96.9	123.9	107.8	96.0
2016	8161616	456909	9402	7695305	103.2	141.3	95.5	101.6
2017	6688997	453760	9030	6226207	90.1	99.9	96.6	89.5
2018	6376589	395137		5981452	97.7	92.3		98.4

注：垦区数据截止到2018年末，工业总产值绝对数按当年现行价格计算，指数按可比价格计算。

8-2 垦区历年工业企业单位数和从业人数

单位：个、人

年 份	工业企业及生产单位数	国有经济	集体经济	其他经济	从业人数	国有经济	集体经济	其他经济
1985	901	770	115	16	132341	127130	4869	342
1990	1189	957	61	171	156115	149175	4811	2129
1995	941	908	15	18	133092	126683	1203	5206
1998	651	480	56	115	111667	76837	7667	27163
2000	477	314	17	146	54693	42802	2659	9232
2001	448	273	22	153	51009	37213	3121	10675
2002	448	191	16	241	48092	20728	1883	25481
2003	415	146	16	253	47644	20021	801	26822
2004	391	92	4	295	49366	7474	224	41668
2005	401	81	1	319	52621	6815	150	45656
2006	416	66	2	348	57794	6940	176	50678
2007	427	82	1	344	57051	6301	150	50600
2008	482	96	1	385	58481	5696	143	52642
2009	532	113	1	418	67413	7148	134	60131
2010	678	128	1	549	73782	8432	120	65230
2011	946	142	4	800	80883	9974	272	70637
2012	1232	169	11	1052	85401	8117	543	76741
2013	1282	177	2	1103	86095	7203	145	78747
2014	1249	171	3	1075	78403	7246	115	71042
2015	1244	177	3	1064	72538	8147	136	64255
2016	1243	171	3	1069	70399	8747	45	61607
2017	1243	180	3	1060	66197	8372	60	57765
2018	1199	179	2	1018	55846	7979	6	47861

8-3 垦区历年主要工业产品产量

年份	原煤(万吨)	黄金(千克)	大米(万吨)	小麦粉(万吨)	食用植物油(万吨)	豆粕(万吨)
1985	157.2	88.4	1.2	25.5	1.9	
1990	178.5	139.0	3.0	29.5	5.4	
1995	136.3	751.0	9.0	27.2	7.3	
1999	103.6	877.0	39.3	23.6	7.7	
2000	82.7	570.1	58.1	22.4	9.2	39.7
2001	31.7	507.7	65.7	31.9	8.5	34.1
2002	3.2	478.0	123.6	32.9	10.6	43.4
2003	7.3	470.0	126.8	32.5	16.9	103.0
2004	10.6	250.4	146.2	29.8	21.7	121.9
2005	33.0	173.3	160.2	31.0	49.3	240.5
2006	49.5	248.0	195.7	25.7	54.9	269.7
2007	36.8	234.0	230.9	22.1	43.6	203.7
2008	31.4	193.0	238.7	17.7	42.1	179.6
2009	46.5	207.0	289.6	20.2	79.5	354.3
2010	53.5	166.0	359.5	23.5	104.3	474.2
2011	66.8	150.0	466.5	28.1	112.6	489.0
2012	9.6	195.0	618.9	32.7	123.7	533.6
2013	56.0	186.0	615.4	22.4	172.1	681.3
2014	15.0	207.0	487.0	13.7	182.5	663.9
2015	14.8	170.0	402.4	7.7	174.2	613.6
2016	14.7	172.0	387.1	8.9	176.6	593.9
2017	14.7	161.0	391.2	5.8	157.8	565.6
2018	14.5	161.0	280.1	5.8	140.0	526.6

8-3续表1

年　份	机制糖(吨)	淀　粉(吨)	乳制品(吨)	#液体乳	白　酒(吨)	啤　酒(吨)
1985	53242		5262		9540	11900
1990	87674		28321		13893	39740
1995	95325		27662		9785	27573
1999	83533		27914		15384	24488
2000	15091		44045	7152	15882	20281
2001	38768		65618	19293	17723	11531
2002	48841		128877	76790	16100	7610
2003	10047		225129	179438	24826	15823
2004	20389		170623	122801	20539	11000
2005	16915		177921	123791	29143	7250
2006	32438		162549	110992	30087	9880
2007	41145	26086	193179	124380	29852	1850
2008	31011	65243	261092	179850	33986	18
2009	32127	48350	357241	276266	38844	
2010	33172	44564	304581	231959	44306	
2011	37699	65287	282439	206795	54465	
2012	31144	56076	300380	229715	71545	
2013	18728	14996	304941	258619	95145	
2014	935	32383	277660	235098	71958	
2015		29913	271127	227016	55059	
2016		53484	303856	258114	53006	
2017		52004	291453	244197	54086	
2018		36599	281662	246488	38737	

8-3续表2

年　份	大麦芽 (吨)	饲　料 (万吨)	豆制品 (吨)	锯　材 (万立方米)	机制纸及纸板 (吨)	发 电 量 (万千瓦时)	焦　炭 (万吨)
1985		1.3		12.1	25347	26136	4.3
1990		8.7		7.7	35104	47219	14.2
1995		12.5	4534	2.2	23268	59192	14.8
1999		10.5	5820	3.7	16872	53258	4
2000	23059	7.2	4313	0.8	14658	43971	3.3
2001	38824	12.4	8543	4.6	20887	48575	3.8
2002	54037	10.4	10206	4.1	21627	48775	2.8
2003	108403	12	17301	5.6	20389	53439	12.5
2004	113571	13.4	18043	7.3	23213	57341	20.8
2005	159031	17.4	29714	11.7	25612	51646	21.4
2006	161175	18.5	21921	14.5	29855	61674	19.7
2007	261280	18.4	24345	17.8	43981	58034	20.6
2008	200595	24.2	28753	20.1	52575	54018	18.7
2009	251132	30.5	40622	29.1	47924	47622	17.2
2010	218722	34.3	52071	25.7	37197	46779	19.8
2011	221336	42.0	66287	28.0	36144	57665	12.8
2012	186991	60.3	92040	45.2	28651	77153	
2013	55765	56.2	73786	37.5	5595	98259	
2014	54515	35.5	29291	27.5	4324	102361	
2015		36.1	23342	18.4	3017	121886	0.2
2016		37.1	29626	14.8	2923	154676	0.2
2017		37.1	35499	11.1	2929	136275	0.2
2018		19.3	42893	5.6	207	144159	

8-3续表3

年 份	尿素实物量(万吨)	复合肥料实物量(吨)	酒精(吨)	化学原料药(吨)	中成药(吨)	水泥(万吨)	砖(万块)
1985	8.8		3938		87	24.4	81909
1990	10.9		6791	111	384	38.8	83135
1995	20.9	230	8548	82	193	45.6	51254
1999	21.4	4542	7744	318	976	63.2	56622
2000	9.9	4784	1294	2391	2046	77	23876
2001	8.7	5168	2637	513	3235	76	51691
2002	16.1	7413	1238	2765	6756	79.0	49929
2003	11.3	4515	506	3530	8587	108.1	54538
2004	11.8	4877	948	3584	7376	139.3	53202
2005	19.8	4630	122	3268	11706	134.8	59314
2006	17.3	3950	4569	1587	12275	149.9	63768
2007	18.5	7134	15485	2055	13622	112.1	79518
2008	20.5	7660	16616	2536	11914	128.3	89984
2009	23.4	13637	9584.8	537	3567	163.8	105133
2010	28.2	15166	16096	759	2498	189.6	138615
2011	31.0	31140	16148	408	2708	220.8	163989
2012	32.1	59064	37141	920	4206	199.7	209212
2013	26.4	68899	45368	1288	4949	158.4	181842
2014	4.3	50470	50494	1753	1739	105.1	141844
2015	20.2	63888	41624	1439	2016	51.4	85656
2016	15.6	63917	47087	1057	1796	40.7	67920
2017		51195	47184	4859	2005	41.9	75450
2018		24517	50153	3994	1835	37.7	39660

8-3续表4

年　份	瓦 (万片)	小　型 拖拉机 (台)	机引耕 作机械 (台)	种　植 机　械 (台)	联　合 收获机 (台)	场上作 业机械 (台)
1985	1911	5879	231		900	
1990	1525	356	461		220	
1995	337	56	2192	1681		1222
1999	95	1233	1669	266	567	1962
2000	87	294	1585	1026	1163	1951
2001	173	120	893	1876	65	1801
2002	934	452	689	414	31	2394
2003	319		1745	2138	39	1332
2004	1614		857	1623		330
2005	348	15	13269	1334	69	307
2006	878	35	12815	31059		9386
2007	46		13980	21251		9540
2008	46		10300	33850		9863
2009	646		11654	20763		10253
2010	53		4597	38222		1061
2011	79		17963	64378		1962
2012	39		25307	52620		6064
2013	62		29620	55269		16520
2014	12		29071	51864		18859
2015	8	35	24386	56380		6417
2016	8	35	27359	82301	830	5190
2017	8		26181	78556	596	4784
2018	5		27530	85062	749	4731

8-4　集团历年工业企业情况

年　份	工业企业单位数(个)	从业人数(人)	工业总产值(万元)	轻工业	重工业	工业总产值指数(以上年为100)(%)
2000	314	32385	332638	321346	11292	
2001	273	30494	257690	244994	12696	77.5
2002	191	28644	468531	455470	13061	181.8
2003	146	20466	720465	706780	13685	153.8
2004	92	18752	939174	918494	20680	130.4
2005	81	12658	1308301	1283767	24534	139.3
2006	66	19871	1413874	1385115	28759	108.1
2007	82	20567	1487155	1455326	31829	105.2
2008	96	20395	1756303	1721343	34961	118.1
2009	113	25070	2283078	2239135	43943	130.0
2010	128	20780	2909792	2846321	63472	127.5
2011	142	19798	3410139	3328750	81389	117.2
2012	169	19856	3815274	3699058	116215	111.9
2013	177	20203	4442751	4326366	116385	116.4
2014	171	20277	4406261	4283044	123217	99.2
2015	177	15447	3805099	3690433	114666	86.4
2016	171	15261	3844448	3732986	111462	101.0
2017	180	15112	3143204	3030428	112776	81.8
2018	179	15211	3006818	2897894	108924	95.7
2019	133	13661	2861526	2754487	107039	95.2
2020	149	15339	3982347	3871470	110877	139.2

8-5　各分公司工业总产值

(2020年)　　　　单位：万元

年份 单位	工业总产值	产业化龙头企业	大中型工业	#大型	轻工业	#农副食品加工业	#食品制造业	重工业
合　计	**3982347**	**3359194**	**3410072**	**3015524**	**3871470**	**3227072**	**432888**	**110877**
宝泉岭	10999				3419	933		7580
红兴隆	7163				805			6358
建三江	57809		32519		4075	331		53734
牡丹江	21608	9055			13399	3549	9075	8209
北　安	18030	2341			12897	6445		5133
九　三	13657				3660	2408		9997
齐齐哈尔	815				815	383		
绥　化	2010				2010	2010		
哈尔滨	462				154	130		308
集团直属	3849794	3347798	3377553	3015524	3830236	3210883	423813	19558

8-6　各分公司工业增加值

(2020年)　　　　单位：万元

年份 单位	工业增加值	产业化龙头企业	大中型工业	#大型	轻工业	#农副食品加工业	#食品制造业	重工业
合　计	**399621**	**347245**	**365907**	**322823**	**369574**	**252544**	**78144**	**30047**
宝泉岭	3893				1330	175		2563
红兴隆	-54				348			-402
建三江	19836		13269		2081	20		17755
牡丹江	7396	3456			4987	1043	3466	2409
北　安	8253	957			5838	1902		2415
九　三	4063				1273	923		2790
齐齐哈尔	1091				1091	684		
绥　化	353				353	353		
哈尔滨	230				128	109		102
集团直属	354560	342832	352638	322823	352145	247335	74678	2415

8-7　集团工业企业主要经济指标

(2020年)　　　　单位：个、万元

类　　别	工业企业单位数	#亏损企业	工　业增加值	工　业总产值	工业销售产值
总　　计	**149**	**75**	**399621**	**3982347**	**4087839**
#轻工业	112	42	369574	3871470	3990176
重工业	37	33	30047	110877	97663
#国有	68	34	31810	110387	106034
集体					
股份合作	1		353	2010	2902
有限责任公司	75	40	272819	3281300	3400218
股份制	5	1	94639	588650	578684
#龙头企业	9	3	347245	3359194	3473002
#国家级、省级	9	3	347245	3359194	3473002
#大中型工业企业	8	3	365907	3410072	3523545
#大型	2		322823	3015524	3121819
采矿业					
#煤炭开采和洗选业					
有色金属矿采选业					
非金属矿采选业					
制造业	**121**	**56**	**366035**	**3884024**	**3991404**
1.农副食品加工业	74	41	252544	3227072	3358323
谷物磨制	31	30	-6536	152263	154576
饲料加工					
植物油加工	17	2	250735	3030653	3147854
制糖业					
屠宰及肉类加工					
其他农副食品加工	26	9	8345	44156	55893
2.食品制造业	15	1	78144	432888	426325
方便食品制造	1				
乳制品制造	13		78144	432888	426325
其他食品制造	1	1			
3.酒、饮料和精制茶制造业	4	4	-3887	1175	1152
酒的制造	1	1			
饮料制造	3	3	-3887	1175	1152
4.纺织业	1	1			
5.纺织服装、服饰业					

8-7续表1　　(2020年)　　单位：个、万元

类　别	工业企业单位数	#亏损企业	工业增加值	工业总产值	工业销售产值
6.皮革、毛皮、羽毛及其制品和制鞋业					
7.木材加工和木、竹、藤、棕、草制品业	2		2048	3306	3389
8.家具制造业					
9.造纸和纸制品业	1				
#造纸	1				
10.印刷和记录媒介复制业					
11.文教、工美、体育和娱乐用品制造业					
12.石油、煤炭及其他燃料加工业					
13.化学原料和化学制品制造业	7	3	3303	16963	11613
#肥料制造	5	3	2938	16014	10785
农药制造					
14.医药制造业	5	1	33657	193427	188379
#中药饮片加工					
中成药生产	1				
15.橡胶和塑料制品业	1		355	5029	1174
#塑料制品业	1		355	5029	1174
16.非金属矿物制品业	3	1			
#水泥、石灰和石膏制造					
砖瓦、石材等建筑材料制造	2	1			
17.有色金属冶炼和压延加工业					
18.金属制品业	2				
19.通用设备制造业	1	1	-6		27
20.专用设备制造业	3	3	-186	3952	841
#农、林、牧、渔专用机械制造	3	3	-186	3952	841
21.铁路、船舶、航空航天和其他运输设备制造业					
22.其他制造业	2		63	212	182
电力、热力、燃气及水生产和供应业	**28**	**19**	**33586**	**98323**	**96435**
1.电力、热力生产和供应业	18	10	26713	85354	84325
#电力生产	1		13269	32519	32519
2.水的生产和供应业	10	9	6873	12969	12110

8-7续表2　　(2020年)　　单位：万元

类别	年末资产负债						
	资产总计	流动资产合计	应收账款	存货	库存商品(产成品)	其他应收款	预付账款
总　计	**4807376**	**3288013**	**249767**	**1349424**	**448094**	**211376**	**604379**
#轻工业	4303222	2917427	168416	1171260	350958	206357	571891
重工业	504153	370586	81351	178165	97136	5019	32488
#国有	825262	421272	62324	148826	101888	27512	93634
集体							
股份合作	2607	2086		1971	217		
有限责任公司	3316672	2396130	117613	1001612	234232	162564	487441
股份制	662835	468525	69830	197016	111757	21300	23304
#龙头企业	3809479	2767179	201868	1109554	382538	164893	553266
#国家级、省级	3809479	2767179	201868	1109554	382538	164893	553266
#大中型工业企业	3882395	2807484	220560	1112903	385204	164403	553671
#大型	2544970	1869221	31901	770039	184342	83017	410595
采矿业							
#煤炭开采和洗选业							
有色金属矿采选业							
非金属矿采选业							
制造业	**4558611**	**3231932**	**233314**	**1331967**	**444981**	**209601**	**604299**
1.农副食品加工业	3725917	2670196	156302	1094261	323147	185354	570336
谷物磨制	1002927	651641	113384	216180	112321	71573	118704
饲料加工							
植物油加工	2479025	1917198	35337	844528	190586	88216	443213
制糖业							
屠宰及肉类加工							
其他农副食品加工	243965	101357	7581	33554	20240	25565	8419
2.食品制造业	378168	210592	9623	57309	20503	17911	595
方便食品制造							
乳制品制造	376074	210496	9623	57309	20503	17815	595
其他食品制造	2094	96				96	
3.酒、饮料和精制茶制造业	30203	11225	608	5193	4070	1775	87
酒的制造							
饮料制造	30203	11225	608	5193	4070	1775	87
4.纺织业	3575	9					
5.纺织服装、服饰业							

8-7续表3　　(2020年)　　单位：万元

类　别	年末资产负债：资产总计	流动资产合计	应收账款	存货	库存商品(产成品)	其他应收款	预付账款
6.皮革、毛皮、羽毛及其制品和制鞋业							
7.木材加工和木、竹、藤、棕、草制品业	4017	1941	194	646	597	50	794
8.家具制造业							
9.造纸和纸制品业	705	146		73		51	
#造纸	705	146		73		51	
10.印刷和记录媒介复制业							
11.文教、工美、体育和娱乐用品制造业							
12.石油、煤炭及其他燃料加工业							
13.化学原料和化学制品制造业	71900	45971	2533	23400	3048	730	9234
#肥料制造	65433	40939	886	22505	2206	730	9224
农药制造							
14.医药制造业	319617	278825	61910	142607	88707	2596	23085
#中药饮片加工							
中成药生产							
15.橡胶和塑料制品业	4188	3437	89	2771	2490		
#塑料制品业	4188	3437	89	2771	2490		
16.非金属矿物制品业	2999	1001	120	4		547	
#水泥、石灰和石膏制造							
砖瓦、石材等建筑材料制造	775	672	120	4		547	
17.有色金属冶炼和压延加工业							
18.金属制品业							
19.通用设备制造业	284	275	6	186	150	58	0
20.专用设备制造业	13968	7926	1929	5144	2189	517	164
#农、林、牧、渔专用机械制造	13968	7926	1929	5144	2189	517	164
21.铁路、船舶、航空航天和其他运输设备制造业							
22.其他制造业	3070	388		372	80	12	3
电力、热力、燃气及水生产和供应业	**248765**	**56081**	**16453**	**17458**	**3113**	**1775**	**80**
1.电力、热力生产和供应业	169282	50812	16414	15953	2913	549	19
#电力生产	50364	21406	16399	1018		164	
2.水的生产和供应业	79484	5270	39	1505	200	1226	61

8-7续表4　　(2020年)　　单位：万元

类别	年末资产负债					
	资产总计			负债总计		
	非流动资产总计	长期股权投资	固定资产净额		流动负债总计	应付票据及应付账款
总　计	**1519363**	**71686**	**1006711**	**4454234**	**4083594**	**603156**
#轻工业	1385796	62897	916488	4104793	3769351	589638
重工业	133567	8789	90223	349441	314243	13518
#国有	403990	582	299544	963327	865972	30577
集体						
股份合作	521			1409	1409	
有限责任公司	920542	71104	546735	3070483	2837603	523012
股份制	194310		160431	419014	378610	49567
#龙头企业	1042300	11627	704692	3389411	3100859	367138
#国家级、省级	1042300	11627	704692	3389411	3100859	367138
#大中型工业企业	1074911	18639	729182	3424281	3131575	374045
#大型	675749	9630	390859	1977649	1736641	346083
采矿业						
#煤炭开采和洗选业						
有色金属矿采选业						
非金属矿采选业						
制造业	**1326679**	**70676**	**852053**	**4156443**	**3860182**	**589112**
1.农副食品加工业	1055721	62897	649961	3616863	3364475	534135
谷物磨制	351286	36957	264329	1361431	1335571	20584
饲料加工						
植物油加工	561827	25340	283974	2080361	1855493	505919
制糖业						
屠宰及肉类加工						
其他农副食品加工	142608	600	101657	175072	173412	7632
2.食品制造业	167576		137172	164295	145055	47026
方便食品制造						
乳制品制造	165578		137172	162874	143634	47026
其他食品制造	1998			1421	1421	
3.酒、饮料和精制茶制造业	18978		16290	81324	81324	407
酒的制造						
饮料制造	18978		16290	81324	81324	407
4.纺织业	3565		2844	9955	9955	280
5.纺织服装、服饰业						

8-7续表5　　(2020年)　　单位：万元

类　　别	年末资产负债					
	资产总计			负债总计		
	非流动资产总计	长期股权投资	固定资产净额		流动负债总计	应付票据及应付账款
6.皮革、毛皮、羽毛及其制品和制鞋业						
7.木材加工和木、竹、藤、棕、草制品业	2076		2070	3311	3311	154
8.家具制造业						
9.造纸和纸制品业	559		427	12976	12976	929
#造纸	559		427	12976	12976	929
10.印刷和记录媒介复制业						
11.文教、工美、体育和娱乐用品制造业						
12.石油、煤炭及其他燃料加工业						
13.化学原料和化学制品制造业	25930	185	11118	63340	61905	444
#肥料制造	24495	185	10018	58168	57708	425
农药制造						
14.医药制造业	40792	7012	24596	183874	162670	4599
#中药饮片加工						
中成药生产						
15.橡胶和塑料制品业	751		720	3446	3446	
#塑料制品业	751		720	3446	3446	
16.非金属矿物制品业	1998		103	1437	1437	10
#水泥、石灰和石膏制造						
砖瓦、石材等建筑材料制造	103		103	210	210	10
17.有色金属冶炼和压延加工业						
18.金属制品业						
19.通用设备制造业	8		8	130	130	1
20.专用设备制造业	6042	582	4062	12415	12415	1112
#农、林、牧、渔专用机械制造	6042	582	4062	12415	12415	1112
21.铁路、船舶、航空航天和其他运输设备制造业						
22.其他制造业	2683		2683	3077	1083	15
电力、热力、燃气及水生产和供应业	**192684**	**1010**	**154657**	**297790**	**223412**	**14045**
1.电力、热力生产和供应业	118470	1010	96676	213221	186215	11034
#电力生产	28958		28958	37246	32632	5252
2.水的生产和供应业	74214		57981	84570	37197	3011

8-7续表6　(2020年)　单位：万元

类别	年末资产负债：负债总计：非流动负债总计	长期借款	所有者权益合计	实收资本(或股本)	损益及分配：营业总收入	营业收入	营业总成本
总　计	**370640**	**255645**	**353142**	**688259**	**6127175**	**6048320**	**6180028**
#轻工业	335442	235428	198430	622017	5869857	5792584	5930424
重工业	35198	20217	154713	66242	257319	255736	249604
#国有	97356	24223	-138066	111311	419153	341711	459227
集体							
股份合作			1198	1057	2903	2903	2769
有限责任公司	232880	211422	246189	473535	5118321	5116908	5141540
股份制	40404	20000	243821	102356	586798	586798	576492
#龙头企业	288552	247972	420068	472098	5409749	5337749	5424716
#国家级、省级	288552	247972	420068	472098	5409749	5337749	5424716
#大中型工业企业	292706	247972	458114	474403	5456316	5384316	5475019
#大型	241008	207900	567321	217172	4576048	4576048	4548249
采矿业							
#煤炭开采和洗选业							
有色金属矿采选业							
非金属矿采选业							
制造业	**296261**	**251289**	**402168**	**677638**	**6059953**	**5985498**	**6097901**
1.农副食品加工业	252388	231072	109054	489606	5398120	5324839	5445076
谷物磨制	25860	19650	-358504	183207	690526	617568	746503
饲料加工							
植物油加工	224868	211000	398664	155272	4595399	4595399	4571762
制糖业							
屠宰及肉类加工							
其他农副食品加工	1660	422	68894	151127	112195	111873	126812
2.食品制造业	19240		213873	88400	434587	434587	429195
方便食品制造							
乳制品制造	19240		213200	87200	434587	434587	429106
其他食品制造			673	1200			89
3.酒、饮料和精制茶制造业			-51121	12500	1146	1146	8758
酒的制造							
饮料制造			-51121	12500	1146	1146	8758
4.纺织业			-6381	6558			170
5.纺织服装、服饰业							

8-7续表7　　(2020年)　　单位：万元

类　别	年末资产负债				损益及分配		
	负债总计		所有者权益合计	实收资本(或股本)	营业总收入		营业总成本
	非流动负债总计	长期借款				营业收入	
6.皮革、毛皮、羽毛及其制品和制鞋业							
7.木材加工和木、竹、藤、棕、草制品业			706	500	3411	3411	3316
8.家具制造业							
9.造纸和纸制品业			-12271	19200	7	7	41
#造纸			-12271	19200	7	7	41
10.印刷和记录媒介复制业							
11.文教、工美、体育和娱乐用品制造业							
12.石油、煤炭及其他燃料加工业							
13.化学原料和化学制品制造业	1435	217	8560	28596	32765	32765	34793
#肥料制造	460		7265	26596	24327	24327	26431
农药制造							
14.医药制造业	21204	20000	135743	27183	187782	187782	173099
#中药饮片加工							
中成药生产							
15.橡胶和塑料制品业			742	500	1174		1130
#塑料制品业			742	500	1174		1130
16.非金属矿物制品业			1562	1670			10
#水泥、石灰和石膏制造							
砖瓦、石材等建筑材料制造			565	670			11
17.有色金属冶炼和压延加工业							
18.金属制品业							
19.通用设备制造业			154	480	27	27	60
20.专用设备制造业			1553	2446	701	701	1969
#农、林、牧、渔专用机械制造			1553	2446	701	701	1969
21.铁路、船舶、航空航天和其他运输设备制造业							
22.其他制造业	1994		-7		233	233	283
电力、热力、燃气及水生产和供应业	**74379**	**4356**	**-49025**	**10621**	**67223**	**62822**	**82127**
1.电力、热力生产和供应业	27006	3944	-43939	9045	58542	55812	66732
#电力生产	4614		13118	3567	33064	33064	34976
2.水的生产和供应业	47372	412	-5086	1576	8681	7010	15395

8-7续表8　　(2020年)　　单位：万元

类　别	损益及分配						
	营业成本	税金及附加	销售费用	管理费用	研发费用	财务费用	利息费用
总　计	**5733833**	**11612**	**140940**	**106817**	**4382**	**182678**	**136808**
#轻工业	5509225	9663	138103	95554	3112	175370	129432
重工业	224608	1949	2837	11263	1270	7308	7376
#国有	407791	1886	6302	18849	316	24338	25256
集体							
股份合作	2666					103	102
有限责任公司	4860858	6577	56128	65684	2646	149624	106396
股份制	462518	3149	78510	22284	1420	8613	5054
#龙头企业	5026692	9398	131666	82204	2663	172091	131819
#国家级、省级	5026692	9398	131666	82204	2663	172091	131819
#大中型工业企业	5072300	10036	130898	86073	3472	172237	132798
#大型	4255258	6992	114169	52101	2054	117675	97445
采矿业							
#煤炭开采和洗选业							
有色金属矿采选业							
非金属矿采选业							
制造业	**5658873**	**10779**	**140608**	**102445**	**4382**	**181955**	**136203**
1.农副食品加工业	5133391	6727	59227	73068	1837	171830	129041
谷物磨制	655989	1163	14416	26956	270	48595	27490
饲料加工							
植物油加工	4371039	4913	38400	37630	779	119002	97189
制糖业							
屠宰及肉类加工							
其他农副食品加工	106364	650	6411	8482	788	4233	4362
2.食品制造业	330118	2452	77479	17893	1275	-21	348
方便食品制造							
乳制品制造	330118	2420	77479	17836	1275	-21	348
其他食品制造		32		57			
3.酒、饮料和精制茶制造业	3559	93	611	1194		3301	
酒的制造							
饮料制造	3559	93	611	1194		3301	
4.纺织业		12		159			
5.纺织服装、服饰业							

8-7续表9　　(2020年)　　单位：万元

类　别	损益及分配						
	营业成本	税金及附加	销售费用	管理费用	研发费用	财务费用	利息费用
6.皮革、毛皮、羽毛及其制品和制鞋业							
7.木材加工和木、竹、藤、棕、草制品业	2868	52	258	67		71	8
8.家具制造业							
9.造纸和纸制品业	5	3		32			
#造纸	5	3		32			
10.印刷和记录媒介复制业							
11.文教、工美、体育和娱乐用品制造业							
12.石油、煤炭及其他燃料加工业							
13.化学原料和化学制品制造业	31074	146	529	1637		1409	1408
#肥料制造	23277	141	343	1314		1357	1383
农药制造							
14.医药制造业	156392	1174	1919	7841	954	4956	5090
#中药饮片加工							
中成药生产							
15.橡胶和塑料制品业	850		112	62		105	
#塑料制品业	850		112	62		105	
16.非金属矿物制品业				13		-3	
#水泥、石灰和石膏制造							
砖瓦、石材等建筑材料制造				11			
17.有色金属冶炼和压延加工业							
18.金属制品业							
19.通用设备制造业	19		4	36			
20.专用设备制造业	366	121	459	400	316	307	308
#农、林、牧、渔专用机械制造	366	121	459	400	316	307	308
21.铁路、船舶、航空航天和其他运输设备制造业							
22.其他制造业	230		10	43			
电力、热力、燃气及水生产和供应业	**74960**	**833**	**332**	**4372**		**723**	**605.1**
1.电力、热力生产和供应业	61216	715	200	3399		706	605.1
#电力生产	32692	403		1286		595	595
2.水的生产和供应业	13744	118	132	973		17	

8-7续表10　(2020年)　单位：万元

类　别	损益及分配						应交增值税
	投资收益	营业利润	利润总额	所得税费用	净利润	税金合计	
总　计	**2056**	**-48420**	**-52271**	**18353**	**-64759**	**120769**	**33920**
#轻工业	-286	-60896	-63855	14191	-71815	107185	25779
重工业	2342	12476	11584	4162	7056	13584	8142
#国有	995	-45743	-49279	983	-44484	6776	4441
集体							
股份合作		31	31		31		
有限责任公司	-161	-26576	-27930	10156	-37999	93242	16617
股份制	1222	23867	24907	7214	17693	20751	12862
#龙头企业	-1267	-9847	-7799	17855	-25654	113385	28910
#国家级、省级	-1267	-9847	-7799	17855	-25654	113385	28910
#大中型工业企业	1065	-9694	-4853	17736	-22589	117860	32591
#大型	529	39271	36832	12628	24205	101620	23288
采矿业							
#煤炭开采和洗选业							
有色金属矿采选业							
非金属矿采选业							
制造业	**1310**	**-31120**	**-28228**	**18353**	**-45349**	**116720**	**30521**
1.农副食品加工业	-1508	-55037	-53029	10164	-62467	92388	15827
谷物磨制	-1652	-60223	-55637	994	-56020	3089	1164
饲料加工							
植物油加工	-55	23080	19596	9152	10443	88822	14326
制糖业							
屠宰及肉类加工							
其他农副食品加工	199	-17894	-16988	18	-16890	477	337
2.食品制造业	1222	18099	19111	3988	15213	14041	9478
方便食品制造							
乳制品制造	1222	18099	19200	3988	15213	14041	9478
其他食品制造			-89				
3.酒、饮料和精制茶制造业		-7956	-8033		-8033	93	
酒的制造							
饮料制造		-7956	-8033		-8033	93	
4.纺织业		-2827	-2796		-2796	12	
5.纺织服装、服饰业							

8-7续表11　　　　(2020年)　　　　单位：万元

类　别	损益及分配						应交增值税
	投资收益	营业利润	利润总额	所得税费用	净利润	税金合计	
6.皮革、毛皮、羽毛及其制品和制鞋业							
7.木材加工和木、竹、藤、棕、草制品业		98	98		98	237	184
8.家具制造业							
9.造纸和纸制品业		1414	1513		1513	41	41
#造纸		1414	1513		1513	41	41
10.印刷和记录媒介复制业							
11.文教、工美、体育和娱乐用品制造业							
12.石油、煤炭及其他燃料加工业							
13.化学原料和化学制品制造业	10	-2238	-2161	27	-2188	151	43
#肥料制造	10	-2314	-2242	27	-2269	146	43
农药制造							
14.医药制造业	1586	19114	18639	4133	14889	9638	4949
#中药饮片加工							
中成药生产							
15.橡胶和塑料制品业		44	44		44		
#塑料制品业		44	44		44		
16.非金属矿物制品业		-6	-5		-5		
#水泥、石灰和石膏制造							
砖瓦、石材等建筑材料制造		-6	-6		-6		
17.有色金属冶炼和压延加工业							
18.金属制品业							
19.通用设备制造业		-33	-33				
20.专用设备制造业		-1744	-1616	2	-1618	122	2
#农、林、牧、渔专用机械制造		-1744	-1616	2	-1618	122	2
21.铁路、船舶、航空航天和其他运输设备制造业							
22.其他制造业		-49	39	39		-3	-3
电力、热力、燃气及水生产和供应业	**746**	**-17300**	**-24043**		**-19410**	**4049**	**3400**
1.电力、热力生产和供应业	746	-10650	-14763		-12283	3933	3359
#电力生产	746	-1166	1750		1750	3531	3148
2.水的生产和供应业		-6650	-9280		-7126	116	41

8-8　集团各分公司主要工业产品产量

年　份 单　位	黄　金 (千克)	大　米 (万吨)	小麦粉 (万吨)	食用植物油 (万吨)	豆　粕 (万吨)	淀　粉 (万吨)	饲　料 (吨)	豆制品 (吨)	白酒 (吨)
2000	257.0	1.4	1.4	9.2	16.4		8048		32
2001	328.0		0.6	8.5	18.1		5482	186	5
2002	463.0		0.6	10.6	33.1		5240		3
2003	442.0	28.3	0.6	16.9	95.3		1152		
2004	211.0	38.6	0.4	21.7	115.4		4415	2708	
2005		30.2	0.5	49.3	231.4		3202	11959	
2006		53.1	0.6	50.3	257.6		2900		
2007		68.6	11.1	37.3	184.8	2.6	2900	4021	
2008		49.9	9.4	36.7	162.7	5.3	2946	5586	
2009		45.2	10.3	72.6	333.9	4.6	2566	5009	
2010		64.8	12.6	96.7	447.5	4.5	2480	6124	
2011		63.2	14.8	104.1	462.2	6.8		7235	
2012		36.0	16.8	113.4	504.8	8.8		5463	
2013		26.9	10.2	162.9	658.2	5.5		6518	
2014		14.5	5.4	176.6	646.5	7.8		7209	
2015		13.3	1.8	168.5	598.3	9.6		6819	
2016		12.6	2.0	170.7	577.3	10.5		6294	
2017		16.3	0.3	152.3	555.0	10.5		7546	
2018		19.0	1.2	137.9	525.7	8.4		9702	
2019		25.6	1.5	123.8	511.8	7.9		27331	
2020		31.6	2.5	173.2	667.9	7.9		14145	
宝泉岭		0.2							
红兴隆									
建三江		0.1							
牡丹江		0.6							
北　安			0.4						
九　三			0.1					382	
齐齐哈尔									
绥　化		0.3							
哈尔滨									
集团直属		30.4	2.0	173.2	667.9	7.9		13763	

8-8续表

年　份	乳制品		发电量	化学原料药	中成药	砖	肠衣	肝素钠	包装饮用水
		#液体乳							
单　位	(万吨)		(万千瓦时)	(吨)	(吨)	(万块)	(万把)	(亿单位)	(吨)
2000	1.5		3541			2854			
2001	3.6	1.2	4168			2928			
2002	10.5	6.9	4080			3330			
2003	20.9	17.8	7468			3170			
2004	15.5	12.2	7621			3050			
2005	15.6	12.2	7881			2420			
2006	14.1	10.9	10478			2554			
2007	15.7	12.3	11496	1778	8885	2400			
2008	22.7	18.0	11549	2087	8080	2510			
2009	32.1	27.5	10653		2175	2510	233	3586	
2010	27.3	23.1	14089		718	3200	274	7417	
2011	24.9	20.5	18052		246	2280	376	6981	
2012	25.8	22.8	22982		186	3250	987	11986	11009
2013	28.5	25.9	23525	644	309	1166	483	13212	16645
2014	26.5	23.5	27994	1178	135	1232	733	7014	16211
2015	26.1	22.7	33274	1002	146	1048	1063	19536	11127
2016	29.5	25.8	31582	813	805	465	759	23760	13499
2017	28.0	24.4	35206	805	245	900	727	36574	8244
2018	27.3	24.6	33471	934		1047	1097	73989	5168
2019	27.0	24.7	33037	799			1196	35325	9801
2020	29.6	26.5	33415	1071			318	34372	8335
宝泉岭									
红兴隆									
建三江			33415						
牡丹江									
北　安									
九　三									
齐齐哈尔									
绥　化									
哈尔滨									
集团直属	29.6	26.5		1071			318	34372	8335

8-9　主要工业产品生产、销售与库存

(2020年)

产品名称	计量单位	年初库存量	本年累计生产量	本年累计销售量	累计自用及其他	盘盈(+)盘亏(-)	年末库存量
小麦粉	吨	9267	25591	33472	-832		2218
大米	吨	18661	315883	301565	9958		23021
米、面制品	吨	531	1443	1775			199
精制食用植物油	吨	80571	1732095	1726146			86520
豆粕	吨	166619	6678561	6730931			114249
豆制品	吨	1380	14145	13045	1048		1432
乳制品	吨	6929	295526	295114			7341
乳粉	吨	1844	29836	27625			4055
液体乳	吨	5085	265100	266899			3286
酸牛乳	吨		10	10			
罐头	吨		2339	2339			
酱	吨		74	74			
软饮料	吨	3190	38082	38082			3190
果汁及蔬菜类饮料	吨		9269	9269			
包装饮用水	吨	2965	8335	8167			3133
化学药品原药	吨	80	1071	1015	8		128
化肥(实物量)	吨	5659	83821	88354			1126
复合肥	吨	5659	83821	88354			1126
热力	百万千焦		14326169	14326169			
发电量	万千瓦时		33415	33415			
火电	万千瓦时		33415	33415			
供电量	万千瓦时		33545	33545			
土壤耕整机械	台	1122	37	70			1089
种植施肥机械	台	195	227	12	203		207
收获机械	台	443	551	737			257
自来水产量	万吨	43	2800	2744	72	-26	1
淀粉	吨	39072	79232	103787	43	15774	30248
豆粉	吨		60	60			
肝素钠	亿单位	4217	34372	23490			15099
肠衣	万把	594	318	604			308

8-10　集团主要工业产品生产能力利用率

产品名称	生产能力			实际加工量			生产能力利用率(%)		
	计量单位	2020年	2019年	计量单位	2020年	2019年	2020年	2019年	增减点
小麦粉(处理小麦)	吨/年	128100	133000	吨	32740	22409	25.6	16.8	8.8
挂　面	吨/年	21600	21150	吨	2072	1246	9.6	5.9	3.7
大米(处理水稻)	吨/年	1869650	1586603	吨	450620	375901	24.1	23.7	0.4
大豆食用油(处理大豆)	吨/年	11689300	10065000	吨	7512903	6264105	64.3	62.2	2.1
大豆酱(处理大豆)	吨/年	500	500	吨	74	31	14.8	6.2	8.6
乳制品	吨/年	731931	781428	吨	364364	289288	49.8	37.0	12.8
#乳粉(处理鲜奶)	吨/年	254520	275989	吨	155236	104777	61.0	38.0	23.0
液态奶	吨/年	477411	505439	吨	209128	184511	43.8	36.5	7.3
淀粉(处理马铃薯和木薯)	吨/年	1000000	1000000	吨	442669.3	421930	44.3	42.2	2.1
包装饮用水	吨/年	300000	300000	吨	8335	9801	2.8	3.3	-0.5
豆　粕	吨/年	8939800	7850700	吨	5590066	4827902	62.5	61.5	1.0
原料药(乳酸菌素粉)	吨/年	1200	1200	吨	1071	799	89.3	66.6	22.7
豆　粉	吨/年	24600	12000	吨	17111	10309	69.6	85.9	-16.3
发电量(装机容量)	万千瓦/年	47304	47304	万千瓦时	33415	33037	70.6	69.8	0.8
蔬菜水果罐头制造	吨/年	4500	4500	吨	2339	2071	52.0	46.0	6.0
肝素钠	亿单位/年	35000	44000	亿单位	34372	35208	98.2	80.0	18.2
肠　衣	万把/年	520	1420	万把	318	1322	61.2	93.1	-31.9

主要统计指标解释

工业　指从事自然资源的开采，对采掘品和农产品进行加工和再加工的物质生产部门。具体包括：（1）对自然资源的开采，如采矿、森林采伐等（但不包括禽兽捕猎和水产捕捞）；（2）对农副产品的加工、再加工，如粮油加工、食品加工、纺织、制革等；（3）对采掘品的加工、再加工，如炼铁、炼钢、化工生产、机器制造、木材加工等，以及电力、自来水、煤气的生产和供应等；（4）对工业品的修理、翻新，如机器设备的修理、交通运输工具的修理等。

轻工业　指主要提供生活消费品和制作手工工具的工业。按其所使用的原料不同，可分为两大类：（1）以农产品为原料的轻工业，是指直接或间接以农产品为基本原料的轻工业。主要包括食品制造、饮料制造、烟草加工、纺织、缝纫、皮革和毛皮制作、造纸以及印刷等工业；（2）以非农产品为原料的轻工业，是指以工业品为原料的轻工业。主要包括文教体育用品、化学药品制造、合成纤维制造、日用化学制品、日用玻璃制品、日用金属制品、手工工具制造、医疗器械制造、文化和办公用机械制造等工业。

重工业　是指为国民经济各部门提供物质技术基础的主要生产资料的工业。按其生产性质和产品用途，可以分为下列三类：（1）采掘（伐）工业，是指对自然资源的开采，包括石油开采、煤炭开采、金属矿开采、非金属矿开采和木材采伐等工业；（2）原材料工业，指向国民经济各部门提供基本材料、动力和燃料的工业。包括金属冶炼及加工、炼焦及焦炭、化学、化工原料、水泥、人造板以及电力、石油和煤炭加工等工业；（3）加工工业，是指对工业原材料进行再加工制造的工业。包括装备国民经济各部门的机械设备制造工业、金属结构、水泥制品等工业，以及为农业提供的生产资料如化肥、农药等工业。

根据上述划分原则，修理业中以重工业产品为修理作业对象的划为重工业，反之划为轻工业。

工业总产值（当年价格）　指工业企业在报告期内生产的以货币形式表现的工业最终产品和提供工业劳务活动的总价值量。

（1）工业总产值计算应遵循的原则

①工业生产的原则。即凡是企业在报告期内生产的最终产品和提供的劳务，均应包括在内。其中的最终产品，不管是否在报告期内销售，只要是报告期内生产的，就应包括在内。凡不是工业生产的产品，均不得计入工业总产值。

②最终产品的原则。即企业生产的成品价值必须是本企业生产的，经检验合格不需再进行任何加工的最终产品。企业对外销售的半成品也应视为最终产品计入工业总产值。而在本企业内各车间转移的半成品和在制品只能计算其期末期初差额价值。

③“工厂法”原则。即以法人工业企业作为一个整体计算工业总产值，是其报告期内生产的最终产品和提供劳务的总价值量。

（2）工业总产值的内容

包括三部分：生产的成品价值、对外加工费收入、自制半成品在制品期末期初差额价值。

工业增加值　指工业企业在报告期内以货币形式表现的工业生产活动的最终成果，是企业全部生产活动的总成果扣除了在生产过程中消耗或转移的物质产品和劳务价值后的余额，是企业生产过程新增加的价值。

固定资产原价　指固定资产的成本，包括企业在购置、自行建造、安装、改建、扩建、技术改造某项固定资产时所发生的全部支出总额。

固定资产合计　指企业为生产商品、提供劳务、出租或经营管理而持有的，使用寿命超过一个会计年度的有形资产。包括使用期限超过一年的房屋、建筑物、机器、机械、运输工具以及其他与生产、经营有关的设备、器具、工具等。固定资产合计是时点指标，表示固定资产经过扣减折旧、减值准备等后的期末余额。

资产　指企业过去的交易或者事项形成的、由企业拥有或者控制的、预期会给企业带来经济利益的资源。资产一般按流动性（资产的变现或耗用时间长短）分为流动资产和非流动资产。其中流动资产可分为货币资金、交易性金融资产、应收票据、应收账款、预付款项、其他应收款、存货等；非流动资产可分为长期股权投资、固定资产、无形资产及其他非流动资产等。

负债　指企业过去的交易或者事项形成的，预期会导致经济利益流出企业的现时义务。负债一般按偿还期长短分为流动负债和非流动负债。

营业总收入　指企业在从事销售商品，提供劳务和让渡资产使用权等日常经营业务过程中所形成的经济利益的总流入。分为主营业务收入和其他业务收入。

营业成本　指企业经营主要业务和其他业务所发生的成本总额。包括企业（单位）在报告期内从事销售商品、提供劳务等日常活动发生的各种耗费。包括“主营业务成本”和“其他业务成本”。

销售费用　指企业在销售商品和材料、提供劳务的过程中发生的各种费用，包括保险费、包装费、展览费和广告费、商品维修费、预计产品质量保证损失、运输费、装卸费等以及为销售本企业商品而专设的销售机构（含销售网点、售后服务网点等）的职工薪酬、业务费、折旧费等经营费用。

管理费用　指企业为组织和管理企业生产经营所发生的费用，包括企业在筹建期间内发生的开办费、董事会和行政管理部门在企业经营管理中发生的，或者应当由企业统一负担的公司经费等。

财务费用　指企业为筹集生产经营所需资金等而发生的筹资费用，包括企业生产经营期间发生的利息支出（减利息收入）、汇兑损失（减汇兑收益）以及相关的手续费等。

营业利润　指企业从事生产经营活动所取得的利润。执行 2006 年《企业会计准则》的企业，营业利润为营业收入减去营业成本、营业税金及附加、销售费用、管理费用、财务费用、资产减值损失，再加上公允价值变动收益和投资收益。

利润总额　指企业在一定会计期间的经营成果，是生产经营过程中各种收入扣除各种耗费后的盈余，反映企业在报告期内实现的盈亏总额。

应交增值税　指企业按税法规定，从事货物销售或提供加工、修理修配劳务等增加货物价值的活动本期应交纳的税金。

总资产贡献率　该指标反映了企业全部资产的获利能力，是企业管理水平和经营业绩的集中体现，是评价和考核企业盈利能力的核心指标。其计算公式为：

总资产贡献率（%）=（利润总额＋税金总额＋利息支出）／平均资产总额×12／累计月数×100%

资本保值增值率　反映企业净资产的变动状况，是企业发展能力的集中体现。其计算公式为：

资本保值增值率（%）＝报告期期末所有者权益／上年同期末所有者权益×100%

所有者权益＝资产总计－负债总计

资产负债率　该指标既反映企业经营风险的大小，又反映企业利用债权人提供的资金从事经营活动的能力。其计算公式为：

资产负债率(%)＝负债总额／资产总额×100%

资产与负债均为报告期末数。

流动资产周转率　是指一定时期内流动资产的周转次数。是一个反映经营状况的指标，也是一个资金利用效果指标，反映再生产循环的速度。其计算公式为：

流动资产周期率＝产品销售收入／全部流动资产平均余额×12／累计月数

式中的全部流动资产平均余额为期初和期末的流动资产之和的算术平均值。

成本费用利润率　是企业全部生产投入与实现利润的对比关系，反映工业投入的生产成本及费用的经济效益，同时，也反映企业降低成本所取得的经济效益。其计算公式为：

成本费用利润率（%）＝利润总额／成本费用总额×100%

式中成本费用总额是指产品销售成本、销售费用、管理费用和财务费用之和。

工业全员劳动生产率　是工业企业平均每个职工在单位时间内创造的工业生产最终成果，反映企业的生产效率和劳动投入的经济效益。其计算公式为：

工业全员劳动生产率（元／人）＝工业增加值／全部从业人员平均人数×12／累计月数

工业产品销售率　是指工业企业在一定时期内工业销售产值（或产品销售量）占现价工业总产值（或产品生产量）的百分比。它反映生产与销售衔接程度，是研究工业企业生产经营好坏的重要指标之一。其计算公式是：

工业产品销售率（%）＝报告期工业销售产值（或产品销售量）／报告期工业总产值（现价）（或产品生产量）×100%

09 建筑业

9-1 垦区建筑企业基本情况

指　　标	单　位	2000	2005	2010	2014	2015	2016	2017	2018
施工企业单位数	个	152	226	232	315	327	330	311	297
年末从业人数	个	23477	27728	50121	24131	27931	27961	23913	21097
年平均人数	个	26513	29154	42756	40839	27731	27946	27046	24637
固定资产原值	万元	30548	71656	170768	236810	298838	314822	358337	288258
建筑业总产值	万元	105108	296838	1192187	1618418	1558298	1614212	1699724	1047027
年内施工的单位工程数	个	902	2882	3317	4853	5440	4995	5152	4567
验收交工的单位工程数	个	790	2753	2833	4072	4033	4023	4251	3911
#优良工程个数	个	301	395	911	1615	1785	1742	1590	1451
验收鉴定的单位工程优良品率	%	38.1	14.3	32.2	39.7	44.3	43.3	37.4	37.1
房屋建筑施工面积	万平方米	123	200.5	645.6	325.2	343.3	339.7	407.3	137.2
房屋建筑竣工面积	万平方米	78.5	149.7	524.6	277.9	220.8	212.6	178.5	109.8
房屋面积竣工率	%	63.8	74.7	81.3	85.5	64.3	62.6	43.8	80
利润总额	万元	2675	20518	98229	108636	107383	124495	135462	78235
全员劳动生产率	元/人	39644	101817	278835	396292	561934	577618	628457	506487
按总产值计算	元/人	39644	101817	278835	396292	561934	577618	628457	506487
按增加值计算	元/人	18556	34158	95445	143652	203582	21413	209523	175942
产值利润率	%	2.5	6.7	8.2	6.7	6.9	7.7	8	7.5

9-2 集团建筑企业基本情况

指　　标	单　位	2005	2010	2015	2016	2017	2018	2019	2020
施工企业单位数	个	4	4	4	4	4	4	4	3
年末从业人数	个	8730	11266	8499	8295	7454	5874	5618	1775
年平均人数	个	8730	11266	8499	8295	7454	5874	5618	1881
固定资产原值	万元	15005	19401	25473	30048	26437	26486	29114	28906
建筑业总产值	万元	132270	386322	402808	382340	372762	318423	338379	364820
年内施工的单位工程数	个	222	446	725	906	751	685	635	298
验收交工的单位工程数	个	128	116	216	193	196	330	333	90
房屋建筑施工面积	万平方米	557765	1100049	1288329	1561313	2463569	430193	466568	509276
房屋建筑竣工面积	万平方米	203808	394132	142868	309090	211700	270321	325249	448301
房屋面积竣工率	%	36.5	35.8	11.1	19.8	8.6	62.8	70	88.0
利润总额	万元	1381	6530	1890	4759	2803	3839	5881	4578
全员劳动生产率	元/人	151512	342910	473947	460929	500083	542089	602312	1939501
按总产值计算	元/人	151512	342910	473947	460929	500083	542089	602312	1939501
产值利润率	%	1.0	1.7	0.5	1.2	0.8	1.2	2	1.3

9-3 集团各分公司建筑业总产值

(2020年) 单位：万元、个

单位名称	建筑业总产值	#在系统外完成产值	单位工程施工个数	其中：新开工个数	单位工程竣工个数
总　　计	**364820**	**153063**	**298**	**132**	**90**
宝 泉 岭	12339		49	49	46
红 兴 隆					
建 三 江					
牡 丹 江					
北　　安	5516		33		
九　　三					
齐齐哈尔					
绥　　化					
哈 尔 滨					
集团直属	346965	153063	216	83	44

9-3续表 (2020年) 单位：个、平方米、人

单位名称	其中：优良单位工程个数	本年房屋建筑施工面积	本年房屋建筑竣工面积	期末从业人员数	其中：工程技术人员
总　　计	**26**	**509276**	**448301**	**1775**	**819**
宝 泉 岭		92869	92869	169	75
红 兴 隆					
建 三 江					
牡 丹 江					
北　　安		465	465	131	
九　　三					
齐齐哈尔					
绥　　化					
哈 尔 滨					
集团直属	26	415942	354967	1475	744

9-4 集团建筑企业主要机械设备年末拥有量

(2020年)

指标	单位	2006	2010	2015	2016	2017	2018	2019	2020
年末自有机械设备原值	万元	10228	13246	10998	12809	9379	8359	9129	9505
年末自有机械设备总台数	台	390	239	1175	1201	1138	1139	1123	1018
#起重机	台	26	21	31	31	31	29	25	5
载重汽车	辆	17	9	14	14	14	14	13	9
推土机	台	4	2	4	12	11	11	11	2
挖掘机	台	6	9	6	18	12	12	12	
铲运机	台	4	4	4	4				
自有机械设备总功率	万千瓦	1906	2521	1469	1470	1469	1469	1211	156
技术装备率	元/人	7235	8881	9124	27994	33462	30577	32039	42727

9-5 集团各分公司固定资产原值及机械情况

(2020年) 单位：万元、台

单位名称	固定资产原值	自有机械设备总数	#起重机	#推土机	#挖掘机	#载重汽车
总　　计	**28906**	**1018**	**5**	**2**		**9**
宝 泉 岭	631	913	5	2		9
红 兴 隆						
建 三 江						
牡 丹 江						
北　　安	3806					
九　　三						
齐齐哈尔						
绥　　化						
哈 尔 滨						
集团直属	24469	105				

主要统计指标解释

建筑业总产值（自行完成施工产值） 指以货币表现的建筑业企业在一定时期内生产的建筑业产品和服务的总和。建筑业总产值包括建筑工程产值、安装工程产值和其他产值三部分内容。

竣工产值 一般是以单位工程为对象，当该工程按照设计所规定的工程内容全部完成，达到了设计规定的交工条件，经有关部门检查验收鉴定合格的单位工程价值，即为竣工产值。竣工产值包括范围应是报告期内竣工单位工程从开工到竣工的全部自行完成的价值，如果一个单位工程跨两个年度施工，其竣工价值应当包括上年度完成的价值。

单位工程施工个数 指报告期内施过工的全部单位工程数量，包括本年新开工、上期施工跨入本期继续施工、上期停工缓建本期复工、本期开工又停缓建和本期竣工的单位工程数量。

新开工单位工程个数 指报告期内新开工的单位工程个数。它不包括在上期施工跨入报告期继续施工的单位工程，也不包括上期停工缓建本期复工的单位工程个数。

单位工程竣工个数 指报告期内按设计所规定的工程内容全部完成，达到了使用条件，经有关部门验收鉴定合格的全部单位工程个数，其数量多少可以反映在一定时期内国民经济各部门提供可使用工程规模，也是反映建筑施工企业生产成果、检查竣工计划的重要指标和依据。

优良单位工程个数 指按现行国家质量等级标准，经政府工程质量监督部门验收鉴定，评为优良工程的单位工程个数。

房屋建筑施工面积 指报告期内施过工的全部房屋建筑面积，它包括本期新开工的面积、上期跨入本期继续施工的房屋面积、上期停缓建在本期恢复施工的房屋面积、本期竣工的房屋面积以及本期施工后又停缓建的房屋面积。

房屋建筑竣工面积 指在报告期内房屋建筑按照设计要求已全部完工，达到了使用条件，经检查验收鉴定合格的房屋建筑面积。

年末自有施工机械设备总台数 指年末本企业（或单位）自有的直接用于工程施工的各种机械设备的台数。但不包括附属辅助生产机械设备、运输机械设备、生产试验机械设备的台数。

期末拖欠工程款 是指建筑企业是在报告期末应向发包单位收取的工程款，取自会计科目“应收账款”中的明细科目“应收工程款”。

$$技术装备率=\frac{自有机械设备净值}{年末从业人数}\times 100\%$$

$$动力装备率=\frac{自有机械设备总动力}{年末从业人数}\times 100\%$$

$$劳动生产率=\frac{总产值（或增加值）}{年末从业人员平均人数}\times 100\%$$

10 交通和通信业

10-1 集团公路里程及公路硬化情况

(2020年)

单位：公里

单　　位	合　计	硬化路面里　　程	水　泥	沥　青	渣　油	硬化率(%)
合　　计	**24570.61**	**11120.58**	**10538.77**	**576.68**	**5.13**	**50.0**
宝泉岭	3477.69	1702.88	1693.39	9.49		49.0
红兴隆	4273.83	1700.35	1697.93	2.43		39.8
建三江	5253.65	1960.39	1957.90	2.49		37.3
牡丹江	3330.10	1851.46	1851.46			55.6
北　　安	2579.94	1206.01	1181.50	24.52		46.7
九　　三	1743.07	822.21	820.52	1.68		47.2
齐齐哈尔	1845.84	778.40	688.51	84.76	5.13	42.2
绥　　化	1423.32	555.41	528.99	26.42		39.0
哈尔滨	272.17	172.47	118.57	53.90		63.4
集团直属	371.00	371.00		371.00		100.0

10-2 集团按技术等级分的公路里程到达情况

(2020年)

单位：公里

单　　位	总　计	等级公路	高速公路	一　级	二　级	三　级	四　级	等外公路
上年年底到达数	**25198.17**	**13516.34**	**371.00**	**25.23**	**578.44**	**9248.86**	**3292.81**	**11681.83**
本年年底到达数	**24570.61**	**13516.34**	**371.00**	**19.37**	**124.75**	**9166.94**	**3337.70**	**11550.86**
1.国道	217.31	217.31	188.96			27.68	0.68	
2.省道	1513.30	1502.42	182.04			1100.88	219.50	10.89
3.县道	1851.72	1784.70			37.38	1383.40	363.92	67.02
4.乡道	4451.06	4252.75		12.08	31.85	3151.58	1057.23	198.31
5.专用公路	9544.39	1175.25		1.212	14.01	812.70	347.33	8369.14
6.村道	6992.83	4087.32		6.07	41.50	2690.71	1349.04	2905.50

注：10-1至10-8表数据由集团社会事务部提供。

10-3 各分公司按技术等级分的公路里程到达情况

(2020年) 单位：公里

单位	总计	等级公路	高速公路	一级	二级	三级	四级	等外公路
合计	**24570.61**	**13019.75**	**371.00**	**19.37**	**124.75**	**9166.94**	**3337.70**	**11550.86**
宝泉岭	3477.69	1879.68		7.28	37.43	1578.81	256.16	1598.01
红兴隆	4273.83	1942.49			13.64	1488.52	440.34	2331.34
建三江	5253.65	2304.92		12.08	17.59	2019.51	255.74	2948.72
牡丹江	3330.10	2043.44			4.45	1607.82	431.17	1286.66
北安	2579.94	1661.10			9.96	1220.59	430.55	918.83
九三	1743.07	1064.25			18.13	473.88	572.24	678.82
齐齐哈尔	1845.84	915.80			19.32	375.49	520.99	930.03
绥化	1423.32	656.14			4.23	295.35	356.56	767.19
哈尔滨	272.17	180.92				106.98	73.94	91.25
集团直属	371.00	371.00	371.00					

10-4 集团按路面类型分的公路里程到达情况

(2020年) 单位：公里

单位	公路里程	有铺装路面(高级)			未铺装路面(中级、低级、无路面)				
		合计	沥青混凝土	水泥混凝土	合计	渣油	砂石	砖铺	无路面
上年年底到达数	**25198.17**	**11491.62**	**619.93**	**10871.69**	**13706.56**	**23.40**	**1999.85**	**1.48**	**11681.83**
本年年底到达数	**24570.61**	**11115.45**	**576.68**	**10538.77**	**13455.16**	**5.13**	**1897.70**	**1.48**	**11550.86**
1. 国道	217.31	212.95	188.96	24.00	4.36		4.36		
2. 省道	1513.30	1411.56	183.72	1227.84	101.74		90.86		10.89
3. 县道	1851.72	1653.85	116.46	1537.39	197.88		130.86		67.02
4. 乡道	4451.06	3559.04	40.40	3518.64	892.02		692.23	1.48	198.31
5. 专用公路	9544.39	937.45	12.55	924.90	8606.94		237.80		8369.14
6. 村道	6992.83	3340.60	34.59	3306.02	3652.22	5.13	741.59		2905.50

10-5 各分公司按路面类型分的公路里程到达情况

(2020年)　　单位：公里

单位	公路里程	有铺装路面(高级)			未铺装路面(中级、低级、无路面)				
		硬化小计	沥青混凝土	水泥混凝土	合计	渣油	砂石	砖铺	无路面
合计	**24570.60**	**11115.45**	**576.68**	**10538.77**	**13455.17**	**5.13**	**1897.70**	**1.48**	**11550.86**
宝泉岭	3477.69	1702.88	9.49	1693.39	1774.81		176.80		1598.01
红兴隆	4273.83	1700.35	2.43	1697.93	2573.48		242.14		2331.34
建三江	5253.65	1960.39	2.49	1957.90	3293.25		344.53		2948.72
牡丹江	3330.10	1851.46		1851.46	1478.64		191.98		1286.66
北安	2579.94	1206.01	24.52	1181.50	1373.92		455.09		918.83
九三	1743.07	822.21	1.68	820.52	920.86		242.05		678.82
齐齐哈尔	1845.84	773.27	84.76	688.51	1072.57	5.13	137.40		930.03
绥化	1423.32	555.41	26.42	528.99	867.92		99.25	1.48	767.19
哈尔滨	272.17	172.47	53.90	118.57	99.71		8.46		91.25
集团直属	371.00	371.00	371.00						

10-6 集团分路线公路桥梁到达情况

(2020年)

路线名称	桥梁合计		临时性		半永久性		永久性	
	(米)	(座)	(米)	(座)	(米)	(座)	(米)	(座)
合计	**62299**	**1737**	**56**	**5**			**62243**	**1733**
干线	21296	340					21296	340
国道	1784	24					1784	24
省道	19512	316					19512	316
县道	4066	192	8	1			4058	192
乡道	8673	450					8673	450
专用公路	333	7					333	7
村道	6635	408	48	4			6587	404

路线名称	桥梁中：危险桥梁		桥梁按跨径分					
			大桥		中桥		小桥	
	(米)	(座)	(米)	(座)	(米)	(座)	(米)	(座)
合计	**2100**	**87**	**17467**	**105**	**25427**	**397**	**19387**	**1234**
干线	342	10	8129	48	10862	161	2305	131
国道			692	5	1053	17	39	2
省道	342	10	7437	43	9809	144	2266	129
县道	366	15	493	3	638	12	2935	176
乡道	604	24	498	4	1988	38	6169	408
专用公路			175	1	42	1	116	5
村道	447	28	43	1	1035	24	5557	383

10-7 集团公路桥梁到达情况(省道)

(2020年)

路线编号	路线名称起讫地点	桥梁合计		其中 永久性		危险桥梁		桥梁按跨径分 大桥		中桥		小桥	
		(米)	(座)	(米)	(座)	(米)	(座)	(米)	(座)	(米)	(座)	(米)	(座)
	省道合计	**20412.78**	**326**	**20412.78**	**326**	**819.00**	**24**	**8153.10**	**44**	**10028.03**	**149**	**2231.65**	**133**
S101	哈尔滨—北安	52.00	1	52.00	1					52.00	1		
S12	建三江—鸡西	14834.68	163	14834.68	163			6073.80	35	8555.44	122	205.44	6
S201	珍宝岛—当壁镇	1078.44	33	1078.44	33	136.50	6	376.00	3	392.84	7	309.60	23
S202	名山—兴凯湖	203.86	7	203.86	7					85.14	1	118.72	6
S204	四季屯—鹤岗	501.76	16	501.76	16	100.00	2	162.00	1	138.54	3	201.22	12
S211	黑河—双城	931.64	9	931.64	9	84.80	1	718.60	1	84.80	1	128.24	7
S214	前进—胡吉吐莫	109.80	5	109.80	5	88.20	3			78.20	2	31.60	3
S303	长水河农场—讷河	77.00	3	77.00	3							77.00	3
S304	绥棱—拉哈	312.20	14	312.20	14	142.40	4			159.90	4	152.30	10
S306	四合—勤得利农场	145.91	5	145.91	5	10.10	1		0	97.03	2	48.88	3
S307	东安镇—同江	350.22	19	350.22	19		0		0	82.30	1	267.92	18
S308	小佳河—亮子河	1066.87	23	1066.87	23	26.80	2	552.90	2	198.44	3	315.53	18
S309	建兴—新林		0		0		0		0		0		0
S314	虎林—鸡西	379.10	9	379.10	9	119.80	2	269.80	2		0	109.30	7
S501	友谊—宝清	77.40	5	77.40	5		0		0		0	77.40	5
S506	宝清—八五二农场	68.40	3	68.40	3	30.40	1		0	30.40	1	38.00	2
S507	同江—忠仁镇	120.00	5	120.00	5	80.00	2		0	73.00	1	47.00	4
S511	环山乡—团结镇	18.00	1	18.00	1		0		0		0	18.00	1
S513	佳木斯—桦南	20.50	1	20.50	1		0		0		0	20.50	1
S515	联兴乡—科洛镇	15.00	1	15.00	1		0		0		0	15.00	1
S519	八五零农场—云山农场	50.00	3	50.00	3		0		0		0	50.00	3

10-8 集团公路桥梁到达情况(县道)

(2020年)

路线编号	路线名称起讫地点	桥梁合计		其中 永久性		危险桥梁		桥梁按跨径分 大桥		中桥		小桥	
		(米)	(座)	(米)	(座)	(米)	(座)	(米)	(座)	(米)	(座)	(米)	(座)
	县道合计	**1283.24**	**48**	**1283.24**	**48**	**523.80**	**11**	**388.00**	**2**	**227.20**	**5**	**668.04**	**41**
X025	拉哈—甘南	656.00	13	656.00	13	388.00	2	388.00	2	88.00	2	180.00	9
X116	向阳—前卫	23.50	2	23.50	2							23.50	2
X122	虎林—八五二	46.50	3	46.50	3							46.50	3
X126	庆丰—同化												
X190	沾河—81125部队												
X205	勤得利支线	12.50	1	12.50	1							12.50	1
X206	饶河农场—西通	29.90	2	29.90	2							29.90	2
X207	前进—寒葱沟	271.44	14	271.44	14	115.80	8			42.70	1	228.74	13
X208	前锋农场—瓦其卡	40.00	3	40.00	3	20.00	1					40.00	3
X242	佳抚公路建三江支线	53.30	5	53.30	5							53.30	5
X243	佳抚公路创业农场支线												
X244	依饶公路五九七支线	33.00	2	33.00	2					26.00	1	7.00	1
X247	绥北公路赵光农场支线												
X248	依饶公路朝阳支线	23.40	1	23.40	1							23.40	1
X249	依饶公路八五二支线	93.70	2	93.70	2					70.50	1	23.20	1

10-9 集团通信人员数量及电话装机量

(2020年)

单　位	通　信 分公司 (个)	通　信 中　心 (个)	通信人员 数　量 (人)	电话装机 总　数 (部)	电话装机 比率户均 (%)
总　计	**9**	**105**	**1202**	**176869**	**0.35**
宝泉岭			32		
红兴隆	1	13	179	23427	0.31
建三江	1	15	246	45129	0.47
牡丹江	1	15	58	7436	0.08
北　安	1	13	158	41737	0.68
九　三	1	16	156	18617	0.33
齐齐哈尔	1	12	127	17407	0.43
绥　化	1	8	82	11993	0.33
哈尔滨	1	9	98	5895	0.34
集团直属	1	4	66	5228	**0.18**

10-10 集团通信设备拥有量

(2020年)

单　位	光缆线路 (皮长公里)	电缆线路 (皮长公里)	程控交换机 实占容线 (线)	会议电视 系　统 (套)	宽　带 用　户 (户)
总　计	**22524.0**	**1031.5**		**133**	**159501**
宝泉岭	3609.3			13	
红兴隆	3262.5			15	26512
建三江	3586.6	102.6	212311	17	35645
牡丹江	2556.0			15	9356
北　安	3516.4			13	35719
九　三	2084.9		20000	16	13456
齐齐哈尔	1628.3	96.8	30000	11	13582
绥　化	1134.9	767.3	2790	11	10921
哈尔滨	612.2	3.6		9	6963
集团直属	532.9	61.2	9096	13	7347

注：10-9、10-10表数据由集团通信公司提供。

主要统计指标解释

公路里程　指报告期末公路的实际长度。统计范围：包括城间、城乡间、乡（村）间能行驶汽车的公共道路，公路通过城镇街道的里程，公路桥梁长度、隧道长度、渡口宽度。不包括城市街道里程，断头路里程，农（林）业生产用道路里程，工（矿）企业等内部道路里程。统计原则：按已竣工验收或交付使用的实际里程计算；两条或多条公路共同经由同一路段的重复里程，只计算一次。

高速公路　是全部控制出入、专供汽车在分隔的车道上高速行驶的公路。主要用于连接政治、经济、文化上重要的城市和地区，是国家公路干线网中的骨架。（四车道的）一般年平均每昼夜汽车通过量2.5万辆以上。

一级公路　为供汽车分向、分车道行驶，并部分控制出入、部分立体交叉的公路，主要连接重要政治、经济中心，通往重点工矿区，是国家的干线公路。四车道一级公路一般能适应按各种汽车折合成小客车的远景设计年平均昼夜交通量15000～30000辆；六车道一级公路一般能适应按各种汽车折合成小客车的远景设计年平均昼夜交通量为25000～55000辆　。

二级公路　连接政治、经济中心或大工矿区等地的干线公路，或运输繁忙的城郊公路。一般能适应各种车辆行驶，二级公路一般能适应按各种车辆折合成中型载重汽车的远景设计年限年平均昼夜交通量为3000～7500辆。

三级公路　沟通县及县以上城镇的一般干线公路。通常能适应各种车辆行驶，三级公路一般能适应按各种车辆折合成中型载重汽车的远景设计年限年平均昼夜交通量为1000～4000辆。

四级公路　沟通县、乡、村等的支线公路。通常能适应各种车辆行驶，四级公路一般能适应按各种车辆折合成中型载重汽车的远景设计年限年平均昼夜交通量为：双车道1500辆以下；单车道200辆以下。

宽带IP业务　是为用户提供的一种高速、稳定接入因特网及企业局域网间高速互联的新业务。用户可通过宽带网络享受到高速上网浏览、高速软件下载、播放视频点播节目、远程教育、视频会议、多媒体信息通信等时尚信息服务。

会议电视系统　是一种以传送视频图像信息为主的通信业务，其基本特征是：可以在两个或两个以上地点实时传递点对点的活动图像和声音；还可以看到图像，可以“面对面”交谈，适合于召开各种会议和现场交流。

程控交换机　是利用电子计算机控制的交换机，它一预先编好的程序控制交换机的接续动作。

11 国内外经济贸易

11-1 集团批发零售贸易业商品购进、销售、库存情况

(2020年)　　单位：万元

项　目	商品购进总　额	商品销售总　额	批　发销售额	零　售销售额	年　末库存额
总　额	**6934458**	**6909729**	**6628037**	**281692**	**1222678**
按国民经济行业分组					
农、林、牧产品批发	4396407	4344226	4344226		796275
#谷物、豆及薯类批发	4183663	3983383	3983383		691209
种子批发	4029	142872	142872		79908
畜牧渔业饲料批发	71148	69321	69321		6124
食品、饮料及烟草制品批发	215087	210104	210104		42701
纺织、服装及家庭用品批发					
文化、体育用品及器材批发					
医药及医疗器材批发	844	1051	1051		84
矿产品、建材及化工产品批发	2174857	2212153	1951485	260668	207554
#石油及制品批发	1005142	1038041	780907	257134	41890
化肥批发	278800	302004	299208	2796	62139
农药批发	26359	28758	28023	735	1350
机械设备、五金产品及电子产品批发	8523	5852	2703	3149	5387
#农业机械设备批发	7143	5720	2571	3149	4139
汽车及零配件批发					
摩托车及零配件批发					
其他批发业	126228	121995	118468	3527	134608
综合零售	47	70		70	7
#百货零售					
超级市场零售					
其他综合零售					
食品、饮料及烟草制品专门零售	7839	9700		9700	35503
#粮油零售	398	796		796	60
纺织、服装及日用品专门零售	1178	1181		1181	15
文化、体育用品及器材专门零售	1288	1587		1587	13
医药及医疗器材专门零售	1509	1510		1510	
汽车、摩托车、零配件和燃料及其他动力销售					
家用电器及电子产品专门零售					
五金、家具及室内装饰材料专门零售					
货摊、无店铺及其他零售业	651	300		300	531

11-2 各分公司批发零售贸易业商品购进、销售、库存情况

单位：万元

年份 单位	商品购进 总额	商品销售 总额	批发	零售	年末 库存额
2000	541216	580983	514167	66815	81736
2005	211968	457613	289720	167893	131692
2010	2577227	2510384	1994213	516171	596056
2016	4401987	4914151	4587386	326765	706713
2017	4426712	4658653	4390040	268613	850258
2018	3459738	4122140	3836623	285517	741724
2019	3920559	3932354	3685686	245627	1090808
2020	6934458	6909729	6628037	281692	1222678
宝泉岭	29410	31588	30856	732	1980
红兴隆	10731	11122	10493	629	12
建三江	28482	33265	31995	1270	725
牡丹江	32905	38250	34220	4030	6041
北安	8140	8507	8507		84
九三	141855	132624	132308	316	16878
齐齐哈尔					
绥化					
哈尔滨	235	237	198	39	10
集团直属	6682700	6654136	6379460	274676	1196948

11-3 各分公司批发和零售业基本情况

(2020年)　　单位：个、人、平方米、万元

年份 单位	经营单位 个数	年末固定 资产原值	营业用房 面积	年末从业 人员人数	全年劳动 报酬	销售总额 营业收入
2016	159	531371	564231	9590	58434	4846417
2017	126	784652	508136	8971	57417	4588759
2018	150	805571	449339	8731	51176	4102219
2019	208	545842	637166	6357	55185	3914881
2020	174	1279261	403577	7672	65710	6925208
宝泉岭	13	28471	38489	215	876	31655
红兴隆	5	137	1742	42	135	11129
建三江	12	5886	4431	144	585	33265
牡丹江	15	12200	12861	123	504	38250
北安	5	814	9155	228	580	8508
九三	14	22119	37687	209	795	132624
齐齐哈尔						
绥化						
哈尔滨	4	367	500	75	303	237
集团直属	106	1209267	298712	6636	61932	6669540

11-4 各分公司住宿和餐饮业基本情况

(2020年)　　单位：个、人、平方米、万元

年　份 单　位	经营单位 个　数	年末固定 资产原值	营业用房 面　积	年末从业 人员人数	全年劳动 报　酬	销售总额 营业收入
2016	46	105367	221121	1614	4507	29989
2017	47	101198	231003	1607	4547	20266
2018	50	97700	230166	1475	4302	21264
2019	40	392215	212522	1278	4361	15166
2020	35	102171	188252	1164	3670	10322
宝泉岭	3	4165	18987	106	342	1017
红兴隆	4	16782	35804	173	466	1821
建三江	14	5817	40485	314	1121	2138
牡丹江	5	34356	23344	160	537	1279
北　安	3	1272	15880	78	317	673
九　三	1	7951	10604	54	156	619
齐齐哈尔	2	51	7472	16	48	61
绥　化						
哈尔滨	1	14	8316	14	58	65
集团直属	2	31763	27360	249	625	2649

11-5 进出口贸易总额

年　份 单　位	按人民币计算(万元)			按美元计算(万美元)		
	进出口总额	出口总额	进口总额	进出口总额	出口总额	进口总额
1990	48379	44073	4306	11175	10263	912
1995	93878	44302	49576	11284	5325	5959
2000	57874	55979	1896	6998	6769	229
2005	369722	194886	174836	46100	24300	21800
2010	1389951	415334	974617	205359	61364	143995
2013	1533929	556729	977200	251464	91267	160197
2014	1605718	604582	1001136	258987	97513	161474
2015	1621566	421402	1200163	250242	65031	185210
2016	1617799	55624	1562175	233112	8015	225097
2017	2145571	71502	2074069	330088	11000	319088
2018	2085020	6802	2017000	315434	10291	305144
2019	1657321	62523	1594798	237568	8962	228606
2020	2368934	52270	2316664	361723	7865	353859
宝泉岭						
红兴隆						
建三江						
牡丹江						
北　安	3559	3559		543	543	
九　三						
齐齐哈尔						
绥　化						
哈尔滨						
集团直属	2365375	48711	2316664	361180	7322	353859

注：11-5至11-12表数据由集团营销部提供。

11-6 主要年份按贸易方式分的进出口贸易总额

项　　目	1990	1995	2000	2010	2015	2016	2017	2018	2019	2020
按人民币计算(万元)										
进出口总额	48379	93878	57874	1389951	1621566	1617799	2145571	2085020	1657321	2368934
出口总额	44073	44302	55979	415334	421402	55624	71502	68020	62523	52270
出口供货	35694	35392	37419	271715	307724					
自营出口	1623	8626	5746	60732	50381	55624	71502	68020	62523	52270
边贸易货	1091	278	9434	82887	63297					
补偿贸易	5666		3380							
进口总额	4306	49576	1896	974617	1200163	1562175	2074069	2017000	1594798	2316664
自营进口	2474	49405	1358	974617	1200163	1562175	2074069	2017000	1594798	2316664
边贸易货	1832	171	538							
按美元计算(万美元)										
进出口总额	11175	11284	6998	205359	250242	233112	330088	315434	237568	361723
出口总额	10263	5325	6769	61364	65031	8015	11000	10291	8962	7865
出口供货	8526	4255	4525	40145	47488					
自营出口	306	1037	695	8973	7775	8015	11000	10291	8962	7865
边贸易货	231	33	1141	12246	9768					
补偿贸易	1200		409							
进口总额	912	5959	229	143995	185210	225097	319088	305144	228606	353859
自营进口	524	5939	164	143995	185210	225097	319088	305144	228606	353859
边贸易货	388	21	65							

11-7 主要年份按类别分的出口商品总额

单位：万美元

类　　别	1990	1995	2000	2010	2015	2016	2017	2018	2019	2020
出口金额	**10262.9**	**5325.1**	**6768.9**	**61363.7**	**65031.2**	**8015.0**	**11000.3**	**10290.5**	**8962.3**	**7864.8**
粮油食品类	9567.7	5000.5	6148.0	29645.9	33748.6	2988.9	3102.7	2541.0	3879.7	2119.2
土畜产品类	400.1		323.7	22308.0	23383.3	4322.7	7035.2	7062.2	4576.4	4689.2
轻工产品类	121.2	293.0	139.8	4691.3	5265.7	85.2	220.0	73.6	55.0	548.7
工艺品类	35.9		40.0	650.0	500.0	500.7	515.0	520.0	424.0	493.0
医药保健类	50.0		7.0	3150.5	93.0	104.8	109.1	93.7		
化工产品类	37.4		35.4		178.0					
非金属矿产品类	17.1			781.4	464.0					
机械设备类	0.2			136.6	1398.6	12.7	18.3		27.2	14.7
其　　它	33.3		75.0							

11-8 主要年份按类别分的进口商品总额

单位：万美元

类　别	2015			2016			2017		
	合计	自营	易货	合计	自营	易货	合计	自营	易货
进口总额	**185210.4**	**185210.4**		**225097.2**	**225097.2**		**319087.5**	**319087.5**	
成套设备及技术引进									
航空设备									
汽车及摩托车									
农、林、牧业机械	418	418							
起重挖掘机械									
轻　工									
钢　材									
石油及产品									
化工原料									
其　它	184792.4	184792.4		225097.2	225097.2		319087.5	319087.5	

11-8续表

单位：万美元

类　别	2018			2019			2020		
	合计	自营	易货	合计	自营	易货	合计	自营	易货
进口总额	**305144**	**305144**		**228605.6**	**228605.6**		**353858.9**	**353858.9**	
成套设备及技术引进									
航空设备									
汽车及摩托车									
农、林、牧业机械									
起重挖掘机械									
轻　工							67404.1	67404.1	
钢　材									
石油及产品									
化工原料							1132.9	1132.9	
其　它	305144	305144		228605.6	228605.6		285321.9	285321.9	

11-9 主要年份商品出口数量和金额

单位：吨、万元

品 名	2000		2010		2016		2017		2018		2019		2020	
	数量	金额	数量	金额	数量	金额	数量	金额	数量	金额	数量	金额	数量	金额
黄大豆	122793	27318	114455	41052	853	349					3072	1388	0.23	0.12
其他杂豆	41533	10367	104638	5366	136	134					62	27		
豆 粉		390	4429	4305	3177	5551	2164	3318	2903	4504	2564	4728	553	877
大 米	57135	10473	47160	18184	10750	5832	17983	8510	11903	5595	14509	7796	19849	10000
面 粉	4160	631	600	338										
奶 粉			925	2200										
蕃茄酱	1750	881												
白瓜籽			8910	9922			50	72						
蔬 菜	2000	63	45379	14157	1026	2539	1296	3628	509	1313	851	1095	327	321
大麻籽														
黑木耳		79												
猪肉罐头	200	280												
水 果														
饼 干														
精 盐														
快餐面														
甜菜粕	16000	1284	5855	6261										
山野菜	45	14	820	2904	397	6113	298	4109	197	2894	346	4698		
玉米胚芽饼														
羊 草			5650	542										
其他合成香料														
糖 甙	120	207	551	9802	293	7065	325	6643	294	4164	270	4000		
糠 醛	200	88	4000	6971										
卫生筷子		806												
纸制品														
果 汁											1069	849		
豆 粕											5703	2111	620	50
盐渍猪肠衣											5336	31821	3788	31294

11-10 主要商品出口数量和金额

(2020年)

品　　名	单位	数量	金额(万美元)
大米	吨	19849	1533
豆粉	吨	1371	180
速冻玉米	吨	22	2
设备	台	26	15
实木地板			477
枸杞	吨	8	5
葵花子	吨	7	1
豆粕	吨	620	50
盐渍猪肠衣	吨	3787	4689
磷脂	吨	150	22
大豆	吨		
布艺	万件	572	394
电梯	部	1	5
柳制工艺品	万件	128	99
南瓜籽仁	吨	292	79
苹果圈	吨	3	1
葡萄干	吨	2033	267
有机酸菜	吨	306	46
有机挂面	吨	13	2

11-11 主要年份按国别和地区分的出口商品总额

(自营出口部分)　　单位：万美元

国别(地区)	1990	2000	2010	2014	2015	2016	2017	2018	2019	2020
总　计	**257**	**695**	**8973**	**12014**	**7775**	**8015**	**11000**	**10291**	**8962**	**7865**
亚洲国家和地区	257	528	5716	7831	4974	4410	7143	2106	4003	2137
香　港	164			10	30	20	60			141
韩　国	4	32	2151	3954	1398	3017	3729	1451	2296	1368
日　本	69	430	1710	2033	1965	385	215	199	657	447
泰　国						462	220	249	167	6
新加坡	24	7		55	47	139	30	46	110	55
阿联酋				17		13	14	12	5	
欧洲国家		53	2369	1637	1347	413	2631	3700	4813	4913
意大利						16	341	112	103	5
瑞　士										
俄罗斯									48	

11-12 利用外资情况

单位：万美元

年份	签订合同数（个）	实际利用外资额	对外借款	#政府贷款	外商直接投资	#合资经营	外商其他投资	#补偿贸易
1978-2020	597	107814.7	23168.0	11949.0	73182.7	53214.9	9931.0	6788.0
1980	1	1350.0					1350.0	1350.0
1985	4	3631.0	3519.0		112.0	112.0		
1990								
1995	6	3534.0			1489.0	1489.0	2045.0	2045.0
1996	9	708.0			708.0	708.0		
1997	4	37.0			37.0	37.0		
1998	5	594.0			594.0	594.0		
1999	4	7597.0	7040.0	7040.0	557.0	557.0		
2000	10	2042.0	1259.0	1259.0	291.0	291.0	492.0	492.0
2001	25	3166.0	1456.0	1456.0	1377.0	1377.0		
2002	9	1211.0			130.0	130.0	1081.0	
2003	12	3411.0			1344.0	1344.0	2067.0	
2004	30	1389.0			1389.0	1389.0		
2005	36	3333.0	494.0	494.0	2839.0	2839.0		
2006	33	3267.0			3267.0	3267.0		
2007	39	4292.7			4292.7	4292.7		
2008	37	4604.0			4604.0	1935.0		
2009	36	4967.0			4967.0	4967.0		
2010	12	5194.7			5194.7	4249		
2011	53	8441.1			8441.1	8441.1		
2012	53	9355.7			9355.7	3417.3		
2013	50	7000			7000	4700		
2014	52	10016.5			10016.5	3723		
2015	16	1898.6			1898.6	399		
2016	10	650.1			650.1	111.8		
2017	7	736			736	75.5		
2018	3	152.9			152.9	91.5		
2019	1	61.4			61.4			
2020								

11-13 三库一中心自有仓库仓容情况

(2020年)　　单位：吨

单　位	仓容	按货物特性分类			按使用目的分类		
		普通仓库	冷藏仓库	其他仓库	产地供应库	物流节点库	城市分销库
总　计	**16698398**	**16500172**	**23136**	**175090**	**16248398**	**450000**	
宝泉岭	411500	411500			411500		
红兴隆	227500	227500			227500		
建三江	1099738	1099738			1099738		
牡丹江	391962	391362	600		391962		
北　安	401540	396085	5455		401540		
九　三	499630	499630			450630	49000	
齐齐哈尔	26000	26000			26000		
绥　化	75000	75000			75000		
哈尔滨	28000	28000			28000		
集团直属	13537528	13345357	17081	175090	13136528	401000	

11-14 三库一中心自有仓库面积情况

(2020年)　　单位：万平方米

单　位	仓库面积	按货物特性分类			按使用目的分类		
		普通仓库	冷藏仓库	其他仓库	产地供应库	物流节点库	城市分销库
总　计	**638**	**607**	**3**	**27**	**626**	**12**	
宝泉岭	11	11			11		
红兴隆	10	10			10		
建三江	33	33			33		
牡丹江	48	47			48		
北　安	28	27			28		
九　三	11	11			9	2	
齐齐哈尔	3	3			3		
绥　化	13	13			13		
哈尔滨	1	1			1		
集团直属	481	452	2	27	472	10	

主要统计指标解释

批发业 指批发商向批发、零售单位及其他企事业、机关单位批量销售生活用品和生产资料的活动，以及从事进出口贸易和贸易经纪与代理的活动。批发商可以对所批发的货物拥有所有权，并以本单位、公司的名义进行交易活动；也可以不拥有货物的所有权，而以中介身份做代理销售商。还包括各类商品批发市场中固定摊位的批发活动。

零售业 指百货商店、超级市场、专门零售商店、品牌专卖店、售货摊等主要面向最终消费者（如居民等）的销售活动。包括以互联网、邮政、电话、售货机等方式的销售活动，还包括在同一地点，后面加工生产，前面销售的店铺（如前店后厂的面包房）。不包括：谷物、种子、饲料、牲畜、矿产品、生产用原料、化工原料、农用化工产品、机械设备（乘用车、计算机及通信设备等除外）等生产资料的销售（列入批发业）；非零售单位附带的零售活动，如汽车修理单位销售汽车零件（列入单位主业所对应的行业类别中）；商业零售单位所在商厦的物业管理（列入物业管理）；商业零售单位所在的商品市场、商业大厦的市场管理活动（列入市场管理）。

批发和零售业商品购进、销售、库存额 指各种登记注册类型的批发和零售业企业(单位)以本企业(单位)为总体的，从国内、国外市场购进的商品总量，销售和出口的商品总量，库存的商品总量等情况。该指标可以反映商品流转过程中商品的购进、销售、库存之间的比例关系和存在的问题。

商品购进额 指从本企业以外的单位和个人购进（包括从国外直接进口）作为转卖或加工后转卖的商品金额（含增值税）。本指标反映批发和零售业从国内外市场上购进商品的总价。商品购进包括：（1）从工农业生产者、批发和零售业企业、住宿和餐饮业企业、出版社或报社的出版发行部门和其他服务业企业购进的商品；（2）从机关团体、事业单位购进的商品；（3）从海关、市场管理部门购进的缉私和没收的商品；（4）从居民收购的废旧商品等。不包括：（1）企业为本单位自身经营用，不是作为转卖而购进的商品，如材料物资、包装物、低值易耗品、办公用品等；（2）未通过买卖行为而收入的商品，如接受其他部门移交的商品、借入的商品、收入代其他单位保管的商品、其他单位赠送的样品、加工回收的成品等；（3）经本单位介绍，由买卖双方直接结算，本单位只收取手续费的业务；（4）销售退回和买方拒付货款的商品；（5）商品溢余。

商品销售额 指对本单位以外的单位和个人出售的商品金额（包括售给本单位消费用的商品，含增值税），在批发和零售业中，本指标反映在国内市场上销售商品以及出口商品的总价。商品销售包括：（1）售给城乡居民和社会集团消费用的商品；（2）售给农业、工业、建筑业、服务业等国民经济各行业用于生产、经营用的商品，包括售予批发和零售业作为转卖或加工后转卖的商品；（3）对国（境）外直接出口的商品。商品销售不包括：（1）未通过买卖行为付出的商品，如随机构变动移交给其他企业单位的商品、借出的商品、归还受其他单位委托代保管的商品、付出的加工原料和赠送给其他单位的样品等；（2）经本单位介绍，由买卖双方直接结算，本单位只收取手续费的业务；（3）购货退回的商品；（4）商品损耗和损失；（5）出售本单位自用的废旧物资。

商品库存额 对于批发和零售业法人单位和个体经营户，是指报告期末取得所有权的全部商品金额（含增值税）；对于批发和零售业产业活动单位，是指报告期末实际在库且归属法人具有所有权的全部商品金额（含增值税）。这个指标反映批发和零售业的商品库存情况，以及对市场商品供应的保证程度。库存商品包括：（1）存放在本单位（如门市部、批发站、采购站、经营处）的仓库、货场、货柜和货架中的商品；（2）挑选、整理、包装中的商品；（3）已记入购进而尚未运到本单位的商品，即发货单或银行承兑凭证已到而货未到的商品；（4）寄放他处的商品，如因购货方拒绝付款而暂时存在购货方的商品；（5）委托其他单位代销（未作销售或调出）尚未售出的商品；（6）代其他单位购进尚未交付的商品。库存商品不包括：（1）所有权不属于本单位的商品，如商品已作销售但买方尚未取走的商品，代替他人保管、运输、加工的商品，代其他单位销售（未做购进或调入）而未售出的商品；（2）委托外单位加工的商品（包括本单位所属加工厂和其他生产单位加工生产尚未收回成品的商品）；（3）外贸企业代理其他单位从国外进口，尚未付给订货单位的商品；（4）代国家储备部门保管的商品。

住宿业 指有偿为顾客提供临时住宿的服务活动。不包括提供长期住宿场所的活动，如出租房屋、公寓等（列入房地产开发经营）。

餐饮业 指在一定场所，对食物进行现场烹饪、调制，并出售给顾客主要供现场消费的服务活动。

营业额 指住宿和餐饮业单位在经营活动中因提供服务或销售商品等取得的收入。包括：客房收入、餐费收入、商品销售额（含增值税）和其他收入。其中，客房收入指住宿和餐饮业单位在经营活动中因提供住宿服务取得的收入。餐费收入指住宿和餐饮业单位因为顾客提供就餐服务取得的收入，包括经烹饪、调制加工后出售的各种食品，如主食、炒菜、凉拌菜等的收入。

出口总值 指各进出口贸易公司和赋有经营进出口的企业的出口（包括代理出口）、补偿贸易出口、来料加工产品的出口总额（实际统计按工缴费的收入统计）。

进口总值 指各进出口贸易公司及有经营进出口权的企业进口总额（其中包括代理进口）。

海关进出口总额 指实际进出我国国境的货物总金额。包括对外贸易实际进出口货物、来料加工装配进出口货物，国家间、联合国及国际组织无偿援助物资和赠送品，华侨、港澳台同胞和外籍华人捐赠品，租赁期满归承租人所有的租赁货物，进料加工进出口货物，边境地方贸易及边境地区小额贸易进出口货物（边民互市贸易除外），中外合资经营企业、中外合作经营企业、外商独资经营企业进出口货物和公用物品，到、离岸价格在规定限额以上的进出口货样和广告品（无商业价值、无使用价值和免费提供出口的除外），从保税仓库提取在中国境内销售的进出口货物，以及其他进出口货物。进出口总额用以观察一个国家在对外贸易方面的总规模。我国规定出口货物按离岸价格统计，进口货物按到岸价格统计。

利用外资 指我国各级政府、部门、企业、中国银行和其他单位通过对外借款，吸收客商直接投资和商品信贷及其他方式，从国外和港澳地区筹措的资金。

对外借款 是我国利用外资的主要部分，包括我国通过外国政府贷款、国际金融组织贷款，外国银行的买方信贷和现汇货款以及对外发行债券和股票等方式，从国外和港澳地区借用的资金。

外商直接投资 是指外国企业和经济组织或个人（包括华侨、港澳同胞以及我国在境外注册的企业）按我国有关政策、法规、在我国境内开办独资企业、与我国境内的企业或经济组织共同举办合资企业、合作经营企业或合作开发资源的投资以及客商从企业得到收益的再投资。

现汇贸易 又称自由外汇贸易。是指两个国家或地区间在贸易结算时，使用可以自由兑换货币的现汇国家所进行的或是采用记帐贸易现汇结算的对外贸易，都属于现汇贸易。

易货贸易 亦称换货贸易。是指不以货币直接结算的贸易。它是在双方等值的基础上，把出口货物和进口货物直接结合起来，以不使用货币直接结算的贸易方式。它分狭义和广义的易货贸易两种。

代理 是许多国家商人在从事进出口业务中习惯采用的一种贸易做法。是指代理人按照本人的授权，代表本人与第三人订立合同或作其他法律行为，而由本人直接享有由此而产生的权利与承担相应的义务。

补偿贸易 是指在信贷基础上进行的、进口与出口相结合的贸易方式，即进口设备，然后以回销产品和劳务所得价款，分期偿还进口设备的价款及利息。

产地供应库 产地供应库布局在生产基地，主要承担产品仓储功能。是指大型农业企业在生产经营所在地建设的产品存储、集散、分拨设施群。其功能不仅包括传统仓储可供产品入库、储存、出库等活动所需的设施，还包括现代仓储库内加工、分拣、库内包装等环节的设施设备，并形成与功能相适应的供应链体系和信息化系统，是该农业企业整个流通网络体系的产品供应基地。

物流节点库 物流节点库布局在物流节点枢纽，起到中转集枢作用。是指大型农业企业在各个产品销售大区相对集中的城市设立的物流仓储、分拨、中转设施。其功能为接收产地供应库发来的产品，并迅速分拨、集配到消费地，是整个流通网络体系的产品销售中转站。

城市分销库 城市分销库布局在城市消费中心，服务终端消费。是指大型农业企业在产品销售终端城市设立的物流仓储、分拨、配送设施。其功能为接收物流节点库或产地供应库发来的产品，并根据消费需求进行高效分拨、配送，并及时反馈末端消费市场信息。

12 教育科技

12-1 集团各级各类学校、在校生及教师数

(2020年) 单位：所、人

局 别	年末各级各类学校(含幼儿园)	#普通高校	中等职业教育学校	幼儿园	在校(园)生	#普通高校
总 计	**114**	**2**	**5**	**107**	**35979**	**17854**
宝泉岭	15		1	14	3617	
红兴隆	15		2	13	2486	
建三江	18			18	5176	
牡丹江	14			14	2224	
北 安	15		1	14	1663	
九 三	13			13	1429	
齐齐哈尔	7			7	631	
绥 化	8			8	463	
哈尔滨	5			5	166	
集团直属	4	2	1	1	18124	17854

注：12-1表数据由集团社会事务部提供。

12-1续表 (2020年) 单位：所、人

局 别	中等职业教育学校	幼儿园	在校(园)教师	#普通高校	中等职业教育学校	幼儿园
总 计	**2576**	**15549**	**2836**	**751**	**182**	**1903**
宝泉岭	1263	2354	417		76	341
红兴隆	422	2064	297		70	227
建三江		5176	588			588
牡丹江		2224	247			247
北 安	659	1004	201		36	165
九 三		1429	119			119
齐齐哈尔		631	87			87
绥 化		463	88			88
哈尔滨		166	34			34
集团直属	232	38	758	751		7

注：12-2至12-4表数据由集团科技信息产业部提供。

12-2 科学研究与技术开发机构、人员、经费及资产情况

项目	单位	2018				2019	
		合计	自然科学技术领域	社会人文科学领域	科学技术情报	合计	自然科学技术领域
集团直属独立研究与开发机构							
机构数	个	20	19	1		19	18
职工人数	人	2587	2575	12		2491	2479
#科技人员	人	1089	1081	8		954	946
管理人员	人	1483	1479	4		1261	1257
工人	人	15	15			276	276
经费收入额	万元	13482	13457	25		25369	25354
#国拨	万元	3881	3856	25		11016	11001
基本建设投资额	万元	495	495			2535	2535
#设备及工器具购置	万元	216	216			4040	4040
年末固定资产原值	万元	27035	26899	135		168129	168129

注：12-2至12-4表数据由集团科技信息产业部提供。

12-2续表

项目	单位	2019		2020			
		社会人文科学领域	科学技术情报	合计	自然科学技术领域	社会人文科学领域	科学技术情报
集团直属独立研究与开发机构							
机构数	个	1		20	19	1	
职工人数	人	12		503	488	15	
#科技人员	人	8		345	330	15	
管理人员	人	4		24	22	2	
工人	人			28	28		
经费收入额	万元	15		21745	21745		
#国拨	万元	15		20395	20395		
基本建设投资额	万元			520	520		
#设备及工器具购置	万元			319	319		
年末固定资产原值	万元			30200	30115	85	

12-3 科学研究与技术开发项目科技奖励情况

项　　目	2005	2009	2010	2012	2013	2014
本年开展的研究与开发项目	187	29	165	181	163	148
本年完成并通过鉴定的研究与开发项目	50	34	61	35	32	64
获奖的研究、开发项目	34	7	40	46	67	47
获国家星火奖						
获科技奖	34	7	28	46	59	47
#国家级科技奖						
省级科技奖	5	7	6	5	12	4
集团级科技进步奖	29		22	41	47	43
获农业部丰收奖			12		8	

12-3续表

项　　目	2015	2016	2017	2018	2019	2020
本年开展的研究与开发项目	126	64	64	80	40	40
本年完成并通过鉴定的研究与开发项目	41	20	36	49	91	
获奖的研究、开发项目	51	57	32	53	77	34
获国家星火奖						
获科技奖	51	40	42	10	70	34
#国家级科技奖						
省级科技奖	8	9	6	5	5	5
集团级科技进步奖	43	31	36	48	65	29
获农业部丰收奖		17			7	

12-4　垦区获得黑龙江省科学技术奖励名单

(2020年)

序号	获奖等级	项目名称	奖励名称	主要完成单位	主要完成人
1	一等奖	围产期奶牛代谢失衡机理研究	自然科学奖	黑龙江八一农垦大学	徐闯，杨威，刘国文，夏成，付世新
2	二等奖	寒地水稻减肥节水关键技术与装备研发	科技进步奖	黑龙江省农垦科学院，黑龙江省八五一一农场，黑龙江省农垦建三江管理局农机安全监理站	周成，马增奇，王福，崔志富，秦泗君，吴显斌，房欣，孔祥辉，钱海峰，张世科，熊文江，武际军，杨桂荣，刘慧佳，巩奕
3	三等奖	水稻育秧棚综合利用技术研究与示范	科技进步奖	黑龙江省农垦科学院	景尚友，郑安波，杨世志，张铁强，王明明，徐宁，迟超，郭莹，张洪亮，张荣华，王翊，王慧，姜丽静，李彩华，韩天甲
4	三等奖	玉米品种垦单15示范与推广	科技进步奖	黑龙江省农垦科学院	王平，胡洪林，李宁，李庭锋，于琳，孙丛江，罗英辉，齐志庆，张景云，杨春雨，丁守成，纪伟波，周天林，吴成龙，纪武鹏
5	三等奖	黑龙江省垦区高产奶牛繁殖障碍综合防治措施的研究	科技进步奖	黑龙江省农垦科学院	张洪涛，李长志，宋伟红，韩志强，许红喜，王伟，梁甲明，李伟，张金友，柴梦龙，卫喜明，孙文，陈国福，刘刚，施长喜

主要统计指标解释

科技活动 指在所有科学技术领域内，即自然科学、农业科学、医药科学、工程与技术科学、人文与社会科学（简称科学技术领域）中与科技知识的产生、发展、传播和应用密切相关的有组织的科技活动。所谓有组织的科技活动，指在一个机构的范围之内，并列入这一机构的工作计划，由这一机构的人员有计划地进行的科技活动。目前科技活动统计包括研究与试验发展、研究与试验发展成果应用及科技服务三类活动。

科研单位个数 指专门从事科学研究、科学试验、技术推广的专门科研单位。

科技活动机构 指调查范围内有建制的从事科技活动的科研机构。包括国有科学研究与技术开发机构、科技情报与文献机构，全日制普通高等学校附属科技活动机构、大中型工业企业附属的技术开发机构。全日制普通高等学校附属的科技活动机构指经学校上级主管部门正式批准的以科技活动为主，相对稳定的开展科技活动的机构。大中型工业企业附属的技术开发机构（也称企业办科技机构）指企业自办或与外单位合办，管理上同生产系统相对独立的，或单独核算的专门技术开发机构，如企业办研究所或开发中心、开发部等。

（1）有经常性研究开发任务的机构 指所从事的技术开发任务是按经常性计划安排实施的，而不是承担间断性或零散任务的企业办技术开发机构。

（2）有稳定经费来源的机构 指能从各种渠道较稳定地获得技术开发经费，如科技三项费用、技术开发贷款。留利中的生产发展基金，新产品试制基金，企业固定资产折旧基金按规定允许使用的资金，按国家规定摊入生产成本的费用等，这样的企业办技术开发机构视为有稳定经费来源。

（3）有一定测试条件的机构 指在技术开发工作中有一定试验、测试条件，或技术开发工作中的试验、测试可在企业内部进行的企业办技术开发机构。

从业人员 指由本机构年末直接组织安排工作并支付工资的各类人员总数，包括固定职工、国家有编制的合同制职工、招聘人员和返聘的离退休人员。不包括离退休人员，停薪留职人员。

科技活动人员 是指调查单位在报告年度直接从事科技活动，以及专门从事科技活动管理和为科技活动提供直接服务的人员。不包括全年累计从事科技活动的实际工作时间占全年制度工作时间10%以下（不包括10%）的人员。科技活动人员包括科技研发人员、科技推广人员、科技管理及服务人员。

普通高等学校 指通过国家普通高等教育招生考试，招收高中毕业生为主要培养对象，实施高等学历教育的全日制大学、独立设置的学院、独立学院和高等专科学校、高等职业学校及其他机构。

大学、独立设置的学院主要实施本科及本科层次以上的教育。独立学院主要实施本科层次的教育。高等专科学校、高等职业学校实施专科层次的教育。其他机构是指承担国家普通招生计划任务不计校数的机构，包括普通高等学校分校、大专班等。

成人高等学校 指通过国家成人高等教育招生考试，招收具有高中毕业或同等学力的人员为主要培养对象，利用函授、业余、脱产等多种形式，对其实施高等学历教育的学校。包括：职工高等学校、农民高等学校、管理干部学院、教育学院、独立函授学院、广播电视大学、其他机构。其他机构是指承担国家成人招生计划任务不计校数的机构。

中等专业学校 通常是在九年制义务教育结束后进行，在级别上相当于高中，但普通高中侧重基础知识的传授，毕业后一般参加普通高考，是为升入大学做准备。而中专更重视专业技能的培训，毕业后一般都已经掌握了相应的职业技能，步入社会可以胜任某种职业。目前的中专有公办与民办之分，包括：普通中专，职业中专，成人中专,中技（同等中专学历）。

教职工总数 指垦区在各类学校中工作的在册全部职工人数。包括本部、科研机构、校办工厂农（林）场和附属机构的人员。但不包括离退休人员，学校办集体所有制单位人员等。

在校学生数 指年初开学以后、具有学籍的在校生人数，但普通中学不包括毕业生在校补习或复读的学生数。农垦学校个数和在校生数的规定：在农垦系统办的学校中，高中、职高、初中、小学多制合一的，其学校个数为1，并填在普通中学栏内，但在学校生数应分别统计。

13 卫生和其他

13-1 卫生机构数

单位：个

年份	总计	医院	疗养院、所	门诊部、所	卫生所	卫生监督所	妇幼保健所、站	个体开业诊所	其它卫生机构
1990	3265	147	1	2916	2755	98	78	18	7
1991	3248	150	1	2891	2711	100	85	14	7
1992	3271	158	1	2866	2721	101	94	44	7
1993	3261	123	1	2800	2644	100	99	131	7
1994	3250	127	1	2784	2739	105	102	124	7
1995	3185	136	1	2736	2698	104	100	101	7
1996	3042	126	1	2709	2651	103	97		6
1997	3053	116	1	2726	2674	110	97		3
1998	2978	116	1	2662	2607	102	96		1
2000	2829	116	1	2511	2460	105	95		1
2001	2666	116	1	2349	2146	105	95		
2002	2524	122	1	2241	1937	90	70		
2003	2587	123	1	2286	2141	95	82		
2004	2577	122	1	2260	2105	101	93		
2005	2313	115	1	1870	1806	115	99		
2006	2397	116	1	1947	1854	116	111		
2007	2601	116	1	2179	2144	112	89		
2008	2564	116	1	2132	2090	114	92		
2009	2581	116	1	2166	1994	101	97	10	
2010	2285	116	1	1839	1686	116	97		
2011	2336	123	1	1762	1574	118	97		
2012	1870	123	1	1412	1376	118	97		
2013	1689	123	1	1327	1127	118	97	24	
2014	1551	123	1	1137	1109	118	97	76	
2015	1508	125	1	1063	1051	118	76	58	67
2016	1516	123	1	1073	1060	121	79	97	23
2017	1218	123	1	650	631	121	79	114	88
2018	1039	123	1	616	544	119	59	94	27
2019	624	123	1	480	465		20		
2020	543	123	1	377	377		42		

注：13-1至13-9表数据由集团社会事务部提供，2019年卫生监督所移交地方，非集团所属卫生机构不再统计。

13-2 卫生机构人员数

单位:人

年份	总计	卫生技术人员	#医生	#中医	#西医师	#西医士	#护师、护士	每千人口医生数
1990	19185	14903	7628	252	4024	3350	3748	4.8
1991	20082	15306	7340	236	3795	3307	3656	4.7
1992	20508	15994	7007	231	4096	2676	3562	4.5
1993	19458	15441	6795	222	4384	2189	3399	4.3
1994	18409	14498	6553	210	4241	2097	3233	4.2
1995	18436	14426	6758	164	4520	2074	3456	4.4
1996	17638	14052	6832	151	4578	2101	3506	4.4
1997	17290	13889	7145	136	5080	1928	3729	4.6
1998	16464	13251	6933	108	5144	1679	3617	4.4
2000	14079	11487	6392	88	5174	1130	3289	4.1
2001	13472	11022	6237	192	5002	507	2939	4.1
2002	12735	10535	6161	69	5066	986	2880	3.9
2003	12052	10053	6621	85	4862	874	2715	4.2
2004	11704	9836	6202	80	4806	821	2629	3.3
2005	12096	10103	6347	76	4918	840	2690	4.0
2006	12322	10427	7766	46	5134	786	2661	4.9
2007	12498	10767	7209	40	5321	690	2814	4.4
2008	13228	11482	6553	139	5374	1040	3088	4.1
2009	13173	11290	6278	127	5044	1107	3104	4.0
2010	14202	12143	8333	150	5079	978	4497	5.0
2011	14397	13617	7351	143	5116	1024	5276	5.1
2012	14889	12709	8427	164	5082	1484	4685	5.0
2013	13783	12514	6440	155	5106	994	4470	4.9
2014	14170	12371	6354	169	5068	1017	4427	3.7
2015	14318	12843	5891	175	4406	1046	4506	3.4
2016	15257	12719	5999	197	4860	982	4965	2.6
2017	16683	14046	6237	246	4897	1013	5288	3.7
2018	16059	13570	5801	187	4573	1041	4901	3.5
2019	14321	11801	5322	210	4436	608	5126	3.3
2020	14150	11559	5008	207	4801	565	4974	3.0

13-3 卫生机构床位数

单位：张

年份	总计	医院	#综合医院	疗养院、所	每千人口医院床位数
1990	9324	9004	8278	320	5.6
1991	9536	9216	8384	320	5.9
1992	9778	9458	8630	320	6.1
1993	9263	8943	8557	320	6.0
1994	9234	8914	8664	320	5.7
1995	9301	8981	8661	320	6.0
1996	9133	8813	8563	320	5.6
1997	8891	8571	8321	320	5.7
1998	8558	8238	7988	320	5.4
2000	7838	7518	7268	320	5.1
2001	7334	7014	6680	320	4.7
2002	7217	6897	6647	320	4.3
2003	7194	6874	6624	320	4.1
2004	6970	6650	6400	320	5.6
2005	7352	7032	6677	320	4.5
2006	7483	7163	6798	320	4.7
2007	7724	7404	6959	320	4.7
2008	8274	7974	7374	300	4.8
2009	8959	8659	7151	300	5.4
2010	11416	9590	8849	300	6.4
2011	10207	9258	8431	300	6.1
2012	11604	10487	8407	300	5.5
2013	12370	12070	11710	300	7.2
2014	11181	10777	9877	300	6.2
2015	11443	11438	11438	300	6.6
2016	11776	11771	10419	300	6.1
2017	12428	12128	11268	300	7.4
2018	12177	11854	11113	300	7.4
2019	12097	11974	10689	100	7.9
2020	12677	11974	10689	100	7.6

13-4 各分公司卫生机构、床位、人员数

年份 单位	机构数 (个)	医院床位数 (张)	人员合计 (人)	卫生技术 人员	其他技术 人员	管理及 工勤人员
2000	2829	7518	14079	11487	194	2398
2001	2666	7334	13472	11022	171	2229
2002	2524	7217	12735	10535	162	2038
2003	2584	6063	11374	9567	202	1612
2004	2577	6650	11704	9836	207	1661
2005	2313	7032	12096	10103	437	1556
2006	2397	7163	12322	10427	359	1536
2007	2601	7404	12498	10767	389	1342
2008	2564	7974	13228	11482	407	1339
2009	2581	8659	13173	11290	350	1533
2010	2285	9590	14202	12143	626	1562
2011	2336	9258	14397	13617	662	1576
2012	1870	10487	14889	12709	481	1499
2013	1596	12070	13783	12514	528	1931
2014	1551	11181	14170	12371	718	1983
2015	1508	11443	15563	12843	998	2194
2016	1516	11776	15257	12719	686	1722
2017	1133	12128	15828	14046	752	1873
2018	1039	12177	16059	13570	677	1812
2019	624	12798	14321	11801	713	1807
2020	543	12677	14150	11559	704	1887
宝泉岭	66	1465	1887	1562	72	253
红兴隆	115	1864	2410	2088	74	248
建三江	55	1381	1971	1654	78	239
牡丹江	75	1508	1732	1516	56	160
北安	73	909	1358	1133	53	172
九三	58	1029	970	816	58	96
齐齐哈尔	72	736	860	681	44	135
绥化	10	285	336	279	20	37
哈尔滨	11	184	180	150	16	14

13-5 医院病床使用情况

年 份	病床周转次数(次)	病床工作日(日)	病床使用率(%)	出院者平均住院日(日)
1990	18.19	274.51	75.21	13.69
1991	17.17	266.09	72.90	14.20
1992	16.50	251.80	68.98	13.67
1993	13.78	189.40	51.89	12.74
1994	10.82	151.17	41.42	12.32
1995	10.31	150.06	40.56	12.56
1996	11.80	154.00	42.19	11.50
1997	11.70	154.10	42.22	11.70
1998	12.20	154.74	42.38	11.20
1999	12.15	154.83	42.51	11.50
2000	11.02	124.50	34.12	9.80
2001	13.00	160.60	44.00	11.00
2002	15.10	167.10	45.78	10.00
2003	14.87	178.40	48.87	10.80
2004	14.47	154.16	45.67	9.13
2005	18.89	259.47	58.14	11.50
2006	17.53	219.48	56.00	12.50
2007	18.08	247.77	63.26	11.98
2008	15.69	217.87	62.00	12.09
2009	16.29	227.24	62.68	11.90
2010	17.83	225.48	64.19	12.37
2011	15.50	216.76	73.64	12.35
2012	17.58	234.51	66.55	13.21
2013	16.90	218.76	76.93	12.73
2014	14.90	227.58	75.71	12.34
2015	16.10	193.00	44.95	13.00
2016	13.92	177.09	43.75	20.38
2017	14.21	183.67	68.54	13.76
2018	15.00	219.39	70.82	11.42
2019	23.96	283.19	77.59	11.82
2020	18.13	192.05	59.63	11.05

13-6 卫生机构、床位、人员数

(2020年)

机构类别	机构数(个)	床位数(张)	人员合计(人)	卫生技术人员	其他技术人员	管理及工勤人员
总 计	**543**	**12677**	**14150**	**11559**	**704**	**1887**
一、医疗卫生机构	500	12577	14098	11532	703	1944
1. 医院	123	11974	13302	10544	672	1753
(1) 总局总医院	1	1670	1453	1182	53	218
(2) 管理局中心医院	7	4208	4656	3889	197	570
(3) 农(厂)场职工医院	113	5080	6307	5062	372	873
(4) 专科医院	1	1285	553	411	50	92
2. 卫生院、门诊部(所)	377	603	796	988	31	191
(1) 卫生院、门诊部						
(2) 卫生所	377	603	796	988	31	191
二、疗养院	1	100	52	27	1	24
三、卫生监督及防保机构	42					
1. 疾病预防控制中心						
2. 妇幼保健站	42					

13-7 医院诊疗人次和入院人数

年 份 医院类别	诊疗人次 (人次)	#门、急诊	入院人数 (人)	每百诊次的入院数 (人)	每百门、急诊次的入院人数 (人)
1995	1760466	1756621	106947	6.1	6.1
2000	2033217	1648100	95428	4.7	5.8
2004	1035274	337205	83387	3.5	9.4
2005	1564276	31410	100309	6.4	8.5
2006	1659555	67003	104409	6.3	9.0
2007	2051904	62299	114909	5.6	6.4
2008	2065895	88926	120935	5.9	13.8
2009	2207402	116628	124061	5.9	12.5
2010	2514211	280153	148523	6.1	13.6
2011	2500588	1971064	156388	6.2	7.9
2012	2874370	1983678	199304	6.9	10.1
2013	2856912	2557168	253389	9.0	11.5
2014	2769507	2093863	225581	9.7	12.7
2015	3201681	2875413	259843	8.6	18.2
2016	3169670	2707941	256571	14.4	19.6
2017	3127919	2757919	264677	32.1	34.8
2018	3104962	2839630	277449	16.4	16.6
2019	3093473	2910768	310755	10	10.7
2020	3021892	2781495	259136	7.8	8.3
1.集团总医院	345450	323950	69725	20.2	21.5
2.分公司中心医院	1166168	1163439	118768	10.2	10.2
3.农场职工医院	1510274	1294106	70643	4.8	5.6

注:本表不包含门诊部、所、基层卫生所、室和个体开业诊所的诊疗人次数。

13-8　住院病人疾病前十位顺位

(2020年)　　单位：%

顺位号	疾病名称	百分比
1	循环系统疾病	26.75
2	肿瘤	9.03
3	神经系统疾病	8.63
4	呼吸系统疾病	7.59
5	消化系统疾病	7.16
6	损伤、中毒和外因的某些其他后果	4.15
7	泌尿生殖系统疾病	3.95
8	内分泌、营养和代谢疾病	3.72
9	症状、体征和临床与实验异常所见，不可规类于他处者	2.52
10	血液及造血器官疾病和某些涉及免疫机制的疾患	0.82

13-9　住院病人疾病死因前十位顺位

(2020年)　　单位：%

顺位号	疾病名称	百分比
1	肿瘤	27.12
2	循环系统疾病	23.26
3	呼吸系统疾病	12.51
4	神经系统疾病	12.19
5	消化系统疾病	5.03
6	损伤、中毒和外因的某些其他后果	3.73
7	内分泌、营养和代谢疾病	3.00
8	泌尿生殖系统疾病	1.88
9	某些传染病和寄生虫病	0.37
10	影响健康状态和与保健机构接触的因素	0.27

13-10 离休、退休及退职职工人数

单位:人

年份	离退休、退职职工人数	#国有经济单位	在职职工与离退休职工之比	#国有经济单位
1995	156652	156652	6.9	6.9
1996	157160	157160	4.9	4.9
1997	158523	158523	3.9	3.9
1998	168974	168596	3.4	3.2
1999	175036	174472	2.7	2.6
2000	176445	175850	2.5	2.4
2001	197714	196708	2.1	2.0
2002	203575	203459	2.0	1.9
2003	209503	209059	1.9	1.8
2004	209645	208631	1.8	1.7
2005	222677	221663	1.6	1.4
2006	229558	228544	1.5	1.3
2007	230577	229563	1.6	1.4
2008	245583	244569	1.5	1.5
2009	263703	262689	1.4	1.3
2010	341186	340177	1.1	1.1
2011	356967	355958	1.1	0.9
2012	390134	389120	0.9	0.8
2013	410121	409107	0.9	0.8
2014	427887	427032	0.8	0.8
2015	450767	450767	0.8	0.8
2016	466901	466901	0.6	0.6
2017	484278	484278	0.6	0.6
2018	504697	504697	0.6	0.6
2019	506966	506966	0.5	0.5
2020	505788	505788	0.5	0.5

注：13-10至13-14表数据由集团人力资源部提供。

13-11 主要年份离休、退休及退职人员福利费用总额

单位：万元

项　　目	2015	2016	2017	2018	2019	2020
总　　计	**1145090**	**1282668**	**1395611**	**1516947**	**1610581**	**1723103**
1. 离　休　金	22215	19606	18299	21406	16637	14045
2. 退　休　金	1075760	1200545	1319368	1437410	1541294	1668530
3. 医疗费	16022	16251	14301	14255	10697	11147
4. 生活补助费	5176	6778	6332	7113	4826	4591
5. 丧葬费及抚恤金	7719	18435	17797	18460	17208	3877
6. 救济费	1742	839	1505	661	656	120
7. 取暖费	6037	4260	5990	5927	6532	7077
8. 其他	10419	15954	12019	11715	12731	13716

注：因财务决算将丧葬费和一次性抚恤金合并，故2016年起，不再分开统计。

13-12 按经济类型和企业、事业机关分的离休、退休及退职职工福利费用

单位：万元

年　份	费用总额	国有单位				集体单位
			企业单位	事业单位	机关单位	
2000	105800	105698	102013	2485	1200	97
2002	160990	152183	150671	6059	2747	62
2003	162462	153575	151850	7541	3072	199
2004	155810	155810	143677	11034	1099	
2005	158898	158836	150588	7609	639	63
2006	235433	235370	223193	8038	4139	63
2007	247288	244784	229951	13786	984	63
2008	290076	290014	272561	12345	5108	62
2009	381452	381390	352022	20682	8686	62
2010	491546	383406	364235	13393	5778	61
2011	573842	573779	503920	66614	3245	63
2012	688311	688311	606424	70081	11806	
2013	844452	844452	744877	82638	16937	
2014	987593	987593	866174	99481	21938	
2015	1145090	1145090	1008631	109775	26684	
2016	1282668	1282668	1121204	132669	28795	
2017	1395611	1395611	1224085	142403	29123	
2018	1516947	1516947	1326574	162735	27638	
2019	1610581	1610581	1395713	162218	52650	
2020	1723103	1723103				

13-13 职工福利费用构成

单位：万元

年份	总计	1.生活补助费	2. 丧葬费、一次性抚恤金	3.救济费	4.取暖费	5. 其他
2015	47726	6926	3040	1384	21749	14627
2016	45656	6440	2088	2157	18403	16568
2017	57823	7963	1822	2901	26515	18622
2018	47519	6337	1712	2804	18380	17886
2019	43310	6313	878	1698	17158	17263
2020	43000	6128	370	2189	18196	16117

13-14 职工福利费用总额

单位：万元

年份	合计	国有单位	#单位支付	#集体经济单位	职工福利费用总额相当于工资总额(%)
1990	18853.1	18841.4	18401.6	11.7	20.2
1991	14741.2	14730.7	14221.8	10.5	16.5
1992	26911.4	26901.9	26351.6	9.5	21.1
1993	28751.0	28751.0	28751.0		21.5
1994	31428.4	31428.4	30548.2		
1995	30011.6	30011.6	30011.6		14.7
1996	27882.3	27882.3	27882.3		12.4
1997	25367.4	25367.4	25367.4		11.1
1998	32161.5	31930.5	31930.5	231.0	11.4
2000	31246.4	30956.9	30956.9	70.9	12.4
2001	27880.1	27600.4	27600.4	82.5	12.4
2002	26979.4	22609.8	16686.7	19.1	10.0
2003	26199.2	23378.9	16714.9	171.5	9.8
2004	32505.0	28950.0	24119.0		12.0
2005	29857.0	24138.0	16516.0		11.0
2006	38913.0	32151.0	24589.0		13.6
2007	44615.0	44108.0	28482.0		
2008	52319.0	45899.0	34308.0		
2009	68530.0	54824.0	47920.0		15.5
2010	55131.0	43002.0	23413.0		8.3
2011	50716.0	45644.0	38797.0		8.0
2012	49725.0	47812.0	47812.0		6.5
2013	47699.0	46745.0	46745.0		4.1
2014	48814.0	48814.0	48814.0		4.1
2015	47726.0	47726.0	47726.0		4.4
2016	45656.0	45656.0	45656.0		3.8
2017	57823.0	57823.0	57823.0		4.7
2018	47519.0	47519.0	47519.0		3.8
2019	43310.0	43310.0	43310.0		3.8
2020	43000.0	43000.0	43000.0		4.3

13-15　非煤工矿商贸与农机事故发生情况

(2020年)

项　　目	单　位	非煤工矿商贸事故按发生程度分					农机(航化作业)事故按发生程度分				
		合计	特大	重大	较大	一般	合计	特大	重大	较大	一般
发　　生	起										
死　　亡	人										
受　　伤	人										
损失折款	万元										
平均每起事故损失	万元										

注：2020年非煤工矿商贸与农机无事故。

13-16　火灾与交通事故发生情况

(2020年)

项　　目	单　位	火 灾　事 故 按 发 生 程 度 分					交 通　事 故 按 发 生 程 度 分				
		合计	特大	重大	较大	一般	合计	特大	重大	较大	一般
发　　生	起	1				1	2				2
死　　亡	人						1				1
受　　伤	人						7				7
损失折款	万元	2.0				2.0	59				59
平均每起事故损失	万元	2.0				2.0	29.5				29.5

注：13-15至13-16表数据由集团安全应急事务部提供。

13-17 垦区残疾人状况

(2020年)

指标名称	单位	数量	指标名称	单位	数量
一、基本情况			3.享受居家托养服务残疾人	人	2
残疾人总数	人	62860	4.按残疾类别		
#听力残疾	人	5654	视力残疾人	人	499
言语残疾	人	1270	听力残疾人	人	513
肢体残疾	人	31149	肢体残疾人	人	405
视力残疾	人	10170	智力残疾人	人	575
精神残疾	人	7238	精神残疾人	人	531
智力残疾	人	5738	多重残疾人	人	18
多重残疾	人	1641	5.康复机构		
二、组织建设			残疾人康复机构	个	34
1.组织机构数	个	171	6.康复人才		
2.残联实有人员	人	370	康复机构在岗人员	人	90
3.残疾人领导干部	人	118	#培训康复业务人员	人	12
4.已建残疾人协会	个	182	七、扶贫		
三、康复			1.残疾人扶贫基地建设		
1.社区康复			残疾人扶贫基地	个	5
社区康复协调员	人	76	安置残疾人就业	人	21
接受过培训的康复协调员	人	11	扶持带动残疾人户	户	39
2.精准康复			2.残疾人实用技术		
总体康复情况			本年实用技术培训	人次	72
得到基本康复服务	人	556	八、服务设施		
#得到辅助器具适配服务	人	327	1.残疾人托养设施		
四、教育			总建设规模	平方米	4897
普通高等院校当年录取残疾考生	人		投入使用	个	3
五、就业			总投资	万元	1230
1.就业总人数	人	6176	2.残疾人康复设施建设		
#女性	人	1559	总建设规模	平方米	49200
2.按比例就业	人	3223	投入使用	个	8
3.集中就业	人	41	总投资	万元	3073
4.个体就业	人	340	九、社会保障		
5.社区就业	人	25	1.实际参保的残疾居民	人	20044
6.辅助性就业	人		2.60周岁以下参保残疾居民	人	12030
7.灵活就业	人	1880	3.托养残疾人总数	人	109
8.公益性岗位就业	人	76	4.享受居家托养服务残疾人	人	2
9.居家就业	人	180	十、维权		
10.农村种养加	人	439	1.成立残疾人法律救助机构	个	2
六、托养服务			2.无障碍环境建设检查	次	4
1.托养服务机构	个	8	3.接待残疾群众来访	人次	179
2.托养残疾人数	人	70	4.接到群众来信	件	

注：13-17表数据由集团社会事务部提供。

13-18 主要惠农补贴资金及面积情况

(2020年) 单位：万元

单　位	四项补贴资金合计	#耕地地力保护补贴	玉米生产者补贴	大豆生产者补贴	稻谷生产者补贴
合　计	**793256**	**249566**	**29780**	**286119**	**227791**
宝泉岭	90233	34161	4271	21983	29818
红兴隆	139847	46121	6407	49738	37582
建三江	159827	45082	1475	22724	90546
牡丹江	118456	40444	4815	22901	50295
北　安	119499	32468	5403	80967	661
九　三	92031	26870	3488	60395	1278
齐齐哈尔	37003	12893	1956	10330	11824
绥　化	28883	8957	1566	14831	3529
哈尔滨	6775	2270	336	2164	2005
集团直属	702	299	63	87	254

13-18续表 (2020年) 单位：公顷

单　位	补贴面积合计	#耕地地力保护补贴面积	玉米补贴面积	大豆补贴面积	稻谷补贴面积
合　计	**5173049**	**2320355**	**522456**	**801455**	**1528784**
宝泉岭	664018	317624	74935	61577	209881
红兴隆	928807	428724	112396	139322	248365
建三江	1170341	419173	25869	63654	661646
牡丹江	822510	376053	84478	64149	297830
北　安	626718	301887	94795	226798	3239
九　三	490028	249842	61198	169173	9815
齐齐哈尔	246934	119883	34317	28934	63799
绥　化	172436	83282	27473	41545	20136
哈尔滨	45432	21106	5898	6061	12367
集团直属	5826	2781	1097	242	1705

13-19 主要财务状况

(2020年) 单位：万元

单 位	年末资产总额	年末负债总额	年末所有者权益总额	资产负债率(%)
合 计	**21643206**	**16811362**	**4831844**	**77.7**
宝泉岭	1096593	534828	561765	48.8
红兴隆	1051908	1135368	-83460	107.9
建三江	2065028	1249487	815541	60.5
牡丹江	1338831	931653	407178	69.6
北 安	807322	546719	260603	67.7
九 三	622643	358369	264274	57.6
齐齐哈尔	451903	362662	89241	80.3
绥 化	336140	211715	124425	63.0
哈尔滨	475741	353312	122429	74.3
集团直属	13397097	11127249	2269848	83.1

13-19续表 (2020年) 单位：万元

单 位	营业总收入	利税总额		
			利润总额	本年已交税费总额
合 计	**14233231**	**357024**	**131397**	**225627**
宝泉岭	191326	35778	34755	1023
红兴隆	231280	-17545	-21328	3783
建三江	402427	65857	55651	10206
牡丹江	285429	22165	19594	2571
北 安	223346	31736	29819	1917
九 三	312254	14435	12482	1953
齐齐哈尔	75673	13042	12810	232
绥 化	49781	-9874	-10312	438
哈尔滨	55191	9249	6983	2266
集团直属	12406524	192181	-9057	201238

主要统计指标解释

卫生机构 经卫生及有关行政部门批准，有固定的专业卫生人员和卫生经费，为社会提供医疗、预防保健服务或从事医学教育、科研等工作单位。它包括医院，疗养院、所，门诊部、所，专科防治所、站，卫行监督所，疾病预防控制中心，妇幼保健所、站，药品检验所、室，医学科学研究机构以及其他卫生机构。

医院 指经上级主管部门批准，设有固定床位能收留病人住院并能为病人提供医疗、护理服务的医疗机构。包括农场以上医院、农场卫生院、其他医院三个部分。按所属性质分为卫生部门、工业及其他部门、集体所有制、私人开业四类，其中农场以上医院按业务性质分为综合医院和专业医院。

妇幼保健所、站 我国妇幼保健事业的主干机构，也是与医疗、防疫机构并列的卫生事业的重要组成部分。它是根据妇女与儿童的生理特点、针对危害妇女儿童健康的主要疾病和影响因素，采取防治及保健措施，以保障妇女儿童的身心健康，提高他们的健康水平为主要目标的卫生事业单位。省、地级妇幼保健机构一般设妇幼保健院，县级妇幼保健机构一般设妇幼保健所、站。各级妇幼保健机构是本地区妇幼保健、计划生育技术的业务指导中心，以预防保健为中心、指导基层为重点，保健与临床相结合。

床位数 指医疗机构能够接待病人住院治疗的固定实有床位。包括正规床、简易床、监护床和正在消毒、修理的床位以及因扩建或大修理而停用的床位（按扩建或大修前的床位数计算）。

病床不包括：门诊诊断室的检查床、观察室的观察床、抢救室的抢救床，产科的待产床、接产床、新生儿床，库存床，为急用临时增设的加床，病人在家治疗的家庭病床，病人家属的陪侍床。

卫生机构年末从业人员 在卫生机构工作的全部工作人员。按其现任职务，可划分为卫生技术人员、其他技术人员、管理人员、工勤人员。

卫生技术人员又称医务人员：指由卫生事业机构支付工资的全部固定职工和合同制职工中现任职务为卫生技术工作的人员。包括中医师、西医师、中西医结合高级医师、护师、中药师、西药师、检验技师、其他技师、中医士、西医士、护士、助产士、中药剂士、西药剂士、检验士、其他技士、其他中医、护理员、中药剂员、西药剂员、检验员、其他初级卫生技术人员。

医生：经卫生部门审查合格，从事医疗工作能独立处置一般病员疾病和应急救护，有诊断权，有处方权的人员。包括卫生技术人员中的中医师、西医师、中西医结合高级医师，中医士、西医士和其他中医。

职工福利费用总额 指垦区各单位实际支付给职工和离休、退休、退职人员的各项现金补贴和非货币性集体福利。

(1)职工福利费用具体包括：①医疗卫生费：指职工的医疗费、住院费、职工供养直系亲属的医疗补助费,职工因工伤就医路费，住院伙食补助费，包括各企业、事业、机关单位的医疗机构医务经费。②丧葬抚恤救济费；③生活困难补助；④文体宣传费；⑤集体福利事业补贴费；⑥集体福利设施费；⑦计划生育补贴；⑧上下班交通费补贴；⑨洗理卫生费；⑩其他。

(2)离休、退休、退职人员福利费用具体包括：①离休费；②退休费；③退职生活费；④医疗卫生费：指按国发(1978)104 号文件规定发给退职人员的退职生活费。⑤护理费：指因工致残，饮食起居需人扶助的离休、退休人员的护理费，以及因病生活不能自理的离休干部护理费。⑥生活补贴：指按1985 年国务院《关于发给离休、退休人员的生活补贴费的通知》规定，发给离休、退休人员的生活补贴费。⑦交通费补贴：指按月发给离休人员交通费补贴。⑧丧葬抚恤救济费。⑨其他：包括异地安置的离休、退休、退职人员安家补贴费，生活困难补助以及书报费、洗理费、副食品价格补贴，房贴、水电贴、少数民族补贴以及由于肉、蛋、糖、蔬菜等调价发给的价格补贴等。

附录 各农牧场基本情况（2020年）

附录1-1 第二、三产业单位数

（2020年） 单位：个

农 场	管理区个数	工业企业数	建筑企业数	批发和零售企业数	交通运输、仓储和邮政业	住宿和餐饮企业数	信息传输、软件和信息技术服务业	居民服务、修理和其它服务业
二九〇	13	3		1	1			7
绥滨	10	2		2	2	1		10
江滨	8	1		1	1			7
军川	12	1		1	1			6
名山	5	1		1	1			3
延军	5	3		1				2
共青	10	1		1	2	1		12
宝泉岭	10			1	2			3
新华	8	1		1	1			7
普阳	8	3		1	1			7
汤原	3			1				3
依兰	2	1						3
梧桐河	7	2						2
友谊	11	1				1		13
五九七	15	1			1	1		3
八五二	8				1			4
八五三	7	1			2	1		4
饶河	9	1			1			4
二九一	4	1		2	2		1	4
双鸭山	5	2			1			3
江川	5	1			1			2
曙光	5				1			3
北兴	8			1	2			3
红旗岭	5			1	1			3
宝山	2	1			1			2
八五九	15	2		1	2		1	11
胜利	10	2			3	1	1	6
七星	20			1	3	1		10
勤得利	11	2			4	1		5
大兴	12	3		2	4	1	1	8
青龙山	10	2		2	3	1	1	5
前进	11	1			3	1		4
创业	8	3		1	2	1	1	6
红卫	9	1		1	3	1	1	7
前哨	9	2		1	1	1	1	6
前锋	14	1			3		1	5
洪河	9				3	1		5
鸭绿河	6	1			3	1	1	6
二道河	7	2			3	1	1	4
浓江	9	1		2	2	1		3
八五〇	7			2	3			4
八五四	12	3		1	1			3
八五五	5			1	1			4
八五六	7	2			1	1		8
八五七	6	2		2	3			6
八五八	8	2		1	3			6
八五一〇	4	2		1	2	1		4
八五一一	7	1		2	2			3
庆丰	9			2	1			3
云山	6	2		1	2			4
兴凯湖	5			2	2			2
海林	1	3			1	1		2
宁安		3			1			3
山市种奶牛场	1	1		1	1	1		2
锦河	4	2			1			4
红色边疆	4							3

附录1-1续表　　　　(2020年)　　　　单位：个

农　　场	管理区个　数	工　业企业数	建　筑企业数	批发和零售企业数	交通运输、仓储和邮政业	住宿和餐饮企业数	信息传输、软件和信息技术服务业	居民服务、修理和其它服务业
逊　　克	10			1				3
龙　　门	5	1				1		3
襄　　河	6			1				3
龙　　镇	6	2			1			2
二 龙 山	8	1			1			3
引 龙 河	7			1				3
尾　　山	4	1		1				3
格 球 山	4	2		1				3
长 水 河	6	3			1			5
赵　　光	9	2			2			4
红　　星	5	5						4
建　　设	6	2						3
五大连池	3	1				1		4
鹤　　山	12	2		1	1			5
大 西 江	6	1		1	1			4
尖　　山	7	4		1				4
荣　　军	5	2		2	1			4
红 五 月	5	1		1				3
七 星 泡	10			1	1			3
嫩　　江	9			1	1			4
山　　河	8	2		1	1			3
嫩　　北	9	2		2	2			3
建　　边	6	1		1	1			3
哈 拉 海	3	1		1				2
克　　山	9	1						2
依　　安	2	1						2
富裕牧场	4							1
查 哈 阳	9	2			3	1	1	2
泰　　来		1						2
绿色草原牧场	3							1
巨浪牧场								1
齐齐哈尔种畜场	5	1						1
繁荣种畜场	5	1						1
大山种羊场	2	1				1		1
红旗种马场								
嘉　　荫	4							1
铁　　力	3							1
海　　伦	4							1
红　　光	2							1
绥　　棱	3							1
安达牧场								
和平牧场	3	1						1
肇　　源		1						1
柳　　河								1
涝洲鱼种场								
庆　　阳	1	4		1	1			3
岔 林 河	1	1						1
沙　　河	1							2
香坊实验	1	1		1		1		8
青　　年	1							2
闫 家 岗	1	1		2				1
红　　旗	1				1		1	7
四 方 山	3	1						2
松 花 江	1	1						1
阿城原种场				1				1
九龙山柞蚕育种场								
佳南实验农场								1

附录1-2　土地利用情况

(2020年)　　单位：公顷

农场	土地面积	#耕地面积	#林地面积	#园地面积	#草原面积	#水面面积	#可垦荒地面积
二九〇	80122	41111	10210		4298	3329	
绥滨	51888	35800	7623			3094	89
江滨	35453	22823	4159		1196	672	
军川	59974	41470	6717		524	2443	1418
名山	29018	18038	2198			3159	2796
延军	44080	16813	3335	23		1640	2018
共青	57359	32686	8912		980	2354	10221
宝泉岭	67100	38775	13348	18	828	6182	2038
新华	55873	32669	8669		787	3468	1986
普阳	42131	30558	4353	2		2408	
汤原	13276	9840	851	15	758	136	263
依兰	5629	3632	512	5	270	253	138
梧桐河	31268	18803	1062		1022	3633	1154
友谊	188812	111056	19126	405	7593	6412	7578
五九七	96205	50911	8996	1728	6552	5278	3057
八五二	133592	80251	27653			10603	2083
八五三	118152	68310	25233	189		17532	2956
饶河	69642	38201	20494			3041	2008
二九一	60150	39183	3661			5476	
双鸭山	33565	14888	13362	94	296	705	
江川	37167	19458	2470			671	
曙光	17215	13659	1848			240	
北兴	77558	36633	31937	10	581	1616	3927
红旗岭	37388	20037	8222		68	2766	2230
宝山	10940	7946	766			11	
八五九	135581	86740	24418		1433	7342	4922
胜利	90500	48116	22462		5401	1315	3396
七星	120822	81716	14471			716	3108
勤得利	124673	68179	21690			16045	885
大兴	80000	52030	7263	2	1369	2259	4598
青龙山	60133	36995	9082		602	3604	
前进	76584	53067	7858		5006	1225	2951
创业	52987	38559	7048		1810	532	1845
红卫	64831	40723	8680		535	5031	786
前哨	66405	49729	3273		1107	3900	1244
前锋	110350	77494	7673		813	639	10278
洪河	65680	48700	7092		4003	193	515
鸭绿河	51275	32455	9923		1367	135	2483
二道河	55766	40152	5733		1054	1623	1280
浓江	54000	39767	5941		267	3575	36
八五〇	49511	33445	10022		1214	188	
八五四	123909	67927	21588	2	9170	4384	4499
八五五	54250	30014	21705		69	692	
八五六	122039	78867	14132	89	17252	7069	
八五七	50833	36063	4800		1219	569	
八五八	74248	40267	13577	1	5660	6507	1725
八五一〇	50958	21629	18673	16	91	388	
八五一一	52244	22993	24063		17	1598	784
庆丰	62772	44431	5751		5352	3703	68
云山	49215	31480	8985	5	2729	3207	1286
兴凯湖	113934	39090	7010		154	44540	
海林	17591	9228	3657	11	1200	151	
宁安	11703	4589	6435	75		78	
山市种奶牛场	18031	4490	10224	31		1092	1537
锦河	157572	16391	23359	45	134	976	1470
红色边疆	78853	15857	8005	2	4889	1894	1085

附录1-2续表　　　　(2020年)　　　　单位：公顷

农　　场	土地面积	#耕地面积	#林地面积	#园地面积	#草原面积	#水面面积	#可垦荒地面积
逊　　克	179307	45033	24584		10000	1316	
龙　　门	35323	17143	7829		2626	361	1521
襄　　河	59740	19955	6519		12500	746	205
龙　　镇	47203	24656	3900	4	5551	495	1396
二 龙 山	52722	27326	5242		7594	1380	2637
引 龙 河	42151	25962	7512		3500	768	2105
尾　　山	30073	16018	7447	14	6092	409	
格 球 山	26260	14400	7667	12	3254	273	
长 水 河	45024	24271	8681		7288	587	2451
赵　　光	45657	34019	3460		4882	721	1127
红　　星	39227	27333	2938	1	5014	572	1622
建　　设	39080	20144	7145		5110	527	1767
五大连池	18970	10615	2283	6	1334	2042	
鹤　　山	56956	33970	10692	4	6553	303	
大 西 江	37958	20428	9480		5490	726	57
尖　　山	40539	23376	4119		3991	133	71
荣　　军	21025	15784	3320		1538	113	
红 五 月	28983	15846	6503		3308	382	1024
七 星 泡	79163	32353	14936		8513	1120	4341
嫩　　江	48941	30105	5972		9570	410	
山　　河	91992	24800	14258		17561	1387	1440
嫩　　北	42202	26851	7080	1	4920	1398	
建　　边	79853	17457	6455		18656	1173	9934
哈 拉 海	29473	11267	1466		12314	1860	
克　　山	35049	29607	3652		160	120	
依　　安	9723	5744	2833	1	187	561	
富裕牧场	27637	13409	6763		5077	616	620
查 哈 阳	83877	63777	14758	6	90	1460	210
泰　　来	10213	4854	2747		1420	853	
绿色草原牧场	38137	7333	10600		14748	1543	
巨浪牧场	9667	2272	790		6175	133	
齐齐哈尔种畜场	20552	5000	1490	441	6508	160	849
繁荣种畜场	11131	9710	457		286	25	
大山种羊场	14861	3230	3427		2679	1467	
红旗种马场	4520	1620	122		2522	46	
嘉　　荫	50305	18377	28052		286	1732	
铁　　力	23926	15054	1772	13	149	68	754
海　　伦	23878	16171	2513			980	1900
红　　光	16765	10585	1776		50	186	598
绥　　棱	26055	15456	2315		4694	1520	559
安达牧场	4895	997	765	48	2538	164	
和平牧场	32491	7858	6646	28	13540	1544	1064
肇　　源	7811	3961	521		148	1511	51
柳　　河	14552	4141	8290	3		400	109
涝洲鱼种场	536	7	5			496	
庆　　阳	8015	4786	1062	33		134	
岔 林 河	9135	5564	1318		144	880	
沙　　河	2543	1367	896			151	
香坊实验	1106	314	36				
青　　年	664	331	20			9	
闫 家 岗	1068	439	42		98	233	
红　　旗	1340	831	95	33			
四 方 山	17556	7319	1840		6459	634	
松 花 江	8744	4461	2775			63	
阿城原种场	2627	1810	258			11	
九龙山柞蚕育种场	843	32	807				
佳南实验农场	4099	2952	75	18	32	252	

附录1-3　人口、从业人员

(2020年)　　单位：户、人

农　场	年　末 总户数	年　末 总人口	年末社会 从业人员	1. 按三次产业分		
				第一产业	第二产业	第三产业
二九〇	9497	17110	8075	6126	69	1880
绥　滨	7511	17053	8402	7690	15	697
江　滨	7177	15346	4102	3487	13	602
军　川	5987	12822	4778	4029	16	733
名　山	3893	8244	2731	2418	10	303
延　军	3021	7535	3899	3167	30	702
共　青	7030	12667	4294	3179	16	1099
宝泉岭	9330	22479	8035	6980		1055
新　华	6020	15614	5915	5273	189	453
普　阳	4094	8617	6047	4983	41	1023
汤　原	2423	5011	1513	1084		429
依　兰	1160	2796	1004	788	3	213
梧桐河	2009	4920	4122	3465	38	619
友　谊	42015	100250	29601	29058		543
五九七	11610	28503	10418	10013	15	390
八五二	20678	44888	20651	20130		521
八五三	14257	33100	11225	10578	48	599
饶　河	5366	12306	6330	5861	10	459
二九一	7331	15977	5091	4458	29	604
双鸭山	5038	10025	6095	5616	47	432
江　川	3229	7713	5973	5632	20	321
曙　光	6061	11489	3370	3111		259
北　兴	7839	13559	8173	7810		363
红旗岭	2461	6392	2838	2518		320
宝　山	1371	2225	1618	1475	1	142
八五九	7747	19104	4617	4034	71	512
胜　利	6163	14285	6078	5401	23	654
七　星	8565	24413	8057	6738		1319
勤得利	8972	21378	5759	4916	65	778
大　兴	5793	16888	4504	3593	51	860
青龙山	6776	15688	4539	3820	103	616
前　进	8425	22295	8315	7364	64	887
创　业	4560	12184	4329	3481	56	792
红　卫	6581	16776	6025	5613	45	367
前　哨	6356	15973	3053	2550	85	418
前　锋	6207	15917	5223	4592	24	607
洪　河	3357	7935	3319	2671		648
鸭绿河	3911	5428	2359	1893	25	441
二道河	2205	6812	1825	1496	18	311
浓　江	3857	7856	3637	3209	34	394
八五〇	5952	13399	5032	3963		1069
八五四	7878	22317	6057	5360	82	615
八五五	5750	13113	4594	3841		753
八五六	9490	21971	8712	7763	22	927
八五七	7463	17147	4567	4022	49	496
八五八	6484	16703	5663	4953	91	619
八五一〇	6405	12945	2422	1962	19	441
八五一一	6816	14101	6574	5993	191	390
庆　丰	5470	13614	6238	5425		813
云　山	5385	13020	4898	4340	44	514
兴凯湖	4974	10933	4288	3995		293
海　林	2768	6576	2119	1906	26	187
宁　安	2808	6098	954	775		179
山市种奶牛场	1168	2527	1677	1079	16	582
锦　河	3734	7640	3629	3306	11	312
红色边疆	2467	6552	3838	3155		683

附录1-3续表1　　(2020年)　　单位：户、人

农　场	年末总户数	年末总人口	年末社会从业人员	1. 按三次产业分		
				第一产业	第二产业	第三产业
逊　克	7709	18081	7147	6765		382
龙　门	3175	5092	2262	1950	6	306
襄　河	4290	5200	2208	1133		1075
龙　镇	4975	8434	3599	3060	56	483
二龙山	5155	11138	4338	3571	19	748
引龙河	5368	5920	2664	2423		241
尾　山	4698	7612	1869	1287	11	571
格球山	3946	7415	3347	2881	2	464
长水河	4922	9838	2343	1792	63	488
赵　光	17151	30110	10034	4179	110	5745
红　星	4683	8977	3868	3001	281	586
建　设	5050	12260	4604	4220	34	350
五大连池	3072	5607	2252	1982	15	255
鹤　山	3178	6561	5671	4574	42	1055
大西江	2969	12315	5556	3503	31	2022
尖　山	2588	6483	4055	3827	14	214
荣　军	1199	2930	3061	2447	63	551
红五月	2624	5690	2318	1514		804
七星泡	4855	9640	3672	2992		680
嫩　江	2999	7896	3182	2959		223
山　河	4726	10494	6090	5538	29	523
嫩　北	3296	7582	3338	2480	48	810
建　边	4206	9544	4435	3889	13	533
哈拉海	1471	3303	2258	2080	8	170
克　山	10003	19973	8831	8223	14	594
依　安	2014	4137	2014	1908	7	99
富裕牧场	3366	6572	3031	2853		178
查哈阳	18104	41106	8039	7005	29	1005
泰　来	1589	2584	1349	1246	2	101
绿色草原牧场	2212	5096	1998	1882		116
巨浪牧场	991	1450	1042	984		58
齐齐哈尔种畜场	4800	11003	2730	2511		239
繁荣种畜场	3884	8129	2875	2767	3	105
大山种羊场	1446	3614	839	783	1	55
红旗种马场	1037	3105	468	440		28
嘉　荫	3458	7189	5898	5559		339
铁　力	4105	8879	4426	4315		111
海　伦	3865	4550	3755	3605		150
红　光	2851	6837	2088	2039		49
绥　棱	3482	5607	1975	1696		279
安达牧场	578	1740	758	659		99
和平牧场	3148	6721	3042	2668		374
肇　源	1979	4545	1767	1722	9	36
柳　河	1666	2164	879	757		122
涝洲鱼种场	97	226	119	112		7
庆　阳	2388	6420	1794	1695	4	95
岔林河	1765	4004	1362	1234	13	115
沙　河	805	1998	660	603		57
香坊实验	352	1367	540	214	28	298
青　年	952	3534	170	34		136
闫家岗	2213	5823	488	447	18	23
红　旗	793	2197	586	379		207
四方山	2044	4515	1255	1119	8	128
松花江	2070	4980	1045	988		57
阿城原种场	1968	4115	754	742		12
九龙山柞蚕育种场	93	189	57	57		
佳南实验农场	2070	4216	976	976		

附录1-3续表2　　(2020年)　　单位：人

农场	2. 按职工非职工分		3.在从业人员中国有单位	4.女性从业人员
	在岗职工	其他从业人员		
二九〇	5161	2914	7772	3764
绥滨	3108	5294	7969	4196
江滨	2461	1641	3564	1988
军川	3625	1153	3209	1691
名山	2110	621	2290	718
延军	1164	2735	2588	1833
共青	2754	1540	3108	1089
宝泉岭	3184	4851	6070	3122
新华	2365	3550	4341	1256
普阳	2357	3689	2557	1206
汤原	999	514	1278	440
依兰	686	318	843	376
梧桐河	1469	2653	3529	1933
友谊	11177	18424	17033	10622
五九七	4917	5501	10117	4407
八五二	6453	14198	18901	8270
八五三	5067	6158	6457	4555
饶河	2851	3479	5694	2376
二九一	4883	208	4803	2594
双鸭山	3542	2553	5505	2454
江川	3111	2862	3522	2821
曙光	1862	1508	1300	1384
北兴	3157	5014	7832	3770
红旗岭	2044	794	1594	966
宝山	877	741	768	555
八五九	1848	2769	3723	1513
胜利	2213	3865	4937	2791
七星	5027	3030	6427	3144
勤得利	1848	3911	4387	1735
大兴	2259	2245	4229	1683
青龙山	1859	2680	2550	2080
前进	2666	5649	7787	3979
创业	2785	1544	2642	2178
红卫	1450	4575	5149	2709
前哨	1593	1460	2218	802
前锋	1429	3794	3230	2420
洪河	1150	2169	1476	1316
鸭绿河	1034	1325	1618	806
二道河	845	980	1019	456
浓江	1237	2400	3050	1486
八五〇	1970	3062	4093	1677
八五四	2649	3408	3875	1294
八五五	1979	2615	4255	1667
八五六	3149	5563	5446	2593
八五七	2863	1704	3495	2009
八五八	1035	4624	3294	2008
八五一〇	1717	705	1796	682
八五一一	1671	4903	6007	3050
庆丰	1887	4351	5320	2202
云山	1363	3534	4844	1817
兴凯湖	1526	2762	3424	296
海林	297	1822	1879	136
宁安	805	149	713	329
山市种奶牛场	873	804	1601	731
锦河	1681	1948	3137	1177
红色边疆	1766	2072	3304	1291

附录1-3续表3　　(2020年)　　单位：人

农　　场	2. 按职工非职工分		3.在从业人员中国有单位	4.女性从业人员
	在岗职工	其他从业人员		
逊　克	2235	4912	5401	2054
龙　门	1430	832	1960	792
襄　河	1250	958	1980	875
龙　镇	2391	1208	3168	1435
二 龙 山	4086	252	3757	1606
引 龙 河	1751	913	1543	1037
尾　山	1170	699	1200	819
格 球 山	1275	2071	969	1329
长 水 河	2044	299	1913	582
赵　光	4055	5979	8942	3522
红　星	2698	1170	2635	1139
建　设	2227	2377	4188	2063
五大连池	1787	465	2133	423
鹤　山	4112	1559	4069	1968
大 西 江	2305	3251	4671	2729
尖　山	2576	1479	3963	1675
荣　军	2153	908	2395	1128
红 五 月	1906	412	1538	390
七 星 泡	3230	442	2995	990
嫩　江	2169	1013	3025	1152
山　河	2018	4072	5682	2225
嫩　北	2219	1119	2340	1443
建　边	1377	3058	3871	1878
哈 拉 海	916	1342	1564	666
克　山	4772	4059	8120	1649
依　安	632	1382	1715	924
富裕牧场	795	2236	1592	1193
查 哈 阳	7148	891	7033	2894
泰　来	236	1113	945	300
绿色草原牧场	491	1507	1282	835
巨浪牧场	267	775	219	421
齐齐哈尔种畜场	1344	1406	1384	947
繁荣种畜场	979	1896	2371	1266
大山种羊场	597	242	696	309
红旗种马场	262	206	209	166
嘉　荫	2215	3683	5404	2600
铁　力	1906	2520	4285	2091
海　伦	1171	2584	2493	1571
红　光	1403	685	1918	531
绥　棱	1377	598	1579	798
安达牧场	602	156	636	20
和平牧场	780	2262	1387	1516
肇　源	394	1373	1312	936
柳　河	432	447	636	458
涝洲鱼种场	7	112	6	25
庆　阳	699	1095	1741	776
岔 林 河	513	849	1248	449
沙　河	89	571	577	146
香坊实验	434	106	200	229
青　年	126	44	118	82
闫 家 岗	200	288	62	106
红　旗	219	367	88	167
四 方 山	463	792	777	132
松 花 江	213	832	771	264
阿城原种场	665	89	702	349
九龙山柞蚕育种场	40	17		22
佳南实验农场	976		488	300

附录1-4　企业增加值

(2020年)　　单位：万元

农　场	企业增加值	按三次产业分			按行业分		
		第一产业	第二产业	第三产业	农　业	畜牧业	工　业
二九〇	68195	54564	316	13315	48712	5703	316
绥　滨	60547	50434	113	9999	43821	6526	113
江　滨	40216	35087	36	5094	30702	4385	36
军　川	80227	65277	240	14710	58078	7117	240
名　山	27302	20488	66	6748	18438	2015	66
延　军	40933	39335	53	1546	19960	19206	53
共　青	70890	64635	6	6250	33578	31006	6
宝泉岭	87475	82367		5109	42131	40020	
新　华	62903	57116	1335	4452	49026	6105	1335
普　阳	64670	55338	743	8589	50803	4515	743
汤　原	15424	9649		5775	8951	696	
依　兰	6475	4719		1756	4263	372	
梧桐河	32049	23625	348	8076	22208	1387	348
友　谊	142747	133664		9083	121025	11926	
五九七	89678	83261	37	6380	74695	4946	37
八五二	64778	62528		2250	59923	2504	
八五三	91387	89144	53	2190	87073	1795	53
饶　河	55595	53628	31	1935	47567	980	31
二九一	52137	49117	22	2998	41336	7627	22
双鸭山	22054	20092	383	1579	13638	4925	383
江　川	33239	31532	56	1651	29107	2065	56
曙　光	14493	13550		943	12018	1414	
北　兴	59796	56755		3041	43506	6216	
红旗岭	24724	23184		1539	20720	1747	
宝　山	12438	12080	15	344	11057	1020	15
八五九	88440	81640	349	6451	79452	1766	349
胜　利	59606	50736	115	8756	49426	1285	115
七　星	129679	117548		12131	113227	3928	
勤得利	95004	83358	1000	10645	80747	2002	1000
大　兴	62607	54407	674	7526	52198	2203	674
青龙山	50990	46467	268	4256	45761	596	268
前　进	73038	64659	651	7727	63491	1163	651
创　业	57627	48650	525	8452	47782	788	525
红　卫	57325	51060	562	5704	49822	1066	562
前　哨	53426	50677	554	2195	50057	620	554
前　锋	106845	100588	237	6020	99888	450	237
洪　河	66057	59738		6320	58523	633	
鸭绿河	48280	42368	355	5557	42102	248	355
二道河	54351	51453	220	2678	50998	426	220
浓　江	56415	50537	381	5497	50246	287	381
八五〇	42918	35218		7700	34371	804	
八五四	85557	77863	985	6709	74924	1942	985
八五五	26317	18985		7333	15427	3320	
八五六	94699	85014	63	9622	84052	778	63
八五七	54015	45192	394	8429	42983	2033	394
八五八	57086	48136	1143	7807	46035	1933	1143
八五一〇	31049	22468	178	8402	15830	6173	178
八五一一	27976	18093	3456	6427	12878	5215	3456
庆　丰	57777	52881		4896	48159	4386	
云　山	33608	27115	536	5956	25877	1156	536
兴凯湖	57449	49634		7815	48696	407	
海　林	10581	7791	471	2319	6268	1483	471
宁　安	9310	6731		2579	5541	1171	
山市种奶牛场	6885	5493	160	1232	2832	2645	160
锦　河	19586	14682	378	4526	9978	1113	378
红色边疆	19856	13813		6043	11905	1029	

附录1-4续表1　　　　(2020年)　　　　单位：万元

农　　场	企业增加值	按三次产业分			按行业分		
		第一产业	第二产业	第三产业	农　业	畜牧业	工　业
逊　　克	38440	32401		6039	28769	2718	
龙　　门	15178	11185	42	3951	9692	782	42
襄　　河	21916	19324		2592	17082	701	
龙　　镇	25098	23222	308	1568	20302	1710	308
二 龙 山	29138	24424	107	4607	20288	3954	107
引 龙 河	18351	15819		2531	13481	1154	
尾　　山	21565	16135	768	4662	12536	3051	768
格 球 山	16394	13963	30	2401	11155	2227	30
长 水 河	33876	27143	2555	4178	22386	3083	2555
赵　　光	54800	40500	1200	13100	30100	7200	1200
红　　星	28882	22822	2437	3624	20975	1144	2437
建　　设	23900	19548	310	4041	16788	418	310
五大连池	7927	6102	117	1708	5937	139	117
鹤　　山	49900	46467	329	3104	36569	9796	329
大 西 江	28159	20818	165	7175	17329	2744	165
尖　　山	47847	31914	615	15318	25498	6319	615
荣　　军	22589	18924	352	3314	14698	4112	352
红 五 月	20178	16938	63	3177	13897	2544	63
七 星 泡	36902	28286		8616	23890	4165	
嫩　　江	37868	30600		7268	25220	5175	
山　　河	27617	23147		4470	18774	4324	
嫩　　北	47391	30152	428	16812	24726	4965	428
建　　边	23686	16442	210	7034	13037	3153	210
哈 拉 海	26245	19674	52	6519	15168	4506	52
克　　山	30979	25828	93	5059	21044	4715	93
依　　安	15379	10894	140	4345	6487	4407	140
富裕牧场	19769	17040		2730	13268	3430	
查 哈 阳	52054	43814	801	7439	39125	4213	801
泰　　来	8835	7741	27	1067	6205	1348	27
绿色草原牧场	13035	12050		985	9845	2165	
巨浪牧场	7126	5889		1238	1971	3807	
齐齐哈尔种畜场	25226	19443		5783	11365	8078	
繁荣种畜场	10009	9055	25	929	6280	2774	25
大山种羊场	10583	9841	5	737	5733	3350	5
红旗种马场	5741	5233		509	2528	2661	
嘉　　荫	16590	15941		649	14757	1083	
铁　　力	17845	17006		839	14921	721	
海　　伦	15923	15196		727	14696	494	
红　　光	9065	8494		571	7303	1108	
绥　　棱	15812	15532		280	14595	464	
安达牧场	3105	3105			2071	1035	
和平牧场	11524	10950		574	9271	1667	
肇　　源	9595	8880	353	362	7984	767	353
柳　　河	7097	6875		222	4099	2539	
涝洲鱼种场	590	590			10	1	
庆　　阳	8884	8636	19	229	8538	33	19
岔 林 河	5697	5468	52	177	5176	243	52
沙　　河	2742	1652		1090	1498	129	
香坊实验	4697	347	46	4304	347		46
青　　年	2883	1433		1450	103	1330	
闫 家 岗	3447	2902		545	2017	785	
红　　旗	9000	7706		1294	7661	45	
四 方 山	10293	9390	50	853	5774	3252	50
松 花 江	7163	5008		2155	4458	402	
阿城原种场	6365	6235		130	3855	2380	
九龙山柞蚕育种场	1005	1005			11	994	
佳南实验农场	6884	6884			5079	1713	

附录1-4续表2　　(2020年)　　单位：万元

农场	按行业分						
	建筑业	批发和零售业	交通运输、仓储和邮政业	住宿和餐饮业	居民服务、修理和其他服务业	教育	卫生和社会工作
二九〇						11	479
绥滨		533	862	195	104	239	1295
江滨		33	77			58	640
军川		29	2			181	899
名山		-40	188			88	755
延军		200				51	309
共青		13	484	21	261	99	1328
宝泉岭		-44	2				2290
新华			81		310	150	1638
普阳		85	338			155	465
汤原		4				54	143
依兰						32	281
梧桐河						82	823
友谊				85		269	2180
五九七			5	303		71	1537
八五二			31			240	1980
八五三			222	218		90	861
饶河			72			143	794
二九一		62	339			98	1024
双鸭山			62			98	540
江川			107			66	420
曙光			12		43	36	115
北兴		101	480			77	617
红旗岭		51	79			54	470
宝山			44			32	152
八五九		6	441			376	1711
胜利			1542	74		342	1034
七星		4	261	77		1170	1531
勤得利			1016	91		324	2018
大兴		180	1522	92		317	1332
青龙山		777	444	236		160	365
前进			2283	75		476	1470
创业		171	993	79		479	850
红卫		61	1041	31		252	1194
前哨			21	25		97	781
前锋			260			144	1036
洪河			701	41		221	835
鸭绿河			418	31		212	647
二道河			344	85		87	375
浓江		1566	478	55		337	740
八五〇		489	388			203	1088
八五四		15	146				1669
八五五		19	185			50	1870
八五六			234	66		242	752
八五七		988	829			156	603
八五八		355	91			171	653
八五一〇		151	699	414		293	1362
八五一一		-9	197			103	956
庆丰		338	118			216	428
云山		188	199				836
兴凯湖		960	86				1521
海林			460				242
宁安			28				313
山市种奶牛场		6	31	24			18
锦河			620			60	711
红色边疆						52	515

附录1-4续表3　　　　(2020年)　　　　单位：万元

农　场	按行业分						
	建筑业	批发和零售业	交通运输、仓储和邮政业	住宿和餐饮业	居民服务、修理和其他服务业	教　育	卫生和社会工作
逊　克						149	856
龙　门							519
襄　河		42				105	384
龙　镇			72				490
二龙山			243				1170
引龙河		11				16	18
尾　山		1060				70	614
格球山		52				62	179
长水河			527			86	432
赵　光			2139				282
红　星							350
建　设						144	829
五大连池				93		17	196
鹤　山		732	67			67	459
大西江		713	31			32	494
尖　山		394				46	1331
荣　军		222	14			28	421
红五月		366				26	315
七星泡		149	164			97	564
嫩　江		87	81			83	659
山　河		63	20			81	763
嫩　北		1131	1560			91	867
建　边			65			62	352
哈拉海		194				53	
克　山						162	620
依　安							377
富裕牧场							326
查哈阳			1485	44		189	732
泰　来							154
绿色草原牧场							183
巨浪牧场							196
齐齐哈尔种畜场							330
繁荣种畜场							120
大山种羊场				6			84
红旗种马场							
嘉　荫							603
铁　力							839
海　伦							727
红　光							571
绥　棱							280
安达牧场							
和平牧场							574
肇　源							362
柳　河							222
涝洲鱼种场							
庆　阳							229
岔林河							157
沙　河							55
香坊实验		9		34	127		
青　年							
闫家岗		545					
红　旗						3	48
四方山							73
松花江							167
阿城原种场		70					60
九龙山柞蚕育种场							
佳南实验农场							

附录1-5　固定资产投资

（2020年）　　　　单位：万元

农　场	固定资产投资	按用途分投资		按投资行业分					
	合　计	生产性建　设	非生产性建设	农林牧渔　业	工　业	建筑业	批发和零售业	交通运输、仓储和邮政业	住宿和餐饮业
二九〇	22366	19668	2698	15260	430			7	
绥　滨	12322	11791	531	11747	14		30		
江　滨	11549	11028	520	5164					
军　川	9455		9455	7687					
名　山	8415	8304	111	8304					
延　军	6056	5491	565	5491					
共　青	2428	2278	150	1914	200			164	
宝泉岭	13651	13651		13073					
新　华	10304	9944	360	8654					
普　阳	7747	7747		6135					
汤　原	7821	5984	1837	5984					
依　兰	1463	1283	180	1283					
梧桐河	8293	8293		8293					
友　谊	7208	6536	672	6536					
五九七	6080	3981	2099	3981					
八五二	4765	4320	445	4320					
八五三	6951	6951		6951					
饶　河	4449	3762	686	3736					
二九一	7153	7153		7153					
双鸭山	1520	1520							
江　川	4491	4491		4263					
曙　光	1352	972	380	866		380			
北　兴	10666	7297	3369	7653					
红旗岭	3298	2501	797	2501					
宝　山	1250	1250							
八五九	29515	26233	3282	25391				209	
胜　利	19288	14203	5085	14203				2897	
七　星	27985	26802	1183	25032					
勤得利	13678	12015	1663	11971					
大　兴	9491	8002	1489	7503	120		1	15	7
青龙山	5125	3687	1438	3687					
前　进	8381	8075	307	8075	139			91	
创　业	13544	13544		11924					
红　卫	24887	20410	4477	20410					
前　哨	6492	5476	1016	5476					
前　锋	13411	12350	1061	12170	6			283	
洪　河	22610	15868	6742	15868					
鸭绿河	10668	10395	274	9440	175			394	
二道河	5418	4883	535	4534	37			319	7
浓　江	12417	12417		12417					
八五〇	6698	5508	1190	5508					
八五四	6979	6128	851	6128					
八五五	9313	7364	1949	7364					
八五六	10937	9517	1420	9532				840	
八五七	13069	11116	1953	8748					
八五八	4050	2204	1846	2204				397	
八五一〇	7085	4327	2757	3784	1681			35	
八五一一	2000	700	1300	433	700				
庆　丰	14892	14775	117	14775					
云　山	3939	3939		3451					
兴凯湖	2859	2041	818	2041					
海　林	1529		1529						
宁　安	6712	6712		6712					
山市种奶牛场	410	410		410					
锦　河	622	600	22						
红色边疆	1056	536	520	536					

附录1-5续表1　　　　　　　　　　　　(2020年)　　　　　　　　　　　　单位：万元

农　场	固定资产投资	按用途分投资		按投资行业分					
	合　计	生产性建设	非生产性建设	农林牧渔业	工　业	建筑业	批发和零售业	交通运输、仓储和邮政业	住宿和餐饮业
逊　克	9116	7244	1872	7244	314	74		440	
龙　门	1055	417	638	797					
襄　河	4309	2063	2246	2063					
龙　镇	2446	2358	88	1794	604			48	
二龙山	3764	3047	717	3035	13			547	
引龙河	6342	3266	3076	3424				1940	
尾　山	742	560	182	203	469				
格球山	348		348	13					
长水河	1108	1100	8	1100					
赵　光	6182	6182		6182					
红　星	5069		5069	3360					
建　设	1480	1465	16	1480					
五大连池	1931	1433	498	1433					
鹤　山	5355	4539	816	4539					
大西江	4021	2827	1194	3241					
尖　山	4973	3647	1326	3647					
荣　军	6100	3200	2900	3200				702	
红五月	4901	3202	1699	2772	430				
七星泡	5726	4865	861	4865					
嫩　江	4199	2287	1912	2287					
山　河	5084	3882	1202	3793	706		1		
嫩　北	4380	3855	525	2084	1659		112		
建　边	6042	5742	300	5742					
哈拉海	4357	3689	668	3324					
克　山	1788	1256	532	1277	99			3	
依　安	2118	2065	53	1253	358			463	
富裕牧场	4560	2764	1796	2764					
查哈阳	9285	5988	3297	5042				946	
泰　来	2401	1368	1033	1264				104	
绿色草原牧场	967	651	316	666					
巨浪牧场	895	165	730	113				52	
齐齐哈尔种畜场	2076	1634	442	1634					
繁荣种畜场	2921	1979	942	1979					
大山种羊场	3986	3979	7	2598				1381	
红旗种马场	1558	1533	25	1216				323	
嘉　荫	3445	2070	1375	3445					
铁　力	4105	3016	1089	3016					
海　伦	2297	2297		2297					
红　光	4548	4006	542	3603	324			79	
绥　棱	2978	2978		2978					
安达牧场	240		240						
和平牧场	2384	2380	4	1257	1123				
肇　源	3005	1452	1553	1452					
柳　河	3462	1766	1696	1781					
涝洲鱼种场									
庆　阳	3069	200	2869	200				2465	
岔林河	1000	537	463	537					
沙　河	200	200							
香坊实验	12666		12666						
青　年	247		247						
闫家岗									
红　旗	1003	922	81	1003					
四方山	4139	3651	488	3651					
松花江	1957	1264	693	1264					
阿城原种场	244	244		198					
九龙山柞蚕育种场									
佳南实验农场	781	781							

附录1-5续表2　　(2020年)　　单位：万元

农　场	按投资行业分							
	信息传输、软件和信息技术服务业	科学研究和技术服务业	水利环境和公共设施管理业	居民服务、修理和其它服务业	教育	卫生和社会工作	文化、体育和娱乐业	公共管理、社会保障和社会组织
二九〇	11		6429	73	1	104	10	41
绥滨			34	67	5	120	214	90
江滨			6385					
军川	96		504					1168
名山	111							
延军			565					
共青				150				
宝泉岭			578					
新华			1290	267	43			50
普阳			1502	62			48	
汤原			1837					
依兰			180					
梧桐河								
友谊			391	281				
五九七			1671	308		120		
八五二						436	9	
八五三								
饶河				712				
二九一								
双鸭山			1090	430				
江川			28					200
曙光			106					
北兴			2213				800	
红旗岭								797
宝山			350	900				
八五九			2438	1473		1		
胜利			1663	352		173		
七星			1770	14				1169
勤得利			1571			136		
大兴	9	53	1780			1		
青龙山			1438					
前进			77					
创业			1620					
红卫			3980	497				
前哨				1016				
前锋	23		745		2	183		
洪河			6742					
鸭绿河		17	641		1			
二道河	13	120	340			42	6	
浓江								
八五〇			1023				167	
八五四				711	85	55		
八五五			1949					
八五六			525	40				
八五七			4321					
八五八				1353	96			
八五一〇			274	15			1296	
八五一一			856	11				
庆丰			117					
云山								488
兴凯湖				818				
海林			382	647			500	
宁安								
山市种奶牛场								
锦河	22		600					
红色边疆			520					

附录1-5续表3　　　　(2020年)　　　　单位：万元

农　　场	按投资行业分							
	信息传输、软件和信息技术服务业	科学研究和技术服务业	水利环境和公共设施管理业	居民服务、修理和其它服务业	教育	卫生和社会工作	文化、体育和娱乐业	公共管理、社会保障和社会组织
逊　克			384					660
龙　门			258					
襄　河			2173					73
龙　镇								
二龙山	10		156		3			
引龙河			210	768				
尾　山			70			1		
格球山			330			5		
长水河								8
赵　光								
红　星			6	1703				
建　设								
五大连池			494			4		
鹤　山			816					
大西江			418	307	55			
尖　山			1288			38		
荣　军				2198				
红五月				1699				
七星泡			861					
嫩　江			1912					
山　河			314	147	2	3		118
嫩　北			525					
建　边			300					
哈拉海			668	365				
克　山				403				6
依　安						45		
富裕牧场			1796					
查哈阳			3297					
泰　来			920	113				
绿色草原牧场			141	160				
巨浪牧场				730				
齐齐哈尔种畜场	15		427					
繁荣种畜场			942					
大山种羊场	6					1		
红旗种马场				19				
嘉　荫								
铁　力			833			256		
海　伦								
红　光			542					
绥　棱								
安达牧场				240				
和平牧场						4		
肇　源			1553					
柳　河			1197					483
涝洲鱼种场								
庆　阳				404				
岔林河						265		198
沙　河			200					
香坊实验								
青　年				247				
闫家岗								
红　旗								
四方山				328		160		
松花江				439				254
阿城原种场	13		33					
九龙山柞蚕育种场								
佳南实验农场				781				

附录1-6　人民生产、生活

(2020年)

农　场	从业人员劳动报酬(万元)	职工工资总　额(万元)	年末储蓄总　额(万　元)	人　均可支配收入(元)	等级公路(公　里)	文化广场(个)
二九〇	19178	12701	154912	29774	265	4
绥　滨	21078	9442	107345	26721	381	1
江　滨	10371	6592	95943	21411	55	1
军　川	17083	13857	124369	30487	254	2
名　山	7663	5867	51363	23445	105	3
延　军	9493	3148	37311	23961	140	1
共　青	10490	7165	83098	25612	130	17
宝泉岭	19384	8810		29076	200	10
新　华	13063	6533	80722	22995	180	2
普　阳	24593	11038	85412	31130	120	9
汤　原	3652	2613	24179	19532		1
依　兰	2659	1856	3860	22234	8	1
梧桐河	10212	4612	36211	24875	82	2
友　谊	76427	32308	107999	26092	550	28
五九七	37965	17438		25585	296	13
八五二	71955	24372	76688	20256	398	12
八五三	33404	13994	57340	29499	355	24
饶　河	30694	13606	89384	30750	197	3
二九一	15408	14559		19960	276	1
双鸭山	21036	12335	150	21167	68	5
江　川	14969	8270	4727	23899	108	2
曙　光	7822	4667		20857	161	1
北　兴	28175	11088		27977	176	1
红旗岭	10075	7523		22567	129	6
宝　山	4897	2680	2258	21786	60	1
八五九	41948	8128		29981	264	4
胜　利	32363	9386	70601	30172	245	6
七　星	38265	19822		30732	536	1
勤得利	29695	7333	91500	30228	184	3
大　兴	22144	9528		28989	155	2
青龙山	20629	10038	19141	30909	76	4
前　进	41009	11246		29998	148	2
创　业	34981	11070		30578	90	5
红　卫	33910	6619		29931	70	2
前　哨	19710	6449	26407	29635	129	1
前　锋	39607	6072	26709	31056	301	3
洪　河	32003	4736	48000	29963	61	1
鸭绿河	17128	4159	36700	30853		6
二道河	22825	4127	16715	31489	111	1
浓　江	12958	4530	6650	30586	119	2
八五〇	11962	5294	29893	24446	186	7
八五四	16241	9009	43216	25519	360	4
八五五	8093	4070	8314	23615	200	1
八五六	29868	10417	43094	28069	408	7
八五七	13103	7030	4385	24201	174	10
八五八	33083	6143	11365	26177	334	8
八五一〇	7060	4743	5587	21999	144	3
八五一一	17346	6844	9829	21017	162	4
庆　丰	19258	6815	32781	23888	146	1
云　山	17942	6319	13406	26526	162	1
兴凯湖	8157	3128	5145	28017	160	1
海　林	11123	1330	4835	14438	80	4
宁　安	3420	2000	284	17100	55	1
山市种奶牛场	3609	2184	3504	15287	39	2
锦　河	4066	1600	6141	25984	371	4
红色边疆	8725	3934	8403	26777	106	7

附录1-6续表1　　　　(2020年)

农　　场	从业人员劳动报酬(万元)	职工工资总额(万元)	年末储蓄总额(万元)	人均可支配收入(元)	等级公路(公里)	文化广场(个)
逊　　克	11222	4384	67461	27780	406	8
龙　　门	4389	2874	18205	25092	68	1
襄　　河	5001	3442	10702	26875	102	3
龙　　镇	6117	4385	7047	23444	128	1
二 龙 山	5824	4737	10636	22197	141	5
引 龙 河	6194	3607	15287	27904	169	1
尾　　山	2984	2066	10340	24495	117	1
格 球 山	4993	2816	7310	26090	96	4
长 水 河	4898	4117	4068	20757	116	3
赵　　光	12759	6176	4971	33600	244	3
红　　星	5728	3768	22736	21475	4626	1
建　　设	9770	4384	6623	25040	117	3
五大连池	5127	3325	2863	18357	86	1
鹤　　山	16090	12369	11095	28885	175	2
大 西 江	14566	6329	6280	25768	90	2
尖　　山	13552	9374	15499	27678	144	4
荣　　军	8227	6179	3926	28171	55	2
红 五 月	6059	5186	5180	27640	56	1
七 星 泡	13762	10206	18685	24833	152	1
嫩　　江	9052	6383	27026	28510	156	8
山　　河	16716	6349	31500	28599	107	2
嫩　　北	9449	6439	50794	27305	146	2
建　　边	14674	5577	15331	28066	103	5
哈 拉 海	7883	3852	4073	26487	67	1
克　　山	25912	14252	20550	24673	249	1
依　　安	5257	2211		25075	10	3
富裕牧场	8485	2676	18043	22746	56	1
查 哈 阳	47042	26486		26191		2
泰　　来	3992	934	2944	25495		1
绿色草原牧场	5896	1625	6433	23753	2	1
巨浪牧场	3794	1056	3712	23565		1
齐齐哈尔种畜场	9905	5841	3077	25038		2
繁荣种畜场	8964	3710	1762	19607	8	1
大山种羊场	1177	921	2833	18951		1
红旗种马场	1839	1056	3250	17926	18	1
嘉　　荫	11395	4921	13471	23862	65	1
铁　　力	9210	3897	3467	26179	105	1
海　　伦	9219	2844	8714	21950	108	1
红　　光	3652	2454	3730	21448		1
绥　　棱	3810	2777	4893	25578		1
安达牧场	1237	944	451	18141		1
和平牧场	6632	1624	5410	23150		1
肇　　源	4762	1062	1150	25098	32	2
柳　　河	2820	908		26591		1
涝洲鱼种场	296	28		16662		1
庆　　阳	8847	3640	7939	25219		1
岔 林 河	4512	1968	1548	25116	2	1
沙　　河	2443	510	423	17631	9	1
香坊实验	2378	1820	778	34263		
青　　年	1265	1130	5258	34105		
闫 家 岗	2480	1295	6561	39032		1
红　　旗	2284	1084	3532	38875		
四 方 山	3978	1763	800	30596	52	1
松 花 江	3838	895	6535	33300	33	1
阿城原种场	4376	3930	8231	23600	2	3
九龙山柞蚕育种场	344	237	534	23500		
佳南实验农场	5374	5374		26984		1

附录1-6续表2　　(2020年)

农　场	图书馆(室)(个)	年末房屋实有面积(平方米)	住　房(平方米)	幼儿园学生数(人)	医院床位数(张)	卫生技术人员(人)
二九〇	11	994780	994780	240	100	94
绥　滨	13	818140	818140	297	100	67
江　滨	2	400376	400376	113	40	52
军　川	2	645699	645699	194	90	71
名　山	3	408888	408888	81	20	43
延　军	2	286789	286789	79	22	46
共　青	13	865178	865178	119	40	63
宝泉岭	2	402913	402913	399	170	170
新　华	1	998672	998672	147	100	83
普　阳	9	597037	597037	192	50	46
汤　原	2	208903	208903	34	22	25
依　兰	2	155521	155521		20	15
梧桐河	1	291805	291805	76	27	47
友　谊	27	3498601	3498601		99	231
五九七	12	1132634	1132634	173	150	139
八五二	6	2449993	2449993	299	200	311
八五三	23	1781787	1781787	172	180	194
饶　河	3	405075	405075	138	40	61
二九一	1	677501	677501	102	80	104
双鸭山	2	617234	617234	90	60	60
江　川	3	506564	506564	70	41	56
曙　光	2	438143	438143	66	63	31
北　兴	24	762566	762566	188	70	77
红旗岭	2	355497	355497	110	50	48
宝　山	1	97361	97361	34	20	14
八五九	1	844453	844453	387	103	80
胜　利	2	706429	706429	303	50	63
七　星	1	1178232	1178232	1009	20	81
勤得利	2	997107	997107	475	76	73
大　兴		578472	578472	310	48	83
青龙山	1	545475	545475	242	40	65
前　进	3	1187681	1187681	777	43	78
创　业	6	810448	810448	280	40	89
红　卫		472570	472570	278	40	60
前　哨		531131	531131	214	48	69
前　锋		671999	671999	380	40	107
洪　河	1	397728	397728	163	28	43
鸭绿河	2	335979	335979	191	20	36
二道河	1	237817	237817	111	24	34
浓　江	1	247699	247699	199	20	36
八五〇	7	708024	708024	246	60	94
八五四	1	1068543	1068543	262	100	126
八五五	2	477935	477935	113	60	91
八五六	3	1055125	1055125	369	80	76
八五七	10	977166	977166	138	60	89
八五八	8	719889	719889	225	60	70
八五一〇	1	593676	593676	60	72	91
八五一一	1	654730	654730	125	60	67
庆　丰	10	461876	461876	143	70	74
云　山	2	476257	476257	170	48	56
兴凯湖	8	161361	161361	155	60	83
海　林	2	315719	315719	71	22	32
宁　安		420883	420883	69	34	26
山市种奶牛场		157771	157771	2146	20	9
锦　河	4	433253	433253	56	20	41
红色边疆	7	351789	351789	37	24	46

附录1-6续表3　　(2020年)

农　　场	图书馆(室)(个)	年末房屋实有面积(平方米)	住　房(平方米)	幼儿园学生数(人)	医院床位数(张)	卫生技术人员(人)
逊　克	5	772542	772542	154	24	69
龙　门	1	260280	260280	54	20	23
襄　河	2	363128	363128	42	20	33
龙　镇	1	533627	533627		40	43
二龙山	3	729224	729224	74	30	58
引龙河	4	654264	654264	76	20	36
尾　山	1	393100	393100	94	20	35
格球山	5	249989	249989	58	16	36
长水河	4	429976	429976	117	24	38
赵　光	4	956254	956254	70	70	73
红　星	1	432587	432587	80	20	37
建　设	7	405531	405531	52	28	49
五大连池		259893	259893	40	13	20
鹤　山	1	647781	647781	63	30	32
大西江	3	263340	263340	65	30	35
尖　山	6	569582	569582	78	208	62
荣　军	1	297945	297945	12	20	25
红五月	2	308402	308402	30	30	19
七星泡	1	636650	636650	150	40	50
嫩　江	5	481379	481379	127	30	35
山　河	9	524158	524158	90	40	54
嫩　北	1	619168	619168	125	40	42
建　边	4	346907	346907	124	30	33
哈拉海	1	275528	275528	73	30	7
克　山	3	1368090	1368090	140	45	89
依　安	4	326735	326735	41	50	26
富裕牧场		669745	669745	100	30	34
查哈阳	1	2965589	2965589	170	130	157
泰　来	1	144437	144437	49	27	12
绿色草原牧场		326780	326780	63	12	27
巨浪牧场	1	235783	235783	14	20	8
齐齐哈尔种畜场	2	838198	838198		60	11
繁荣种畜场		474050	474050		40	23
大山种羊场		147378	147378		22	3
红旗种马场		81609	81609			1
嘉　荫	2	362349	362349	31	40	40
铁　力	1	552425	552425	62	30	33
海　伦	1	420688	420688	102	30	29
红　光	1	293562	293562	106	20	36
绥　棱	1	347643	347643	87	30	30
安达牧场		97654	97654		5	5
和平牧场	1	512860	512860	76	30	41
肇　源	1	132217	132217	41	25	20
柳　河	1	147000	147000	23	20	20
涝洲鱼种场	1	18280	18280			
庆　阳		306415	306415	72	20	24
岔林河	1	157408	157408	11	20	21
沙　河		61133	61133	9	20	6
香坊实验		82604	82604			16
青　年	1	160624	160624		20	15
闫家岗		227721	227721		20	13
红　旗	1	89706	89706		20	33
四方山	1	301382	301382		10	7
松花江		347526	347526	44	30	19
阿城原种场		136007	136007		6	4
九龙山柞蚕育种场		4650	4650			
佳南实验农场	1	89980	89980		50	31

附录1-7　机械年末拥有量

(2020年)　　单位：台

农场	大中型拖拉机	#100马力以上	小型拖拉机	大中型拖拉机配套农具	小型拖拉机配套农具	播种机	机动水稻插秧机
二九〇	2855	285	517	8477	534	449	2085
绥滨	2195	234	574	2411	460	100	2265
江滨	1562	182	394	1541	317	295	1382
军川	2253	106	14	4602	14	46	1877
名山	1029	173	155	2377	270	145	608
延军	744	104	404	1241	392	662	72
共青	1396	307	95	1262	307	557	593
宝泉岭	1113	546	17	5621	123	220	658
新华	2518	178		5509		1057	1659
普阳	1691	174		6312		47	1700
汤原	624	73	8	1059	20	353	27
依兰	235	15	205	270	263	194	74
梧桐河	519	33	479	579	444	116	1151
友谊	2514	842	2674	5414	3844	1075	2837
五九七	722	219	1352	1046	1807	1145	796
八五二	1270	303	1100	2893	1676	1128	707
八五三	2585	816	1044	3811	1542	461	1985
饶河	1117	76	404	1917	723	582	835
二九一	1922	181	351	4837	686	453	1877
双鸭山	690	58	315	1115	384	596	42
江川	777	23		1667			1611
曙光	146	67	255	366	314	156	160
北兴	1670	121	591	2250	793	1535	52
红旗岭	490	58	369	834	153	154	729
宝山	256	35	180	480	330		488
八五九	2518	581	242	5073	292	348	2762
胜利	2072	385	8	1967		54	1674
七星	3752	608	111	20305	16733	91	4267
勤得利	2603	200	854	5943	1057	15	2649
大兴	1553	445	207	6212		15	2246
青龙山	1718	343		8333		52	2070
前进	2246	416	107	7925	103	156	2836
创业	1663	280		8850			2732
红卫	1435	211	48	6207	2150	18	3238
前哨	843	211	194	707	282	200	840
前锋	2541	507		15809		62	4483
洪河	1267	151	372	1814	171	677	1536
鸭绿河	1311	289	3	4598	7	2016	2179
二道河	1642	138		5256		1460	2813
浓江	1516	321	859	4663	1756	187	2291
八五〇	1699	243	35	3324	52	212	1786
八五四	3256	208	336	9713	1261	437	2839
八五五	714	117	8	640	8	314	171
八五六	3506	447	148	5321	594	303	2688
八五七	1489	29	365	2310	530	172	2648
八五八	2081	69		9918		1276	1617
八五一〇	561	190	862	560	545	596	33
八五一一	1377	153	629	947	1373	840	390
庆丰	892	50	1371	1228	960	409	893
云山	693	86	413	526	816	632	804
兴凯湖	1100	176	669	1356	517	24	1343
海林	532	30		1445	3	380	53
宁安	99	33	379	244	156	108	35
山市种奶牛场	397		188		380		
锦河	99	80	412	430	620	114	8
红色边疆	534	89		545		48	15

附录1-7续表1　　(2020年)　　单位：台

农　场	大中型拖拉机	#100马力以上	小型拖拉机	大中型拖拉机配套农具	小型拖拉机配套农具	播种机	机动水稻插秧机
逊　克	2085	195	495	3020	1566	2402	6
龙　门	391	82		380		67	
襄　河	62	55	521	218	407	353	
龙　镇	96	30	371	512	466	228	26
二龙山	135	80	798	803	648	271	
引龙河	264	107	1104	1117	1202	496	
尾　山	164	104	11	789	17	43	
格球山	84	45	185	489		39	
长水河	192	99	119	565	60	103	
赵　光	214	103	159	739	262	106	6
红　星	230	79	697	720	1928	293	
建　设	140	75	65	220	100	28	35
五大连池	47	44	322	137	915	344	
鹤　山	175	135	241	864	283	245	
大西江	103	55	303	244	273	60	
尖　山	180	125	196	657	297	188	
荣　军	118	48	4	265	17	50	
红五月	94	67	207	354	107	78	
七星泡	219	110	49	748	27	104	
嫩　江	244	128	17	646	50	161	
山　河	474	85	212	1242	239	155	
嫩　北	111	79	686	616	907	106	3
建　边	230	69	211	727	371	254	
哈拉海	440	7	33	955	158	55	409
克　山	284	191		894	20	124	4
依　安	141		305	271	957	315	495
富裕牧场	284	33	281	1026	1322		706
查哈阳	874	263	565	1748	1130	178	6272
泰　来	351	28		702		66	350
绿色草原牧场	434	42	98	499	217	395	
巨浪牧场	11	11	89	113	37	53	17
齐齐哈尔种畜场	291	1	42	448	32	166	285
繁荣种畜场	613	32	30	2570	91	180	435
大山种羊场	606		193	256	198	211	263
红旗种马场	111	9	48	104	88	12	
嘉　荫	654	201		1814		273	26
铁　力	828	12	426	1259	267	226	251
海　伦	63	47	282	85	211	122	4
红　光	524	40	23	386	72	155	70
绥　棱	69	19	143	184	253	264	44
安达牧场	11	4	10	21	4	5	
和平牧场	72	19	517	17	619	217	
肇　源	220	2	150	90	85		750
柳　河	89	11					69
涝洲鱼种场							
庆　阳	563	4		1657			542
岔林河	510	15	161	554	606		556
沙　河	177			176		22	135
香坊实验							
青　年	7			7		3	6
闫家岗	13	12	29	17	25	30	5
红　旗	8	4	4	20	1	2	
四方山	208	23	85	347	97	170	4
松花江	195	13	100	457	165	156	36
阿城原种场	8	8	60	8	60	4	35
九龙山柞蚕育种场							
佳南实验农场	113		67	344	4	44	42

附录1-7续表2　　(2020年)　　单位：台、千瓦

农场	联合收获机	#自走式	脱粒机	种子清选机	汽车合计	#载重汽车	推土机	挖掘机	农业机械总动力
二九〇	1548	921	11	1	81				254961
绥滨	967	967			930				309170
江滨	600	589	11	1	369		2		192740
军川	875	875		12	21	12	8	15	223100
名山	267	267	9						89873
延军	187	95	2		310	14		5	90231
共青	260	258	73		27	22	6		128484
宝泉岭	760	677	5	1					158920
新华	1041	992	20	1	315	19	14	3	224287
普阳	1015	975	6		54	3			219608
汤原	131	131	23	1					35710
依兰	59	58	13	4	3		2		20005
梧桐河	326	326	15	1	141	14	1		81559
友谊	2081	1961	136	34	540	252	21	7	532440
五九七	486	453	84	9	144	21	19	9	140576
八五二	490	474	1	74				2	168727
八五三	1118	1118	66		149	20		2	314427
饶河	662	652	15	3	9	9			122706
二九一	634	634	22						227854
双鸭山	105	99	33	1	118	9	4		50794
江川	366	366			40	2			86295
曙光	169	90	1		168	2		1	39088
北兴	274	263	124		139	112			135291
红旗岭	458	387			18	2			80105
宝山	326	326						3	47563
八五九	1666	1561		3			3		367790
胜利	821	821							269333
七星	1572	1572	21						506843
勤得利	1887	1868					2	1	408629
大兴	994	994							242379
青龙山	1070	1070		18				10	198310
前进	1450	1450					20	1	329968
创业	764	764							219355
红卫	808	808							232714
前哨	357	357	1						131682
前锋	2631	2631	1						421809
洪河	1006	986							195826
鸭绿河	1058	1058							193475
二道河	726	726					3	8	183829
浓江	1191	1191	132						267170
八五〇	791	791					1		203636
八五四	2383	2211	88		28	5	3		293467
八五五	184	181	7		3	3			65334
八五六	1774	1668			229	5	3		433561
八五七	772	766			11	2	8	6	161136
八五八	1236	1236					4	13	282433
八五一〇	180	125	6	1	2	2			73286
八五一一	130	84	29	3	122	60	11		88859
庆丰	424	423	65	5	7	4	5		112549
云山	391	304	411	32					93576
兴凯湖	418	321	70		109				110911
海林	123	123	25	13			2		37002
宁安	45	33	8	2					17504
山市种奶牛场	21						4	3	21551
锦河	78	78		1	58	2	1	1	30500
红色边疆	20	20							47977

附录1-7续表3　　(2020年)　　单位：台、千瓦

农　场	联合收获机	#自走式	脱粒机	种子清选机	汽车合计	#载重汽车	推土机	挖掘机	农业机械总动力
逊　克	189	186	3	9	192	19	4		149371
龙　门	59	59			47	11	3	11	34846
襄　河	44	44		2	6	2			25805
龙　镇	79	58			48	10			28464
二龙山	72	49		6	109	43			68988
引龙河	143	143	31	33	59	58	2		49063
尾　山	25	25			38	19	2		28950
格球山	28	28		2					27717
长水河	39	34							31069
赵　光	71	56		3	48	3	1	2	51031
红　星	68	60	10		40				51799
建　设	48	35			130	110	4	4	39160
五大连池	24	24		3					22437
鹤　山	50	50	4		40	26	1	1	49820
大西江	64	64			27	22			27077
尖　山	42	42		18	180	96	15		67084
荣　军	26	25		10	50	27	3		28140
红五月	40	40			9	9			26701
七星泡	62	62		9	38	38	2	1	61633
嫩　江	43	43		3	119	40	1		45966
山　河	93	93		4	103	60	6	2	59967
嫩　北	58	58	5	1	336	31	3	2	74005
建　边	72	72		3	279	35			60796
哈拉海	202	202			2		4	4	59599
克　山	87	70	9	9	4			4	75712
依　安	137	3							21000
富裕牧场	192	192	92		25	25			51513
查哈阳	402	200							170000
泰　来	193	3			5	5			17140
绿色草原牧场	25	25	38		5	1	7		27374
巨浪牧场	4								7543
齐齐哈尔种畜场	111	111					4	4	22679
繁荣种畜场	190	190	18						49600
大山种羊场	285	111			6	4	16	2	36884
红旗种马场	24	24		2			4	1	10125
嘉　荫	84	84							57816
铁　力	184	184			328		2	5	74703
海　伦	67	67							18540
红　光	70	70							26579
绥　棱	69	69							12871
安达牧场	2	2			1				2460
和平牧场	10	8	13		3			1	15971
肇　源	170	170			23	8	2	2	36279
柳　河	37	37						2	10299
涝洲鱼种场							1		740
庆　阳	186	186	7				6		49839
岔林河	145	145		1			4	2	42865
沙　河	56	56							12953
香坊实验					1	1			46
青　年	2								624
闫家岗							1		2731
红　旗	1	1							1084
四方山	42	36	4		11	4		4	16707
松花江	53	17							15350
阿城原种场	28	24							6910
九龙山柞蚕育种场									
佳南实验农场	45	45	6		2				10427

附录1-8　农业现代化生产及基础设施情况

(2020年)

农　场	当年机耕面积(公顷)	当年机播面积(公顷)	有效灌溉面积(公顷)	排灌站(座)	排灌能力(立方米/秒)	机电井(眼)
二九〇	46514	46514	31419	5	113	2814
绥滨	35574	35574	34141	3	48	2318
江滨	22734	22734	18583			1849
军川	41282	41282	34126	2	16	3214
名山	17987	17987	8485	1	92	713
延军	16697	16697	2097			121
共青	32664	32664	12796			818
宝泉岭	38554	38554	23000	6	16	2440
新华	32548	32548	17845	4	37	1014
普阳	30430	30430	29805	6	41	2679
汤原	9839	9632	573	2	1	2
依兰	3594	3594	769	2	2	40
梧桐河	18760	18760	14934	7	80	737
友谊	117774	117774	62211	15	92	4115
五九七	49969	49969	24946	9	39	950
八五二	80251	80251	14093	5	439	100
八五三	68310	68310	46962	10	39	1808
饶河	36837	36834	22765	6	18	1228
二九一	38956	38579	26874	9	60	2376
双鸭山	14857	14723	1342			44
江川	20514	20514	19338			2138
曙光	13659	13659	3707	2		440
北兴	36524	74454	2432			10
红旗岭	19634	19634	14915	13	86	200
宝山	7941	7941	7908	2	4	1030
八五九	81065	78595	56622	2	53	3162
胜利	46230	46230	34400	2	6	2110
七星	81716	80567	67433	12	32	3652
勤得利	68179	66056	55851			2676
大兴	51969	49322	36041	2	4	2416
青龙山	36992	36105	34840	11	621	1824
前进	52700	50371	30065			2875
创业	38441	37305	37048	4	3	2037
红卫	40199	38837	36206	6	28	1768
前哨	38858	38858	38226			2102
前锋	73649	73649	68601			4514
洪河	45882	45882	42118	2	24	1574
鸭绿河	32455	31582	30636			1636
二道河	38660	38660	35932			1348
浓江	38002	38002	37989			1748
八五〇	33684	33684	25582	1		2598
八五四	67039	67039	39584			1267
八五五	28060	28060	1491			38
八五六	75761	75761	61875	9	19	3432
八五七	36473	36473	29862	23	56	518
八五八	39577	39577	37274	5	24	1485
八五一0	19120	19120	1693	7	25	7
八五一一	19033	19033	4064	4	9	81
庆丰	42729	42729	30870	1	80	1771
云山	31546	31546	16434	6	5	1115
兴凯湖	38073	38073	37638			
海林	9460	9418				
宁安	5991	4856	1064			2
山市种奶牛场	4563	4547				
锦河	15348	15348	98			
红色边疆	15857	15857	282			312

附录1-8续表1　　(2020年)

农　场	当年机耕面积(公顷)	当年机播面积(公顷)	有效灌溉面积(公顷)	排灌站(座)	排灌能力(立方米/秒)	机电井(眼)
逊　克	45033	45033	180			
龙　门	17143	17143				
襄　河	19954	19954				
龙　镇	24655	24655	400	2	1	
二龙山	27093	27093	20			
引龙河	25962	25962		1		
尾　山	16018	16018				1
格球山	14400	14400				2
长水河	24270	24270				
赵　光	34018	34018	250	2	2	10
红　星	25598	25598	215			
建　设	20141	20141	95			
五大连池	10472	10472				
鹤　山	33972	33972		2	6	
大西江	20395	20395				
尖　山	23362	23362				246
荣　军	15784	15777				86
红五月	15816	15816	5			157
七星泡	32282	32272		1	3	
嫩　江	30010	30009				19
山　河	24703	24703	1590			10
嫩　北	26280	26279	56			
建　边	17455	17453				8
哈拉海	11108	11108	11108	1		1405
克　山	28208	28208	28179			125
依　安	5682	5682	5176	1	1	315
富裕牧场	9634	9624	8128	2	5	920
查哈阳	63777	63777	41558	26	38	4982
泰　来	4540	4540	4540	13	18	493
绿色草原牧场	7667	8000	2050			130
巨浪牧场	2270	2270	2272			291
齐齐哈尔种畜场	4362	4362	4220	2	2	
繁荣种畜场	9693	9693	9466			408
大山种羊场	4500	4500	3230	5	7	15
红旗种马场	1135	1620	668	5	1	17
嘉　荫	18057	18056	411			
铁　力	13712	13712	8595	1	2	787
海　伦	15919	15919	1419			
红　光	10059	10059	510	1	2	2
绥　棱	15245	15245	2884			24
安达牧场	997	997	813			56
和平牧场	7848	7848	7848			492
肇　源	3961	3961	3961	4		
柳　河	4124	4124	1901	2	1	30
涝洲鱼种场	7	3	7			
庆　阳	4786	4786	4168			661
岔林河	5564	5564	5491	2	3	1057
沙　河	1367	1347	1048	2	2	260
香坊实验	113		66			4
青　年	110	110	331			20
闫家岗	419	419	430			73
红　旗	499	373	617			46
四方山	7313	6428	80			210
松花江	4461	4461	573			
阿城原种场	1283	1283	1207			55
九龙山柞蚕育种场	10	10				
佳南实验农场	2870	2870	1525	1		149

附录1-8续表2　　　　　　　　　　　　(2020年)

农　场	化　肥 施用量 (折纯量，吨)	农　业 用电量 (万千瓦时)	粮　食 仓储能力 (吨)	粮　食 处理中心 (座)	粮　食 处理中心 (吨/小时)	农　用 飞机场 (处)	种　子 加工厂 (座)
二九〇	7159	1351	179000	1	50	1	
绥　滨	7368	385	180000	1	30	1	
江　滨	4487	758	25500	1	20	1	1
军　川	8847	632	1050000	11	260	1	1
名　山	3914	814	118000	1	30		
延　军	4028	876	33520	1	50		
共　青	7219	790	382000	5	230	1	1
宝泉岭	9410	365	82260	1	13	1	
新　华	5420	1775	132000	1	20	1	
普　阳	7962	1947	50000	5	79	1	1
汤　原	2003	145	21650				
依　兰	810	75					
梧桐河	4886	721	55500	1	15		
友　谊	22582	10750	2300000	19	269	1	1
五九七	10776	707	805197	13	50	2	
八五二	16116	965	938030	3	70	1	
八五三	18609	5282	1510000	8	125	1	1
饶　河	6124	1159	385000		38	1	
二九一	5953	385	937000	14	252	1	1
双鸭山	2713	149	130000				
江　川	4412	310	100000	1	20	1	
曙　光	1451	168	13928				
北　兴	8330	354	241000	12	941	1	
红旗岭	2410	488	50000			1	
宝　山	1586	695	324000				
八五九	20140	2516	2481933	3	580	1	
胜　利	7043	2005	1522147	2	42	1	
七　星	15283	2284	2191737	1	10	1	
勤得利	8139	1710	715000	1	500	1	1
大　兴	6690	4199	1149956	2	50	1	1
青龙山	6275	1900	65000	1	20	1	1
前　进	7893	3123	3000000	2	42	1	1
创　业	7507	1870	1890000			1	
红　卫	6535	2180	778000	2	100	1	1
前　哨	5919	2359	230000			2	
前　锋	11688	3187	1666500	2	30	1	1
洪　河	6472	1725	486000	1	90	1	
鸭绿河	5614	1220	227000	2	42	1	1
二道河	5491	2273	701000	1	20	1	1
浓　江	8813	1599	223000	1	20	1	1
八五〇	6622	580	65000	3	70	1	
八五四	9723	398	164020				
八五五	6711	130	37200	4	45	1	
八五六	20088	2633	32000	1	183	1	
八五七	13837	329	46000	2	100	1	
八五八	5176	830	44000				
八五一〇	2888	900	17800				
八五一一	3518	798	32575			1	
庆　丰	6915	2638	25188	1	15	1	3
云　山	6033	308	219500	1	13	1	1
兴凯湖	5281	202	44848				
海　林	1902	52	27600	2	20		1
宁　安	1722	79	5000				
山市种奶牛场	875	104				1	
锦　河	2931	217	10208	3	35	1	
红色边疆	3209	450	23780	6	90	1	1

附录1-8续表3　　　　　　　　　　　　　　　(2020年)

农　场	化肥施用量(折纯量，吨)	农业用电量(万千瓦时)	粮食仓储能力(吨)	粮食处理中心(座)	粮食处理中心(吨/小时)	农用飞机场(处)	种子加工厂(座)
逊　克	7457	524	416250	15	439	1	
龙　门	3334	731	106040			1	
襄　河	2746	543	227634	3	50	1	
龙　镇	4675	1700	525440	4	103	1	
二龙山	4417	293	41480	10	197	1	1
引龙河	4210	1190	132360	12	120		1
尾　山	2500	779	21570	5	74	1	
格球山	1943	75	167800	6	116	1	
长水河	5552	216	384776	1	20	1	
赵　光	6060	334	45446	26	500	1	1
红　星	4482	973	76140	5	110	1	4
建　设	4575	239	201900				
五大连池	1618	9	19800			1	
鹤　山	6942	290	164230	19	386	1	1
大西江	2584	139	50000	7	165	1	1
尖　山	3521	517	115000	15	220		
荣　军	2957	107	80000	4	243		
红五月	2571	132	40000	6	360	1	
七星泡	5528	266	73500	10	191	1	1
嫩　江	4654	107	50000	9	132	1	1
山　河	3804	615	120000	10	178	1	2
嫩　北	3943	174	170000	17	330		
建　边	2473	152	34600	3	69		1
哈拉海	1473	1009	247000	1	25	1	
克　山	6247	152	159200	3	130		3
依　安	1142	140	4550			1	
富裕牧场	1895	590				1	
查哈阳	10420	1346	429500	2	43		
泰　来	1268	120	100000				
绿色草原牧场	1218	144					
巨浪牧场	464	118					
齐齐哈尔种畜场	1380	92					
繁荣种畜场	1580	296	350	1	5		
大山种羊场	1152	126	10200				
红旗种马场	205	24					
嘉　荫	3831	851	19658	9	62		
铁　力	2752	640	5230	1	20		
海　伦	1442	149	7230	1	20		
红　光	1407	207	4600			1	
绥　棱	1777	240					
安达牧场	220	45					
和平牧场	2349	175					
肇　源	1287	365	17000				
柳　河		30					
涝洲鱼种场		33					
庆　阳	935	208	25000				1
岔林河	1035	274					1
沙　河	368	58					
香坊实验	31	43					
青　年	37	2					
闫家岗	84						
红　旗	83	80					
四方山	1685	172	3000		20		
松花江	1301	213	9230				
阿城原种场	185	330					
九龙山柞蚕育种场	1	3					
佳南实验农场	733						

附录1-9　农林牧渔业总产值及商品产值

(2020年)　　　　单位：万元

农　　场	农林牧渔业总产值	#国有经济	#农　业	#林　业	#畜牧业	#渔　业
二九〇	124499	113235	93811	144	11232	168
绥　滨	100816	85260	82943		14502	172
江　滨	64069	56636	52251		7432	
军　川	130762	117746	97499	153	13002	14
名　山	48200	38476	38413	19	4029	44
延　军	69145	33448	31111	159	34207	100
共　青	132642	63184	62050		69360	97
宝泉岭	168594	86540	82609	242	80362	110
新　华	97151	83492	80370	1882	13464	800
普　阳	101958	86311	86311		8744	20
汤　原	23776	22229	15984	6	1547	
依　兰	10358	9593	7397	60	705	76
梧桐河	55230	52079	40059	68	3151	
友　谊	273372	235902	236181	513	25034	693
五九七	148099	127377	121662	2510	8787	3205
八五二	107673	102150	102196		5272	205
八五三	149364	145804	144394	276	3560	251
饶　河	88238	86152	76738	4122	2086	4528
二九一	98416	79006	77950		19068	342
双鸭山	37188	26199	23843	1780	9989	576
江　川	53088	48099	46445		4173	816
曙　光	30567	27687	25958		2639	242
北　兴	98493	85000	72262	9431	13493	771
红旗岭	44681	39134	37099	348	4704	843
宝　山	20936		18293		2434	6
八五九	156397	151401	148189	56	4010	935
胜　利	94990	92485	89262		2456	48
七　星	223253	216229	203815	306	6768	256
勤得利	164930	159341	148098		4349	974
大　兴	105245	100835	99071	6	4411	
青龙山	87511	86338	83230	100	1084	89
前　进	120336	117766	115439	4	2584	6
创　业	95328	93479	86878	60	1733	117
红　卫	96344	93921	90586	42	2133	291
前　哨	99180	98053	95653		1127	
前　锋	192892	191671	176170	13	793	428
洪　河	112874	110093	106287		1407	1291
鸭绿河	82467	81902	76119	28	537	
二道河	93006	92205	89944		750	51
浓　江	92532	91817	88151	8	716	
八五〇	76558	74419	72010	88	2138	
八五四	162613	156420	146915	267	4316	1876
八五五	46292	3756	32864	503	9563	108
八五六	169584	167524	164808	31	1728	332
八五七	94066	87773	83461	150	6106	187
八五八	104856	99967	93777	50	4588	302
八五一〇	51283	34213	29783		16202	898
八五一一	56597	30441	30441		20674	
庆　丰	104472	94412	89939	602	9990	70
云　山	58588	55444	52832	62	3042	102
兴凯湖	98835	93477	91911	595	777	455
海　林	18715	15117	14223	17	3530	68
宁　安	16538	10935	10918	27	2951	16
山市种奶牛场	11965	5695	5665	30	5290	1
锦　河	34463	29348	22268	7080	2376	67
红色边疆	33234	27496	27056	794	2449	485

附录1-9续表1　　(2020年)　　单位：万元

农　　场	农林牧渔业总产值	#国有经济	#农　业	#林　业	#畜牧业	#渔　业
逊　　克	86102	72528	72228	1819	6795	270
龙　　门	30607	24327	24207	1511	1582	72
襄　　河	44494	37261	35226	2035	1557	1156
龙　　镇	48072	42868	40682	1513	4004	730
二 龙 山	57743	49221	44550	140	8279	243
引 龙 河	55242	46035	45870	1841	2908	810
尾　　山	38123	28208	26053	2154	6546	125
格 球 山	34888	29350	24788	657	4986	552
长 水 河	52220	46673	39721	3113	5291	256
赵　　光	92417	68507	63767	5049	16910	2025
红　　星	51431	44025	44025	1543	2498	101
建　　设	45184	39738	35928	3706	853	1074
五大连池	18525	16273	16263	50	437	
鹤　　山	83273	60461	60461		21651	215
大 西 江	40974	32183	30818	679	6099	571
尖　　山	61881	43547	33917	104	12148	65
荣　　军	38506	26343	25552	156	9150	55
红 五 月	35859	25869	23729	630	7522	218
七 星 泡	66513	48062	41424	84	12207	438
嫩　　江	58768	39150	36135	265	12805	16
山　　河	50620	33938	33036	12	11640	81
嫩　　北	63540	46380	35039	698	12181	202
建　　边	35890	28652	22722	503	7238	
哈 拉 海	47936	33656	27362		8931	
克　　山	57739	47519	42088	216	10220	
依　　安	27941	17066	12353		10875	
富裕牧场	32356	24900	21260		7457	604
查 哈 阳	183362	169696	133520	476	13666	
泰　　来	16633	13825	11937	170	2808	245
绿色草原牧场	23142	18363	17307	110	4779	
巨浪牧场	14665	5699	4602	55	8888	78
齐齐哈尔种畜场	46228	29671	19733		16556	
繁荣种畜场	30082	22155	20933	2	7926	
大山种羊场	22087	11498	9963	114	9302	1287
红旗种马场	10212	5626	4683		4517	68
嘉　　荫	35474	32874	32794		2407	192
铁　　力	31325	28731	28731		826	1768
海　　伦	25269	23931	23931		1323	16
红　　光	17834	14953	14953		2705	177
绥　　棱	27261	25300	25300		1082	878
安达牧场	4283	2513	2513		1770	
和平牧场	19367	15575	15472	103	3792	
肇　　源	13679		12136		1311	233
柳　　河	13386	7322	7322	115	5599	351
涝洲鱼种场	1193	1177	13		3	1177
庆　　阳	11537	11420	11354	90	94	
岔 林 河	11199	10680	10467	115	567	
沙　　河	4354	3522	2859		283	54
香坊实验	559	559	559			
青　　年	3746	246	246		3500	
闫 家 岗	4907	3163	3047		1744	116
红　　旗	12108	12035	12035		73	
四 方 山	17449	9492	9186	276	7382	430
松 花 江	13836	11889	8263	112	898	188
阿城原种场	9037	9037	5507		3530	
九龙山柞蚕育种场	2198	2198	24		2174	
佳南实验农场	10028		7648		2200	180

附录1-9续表2　　(2020年)　　单位：万元

农　场	农林牧渔业商品产值(现价)	农　业	林　业	畜牧业	渔　业
二九〇	97568	86348		11052	168
绥　滨	92041	77639		14232	169
江　滨	53738	46306		7432	
军　川	107321	94152	153	13002	14
名　山	37466	33376	18	4029	44
延　军	64034	29591	159	34184	100
共　青	128199	59778		68324	97
宝泉岭	152506	71792	242	80362	110
新　华	83976	69935		13256	785
普　阳	88165	79402		8743	20
汤　原	16153	14630	6	1517	
依　兰	7753	6935	56	690	71
梧桐河	42243	39025	68	3151	
友　谊	260086	234301	513	24591	682
五九七	133506	119287	2460	8619	3141
八五二	105632	100308		5129	195
八五三	145807	141799	276	3481	251
饶　河	86600	75971	4081	2065	4483
二九一	96345	77128		18877	339
双鸭山	35497	23368	1778	9789	562
江　川	50593	45695		4097	801
曙　光	28445	25602		2610	234
北　兴	94221	70814	9431	13222	754
红旗岭	42313	36513	348	4625	826
宝　山	20342	17927		2410	5
八五九	145955	141605		4010	340
胜　利	85570	83132		2438	
七　星	198916	191587	306	6768	256
勤得利	151898	147639		4259	
大　兴	97362	92945	6	4411	
青龙山	83667	82393	100	1084	89
前　进	112132	109667	3	2455	6
创　业	83519	81609	60	1733	117
红　卫	88520	86057	40	2133	291
前　哨	91942	90871		1071	
前　锋	163967	162761		791	415
洪　河	102499	99910		1350	1239
鸭绿河	72095	71552	28	515	
二道河	85299	84546		705	48
浓　江	86203	85507		696	
八五〇	70550	68409	88	2053	
八五四	145527	139570		4100	1857
八五五	40674	31037	478	9056	103
八五六	165609	163533	31	1720	325
八五七	85415	79288	150	5801	177
八五八	93051	88145	50	4554	302
八五一〇	45396	28295		16202	898
八五一一	48559	28919		19640	
庆　丰	95595	85442	592	9490	70
云　山	50509	47529	62	2820	98
兴凯湖	93342	91911	200	777	455
海　林	17113	13510	16	3520	67
宁　安	13366	10372	27	2951	16
山市种奶牛场	10556	5325	30	5200	1
锦　河	29248	20487	6514	2186	62
红色边疆	28321	24892	730	2253	446

附录1-9续表3　　　　(2020年)　　　　单位：万元

农　　场	农林牧渔业商品产值(现价)	农　　业	林　　业	畜牧业	渔　　业
逊　　克	71470	63316	1442	6456	257
龙　　门	21453	19151	951	1279	72
襄　　河	39749	35001	2035	1557	1156
龙　　镇	42350	36554	1292	3893	611
二 龙 山	48868	40556		8070	243
引 龙 河	42304	37295	1579	2644	786
尾　　山	34878	26053	2154	6546	125
格 球 山	29909	24788	657	3912	552
长 水 河	40102	31442	3113	5291	256
赵　　光	75675	56191	549	16910	2025
红　　星	35230	33726		1442	62
建　　设	36291	30846	3594	809	1042
五大连池	16749	16262	50	437	
鹤　　山	81732	59867		21650	215
大 西 江	35129	29048	652	4960	469
尖　　山	43411	31873	70	11404	65
荣　　军	34314	25103	155	9009	47
红 五 月	30741	22432	630	7462	218
七 星 泡	51801	39828		11539	434
嫩　　江	48141	35320		12805	16
山　　河	43317	31585	12	11640	81
嫩　　北	46495	33696	676	11926	197
建　　边	24788	19480	380	4928	
哈 拉 海	36293	27362		8931	
克　　山	52524	42088	216	10220	
依　　安	23228	12353		10875	
富裕牧场	29307	21254		7451	602
查 哈 阳	147351	133499	476	13375	
泰　　来	15160	11937	170	2808	245
绿色草原牧场	18135	13766	1	4368	
巨浪牧场	13623	4602	55	8888	78
齐齐哈尔种畜场	36289	19733		16556	
繁荣种畜场	28862	20933	2	7926	
大山种羊场	20666	9963	114	9302	1287
红旗种马场	9269	4683		4517	68
嘉　　荫	34069	31470		2407	192
铁　　力	30497	27731		999	1768
海　　伦	24269	22931		1323	16
红　　光	15682	12827		2678	177
绥　　棱	27261	25300		1082	878
安达牧场	4283	2513		1770	
和平牧场	15746	12223		3523	
肇　　源	10738	10738			
柳　　河	13284	7322	13	5599	351
涝洲鱼种场	1184	13		1	1170
庆　　阳	11534	11351	90	94	
岔 林 河	10567	10001		566	
沙　　河	3196	2859		283	54
香坊实验	559	559			
青　　年	3746	246		3500	
闫 家 岗	4907	3047		1744	116
红　　旗	12108	12035		73	
四 方 山	3960	3742		218	
松 花 江	9452	8263	102	898	188
阿城原种场	9037	5507		3530	
九龙山柞蚕育种场	2198	24		2174	
佳南实验农场	10028	7648		2200	180

附录1-10　农作物播种面积、单产和总产

(2020年)

农　　场	总播种面积(公顷)	1. 粮　食			(1) 谷　物		
		面　积(公顷)	单　产(公斤/公顷)	总　产(吨)	面　积(公顷)	单　产(公斤/公顷)	总　产(吨)
二九〇	46514	46514	7710	358600	35913	9222	331193
绥　滨	35574	35572	8575	305016	33712	8904	300184
江　滨	22734	22710	8444	191769	20450	9072	185520
军　川	41282	40863	8977	366849	39044	9247	361028
名　山	17987	17957	8146	146275	13969	9630	134516
延　军	16699	16610	6519	108283	10017	9119	91340
共　青	32664	32559	6826	222262	20787	9050	188117
宝泉岭	38636	38554	7994	308185	27488	10142	278771
新　华	32548	32526	8735	284101	26192	10104	264629
普　阳	30430	30430	9226	280746	29812	9352	278805
汤　原	9840	9632	7078	68170	5881	9763	57419
依　兰	3600	3594	8018	28818	2998	9068	27188
梧桐河	18760	18760	8369	157004	18049	8619	155563
友　谊	118174	117774	8078	951432	92889	9558	887849
五九七	49990	49969	7382	368889	35084	9497	333188
八五二	80251	79872	5340	426508	31533	9491	299276
八五三	68310	68265	7955	543080	54324	9381	509634
饶　河	36875	36655	7798	285849	29069	9294	270176
二九一	38955	38365	8903	341582	35894	9341	335298
双鸭山	14865	14704	6634	97542	8578	9634	82642
江　川	20515	20514	8824	181025	19370	9252	179208
曙　光	13659	12468	7501	93530	8446	9716	82067
北　兴	36524	36485	6732	245601	23038	9459	217922
红旗岭	19855	19349	7900	152850	16481	8899	146655
宝　山	7941	7941	9222	73231	7935	9227	73216
八五九	78595	78389	7543	591252	61940	9176	568387
胜　利	46336	46231	7748	358204	39639	8797	348710
七　星	80578	80567	8742	704284	72440	9373	678953
勤得利	66056	66043	8337	550599	59677	9144	545669
大　兴	49322	49273	7872	387870	39546	9596	379487
青龙山	36105	36106	8992	324661	34309	9321	319782
前　进	50371	50371	9095	458116	50097	9135	457638
创　业	37305	37304	9098	339406	37080	9149	339252
红　卫	38838	38838	8708	338199	36674	9133	334943
前　哨	38858	38858	8936	347251	38289	9047	346397
前　锋	73651	73649	8745	644078	69100	9182	634459
洪　河	45904	45882	8564	392926	42176	9145	385697
鸭绿河	31582	31582	8911	281415	30639	9128	279680
二道河	38660	38660	8675	335363	36928	8990	331987
浓　江	38002	38002	9178	348765	37989	9180	348739
八五〇	33784	33602	8453	284053	31266	8914	278695
八五四	67042	67040	7758	520127	56438	8778	495431
八五五	28229	27202	5613	152697	13231	9004	119126
八五六	75763	75723	8050	609601	67030	8922	598056
八五七	36473	36282	8161	296088	33002	8858	292317
八五八	39594	39577	8444	334183	37895	8717	330334
八五一〇	19120	18840	8941	168458	17703	9365	165799
八五一一	19035	17644	7717	136170	13669	9301	127127
庆　丰	42730	42729	7942	339369	36933	8806	325231
云　山	31548	31401	7122	223624	23000	8888	204425
兴凯湖	38073	38073	8709	331573	37622	8782	330389
海　林	9460	8922	8754	78108	8106	9406	76245
宁　安	4992	4836	7425	35908	3569	8948	31934
山市种奶牛场	4671	4563	6141	28021	2446	9474	23172
锦　河	15348	15256	3348	51076	1535	11474	17612
红色边疆	15857	15269	5258	80290	5584	9947	55544

附录1-10续表1　　(2020年)

农　场	总播种面积(公顷)	1. 粮食 面积(公顷)	1. 粮食 单产(公斤/公顷)	1. 粮食 总产(吨)	(1) 谷物 面积(公顷)	(1) 谷物 单产(公斤/公顷)	(1) 谷物 总产(吨)
逊　克	45033	45032	4865	219064	10640	11353	120787
龙　门	17143	16584	3956	65611	2643	10503	27756
襄　河	19954	19947	4892	97584	4381	11794	51667
龙　镇	24656	24597	5445	133925	8816	10115	89179
二龙山	27093	26528	6356	168624	11928	10408	124148
引龙河	25962	25941	4932	127946	5020	12492	62713
尾　山	16018	15533	5236	81336	4784	10350	49512
格球山	14400	13938	5059	70518	3295	11250	37073
长水河	24271	23664	5013	118626	6184	10875	67254
赵　光	34019	33964	6858	232938	15899	11156	177356
红　星	25599	25458	4916	125156	7608	9128	69444
建　设	20144	20141	5851	117844	9735	8899	86634
五大连池	10471	10427	4752	49553	2502	10469	26198
鹤　山	33972	33807	6113	206647	13749	10207	140334
大西江	20428	20395	4307	87837	5397	8937	48234
尖　山	23376	23361	4695	109682	6564	9157	60112
荣　军	15784	15737	4725	74353	5381	8832	47520
红五月	15816	15816	4619	73052	5062	8595	43509
七星泡	32295	32277	4085	131861	7952	8924	70962
嫩　江	30105	30008	5127	153846	8611	9883	85108
山　河	24740	24654	4802	118384	6389	10262	65570
嫩　北	26292	25601	4454	114015	6692	9386	62812
建　边	17457	17261	3488	60199	2350	8486	19939
哈拉海	11146	11108	8834	98121	10800	9036	97583
克　山	28208	28208	5650	159360	11232	9386	105432
依　安	5682	5682	8140	46251	4707	9312	43835
富裕牧场	9635	9513	7858	74756	7156	9640	68982
查哈阳	63777	63777	7874	502154	47226	9886	466883
泰　来	4540	4540	8749	39718	3915	9668	37846
绿色草原牧场	8000	7933	9063	71898	6462	10500	67846
巨浪牧场	2270	2217	8624	19118	1966	9413	18502
齐齐哈尔种畜场	4362	3869	8114	31392	3550	8621	30606
繁荣种畜场	9693	9694	8795	85256	8423	9668	81440
大山种羊场	4500	4500	7535	33909	3268	9609	31403
红旗种马场	1620	1620	4636	7510	668	8250	5511
嘉　荫	18056	18056	6636	119810	10615	9775	103763
铁　力	13712	13692	7298	99932	10047	9020	90628
海　伦	15850	15802	4701	74285	4374	9718	42504
红　光	10059	10049	4918	49420	3092	9718	30053
绥　棱	15245	15207	5623	85508	6620	9427	62409
安达牧场	997	852	9246	7876	810	9615	7789
和平牧场	7848	7435	8227	61168	5728	9941	56944
肇　源	3961	3961	9315	36900	3961	9315	36900
柳　河	4120	4115	6322	26017	2376	8938	21234
涝洲鱼种场	7	7	7500	54	7	7500	54
庆　阳	4786	4786	6970	33358	4332	7478	32396
岔林河	5565	5564	6680	37170	5491	6735	36980
沙　河	1367	1367	7018	9596	1059	8296	8787
香坊实验	113	82	6727	554	61	8250	502
青　年	110	110	5852	641	94	6450	606
闫家岗	417	374	6601	2470	313	7366	2304
红　旗	499	378	7479	2824	332	7785	2585
四方山	7253	6135	4108	25203	3192	6237	19905
松花江	4460	4461	6055	27009	2375	9238	21941
阿城原种场	1345	1283	7544	9682	1178	8020	9444
九龙山柞蚕育种场	10	10	9000	87	10	9000	87
佳南实验农场	2902	2870	7717	22147	2628	8201	21548

附录1-10续表2

(2020年)

农　场	#水　稻			#小　麦			#玉　米		
	面　积 (公顷)	单　产 (公斤/公顷)	总　产 (吨)	面　积 (公顷)	单　产 (公斤/公顷)	总　产 (吨)	面　积 (公顷)	单　产 (公斤/公顷)	总　产 (吨)
二九〇	31027	9007	279462				4866	10604	51600
绥　滨	32852	8908	292626				860	8788	7558
江　滨	17268	8820	152307				3181	10440	33213
军　川	34126	9159	312556	5	2981	16	4913	9863	48456
名　山	7740	8800	68107				6229	10661	66409
延　军	2317	8750	20271				7700	9230	71069
共　青	9648	9155	88327				11139	8959	99790
宝泉岭	11012	8937	98416				16475	10947	180355
新　华	18413	9671	178066				7773	11131	86523
普　阳	29738	9352	278108				74	9463	696
汤　原	573	9550	5475				5308	9786	51944
依　兰	825	8017	6613				2173	9467	20575
梧桐河	14334	8682	124453				3715	8375	31110
友　谊	63966	9137	584422				28883	10496	303153
五九七	24945	9359	233464				10139	9836	99724
八五二	14154	8255	116840				17367	10501	182373
八五三	46962	9300	436742				7363	9900	72892
饶　河	22099	9080	200648				6970	9975	69528
二九一	26864	9193	246951				8772	9868	86557
双鸭山	1260	8977	11308				7316	9750	71327
江　川	19352	9255	179100				19	5781	108
曙　光	4160	9150	38065				4207	10350	43539
北　兴	2519	7292	18364	8	2641	22	20511	9728	199536
红旗岭	15053	8820	132769				1427	9728	13886
宝　山	7908	9225	72952				27	9825	263
八五九	56624	9212	521621	7	982	7	5309	8807	46759
胜　利	34401	8906	306381	47	1276	60	5191	8143	42268
七　星	67433	9270	625107				5007	10754	53846
勤得利	55851	9135	510197				3799	9300	35330
大　兴	36041	9746	351276				3505	8049	28209
青龙山	33955	9330	316799				354	8430	2983
前　进	50066	9136	457413				32	7125	225
创　业	37047	9150	338985				32	8250	267
红　卫	36207	9148	331225				467	7960	3718
前　哨	38226	9049	345924				63	7513	473
前　锋	68601	9181	629789				499	9355	4670
洪　河	41694	9150	381504				482	8700	4193
鸭绿河	30636	9128	279652				3	9300	28
二道河	35932	9022	324170				996	7845	7817
浓　江	37989	9180	348739						
八五〇	25373	8768	222467	2	2954	5	5890	9544	56212
八五四	49812	8705	433635				6626	9326	61796
八五五	2284	7699	17585				10921	9281	101355
八五六	61875	8890	550052				5155	9313	48004
八五七	29862	8801	262803				3140	9401	29514
八五八	37274	8707	324561				583	9458	5517
八五一〇	1692	8375	14174				15960	9494	151517
八五一一	4064	8250	33529				9578	9750	93388
庆　丰	30870	8640	266702	24	2925	71	6020	9685	58300
云　山	16436	8666	142424				6549	9455	61915
兴凯湖	37253	8775	326891				370	9465	3498
海　林	426	8676	3697				7664	9450	72428
宁　安	483	7283	3516	1	4620	5	2932	9352	27417
山市种奶牛场	16	8670	143				2428	9480	23021
锦　河	98	9450	931	15	3075	47	1421	11704	16634
红色边疆	282	7808	2202				5302	10061	53343

附录1-10续表3　　　　　　　　　　　　　　(2020年)

农　场	#水稻			#小麦			#玉米		
	面积(公顷)	单产(公斤/公顷)	总产(吨)	面积(公顷)	单产(公斤/公顷)	总产(吨)	面积(公顷)	单产(公斤/公顷)	总产(吨)
逊　克	180	8265	1488	366	4335	1588	10093	11663	117706
龙　门				405	4875	1976	2230	11554	25759
襄　河				11	4500	50	4369	11813	51612
龙　镇	400	6998	2800				8416	10264	86379
二龙山	23	9150	210	181	4575	826	11725	10500	123112
引龙河	1	6000	6	1	4504	5	5018	12495	62702
尾　山							4783	10350	49506
格球山							3295	11250	37073
长水河							6184	10875	67254
赵　光	249	8250	2058				15448	11250	173791
红　星	216	7425	1603	1464	3825	5601	5928	10500	62240
建　设	1788	6409	11461	24	3544	87	7922	9478	75086
五大连池				26	5642	145	2473	10525	26033
鹤　山				22	4296	94	12165	10502	127752
大西江							4480	9316	41736
尖　山				31	5625	172	5485	9569	52484
荣　军	12	2409	28	142	4591	654	4478	9498	42528
红五月	5	5652	26				4737	8718	41292
七星泡	97	6501	630				6807	9503	64691
嫩　江							7257	10395	75436
山　河				6	5036	28	6111	10407	63592
嫩　北	56	5200	289	1	5000	3	6572	9462	62183
建　边				747	5000	3737	1602	10111	16202
哈拉海	9646	9134	88110				1153	8214	9473
克　山	230	8578	1972	87	4343	377	10910	9444	103026
依　安	4105	9411	38629				603	8637	5206
富裕牧场	4865	9525	46339				2284	9900	22608
查哈阳	41191	9688	399061				6035	11239	67822
泰　来	3326	9600	31933				588	10050	5913
绿色草原牧场							6462	10500	67846
巨浪牧场	367	9450	3465				1599	9405	15037
齐齐哈尔种畜场	3045	8610	26220				505	8683	4386
繁荣种畜场	3681	9581	35263				4743	9736	46177
大山种羊场	2322	9810	22782				827	9025	7462
红旗种马场	668	8250	5511						
嘉　荫	411	6923	2844				10204	9890	100919
铁　力	8595	8936	76806				1453	9517	13823
海　伦	1419	8225	11667				2937	10455	30710
红　光	510	8254	4213				2582	10008	25840
绥　棱	3329	8925	29712				3291	9935	32697
安达牧场							810	9615	7789
和平牧场							5725	9945	56935
肇　源	3961	9315	36900						
柳　河	1904	8636	16439				472	10156	4795
涝洲鱼种场	7	7500	54						
庆　阳	4168	7491	31219				163	7155	1167
岔林河	5491	6735	36980						
沙　河	1048	8295	8689				12	8415	98
香坊实验							61	8250	502
青　年	94	6450	606						
闫家岗	139	7200	1003				174	7500	1301
红　旗	4	6750	27				328	7798	2558
四方山	80	6750	538	24	3000	72	2937	6300	18503
松花江	575	6885	3960				1800	9990	17980
阿城原种场	770	7500	5772				408	9000	3672
九龙山柞蚕育种场							10	9000	87
佳南实验农场	1525	7656	11677				1097	8993	9869

附录1-10续表4 (2020年)

农场	#大麦			(2)豆类			#大豆		
	面积(公顷)	单产(公斤/公顷)	总产(吨)	面积(公顷)	单产(公斤/公顷)	总产(吨)	面积(公顷)	单产(公斤/公顷)	总产(吨)
二九〇				10600	2585	27406	10342	2599	26873
绥滨				1861	2597	4832	1433	2683	3846
江滨				2260	2765	6249	2199	2775	6102
军川				1819	3201	5822	1686	3248	5475
名山				3989	2948	11758	3981	2950	11745
延军				6593	2570	16943	6571	2570	16888
共青				11772	2901	34145	11768	2901	34137
宝泉岭				11066	2658	29413	11066	2658	29412
新华				6334	3074	19472	6326	3075	19454
普阳				618	3141	1941	618	3141	1941
汤原				3751	2866	10751	3748	2867	10746
依兰				596	2735	1631	596	2735	1631
梧桐河				711	2026	1441	711	2026	1441
友谊				24882	2554	63561	24882	2554	63561
五九七				14866	2391	35539	14866	2391	35539
八五二				48339	2632	127232	48278	2633	127114
八五三				13941	2399	33446	13920	2400	33408
饶河				7587	2066	15673	7587	2066	15673
二九一				2472	2543	6284	2472	2543	6284
双鸭山				6126	2433	14900	6109	2436	14883
江川				1144	1589	1817	1144	1589	1817
曙光				4022	2850	11463	4022	2850	11463
北兴				13447	2058	27679	13440	2058	27665
红旗岭				2868	2160	6195	2868	2160	6195
宝山				6	2625	16	6	2625	16
八五九				16449	1390	22865	16449	1390	22865
胜利				6592	1440	9494	6592	1440	9494
七星				8127	3117	25332	8127	3117	25332
勤得利				6365	775	4931	6355	773	4911
大兴				9727	862	8384	9727	862	8384
青龙山				1797	2715	4879	1797	2715	4879
前进				274	1745	478	274	1745	478
创业				225	681	153	225	681	153
红卫				2163	1505	3256	2163	1505	3256
前哨				569	1500	854	569	1500	854
前锋				4549	2114	9619	4549	2114	9619
洪河				3705	1951	7229	3705	1951	7229
鸭绿河				943	1840	1735	943	1840	1735
二道河				1731	1950	3376	1731	1950	3376
浓江				13	2000	26	13	2000	26
八五〇				2336	2294	5358	2276	2298	5231
八五四				10602	2329	24695	10553	2330	24592
八五五				13971	2403	33570	13900	2405	33430
八五六				8574	1276	10940	8425	1261	10626
八五七				3281	1149	3771	3281	1149	3771
八五八				1682	2288	3849	1648	2288	3769
八五一〇				1137	2338	2658	1115	2371	2643
八五一一				3961	2250	8912	3953	2250	8893
庆丰				5797	2439	14138	5778	2440	14100
云山				8401	2285	19199	8376	2288	19163
兴凯湖				451	2625	1184	451	2625	1184
海林				816	2282	1863	801	2284	1830
宁安				696	2349	1635	696	2349	1635
山市种奶牛场				2117	2291	4850	2087	2295	4790
锦河				13721	2439	33464	13273	2430	32253
红色边疆				9685	2555	24745	9685	2555	24745

附录1-10续表5　　　　(2020年)

农　　场	#大　麦			(2) 豆　类			#大　豆		
	面　积 (公顷)	单　产 (公斤/公顷)	总　产 (吨)	面　积 (公顷)	单　产 (公斤/公顷)	总　产 (吨)	面　积 (公顷)	单　产 (公斤/公顷)	总　产 (吨)
逊　　克				34393	2857	98277	34392	2858	98276
龙　　门				13941	2715	37855	13892	2716	37725
襄　　河				15435	2924	45126	15434	2924	45125
龙　　镇				14905	2562	38183	14905	2562	38183
二 龙 山				13704	2814	38565	13409	2835	38014
引 龙 河				20614	3075	63387	20613	3075	63383
尾　　山				10375	2851	29580	10372	2851	29573
格 球 山				10643	3142	33445	10643	3142	33445
长 水 河				16610	2700	44846	16491	2700	44526
赵　　光				17140	3000	51418	17131	3000	51393
红　　星				17310	3000	51931	17310	3000	51931
建　　设				10406	2999	31210	10391	3000	31173
五大连池				7924	2947	23355	7899	2949	23298
鹤　　山				19074	3010	57413	19069	3010	57399
大 西 江				14813	2601	38523	14809	2601	38517
尖　　山				16229	2846	46189	16228	2846	46186
荣　　军				10091	2553	25763	10091	2553	25763
红 五 月				10448	2703	28237	10448	2703	28237
七 星 泡				24029	2455	58985	24028	2455	58983
嫩　　江				21149	3180	67252	21149	3180	67252
山　　河				18264	2892	52814	18264	2892	52814
嫩　　北				18909	2708	51203	18907	2708	51199
建　　边				14911	2700	40260	14578	2700	39361
哈 拉 海				308	1744	537	308	1744	537
克　　山				13384	2701	36144	13384	2701	36144
依　　安				975	2478	2416	843	2517	2121
富裕牧场				2323	2396	5567	2204	2400	5290
查 哈 阳				16551	2131	35270	6994	2078	14537
泰　　来				625	2994	1872	620	3000	1861
绿色草原牧场				1472	2753	4052	1230	3000	3689
巨浪牧场				251	2448	616	163	2475	403
齐齐哈尔种畜场				282	2002	564	272	2002	544
繁荣种畜场				1270	3005	3817	1239	3003	3720
大山种羊场				1232	2034	2506	1053	2175	2290
红旗种马场				952	2100	1999	952	2100	1999
嘉　　荫				7441	2157	16047	7440	2157	16045
铁　　力				3645	2553	9303	3645	2553	9303
海　　伦				11429	2781	31781	11429	2781	31781
红　　光				6957	2784	19367	6957	2784	19367
绥　　棱				8587	2690	23099	8587	2690	23099
安达牧场				42	2085	87	42	2085	87
和平牧场				1707	2475	4224	1707	2475	4224
肇　　源									
柳　　河				1739	2750	4783	1739	2750	4783
涝洲鱼种场									
庆　　阳				454	2121	963	454	2121	963
岔 林 河				73	2586	190	73	2586	190
沙　　河				308	2625	809	308	2625	809
香坊实验				21	2400	51	21	2400	51
青　　年				16	2250	35	16	2250	35
闫 家 岗				61	2700	166	61	2700	166
红　　旗									
四 方 山				2944	1800	5298	2941	1800	5294
松 花 江				2086	2430	5068	2086	2430	5068
阿城原种场				106	2250	238	106	2250	238
九龙山柞蚕育种场									
佳南实验农场				242	2470	598	242	2470	598

附录1-10续表6　　(2020年)　　单位：公顷

农场	(3)薯类面积	2. 油料作物			3. 麻类			4.药材面积	5. 蔬菜瓜果类面积
		面积(公顷)	单产(公斤/公顷)	总产(吨)	面积(公顷)	单产(公斤/公顷)	总产(吨)		
二九〇									
绥滨									
江滨									2
军川									
名山									
延军								11	
共青								19	18
宝泉岭								29	51
新华					10				
普阳									
汤原								31	
依兰								3	
梧桐河									
友谊	3	39	1641	64				40	289
五九七	18							21	
八五二		1	1000	1					
八五三								44	1
饶河		120	675	81				100	
二九一									588
双鸭山		2	1000	2				3	137
江川									
曙光								3	1188
北兴									38
红旗岭		2	1000	2	267	4461	1191	231	6
宝山									
八五九								38	
胜利								106	
七星									6
勤得利								13	
大兴									49
青龙山									
前进									
创业									
红卫									1
前哨									
前锋									2
洪河									10
鸭绿河									
二道河									
浓江									
八五〇								97	28
八五四								2	
八五五								2	
八五六	119							7	21
八五七									
八五八		4	2000	8					13
八五一〇								14	25
八五一一	15	6	667	4					
庆丰									1
云山									
兴凯湖									
海林		2	2000	4	439	7501	3293	64	
宁安	571	3	1000	3				14	132
山市种奶牛场		91	1000	91				15	
锦河								60	
红色边疆		261	1701	444	274	8000	2192		

附录1-10续表7　　　　(2020年)　　　　单位：公顷

农　　场	(3)薯类面　积	2.油料作物			3.麻类			4.药材面　积	5. 蔬菜瓜果类面　积
		面　积(公顷)	单　产(公斤/公顷)	总　产(吨)	面　积(公顷)	单　产(公斤/公顷)	总　产(吨)		
逊　　克									
龙　　门					545	5400	2943	5	
襄　　河	131							2	
龙　　镇	875							3	
二 龙 山	896				395	6223	2458	2	
引 龙 河	307							1	
尾　　山	374				175	7343	1285		
格 球 山		10	1100	11					5
长 水 河	870				114	4509	514	9	
赵　　光	925							18	
红　　星	540								119
建　　设								3	
五大连池		8			35	7000	245		1
鹤　　山	983	31							134
大 西 江	186							33	
尖　　山	567	2						5	8
荣　　军	265	26	1115	29				7	
红 五 月	306								
七 星 泡	296							11	7
嫩　　江	248								3
山　　河								37	
嫩　　北								11	2
建　　边								15	
哈 拉 海									39
克　　山	3591								
依　　安									
富裕牧场	35							11	
查 哈 阳									
泰　　来									
绿色草原牧场								67	
巨浪牧场								53	
齐齐哈尔种畜场	37								153
繁荣种畜场									
大山种羊场									
红旗种马场									
嘉　　荫									
铁　　力								20	
海　　伦								45	
红　　光									10
绥　　棱								38	
安达牧场									145
和平牧场		200	3450	690				170	14
肇　　源									
柳　　河								4	1
涝洲鱼种场									
庆　　阳									
岔 林 河									1
沙　　河									
香坊实验									31
青　　年									
闫 家 岗									43
红　　旗	46								104
四 方 山									5
松 花 江									
阿城原种场					4				48
九龙山柞蚕育种场									
佳南实验农场									22

附录1-10续表8　　(2020年)　　单位：公顷

农场	6. 甜菜 面积(公顷)	6. 甜菜 单产(公斤/公顷)	6. 甜菜 总产(吨)	7. 饲料面积	青饲料面积	8. 其他作物面积
二九〇						
绥滨						1
江滨				19	19	3
军川				419	359	
名山				30	30	
延军				78	78	
共青						68
宝泉岭						2
新华				12	12	
普阳						
汤原						153
依兰						3
梧桐河						
友谊						32
五九七						
八五二				93	93	285
八五三						
饶河						
二九一						2
双鸭山				20	20	
江川						
曙光						
北兴						1
红旗岭						
宝山						
八五九				149	149	19
胜利						
七星						5
勤得利						
大兴						
青龙山						
前进						
创业						
红卫						
前哨						
前锋						
洪河						12
鸭绿河						
二道河						
浓江						
八五〇				5	5	52
八五四						
八五五				858	858	167
八五六						11
八五七				138	138	52
八五八						
八五一〇				207		16
八五一一				1381	1353	3
庆丰						
云山				146	146	2
兴凯湖						
海林						25
宁安						7
山市种奶牛场						2
锦河						32
红色边疆				53	53	

附录1-10续表9　　(2020年)　　单位：公顷

农　场	6. 甜菜 面积(公顷)	6. 甜菜 单产(公斤/公顷)	6. 甜菜 总产(吨)	7. 饲料面积	青饲料面积	8. 其他作物面积
逊克						
龙门				9	9	
襄河				5	5	
龙镇				56	56	
二龙山				168	168	
引龙河				20	20	
尾山				310	310	
格球山				447	447	
长水河				481	364	3
赵光						37
红星				21	21	
建设						
五大连池						
鹤山						1
大西江						
尖山						
荣军				14	14	
红五月						
七星泡						
嫩江						94
山河				49	49	
嫩北				678		
建边				181	181	
哈拉海						
克山						
依安						
富裕牧场				110	110	
查哈阳						
泰来						
绿色草原牧场						
巨浪牧场						
齐齐哈尔种畜场						340
繁荣种畜场						
大山种羊场						
红旗种马场						
嘉荫						
铁力						
海伦						3
红光						
绥棱						
安达牧场						
和平牧场	10	45000	450			
肇源						
柳河						
涝洲鱼种场						
庆阳						
岔林河						
沙河						
香坊实验						
青年						
闫家岗						
红旗						17
四方山	80	7500	600	1033		
松花江						
阿城原种场						10
九龙山柞蚕育种场						
佳南实验农场						10

附录1-11　林业、水果生产情况

(2020年)

农　　场	年末人工成林面积(公顷)	#当年造林面积	#用材林面积	#农田防护林面积	育苗面积(公顷)	林木采伐量(立方米)	果园面积(公顷)	水果产量(吨)
二九〇	5352		14	4092	42	2415		
绥滨	5017		1108	1900	100			
江滨	4159			4125				
军川	4814		472	4342	28	597		
名山	2026			883	13	294		
延军	2837		273	537				
共青	8211		1268	5724				
宝泉岭	6589		1942	1688	39	1394		
新华	7150	7	5019	2012				
普阳	4085		704	2752				
汤原	806		292	508	44	138		
依兰	433		370	63				
梧桐河	1062			1030		1058		
友谊	12125	113	2552	8949	67	7619	13	453
五九七	4855	64	845	3200	92	7081	399	6942
八五二	9856		2077	7779	80			
八五三	9095	50		7935	4			
饶河	7469		5575	1834	69			
二九一	3661			3661	65			
双鸭山	2589		553	1473	27		80	700
江川	2470		69	2092	30			
曙光	1847		617	556	35			
北兴	9217		8256	857	72			
红旗岭	3309		2380	781	75	1128		
宝山	766		80	686				
八五九	8854		3712	4637	10			
胜利	8951		4911	3331	33			
七星	13065	7	1633	11109	13	4671		
勤得利	7659		2096	5251				
大兴	6755	10	311	5144				
青龙山	4657	23	682	3968	26			
前进	6768	7	2188	4203	32			
创业	6104		824	5032	48			
红卫	8122	7	662	6775				
前哨	2253		1157	1092	37			
前锋	7526	12	4622	1464				
洪河	5908		2071	3837	17			
鸭绿河	3241	141	1064	1949				
二道河	5282		1085	2769				
浓江	5793	6	810	4876				
八五〇	4923	60	1625	3298	10	236		
八五四	8338	37	5459		7			
八五五	12631	330	11971	558		669		
八五六	5274		2881	1977		585	11	300
八五七	4555		3165	492		97		
八五八	3360	20	3296					
八五一〇	6459		4476	744				
八五一一	8607		7555	127				
庆丰	3627		1681	1684	57	205		
云山	5956		4266	1690	27	846		
兴凯湖	3538		2998	509	20	2000		
海林	3553	20	3172	296	12			
宁安	2374		1992		5	480	10	123
山市种奶牛场	2656	22	2256			490		
锦河	17625		14824	127				
红色边疆	7923	2	6954	372	7	500		

附录1-11续表　　　　　　　　　　　　　　(2020年)

农　　场	年末人工成林面积(公顷)	#当年造林面积	#用材林面积	#农田防护林面积	育苗面积(公顷)	林木采伐量(立方米)	果园面积(公顷)	水果产量(吨)
逊　　克	9798		8755	586	21			
龙　　门	3546	20	2913	138	15			
襄　　河	6519		6142	12	15			
龙　　镇	2355		1406	885	40	430		
二 龙 山	3478		1140	1094	27			
引 龙 河	5998		5311	568	15	1620		
尾　　山	9307	9	5013	1125	22			
格 球 山	2897	30	2148	308	30	556		
长 水 河	4143	3	2370	1574	382			
赵　　光	3398		862	2255				
红　　星	2465	9	127	2338	83			
建　　设	6209	4	5298	600	87			
五大连池	1399		518		38			
鹤　　山	10404		4077	4352				
大 西 江	9382		4977	2615	20			
尖　　山	3187		1421	738	100			
荣　　军	3320		1323	722	30			
红 五 月	4018		1677	1051	80			
七 星 泡	14908		11315	2782	28			
嫩　　江	4390		2938	897	100			
山　　河	14258		10116	3627				
嫩　　北	5658		3184	580	76			
建　　边	6340		466	5874	67			
哈 拉 海	1441		1022		5			
克　　山	3650			1145	68	5533		
依　　安	2833		1411	1422				
富裕牧场	6763				109			
查 哈 阳	12809		21	1598		11480		
泰　　来	2691		1531		4			
绿色草原牧场	10600			10600	33			
巨浪牧场	790		454					
齐齐哈尔种畜场	1473		345		34		260	7221
繁荣种畜场	457							
大山种羊场	1882		140		3			
红旗种马场	122							
嘉　　荫	5296		2586					
铁　　力	1345		688	475				
海　　伦	1665		125					
红　　光	974		319					
绥　　棱	952		327	625				
安达牧场	764			745				
和平牧场	6645	40	1455		9	3300		
肇　　源	521							
柳　　河	854		185		21			
涝洲鱼种场								
庆　　阳	580		170		40	1034		
岔 林 河	1318		399	141		2100		
沙　　河	464		451	13				
香坊实验	35			35				
青　　年	19			19				
闫 家 岗	41			41			4	133
红　　旗	95			25				
四 方 山	1836		34	240	54			
松 花 江	1095				40			
阿城原种场	244							
九龙山柞蚕育种场								
佳南实验农场	69		3	66			5	411

附录1-12　畜牧业、渔业生产情况

(2020年)

农　场	大牲畜年末存栏(头)	#马	#黄　牛	#奶　牛	猪年末存栏(头)	羊年末存栏(只)	禽年末存栏(只)	出栏肥猪(头)	出栏肉牛(头)
二九〇	564		489	75	10997	21	14918	30157	161
绥滨	339		255	84	20523	891	23000	35416	153
江滨	393			393	8545	1029	52030	17430	297
军川	3971		802	3169	16400	902	2500	15627	1104
名山	694		359	335	5766	484	4837	6412	176
延军	1228		788	440	2500	960	937373	1264	355
共青	989		824	165	24837	1965	2024905	71395	456
宝泉岭	1008		847	161	98989	807	468076	115418	207
新华	967		847	120	23808	1395	94000	22884	292
普阳	814		779	35	2389	965	6000	20835	521
汤原	144		138	6	1901	589	12505	3730	85
依兰	131		120	11	762	532	964	668	263
梧桐河	468		455	13	5130	207	490	7704	166
友谊	2307		2293	14	52418	10509	277206	52235	907
五九七	1232		1232		24859	2034	24000	20165	1145
八五二	5315		3119	2196	5651	1998	12548	3086	1353
八五三	611		607	4	4985	2177	13130	7411	368
饶河	313		313		4458	1271	9323	3887	73
二九一	788		788		3597	703	1327357	3280	241
双鸭山	1340		685	655	17008	2106	69600	24424	327
江川	251		251		7365	658	1000	14334	210
曙光	16577		77		4069	345	352000	4667	71
北兴	2216		2216		9254	2146	21865	16309	2401
红旗岭	124		124		5177	514	18193	7023	79
宝山								9500	
八五九	1404		1404		6577	802	53200	7760	708
胜利	737		737		3733	412	14190	6255	251
七星	610		610		13487	4436	57025	11280	840
勤得利	346		346		8010	650	15606	8843	216
大兴	83		83		7546	1963	3037	10992	51
青龙山					3056	185	3421	3011	
前进	179		179		4400	2000	7500	5500	93
创业	293		293		2778	277	16568	5031	184
红卫					1749	2767	4650	2580	
前哨	55		55		1316	312	6521	2091	137
前锋	415		415		1506	2219	2910	1406	105
洪河	1073		1073		1963	783	11333	1908	272
鸭绿河					476		8000	1229	16
二道河					697	524	7500	1100	
浓江	93		93		1178	458	5001	2186	27
八五〇	1433		253	1180	3000	260	6246	4256	200
八五四	1005		805	200	3013	820	40842	5504	956
八五五	5202		200	5002	2203	1500	59800	4010	710
八五六	331		192	139	1480	769	22465	3420	100
八五七	2002		1001	1001	2204	100	10799	3973	2406
八五八	1762		123	1639	1846	89	13100	3541	324
八五一〇	5860		1304	4556	5122	715	184900	8643	2454
八五一一	11793		43	11750					2898
庆丰	4700		390	4310	330	99	7479	647	1248
云山	2201		700	1501	1801	401	10001	2458	361
兴凯湖	69		69		1506	366	18226	1686	14
海林	840		778	62	6573	583	960	9670	363
宁安	132		132		4417	362	328	11904	73
山市种奶牛场	4045		3070	975	3600	2875	9000	5190	1780
锦河	3760	242	3518		653	2543	11307	1026	937
红色边疆	1282		1172	110	3501	177	707	3528	412

附录1-12续表1　　　　　　　　　　　　　　(2020年)

农　　场	大牲畜年末存栏(头)	#马	#黄　牛	#奶　牛	猪年末存栏(头)	羊年末存栏(只)	禽年末存栏(只)	出栏肥猪(头)	出栏肉牛(头)
逊　　克	4885	281	4604		5894	6162	10688	7074	1518
龙　　门	879		879		995	1038	3500	950	486
襄　　河	1453	259	899	295	900	700	500	1079	278
龙　　镇	1795		1795		2095	2263	6280	2086	670
二 龙 山	3084		186	2898	2669	544	1600	2853	1046
引 龙 河	1516		1141	375	2950	223	1290	2798	430
尾　　山	3039	71	1297	1671	2397	2469	3000	1691	1243
格 球 山	3203	5	625	2573	5176	2077	210	2096	317
长 水 河	3582		1805	1777	4011	1297	1500	2662	
赵　　光	3189		585	2604	3887	781	2104	9001	1395
红　　星	1245		1158	87	1045	2010	14960	1097	624
建　　设	902		902		923	2474	4700	141	259
五大连池	190		190		210	196		624	58
鹤　　山	7304		2700	4604	9042	3721	420	14052	3110
大 西 江	2661		1226	1435	1273	2198	19400	840	901
尖　　山	3202	12	747	2405	2694	1457	8588	2284	1829
荣　　军	2639		881	1758	3684	1827	1276	5411	1351
红 五 月	3352		1894	1458	728	7680	2135	580	1710
七 星 泡	6171		3503	2668	6492	3213	9119	10089	1525
嫩　　江	5485		2123	3362	1835	1931	30283	2847	2729
山　　河	2614		1517	1097	1582	1292	359	4370	2191
嫩　　北	2835		1047	1788	407	2857	14820	361	1824
建　　边	5739	90	5015	634	1401	6818	11047	2216	1197
哈 拉 海	2785		484	2301	955	3330	9216	1646	1207
克　　山	211		107	104	4515	7063	152728	5647	2264
依　　安	126			126	27	4750	7290		30
富裕牧场	1025		812	213	5488	3132	78584	10659	1658
查 哈 阳	1516		624	892	7831	7999	48725	16898	1853
泰　　来	1164		674	490	510	2200	7200	1656	820
绿色草原牧场	3264		513	2751	360	8496	11300	942	1605
巨浪牧场	2422		838	1584	587	822	5243	2674	3986
齐齐哈尔种畜场	537	15	151	338	12115	1322	333400	33161	588
繁荣种畜场	213		213		5813	4697	103026	19943	416
大山种羊场	670		403	267	725	3090	2740	1729	914
红旗种马场	244		158	86	805	8562	2536	1868	270
嘉　　荫	181		181		4400	254	1520	5700	22
铁　　力	84		84		1658	221	500	1646	38
海　　伦	1014		260	754		370			312
红　　光	299		299		2828	466	32114	1774	61
绥　　棱	591		591		2933	419	963	1444	122
安达牧场	989	106	304	579	677	1288	38321	559	412
和平牧场	4655	318		4337	2333	10720	18023	1677	1847
肇　　源					149		2588	435	
柳　　河	92		92		9266	84	11804	13164	60
涝洲鱼种场					2		600	1	
庆　　阳	91		91		62	142		104	2
岔 林 河	15		15		315		13000	1035	29
沙　　河					74		25763	214	
香坊实验									
青　　年							49000		
闫 家 岗	616			616	168		60000	115	58
红　　旗	68		68		30	22		37	54
四 方 山	3219		868	2351	1421	3622	37000	2598	369
松 花 江	51		51		1136	308	7900	1334	86
阿城原种场	25		25		1620		93000	3300	10
九龙山柞蚕育种场	203		200		582		3000	800	178
佳南实验农场	23		15	8	3600	110	6400	4000	7

附录1-12续表2　　(2020年)

农　场	出栏肉羊(只)	出栏肉禽(只)	肉类总产量(吨)	牛奶产量(吨)	羊毛产量(公斤)	禽蛋产量(吨)	蜂蜜产量(公斤)	鲜鱼产量(吨)	#养殖产量(吨)
二九〇	88	42400	2319	28		30		90	36
绥　滨	845	66500	2852	13	2000	448		150	62
江　滨	483	59986	1548	596	3736	761			
军　川	735	32150	1468	11219	410	23		5	
名　山	242	5234	529	478	260	41		21	1
延　军	130	857790	1894	933		5475	4305	27	7
共　青	1772	22555325	53690	162	6367	86	1500	78	76
宝泉岭	521	21666005	61355	106	2387	1938		59	59
新　华	719	709730	3666	172	3734	1427		500	500
普　阳	1099	59600	1935	29	4925	51		20	
汤　原	389	36839	347	23	1200	63			
依　兰	96	14792	134	32	410	6	6500	56	43
梧桐河	316	10687	674		350	9			
友　谊	7189	417931	6221	10		3595		929	867
五九七	1873	48000	1845			154		657	521
八五二	555	38369	651	7614		50		141	119
八五三	2311	70280	825	13		40	3047	235	235
饶　河	540	7917	371			35	84220	1081	85
二九一	631	9174957	16879		1214	459	720	430	430
双鸭山	1983	35680	2309	292	8350	592	127625	330	330
江　川	188	6200	1169					270	270
曙　光	150	412000	1026					172	172
北　兴	3099	70800	2079		1800	135	47925	415	415
红旗岭	1052	25284	642			42	300000	468	212
宝　山			665					6	6
八五九	290	80200	857			80		620	340
胜　利	209	12058	547			71	105000	31	31
七　星	4577	40214	1185		11102	408		160	160
勤得利	521	8023	724		1198	190		490	150
大　兴	2208	3031	879		4800	19			
青龙山	852	13426	265		420	40		40	16
前　进	1700	16345	488		2145	89		4	
创　业	382	10337	440			220		65	65
红　卫	5180	16000	326			24		60	60
前　哨	670	20404	232			31			
前　锋	1512	2117	142			3		83	83
洪　河	618	9721	219		2600	60		717	697
鸭绿河		18176	126			36			
二道河	526	29250	143		500	20			
浓　江	386	8657	192		765	20			
八五〇	116	5900	387	1754		26			
八五四	1013	84021	762	580	510	496		560	560
八五五	915	71600	593	20186	3100	318		47	47
八五六	470	33460	343	98		242		161	161
八五七	38	37020	577	5058		117		94	91
八五八	17	14600	344	9745		226		256	6
八五一〇	843	101362	1180	22179	6570	1428		399	291
八五一一			540	52215					
庆　丰	124	10821	269	23460		198	7500	36	20
云　山	606	9983	268	6000		133		46	46
兴凯湖	251	26251	189			238		293	53
海　林	1128	12825	863	107				58	58
宁　安	456	2222	858		490			11	11
山市种奶牛场	3960	17500	759	1743		51		1	1
锦　河	1944	6525	303			16		44	19
红色边疆	570	7003	437	158	875	11		220	125

附录1-12续表3　　(2020年)

农　场	出栏肉羊(只)	出栏肉禽(只)	肉类总产量(吨)	牛奶产量(吨)	羊毛产量(公斤)	禽蛋产量(吨)	蜂蜜产量(公斤)	鲜鱼产量(吨)	#养殖产量(吨)
逊克	4789	65009	911		12000	35		90	
龙门	729	25200	233		1816	31		33	19
襄河	713	2300	145	36	390			470	470
龙镇	1174	135322	567		5600	116		450	450
二龙山	619	4550	383	14796		4		243	243
引龙河	286	179810	783	663		60		405	405
尾山	1434	13000	346	11096	2756	45		66	66
格球山	697	20530	262	8579	5011	13		270	270
长水河		12000	267	10336				128	128
赵光	1040	172545	1524	13900		10		1030	1030
红星	2522	48470	357	138		219		101	101
建设	1210	9686	95					711	515
五大连池		4580	59						
鹤山	2800	17737	1768	23166	4991	3		124	124
大西江	1251	47100	392	5703	10038	52		217	217
尖山	2042	46571	644	7764	6100	155		54	54
荣军	1750	11734	698	9934	2969	6		22	22
红五月	4390	13139	398	7348	12539	29		105	105
七星泡	2974	41992	1188	8806	14733	112		237	237
嫩江	1779	33828	733	7939	3410	334		20	20
山河	532	2140	807	9134	6400	4		130	79
嫩北	903	31097	458	8794	18135	131	1000	146	146
建边	3695	2909	433	3300	19600	132	46150		
哈拉海	2565	59299	519	12156	11528	58			
克山	18675	332376	1967	545	8700	83			
依安	55856	164493	1325	378		18			
富裕牧场	5531	223539	1632		5000	574		309	284
查哈阳	23604	218238	2444	1356	31389	742			
泰来	3957	28300	368	667		16		106	21
绿色草原牧场	4565	28600	484	1516		74			
巨浪牧场	2548	94635	1077	4201		24		40	40
齐齐哈尔种畜场	2533	2425000	8966	754		200			
繁荣种畜场	9135	312937	2361		18510	74			
大山种羊场	36574	66901	1052	696		44		439	108
红旗种马场	13058	70016	646	300	25000	31		20	20
嘉荫	150	8080	455			10	86100	48	
铁力	379	7600	144			1			
海伦	305	435	46	2352				614	614
红光	369	266104	703			51		161	161
绥棱	83	41095	204			8		540	525
安达牧场	459	31365	178	707	4474	67			
和平牧场	7253	17830	688	3180	23312	104			
肇源		2488	44			12		111	44
柳河	135	31812	1141			68		176	147
涝洲鱼种场			6			3		1326	1326
庆阳	17	3000	18						
岔林河		15500	109			178			
沙河		9000	35			296	5008	18	18
香坊实验									
青年		33000	71			873			
闫家岗		21000	49	2094		237		116	74
红旗	23		9						
四方山	3445	55600	473	8661	9960	908		430	430
松花江	264	22400	167			72		68	19
阿城原种场		120000	556			1610			
九龙山柞蚕育种场		620	127			70			
佳南实验农场	100	12000	439	32				180	180

附录1-13　家庭农场及农场经营和补贴情况

(2020年)

农　场	家庭农场		年末负债总额	营业总收入	利润总额	本年应交税费总额
	经营组织数量(个)	承租耕地面积(万亩)	(万元)	(万元)	(万元)	(万元)
二九〇	3694	70.1	48282	9970	3488	68
绥滨	3033	53.6	40266	27291	4894	49
江滨	2072	34.2	48948	3697	1463	13
军川	3355	62.2	30503	30225	11846	11
名山	1279	26.8	45060	11672	2476	15
延军	1252	25.2	28839	8976	239	11
共青	2400	49.0	36173	19561	4783	3
宝泉岭	2858	58.0	81456	11722	2041	27
新华	3455	48.9	51832	8609	784	45
普阳	1487	45.6	26381	23446	8877	42
汤原	1011	14.8	19881	5583	1309	1
依兰	392	5.4	8237	2039	420	11
梧桐河	1656	28.2	33855	13390	2628	76
友谊	12146	178.9	143386	21940	1882	1945
五九七	5755	76.4	156735	33308	678	122
八五二	5476	120.1	202914	19803	-2740	378
八五三	6250	102.5	64710	23581	5597	155
饶河	2319	57.3	92971	25885	796	32
二九一	4428	58.8	90360	11527	840	149
双鸭山	1422	22.1	51324	10266	2508	12
江川	2577	30.8	67802	16722	1784	124
曙光	1121	20.5	45218	14641	1214	17
北兴	3416	54.9	52502	26672	4028	38
红旗岭	1712	29.7	91009	14195	570	19
宝山	987	11.9	34318	6209	451	62
八五九	3679	98.5	91714	20362	6516	419
胜利	2825	62.8	45264	25372	7535	242
七星	4321	111.3	126270	21812	2325	347
勤得利	3713	87.7	85987	18109	835	225
大兴	3258	75.6	83377	30581	7435	477
青龙山	2745	48.2	63855	6785	403	242
前进	2603	71.9	87923	33931	8422	168
创业	1418	41.7	86966	27598	3726	220
红卫	1768	46.3	42389	30561	5146	526
前哨	1925	74.4	28351	17277	2068	158
前锋	4115	89.0	72504	31259	7124	340
洪河	1397	48.6	41846	29238	9454	3576
鸭绿河	1153	30.2	13999	22176	6279	46
二道河	1064	35.4	37424	22123	6390	200
浓江	894	36.5	22171	27921	8491	137
八五〇	2042	33.8	49661	44403	3976	152
八五四	3724	66.7	111140	14023	814	36
八五五	2392	39.4	67984	17295	2700	19
八五六	4468	70.7	124373	19423	1443	196
八五七	2642	40.5	123980	39512	5474	128
八五八	1855	31.4	70739	39552	8785	198
八五一〇	1447	27.4	54670	15829	2223	125
八五一一	2503	28.6	42235	21906	593	1195
庆丰	3080	47.7	72709	8619	985	18
云山	3887	47.3	33999	37491	7598	211
兴凯湖	2663	57.1	83516	15585	2358	15
海林	1716	14.2	59491	5755	-1007	24
宁安	955	7.5	18731	3866	-442	20
山市种奶牛场	1001	7.0	18439	2092	-135	26
锦河	659	18.3	46249	6325	1274	2
红色边疆	1474	23.8	21250	9664	2104	

附录1-13续表1 (2020年)

农场	家庭农场		年末负债总额	营业总收入	利润总额	本年应交税费总额
	经营组织数量(个)	承租耕地面积(万亩)	(万元)	(万元)	(万元)	(万元)
逊克	4942	66.6	53155	23440	6913	1
龙门	743	25.7	22570	8006	1507	
襄河	2097	29.9	41691	10738	2294	38
龙镇	3237	37.0	25606	20930	4475	14
二龙山	652	37.5	41375	16951	4500	3
引龙河	2686	38.9	41083	17399	5343	479
尾山	553	23.5	20787	10829	2709	54
格球山	188	21.6	32386	13707	921	6
长水河	1221	36.3	51053	16644	1652	226
赵光	1270	51.0	52231	23270	6354	239
红星	2017	38.4	40802	21486	4076	390
建设	2276	30.2	32040	16397	3399	20
五大连池	1889	15.7	66983	6082	-425	60
鹤山	2682	43.6	27985	37617	7480	263
大西江	2147	29.0	57111	22760	-133	116
尖山	5519	29.2	22705	30889	3409	131
荣军	2313	19.4	22920	27991	2630	25
红五月	1518	21.5	20298	23230	1853	47
七星泡	4007	48.4	69228	32570	2664	511
嫩江	4665	41.7	19832	31711	4311	43
山河	2468	35.1	36879	29423	4228	210
嫩北	553	5.9	29812	37119	3678	211
建边	1625	26.2	27859	19163	1689	69
哈拉海	820	5.3	14228	11609	1448	141
克山	364	22.1	92703	17412	6823	2
依安	677	8.5	10262	3235	724	24
富裕牧场	1347	14.5	31656	3787	-507	2
查哈阳	9642	95.7	189772	41471	9595	28
泰来	485	6.9	12557	2113	-164	1
绿色草原牧场	1149	12.0	39001	6180	-521	2
巨浪牧场	636	3.4	10978	1210	82	1
齐齐哈尔种畜场	1324	7.3	62376	2555	-1739	232
繁荣种畜场	1608	14.5	12145	4052	1588	8
大山种羊场	863	3.7	11974	1777	488	47
红旗种马场	14	2.4	6233	600	196	
嘉荫	2788	27.1	44728	9324	4535	102
铁力	2359	20.6	41419	7408	766	45
海伦	938	23.9	30916	7316	-2677	113
红光	2541	15.1	37297	4616	-2356	79
绥棱	1668	22.9	30365	7226	1170	37
安达牧场	546	1.5	5514	1116	471	15
和平牧场	3079	11.8	27504	5109	248	13
肇源	1083	5.9	17142	5535	157	18
柳河	616	6.2	14934	2103	-1833	10
涝洲鱼种场	3	0.01	3472	76	-172	
庆阳	1676	7.2	25696	3681	688	3
岔林河	1008	6.8	14188	2361	-273	1
沙河	537	2.1	8511	1191	-602	
香坊实验	101	0.2	148038	26356	10489	1359
青年	2	0.2	12690	1451	1424	491
闫家岗	12	0.03	58481	1503	373	30
红旗	240	1.0	34796	1154	3112	1
四方山	1465	5.2	21701	3652	-895	10
松花江	728	6.7	22406	2571	-809	7
阿城原种场	607	2.4	13961	1421	-464	8
九龙山柞蚕育种场	6	0.01	725	38	32	
佳南实验农场	682	4.3	24466	1831	299	17

附录1-13续表2　　(2020年)　　单位：万元

农　　场	四项农业补贴资金合计	#耕地地力保护补贴	玉米生产者补贴	大豆生产者补贴	稻谷生产者补贴
二九〇	12888	4498	277	3692	4421
绥　滨	9319	3820	49	512	4938
江　滨	5825	2421	181	785	2438
军　川	9347	4063	280	602	4402
名　山	4660	1746	355	1421	1137
延　军	4695	1578	439	2346	331
共　青	9482	3373	635	4201	1273
宝泉岭	9628	3112	939	3950	1626
新　华	8607	3151	443	2258	2755
普　阳	7268	3207	4	221	3836
汤　原	2790	1033	303	1338	117
依　兰	857	380	124	213	140
梧桐河	4647	1778	212	254	2404
友　谊	28846	9886	1646	8883	8431
五九七	13916	4361	539	5158	3857
八五二	28946	7840	990	17233	2883
八五三	17989	5783	420	4969	6817
饶　河	9958	3188	397	2708	3664
二九一	8982	4075	500	882	3525
双鸭山	4328	1473	417	2181	257
江　川	5344	2038	1	408	2897
曙　光	3807	1456	240	1436	675
北　兴	9737	3264	1161	4798	514
红旗岭	6080	2009	81	1024	2966
宝　山	1848	748	2	2	1097
八五九	18386	4130	303	5872	8081
胜　利	10585	3494	296	2353	4441
七　星	18589	5879	285	2902	9523
勤得利	13702	3514	217	2269	7703
大　兴	11110	2788	200	3473	4649
青龙山	8764	2896	20	642	5206
前　进	9681	3123	2	98	6458
创　业	7792	2728	2	80	4982
红　卫	8071	2601	27	772	4671
前　哨	7700	2562	4	203	4931
前　锋	13438	2936	28	1624	8849
洪　河	9123	2394	27	1323	5379
鸭绿河	6176	1779		337	4061
二道河	7115	1805	57	618	4635
浓　江	9225	2365		5	6856
八五〇	8163	3492	336	813	3522
八五四	17538	5543	378	3767	7850
八五五	8693	2643	622	4962	466
八五六	19442	5653	294	3008	10488
八五七	10235	3587	179	1171	5298
八五八	10375	3629	33	588	6125
八五一〇	3641	2027	910	398	306
八五一一	4774	1988	546	1411	829
庆　丰	10884	3548	343	2066	4928
云　山	9305	3365	373	2989	2577
兴凯湖	10614	2833	21	161	7600
海　林	1771	961	437	286	86
宁　安	1030	516	167	248	98
山市种奶牛场	1122	235	138	745	3
锦　河	5943	1103	81	4738	20
红色边疆	5496	1678	302	3458	58

附录1-13续表3　　(2020年)　　单位：万元

农　场	四项农业补贴资金合计	#耕地地力保护补贴	玉米生产者补贴	大豆生产者补贴	稻谷生产者补贴
逊　克	17002	4112	575	12278	37
龙　门	6636	1550	127	4959	
襄　河	7440	1680	249	5510	
龙　镇	8278	2395	480	5321	82
二龙山	8220	2760	668	4787	5
引龙河	10201	2556	286	7359	
尾　山	5614	1639	273	3703	
格球山	5536	1549	188	3800	
长水河	8567	2327	353	5887	
赵　光	10566	3519	881	6116	51
红　星	9209	2647	338	6180	44
建　设	6494	1968	452	3710	365
五大连池	3847	886	141	2820	
鹤　山	11134	3633	693	6808	
大西江	7722	2180	255	5287	
尖　山	8618	2513	313	5793	
荣　军	5436	1577	255	3602	1
红五月	5698	1697	270	3730	1
七星泡	12428	3443	388	8578	20
嫩　江	11201	3238	414	7550	
山　河	9416	2547	348	6520	
嫩　北	9950	2814	375	6750	11
建　边	7060	1764	91	5204	
哈拉海	2620	1200	66	110	1244
克　山	8470	3040	622	4778	30
依　安	1776	606	34	301	835
富裕牧场	2541	824	117	780	820
查哈阳	16301	5614	344	2497	7846
泰　来	1353	451	34	221	647
绿色草原牧场	1252	444	368	439	
巨浪牧场	441	244	91	58	47
齐齐哈尔种畜场	1022	331	29	97	565
繁荣种畜场	2181	994	270	442	475
大山种羊场	1071	215	47	376	433
红旗种马场	595	129		340	126
嘉　荫	4946	1625	582	2656	84
铁　力	4005	1397	83	1301	1224
海　伦	6160	1651	167	4080	262
红　光	3748	1014	147	2483	103
绥　棱	5448	1536	188	3066	659
安达牧场	167	106	46	15	
和平牧场	1720	784	326	609	
肇　源	1231	423			808
柳　河	1458	422	27	621	388
涝洲鱼种场	1				1
庆　阳	1395	422	9	162	801
岔林河	1202	445		26	731
沙　河	411	124	1	110	176
香坊实验	26	15	3	8	
青　年	40	16		6	19
闫家岗	107	47	10	22	28
红　旗	86	67	19		1
四方山	1744	512	168	1048	16
松花江	1417	452	103	745	117
阿城原种场	345	170	23	38	115
九龙山柞蚕育种场	1		1		
佳南实验农场	657	278	63	87	230

附录1-14　“两田一地”承包情况

(2020年)

农　场	一、基本田情况								
	承包面积(公顷)	其中：水田	承包费(万元)	其中：水田	亩均承包费(元/亩)	其中：水田	货币化		
							人数(人)	总额(万元)	货币化标准(元/人)
二九〇							8861	2167	2446
绥滨							10588	1567	1480
江滨							5622	1124	1999
军川							6450	1290	2000
名山							4396	455	1035
延军	795	23	329	14	276	408	3068	368	1199
共青							7163	716	1000
宝泉岭							7225	1445	2000
新华							9473	1203	1270
普阳	2135	2132	157	156	49	49	144	34	2361
汤原							3108	214	689
依兰							1034	43	416
梧桐河							3713	368	991
友谊							29104	3059	1051
五九七							13982	1608	1150
八五二							19167	2054	1072
八五三							10642	1362	1280
饶河	1455	865	778	533	357	411			
二九一							8055	2095	2601
双鸭山	10380	640	5803	418	373	436	2211	7222	32664
江川							5246	839	1599
曙光							2640	292	1106
北兴							8300	1424	1716
红旗岭							2479	372	1501
宝山								207	
八五九							6390	1534	2401
胜利							4496	1223	2720
七星							11436	3110	2719
勤得利							4306	1062	2466
大兴							5626	1125	2000
青龙山							3664	1082	2953
前进							7184	2012	2801
创业							2700	864	3200
红卫							3546	1105	3116
前哨							3108	815	2622
前锋							4810	1481	3079
洪河							1803	534	2962
鸭绿河							2172	694	3195
二道河							1456	420	2885
浓江							2297	624	2717
八五〇							6596	1880	2850
八五四	2953	1822	362	264	82	97	802	361	4501
八五五							4421	1296	2931
八五六	2720	1570	996	706	244	300			
八五七							3243	487	1502
八五八							2248	562	2500
八五一〇	1175		624		354		1160	385	3319
八五一一	1433	185	269	38	125	137			
庆丰							5946	1601	2693
云山							3538	1086	3070
兴凯湖							155	39	2516
海林							2723	640	2350
宁安	182		26		95				
山市种奶牛场	4671	16	1658	1	237	40			
锦河							2940	108	367
红色边疆	2619		1326		338		5612	632	1126

附录1-14续表1　　　　　　　　　　　　(2020年)

农　　场	一、基本田情况								
	承包面积（公顷）		承包费（万元）		亩均承包费（元/亩）		货币化		
		其中：水田		其中：水田		其中：水田	人数（人）	总额（万元）	货币化标准（元/人））
逊　　克	2516						158	10	633
龙　　门	2395		492		137				
襄　　河							4040	404	1000
龙　　镇	3157		701		148				
二 龙 山							9453	564	597
引 龙 河							5898	790	1339
尾　　山	2085		712		228				
格 球 山	2207		264		80				
长 水 河	3028		736		162				
赵　　光	6797		3890		382		12404	1364	1100
红　　星	3577		563		105		7665	1357	1770
建　　设	2602		343		88		6506	343	527
五大连池	1167		160		91				
鹤　　山	7080		1344		127				
大 西 江	3894		618		106				
尖　　山	5358		896		111				
荣　　军	2723	12	449	6	110	347			
红 五 月	1762		329		124				
七 星 泡	4819		614		85				
嫩　　江	4736		583		82				
山　　河	4472		586		87				
嫩　　北	5046		766		101				
建　　边	2824		378		89				
哈 拉 海	1814	1350	361	276	133	136	107	28	2617
克　　山									
依　　安							1160	50	431
富裕牧场									
查 哈 阳							22740	713	314
泰　　来							856	107	1250
绿色草原牧场	1213		200		110				
巨浪牧场									
齐齐哈尔种畜场									
繁荣种畜场									
大山种羊场									
红旗种马场									
嘉　　荫	3830	89	465	14	81	105			
铁　　力	2106	1251	265	158	84	84	1289	387	3002
海　　伦	4407		800		121				
红　　光	1787	5	375	1	140	143			
绥　　棱	2001	25	345	4	115	105			
安达牧场									
和平牧场	142		31		145				
肇　　源									
柳　　河	447	205	74	34	110	111	578	510	8824
涝洲鱼种场									
庆　　阳									
岔 林 河									
沙　　河									
香坊实验	113		57		335				
青　　年	110	94	48	42	292	298			
闫 家 岗	22		3		93				
红　　旗									
四 方 山	3029	50	385	5	85	67			
松 花 江	231	15	62	4	179	178			
阿城原种场	1336	1013					607	121	1993
九龙山柞蚕育种场	10		2		138				
佳南实验农场	222		33		99				

附录1-14续表2　　(2020年)

农　场	二、规模田情况					
	承包面积(公顷)	其中：水田	承包费(万元)	其中：水田	亩均承包费(元/亩)	其中：水田
二九〇	46896	31341	25143	18264	357	388
绥　滨	35788	32851	21466	21353	400	433
江　滨	22823	17357	9378	8715	274	335
军　川	41470	34314	23940	23465	385	456
名　山	18038	7746	9366	5141	346	442
延　军	15584	2727	7153	1494	306	365
共　青	32672	9072	16181	6835	330	502
宝泉岭	38664	11031	13506	6271	233	379
新　华	32567	18731	14093	9852	288	351
普　阳	12002	11895	7738	7669	430	430
汤　原	9840	573	4319	355	293	413
依　兰	3600	825	1864	602	345	487
梧桐河	18803	14419	11577	10144	410	469
友　谊	119273	104657	47119	41205	263	262
五九七	50911	24945	27112	14973	355	400
八五二	75148	10608	38868	11672	345	734
八五三	66296	48453	39303	31579	395	434
饶　河	26299	14116	14155	8696	359	411
二九一	39183	27091	25480	18434	434	454
双鸭山	4325	537	2597	385	400	478
江　川	20514	19352	13721	12944	446	446
曙　光	4298	1172	2604	877	404	499
北　兴	18926	433	9167	246	323	379
红旗岭	19820	15053	13408	11290	451	500
宝　山	7944	7908	5951	5925	499	499
八五九	66303	46196	35840	27412	360	396
胜　利	40695	29107	22974	18109	376	415
七　星	79181	68866	47162	43065	397	417
勤得利	66913	56616	28920	26554	288	313
大　兴	40861	32475	22113	18222	361	374
青龙山	36992	34841	16930	16352	305	313
前　进	48344	48039	29479	29309	407	407
创　业	36144	35887	24132	24034	445	446
红　卫	34923	32834	22851	20737	436	421
前　哨	19059	19059	12111	12111	424	424
前　锋	10151	8566	5480	4870	360	379
洪　河	47917		22392		312	
鸭绿河	27540	26612	15726	15439	381	387
二道河	31194	28846	19121	17430	409	403
浓　江	34726	34713	19500	15500	374	298
八五〇	33997	25577	20463	17710	401	462
八五四	64088	47560	29824	25067	310	351
八五五	19509	1546	11103	1313	379	566
八五六	65019	54772	39650	36198	407	441
八五七	36473	29862	26582	23574	486	526
八五八	39907	37304	27491	26673	459	477
八五一〇	17944	1650	12298	1086	457	439
八五一一	17204	3891	9293	3030	360	519
庆　丰	42730	30869	18854	16197	294	350
云　山	17650	10118	10677	7359	403	485
兴凯湖	38073		28554		500	
海　林	9460	426	5596	301	394	471
宁　安	2174	5	989	1	303	143
山市种奶牛场						
锦　河	5328	98	2054	42	257	284
红色边疆	6350		3360		353	

附录1-14续表3　　(2020年)

农　场	二、规模田情况					
	承包面积(公顷)	其中：水田	承包费(万元)	其中：水田	亩均承包费(元/亩)	其中：水田
逊　克	42364	180	18968	99	298	367
龙　门	12354		4982		269	
襄　河	17969		8617		320	
龙　镇	17510	400	9403	203	358	338
二龙山	22942	23	11349	14	330	406
引龙河	25962	1	12149		312	
尾　山	10029		4903		326	
格球山	7748		4195		361	
长水河	18668		9161		327	
赵　光	18122		10740		395	
红　星						
建　设	17542	1816	9754		371	
五大连池	5479		2172		264	
鹤　山	25671		12121		315	
大西江	15592		6976		298	
尖　山	18018		8459		313	
荣　军	12827		5883		306	
红五月	1859		734		263	
七星泡	27476		15549		377	
嫩　江	19543		9598		327	
山　河	20078		9799		325	
嫩　北	21246	56	9557	22	300	264
建　边	14633		7033		320	
哈拉海	6735	5748	4116	3696	407	429
克　山	28193	230	16923	137	400	397
依　安	5682	4105	2924	2237	343	363
富裕牧场	9634	4865	3390	2320	235	318
查哈阳	63769	41183	17219	12703	180	206
泰　来	4578	3364	1802	1485	262	294
绿色草原牧场	6787		2908		286	
巨浪牧场	2270	367	997	165	293	300
齐齐哈尔种畜场	4854	3561	1926	1313	265	246
繁荣种畜场	9694	3681	4052	1769	279	320
大山种羊场	2467	1920	972	879	263	305
红旗种马场	1620	668	480	111	198	111
嘉　荫	6581	62	3021	30	306	321
铁　力	10039	6089	5370	4031	357	441
海　伦	8397		4084		324	
红　光	5639	506	2517	183	298	241
绥　棱	13244	3304	5596	1487	282	300
安达牧场	997		464		310	
和平牧场						
肇　源	2764	2764	1433	1433	346	346
柳　河	2257	897	929	475	274	353
涝洲鱼种场						
庆　阳	4786	4168	2708	2443	377	391
岔林河	5564	5491	1961	1940	235	236
沙　河	1367	1048	579	516	282	328
香坊实验						
青　年						
闫家岗	398	139	366	142	614	680
红　旗	654	4	567	4	578	667
四方山	2043		1124		367	
松花江	4230	560	2221	354	350	421
阿城原种场						
九龙山柞蚕育种场						
佳南实验农场	2594	1525	1569	923	403	403

附录1-14续表4　　　　(2020年)

农　场	三、机动地情况					
	承包面积(公顷)	其中：水田	承包费(万元)	其中：水田	亩均承包费(元/亩)	其中：水田
二九〇						
绥滨						
江滨						
军川						
名山						
延军	440		82		124	
共青						
宝泉岭						
新华						
普阳	16292	15666	12050	11621	493	495
汤原						
依兰						
梧桐河						
友谊						
五九七						
八五二	4860	1420	3384	1214	464	570
八五三						
饶河	7928	6944	4808	4374	404	420
二九一						
双鸭山						
江川						
曙光	9361	3109	5457	2197	389	471
北兴	17707	1762	9807	1189	369	450
红旗岭						
宝山						
八五九						
胜利						
七星						
勤得利						
大兴						
青龙山						
前进						
创业						
红卫						
前哨						
前锋	39357	33678	23429	22405	397	444
洪河						
鸭绿河						
二道河						
浓江	1974	1974	1211	1211	409	409
八五〇						
八五四						
八五五	8938		5598		418	
八五六						
八五七						
八五八						
八五一〇						
八五一一	440	17	271	12	411	465
庆丰						
云山	13898	6277	10930	5094	524	541
兴凯湖						
海林						
宁安	2635	478	2296	321	581	448
山市种奶牛场						
锦河	2833		1076		253	
红色边疆	6888	282	3261	181	316	427

附录1-14续表5　　(2020年)

农　场	三、机动地情况 承包面积(公顷)	其中：水田	承包费(万元)	其中：水田	亩均承包费(元/亩)	其中：水田
逊　克	153		88		383	
龙　门	2393		1274		355	
襄　河						
龙　镇	2820		1821		431	
二龙山	4152		2680		430	
引龙河						
尾　山	3903		2643		451	
格球山	4445		2873		431	
长水河	2501		1572		419	
赵　光	9099	249	5090	140	373	374
红　星	22022		11620		352	
建　设						
五大连池	3810		2328		407	
鹤　山	917		390		283	
大西江						
尖　山						
荣　军						
红五月	12196	5	5748	2	314	290
七星泡						
嫩　江	5826		3723		426	
山　河	190		109		382	
嫩　北						
建　边						
哈拉海	2598		1653		424	
克　山						
依　安						
富裕牧场						
查哈阳						
泰　来						
绿色草原牧场						
巨浪牧场						
齐齐哈尔种畜场						
繁荣种畜场						
大山种羊场						
红旗种马场						
嘉　荫	7645	210	4749	102	414	324
铁　力	1567	1255	1243	1061	529	564
海　伦						
红　光	2632		1465		371	
绥　棱						
安达牧场						
和平牧场	7705		2785		241	
肇　源	1197	1197	701	701	390	390
柳　河	1410	720	750	440	355	407
涝洲鱼种场						
庆　阳						
岔林河						
沙　河						
香坊实验						
青　年						
闫家岗						
红　旗						
四方山	2180	30	427		131	
松花江						
阿城原种场						
九龙山柞蚕育种场						
佳南实验农场						

附录1-15　创新农业经营体制基本情况

(2020年)　　　　单位：个

农场	经营组织数量	家庭农(林牧渔)场	(一)家庭农场	(二)家庭林场	(三)家庭牧场	(四)家庭渔场	专业大户
二九〇	3748	3730	3694		29	7	18
绥滨	3113	3110	3033	15	15	47	2
江滨	2072	2072	2072				
军川	3355	3355	3355				
名山	1348	1332	1279	20	25	8	16
延军	1252	1252	1252				
共青	2884	2884	2400	476	7	1	
宝泉岭	2858	2858	2858				
新华	3455	3455	3455				
普阳	1488	1487	1487				
汤原	1011	1011	1011				
依兰	392	392	392				
梧桐河	1656	1656	1656				
友谊	12147	12146	12146				
五九七	5755	5755	5755				
八五二	5476	5476	5476				
八五三	6427	6427	6250	146	22	9	
饶河	2319	2319	2319				
二九一	4442	4442	4428		14		
双鸭山	1423	1422	1422				
江川	2577	2577	2577				
曙光	1121	1121	1121				
北兴	3416	3416	3416				
红旗岭	1713	1712	1712				
玉山	907	907	907				
八五九	4451	3718	3679	14		25	733
胜利	3279	2825	2825				454
七星	4678	4321	4321				357
勤得利	4118	3713	3713				405
大兴	3359	3258	3258				101
青龙山	3584	3136	2745	309	81	1	448
前进	2863	2603	2603				260
创业	2054	1418	1418				636
红卫	2340	1768	1768				572
前哨	1938	1925	1925				13
前锋	5177	4227	4115	79	28	5	948
洪河	2069	1397	1397				672
鸭绿河	1825	1153	1153				672
二道河	1594	1064	1064				530
浓江	1303	894	894				409
八五〇	2729	2042	2042				687
八五四	5231	3724	3724				1507
八五五	2509	2392	2392				117
八五六	6945	4548	4468			80	2396
八五七	3466	2645	2642		3		821
八五八	3029	1855	1855				1174
八五一〇	1451	1447	1447				
八五一一	2504	2503	2503				
庆丰	3889	3080	3080				809
云山	3887	3887	3887				
兴凯湖	2663	2663	2663				
海林	1717	1716	1716				
宁安	955	955	955				
山市种奶牛场	1023	1023	1001			22	
锦河	659	659	659				
红色边疆	1474	1474	1474				

附录1-15续表1　　(2020年)　　单位：个

农场	经营组织数量	家庭农(林牧渔)场	(一)家庭农场	(二)家庭林场	(三)家庭牧场	(四)家庭渔场	专业大户
逊克	4980	4942	4942				38
龙门	743	743	743				
襄河	2099	2099	2097			2	
龙镇	3237	3237	3237				
二龙山	659	652	652				
引龙河	2689	2689	2686			3	
尾山	563	553	553				
格球山	188	188	188				
长水河	1221	1221	1221				
赵光	1270	1270	1270				
红星	2017	2017	2017				
建设	2306	2306	2276		25	5	
五大连池	1895	1894	1889	5			
鹤山	2682	2682	2682				
大西江	2161	2160	2147		13		
尖山	5575	5573	5519	32	22		
荣军	2337	2332	2313		19		
红五月	1524	1518	1518				
七星泡	4009	4009	4007		1	1	
嫩江	4678	4665	4665				
山河	2506	2506	2468	10	28		
嫩北	562	553	553				
建边	1625	1625	1625				
哈拉海	1158	820	820				338
克山	366	364	364				
依安	677	677	677				
富裕牧场	1347	1347	1347				
查哈阳	9643	9642	9642				
泰来	498	498	485			13	
绿色草原牧场	1149	1149	1149				
巨浪牧场	636	636	636				
齐齐哈尔种畜场	1324	1324	1324				
繁荣种畜场	1612	1612	1608		3	1	
大山种羊场	894	893	863	15	15		1
红旗种马场	15	15	14			1	
嘉荫	2914	2914	2788	126			
铁力	2461	2461	2359	60	42		
海伦	938	938	938				
红光	2558	2558	2541		16	1	
绥棱	1668	1668	1668				
安达牧场	546	546	546				
和平牧场	3214	3214	3079		135		
肇源	1120	1120	1083	12	17	8	
柳河	723	723	616	98	9		
涝洲鱼种场	27	27	3			24	
庆阳	1717	1717	1676	41			
岔林河	1149	1008	1008				141
沙河	565	565	537			28	
香坊实验	101	101	101				
青年	3	2	2				
闫家岗	188	12	12				171
红旗	244	244	240		4		
四方山	1609	1570	1465	69	36		35
松花江	728	728	728				
阿城原种场	607	607	607				
九龙山柞蚕育种场	6	6	6				
佳南实验农场	682	682	682				

附录1-15续表2　　(2020年)　　单位：公顷

农场	承包耕地面积	家庭农(林牧渔)场	(一)家庭农场	(二)家庭林场	(三)家庭牧场	(四)家庭渔场	专业大户
二九〇	46896	46703	46703				193
绥滨	35800	35766	35766				22
江滨	22823	22823	22823				
军川	41470	41470	41470				
名山	18038	17848	17848				190
延军	16819	16819	16819				
共青	32672	32672	32672				
宝泉岭	38664	38664	38664				
新华	32567	32567	32567				
普阳	30437	30430	30430				
汤原	9840	9840	9840				
依兰	3600	3600	3600				
梧桐河	18803	18803	18803				
友谊	119273	119259	119259				
五九七	50911	50911	50911				
八五二	80008	80008	80008				
八五三	68310	68310	68310				
饶河	38216	38216	38216				
二九一	39183	39183	39183				
双鸭山	14855	14737	14737				
江川	20514	20514	20514				
曙光	13659	13659	13659				
北兴	36633	36633	36633				
红旗岭	19854	19820	19820				
宝山	7944	7944	7944				
八五九	81064	65679	65679				15386
胜利	47618	41889	41889				5729
七星	81716	74229	74229				7486
勤得利	68391	58475	58475				9917
大兴	52030	50390	50390				1640
青龙山	36992	32164	32164				4828
前进	52700	47963	47963				4737
创业	38441	27830	27830				10611
红卫	40197	30892	30892				9305
前哨	49767	49568	49568				200
前锋	76861	59323	59323				17503
洪河	47917	32433	32433				15484
鸭绿河	32455	20102	20102				12353
二道河	40147	23582	23582				16565
浓江	39400	24308	24308				15092
八五〇	33997	22546	22546				11450
八五四	67041	44476	44476				22565
八五五	28447	26268	26268				2179
八五六	75999	47134	47134				28265
八五七	36063	27020	26882		138		9043
八五八	39907	20906	20906				19000
八五一〇	19120	18243	18243				
八五一一	19077	19056	19056				
庆丰	42730	31809	31809				10921
云山	31548	31548	31548				
兴凯湖	38073	38073	38073				
海林	9460	9454	9454				
宁安	4976	4976	4976				
山市种奶牛场	4671	4671	4671				
锦河	12172	12172	12172				
红色边疆	15857	15857	15857				

附录1-15续表3　　(2020年)　　单位：公顷

农　场	承包耕地面积	家庭农(林牧渔)场	(一)家庭农场	(二)家庭林场	(三)家庭牧场	(四)家庭渔场	专业大户
逊　　克	45032	44425	44425				608
龙　　门	17143	17143	17143				
襄　　河	19954	19954	19954				
龙　　镇	24656	24656	24656				
二 龙 山	27093	24991	24991				
引 龙 河	25962	25962	25962				
尾　　山	16017	15665	15665				
格 球 山	14400	14400	14400				
长 水 河	24198	24198	24198				
赵　　光	34019	34019	34019				
红　　星	25599	25599	25599				
建　　设	20145	20145	20145				
五大连池	10471	10455	10455				
鹤　　山	33669	29041	29041				
大 西 江	19487	19301	19301				
尖　　山	23376	19485	19485				
荣　　军	15550	12906	12906				
红 五 月	15818	14366	14366				
七 星 泡	32295	32295	32295				
嫩　　江	30105	27772	27772				
山　　河	24740	23369	23369				
嫩　　北	26292	3934	3934				
建　　边	17457	17457	17457				
哈 拉 海	11146	3521	3521				7625
克　　山	28208	14713	14713				
依　　安	5682	5682	5682				
富裕牧场	9634	9634	9634				
查 哈 阳	63777	63769	63769				
泰　　来	4578	4578	4578				
绿色草原牧场	8000	8000	8000				
巨浪牧场	2270	2270	2270				
齐齐哈尔种畜场	4854	4854	4854				
繁荣种畜场	9694	9694	9694				
大山种羊场	2467	2467	2467				
红旗种马场	1620	1620	1620				
嘉　　荫	18055	18055	18055				
铁　　力	13712	13712	13712				
海　　伦	15919	15919	15919				
红　　光	10059	10059	10059				
绥　　棱	15245	15245	15245				
安达牧场	997	997	997				
和平牧场	7847	7847	7847				
肇　　源	3961	3961	3961				
柳　　河	4110	4110	4110				
涝洲鱼种场	7	7	7				
庆　　阳	4786	4786	4786				
岔 林 河	5564	4557	4557				953
沙　　河	1367	1367	1367				
香坊实验	113	113	113				
青　　年	110	110	110				
闫 家 岗	419	22	22				374
红　　旗	654	654	654				
四 方 山	7253	3496	3496				1713
松 花 江	4461	4461	4461				
阿城原种场	1595	1595	1595				
九龙山柞蚕育种场	10	10	10				
佳南实验农场	2865	2865	2865				

附录1-15续表4　　(2020年)　　单位：公顷

农场	承包林地面积	家庭农(林牧渔)场	(一)家庭农场	(二)家庭林场	(三)家庭牧场	(四)家庭渔场	专业大户
二九〇							
绥滨	13	13		13			
江滨							
军川							
名山	70	70		70			
延军							
共青	2835	2835		2835			
宝泉岭							
新华							
普阳							
汤原							
依兰							
梧桐河							
友谊							
五九七							
八五二	78	78	78				
八五三	607	607		607			
饶河							
二九一							
双鸭山							
江川							
曙光							
北兴							
红旗岭							
宝山							
八五九	93	93		93			
胜利							
七星							
勤得利							
大兴							
青龙山	1243	1139		1139			104
前进							
创业							
红卫							
前哨							
前锋	1103	1103		1103			
洪河							
鸭绿河							
二道河							
浓江							
八五〇							
八五四							
八五五							
八五六							
八五七							
八五八							
八五一〇							
八五一一							
庆丰							
云山							
兴凯湖							
海林							
宁安							
山市种奶牛场							
锦河							
红色边疆							

附录1-15续表5　　(2020年)　　单位：公顷

农　场	承包林地面积	家庭农(林牧渔)场	(一)家庭农场	(二)家庭林场	(三)家庭牧场	(四)家庭渔场	专业大户
逊　克							
龙　门							
襄　河							
龙　镇							
二龙山							
引龙河							
尾　山							
格球山							
长水河							
赵　光							
红　星							
建　设							
五大连池	37	37		37			
鹤　山							
大西江							
尖　山	230	230		230			
荣　军							
红五月							
七星泡							
嫩　江							
山　河	114	114		114			
嫩　北							
建　边							
哈拉海							
克　山							
依　安							
富裕牧场							
查哈阳							
泰　来							
绿色草原牧场							
巨浪牧场							
齐齐哈尔种畜场							
繁荣种畜场							
大山种羊场	333	333		333			
红旗种马场							
嘉　荫							
铁　力							
海　伦							
红　光							
绥　棱							
安达牧场	0.4	0.4	0.4				
和平牧场							
肇　源							
柳　河							
涝洲鱼种场							
庆　阳	347	347		347			
岔林河							
沙　河							
香坊实验							
青　年							
闫家岗							
红　旗							
四方山	1806	1806		1806			
松花江							
阿城原种场							
九龙山柞蚕育种场							
佳南实验农场							

附录1-15续表6　　(2020年)　　单位：公顷

农　场	承包草原面积	家庭农(林牧渔)场	(一)家庭农场	(二)家庭林场	(三)家庭牧场	(四)家庭渔场	专业大户
二九〇							
绥　滨							
江　滨							
军　川							
名　山							
延　军							
共　青							
宝泉岭							
新　华							
普　阳							
汤　原							
依　兰							
梧桐河							
友　谊							
五九七							
八五二							
八五三							
饶　河							
二九一							
双鸭山							
江　川							
曙　光							
北　兴							
红旗岭							
宝　山							
八五九							
胜　利							
七　星							
勤得利							
大　兴							
青龙山							
前　进							
创　业							
红　卫							
前　哨							
前　锋							
洪　河							
鸭绿河							
二道河							
浓　江							
八五〇							
八五四							
八五五							
八五六							
八五七							
八五八							
八五一〇							
八五一一							
庆　丰							
云　山							
兴凯湖							
海　林							
宁　安							
山市种奶牛场							
锦　河							
红色边疆							

附录1-15续表7　　(2020年)　　单位：公顷

农　场	承包草原面积	家庭农(林牧渔)场	(一)家庭农场	(二)家庭林场	(三)家庭牧场	(四)家庭渔场	专业大户
逊　克							
龙　门							
襄　河							
龙　镇							
二龙山							
引龙河							
尾　山							
格球山							
长水河							
赵　光							
红　星							
建　设							
五大连池							
鹤　山							
大西江							
尖　山	65	65			65		
荣　军							
红五月							
七星泡							
嫩　江							
山　河							
嫩　北							
建　边							
哈拉海							
克　山							
依　安							
富裕牧场							
查哈阳							
泰　来							
绿色草原牧场							
巨浪牧场							
齐齐哈尔种畜场							
繁荣种畜场	286	286			286		
大山种羊场	3067	3067			3067		
红旗种马场							
嘉　荫							
铁　力							
海　伦							
红　光							
绥　棱							
安达牧场	2	2	2				
和平牧场	13540	13540			13540		
肇　源							
柳　河							
涝洲鱼种场							
庆　阳							
岔林河							
沙　河							
香坊实验							
青　年							
闫家岗							
红　旗							
四方山	6228	6228			6228		
松花江							
阿城原种场							
九龙山柞蚕育种场							
佳南实验农场							

附录1-15续表8　　(2020年)　　单位：公顷

农　场	承包水面面积	家庭农(林牧渔)场	(一)家庭农场	(二)家庭林场	(三)家庭牧场	(四)家庭渔场	专业大户
二九〇	92	92				92	
绥滨	732	732				732	
江滨							
军川							
名山	29	29				29	
延军							
共青	80	80				80	
宝泉岭							
新华							
普阳							
汤原							
依兰							
梧桐河							
友谊							
五九七							
八五二							
八五三	1043	1043				1043	
饶河							
二九一							
双鸭山							
江川							
曙光							
北兴							
红旗岭							
宝山							
八五九	50	50				50	
胜利							
七星							
勤得利							
大兴							
青龙山	61	1				1	60
前进							
创业							
红卫							
前哨							
前锋	30	30				30	
洪河							
鸭绿河							
二道河							
浓江							
八五〇							
八五四							
八五五							
八五六	2006	1983				1983	23
八五七							
八五八	27	27	27				
八五一〇							
八五一一							
庆丰							
云山							
兴凯湖							
海林							
宁安							
山市种奶牛场	8	8				8	
锦河							
红色边疆							

附录1-15续表9　　(2020年)　　单位：公顷

农　场	承包水面面积	家庭农(林牧渔)场	(一)家庭农场	(二)家庭林场	(三)家庭牧场	(四)家庭渔场	专业大户
逊　克							
龙　门							
襄　河	70	70				70	
龙　镇							
二龙山							
引龙河	19	19				19	
尾　山							
格球山							
长水河							
赵　光							
红　星							
建　设							
五大连池							
鹤　山							
大西江							
尖　山							
荣　军							
红五月							
七星泡	2	2				2	
嫩　江							
山　河							
嫩　北							
建　边							
哈拉海							
克　山							
依　安							
富裕牧场							
查哈阳							
泰　来	123	123				123	
绿色草原牧场							
巨浪牧场							
齐齐哈尔种畜场							
繁荣种畜场	25	25				25	
大山种羊场							
红旗种马场	16	16				16	
嘉　荫							
铁　力							
海　伦							
红　光	80	80				80	
绥　棱							
安达牧场							
和平牧场	7	7			7		
肇　源							
柳　河							
涝洲鱼种场	120	120				120	
庆　阳							
岔林河							
沙　河	109	109				109	
香坊实验							
青　年							
闫家岗							
红　旗							
四方山							
松花江							
阿城原种场							
九龙山柞蚕育种场							
佳南实验农场							

附录1-15续表10　　(2020年)　　单位：人

农　场	劳动力情况	家庭农(林牧渔)场	(一)家庭农场	(二)家庭林场	(三)家庭牧场	(四)家庭渔场	专业大户
二九〇	7498	7480	7363		103	14	18
绥滨	10750	10745	10588	30	31	96	5
江滨	3167	3167	3167				
军川	7251	7251	7251				
名山	4440	4396	4306	20	62	8	44
延军	2349	2349	2349				
共青	2465	2465	2400	5	55	5	
宝泉岭	3617	3617	3617				
新华	5810	5810	5810				
普阳	4313	4313	4313				
汤原	1550	1550	1550				
依兰	1002	1002	1002				
梧桐河	3081	3081	3081				
友谊	10558	10539	10539				
五九七	12872	12872	12872				
八五二	18318	18318	18318				
八五三	12894	12894	12655	172	47	20	
饶河	4392	4392	4392				
二九一	10258	10258	10231		27		
双鸭山	1424	1414	1414				
江川	5009	5009	5009				
曙光	2817	2817	2817				
北兴	7800	7800	7800				
红旗岭	3133	3133	3133				
宝山	1666	1666	1666				
八五九	5398	4604	4579			25	794
胜利	5304	4398	4398				906
七星	7620	7202	7202				418
勤得利	4173	3786	3786				387
大兴	3293	3192	3192				101
青龙山	5530	4702	4318	251	132	1	828
前进	9278	9018	9018				260
创业	4162	4162	4162				
红卫	5532	4321	4321				1211
前哨	5260	5210	5210				50
前锋	8061	6519	6479		34	6	1542
洪河	4378	2888	2888				1490
鸭绿河	3430	1919	1919				1511
二道河	2982	2174	2174				808
浓江	2730	1872	1872				858
八五〇	4493	3385	3385				1108
八五四	7526	5209	5209				2317
八五五	3777	3653	3653				124
八五六	8721	6325	6245			80	2396
八五七	3982	2990	2984		6		992
八五八	4597	2733	2733				1864
八五一〇	1936	1887	1887				
八五一一	5109	5109	5109				
庆丰	5944	5135	5135				809
云山	4358	4358	4358				
兴凯湖	5330	5330	5330				
海林	1717	1716	1716				
宁安	2234	2234	2234				
山市种奶牛场	1947	1947	1909			38	
锦河	2801	2801	2801				
红色边疆	3219	3219	3219				

附录1-15续表11　　　　(2020年)　　　　单位：人

农　场	劳动力情况	家庭农(林牧渔)场	(一)家庭农场	(二)家庭林场	(三)家庭牧场	(四)家庭渔场	专业大户
逊　克	6106	6024	6024				82
龙　门	2130	2130	2130				
襄　河	2060	2060	2060				
龙　镇	2095	2095	2095				
二龙山	2159	2137	2137				
引龙河	3852	3852	3852				
尾　山	5878	5869	5869				
格球山	4729	4729	4729				
长水河	6622	6622	6622				
赵　光	3720	3720	3720				
红　星	4299	4299	4299				
建　设	6506	6506	6506				
五大连池	3545	3545	3538	7			
鹤　山	5474	5457	5457				
大西江	4922	4922	4922				
尖　山	6656	6612	6612				
荣　军	3287	3287	3257		30		
红五月	1579	1579	1579				
七星泡	7324	7324	7322			2	
嫩　江	6104	6104	6104				
山　河	5589	5589	5542	10	37		
嫩　北	6901	1160	1160				
建　边	3214	3214	3214				
哈拉海	1936	1463	1463				473
克　山	2475	2473	2473				
依　安	1908	1908	1908				
富裕牧场	2168	2168	2168				
查哈阳	19357	19340	19340				
泰　来	1343	1343	1322			21	
绿色草原牧场	1993	1993	1993				
巨浪牧场	955	955	955				
齐齐哈尔种畜场	1911	1911	1911				
繁荣种畜场	3425	3425	3417		8		
大山种羊场	1344	1281	1233	15	33		63
红旗种马场	404	404	400			4	
嘉　荫	5805	5805	5747	58			
铁　力	4522	4522	4522				
海　伦	2048	2048	2048				
红　光	4970	4970	4933		34	3	
绥　棱	3162	3162	3162				
安达牧场	598	598	598				
和平牧场	1816	1816	1411		405		
肇　源	1623	1623	1469	37	72	45	
柳　河	1013	1013	862	98	53		
涝洲鱼种场	65	65	15			50	
庆　阳	33583	33583	33521	62			
岔林河	1449	1289	1289				155
沙　河	565	565	537			28	
香坊实验	310	310	310				
青　年	33	5	5				
闫家岗	305	28	28				247
红　旗	608	608	600		8		
四方山	1638	1585	1465	61	59		35
松花江	834	834	834				
阿城原种场	415	415	415				
九龙山柞蚕育种场	6	6	6				
佳南实验农场	850	850	850				

附录1-15续表12　　(2020年)　　单位：人

农　场	职工情况	家庭农(林牧渔)场	(一)家庭农场	(二)家庭林场	(三)家庭牧场	(四)家庭渔场	专业大户
二九〇	2652	2652	2601		41	10	
绥　滨	2635	2635	2539	23	21	52	
江　滨	1349	1349	1349				
军　川	2516	2516	2516				
名　山	2156	2156	2111	12	30	3	
延　军	873	873	873				
共　青	2125	2125	2125				
宝泉岭	1322	1322	1322				
新　华	1706	1706	1706				
普　阳	1406	1406	1406				
汤　原	549	549	549				
依　兰	450	450	450				
梧桐河	448	448	448				
友　谊	3411	3392	3392				
五九七	4842	4842	4842				
八五二	6693	6693	6693				
八五三	4287	4287	4287				
饶　河	1930	1930	1930				
二九一	3881	3881	3881				
双鸭山	927	917	917				
江　川	2886	2886	2886				
曙　光	1057	1057	1057				
北　兴	2847	2847	2847				
红旗岭	1435	1435	1435				
宝　山	660	660	660				
八五九	588	588	588				
胜　利	1575	1575	1575				
七　星	1902	1902	1902				
勤得利	758	758	758				
大　兴	1172	1172	1172				
青龙山	600	600	555	24	20	1	
前　进	1737	1737	1737				
创　业	1982	1982	1982				
红　卫	836	836	836				
前　哨	1528	1528	1528				
前　锋	1514	1514	1512		2		
洪　河	1335	1335	1335				
鸭绿河	724	724	724				
二道河	849	849	849				
浓　江	658	658	658				
八五〇	1177	1177	1177				
八五四	2454	2454	2454				
八五五	1171	1171	1171				
八五六	2165	2165	2085			80	
八五七	1378	1378	1375		3		
八五八	263	263	263				
八五一〇	1152	1127	1127				
八五一一	531	531	531				
庆　丰	808	808	808				
云　山	827	827	827				
兴凯湖	852	852	852				
海　林	94	93	93				
宁　安	561	561	561				
山市种奶牛场	628	628	620			8	
锦　河	1518	1518	1518				
红色边疆	1583	1583	1583				

附录1-15续表13　　　　　　　　　　(2020年)　　　　　　　　　　单位：人

农　场	职工情况	家庭农(林牧渔)场	(一)家庭农场	(二)家庭林场	(三)家庭牧场	(四)家庭渔场	专业大户
逊　克	2001	2074	2074				28
龙　门	1391	1391	1391				
襄　河	888	888	888				
龙　镇	1620	1620	1620				
二龙山	1206	1184	1184				
引龙河	2039	2039	2039				
尾　山	1211	1211	1211				
格球山	1121	1121	1121				
长水河	1552	1552	1552				
赵　光	2575	2575	2575				
红　星	3481	3481	3481				
建　设	2384	2384	2384				
五大连池	1588	1588	1585	3			
鹤　山	2788	2774	2774				
大西江	1839	1839	1839				
尖　山	2466	2466	2466				
荣　军	1840	1840	1840				
红五月	1286	1286	1286				
七星泡	2952	2952	2951			1	
嫩　江	1993	1993	1993				
山　河	1640	1640	1634		6		
嫩　北	1482	241	241				
建　边	1041	1041	1041				
哈拉海	800	800	800				
克　山	1694	1692	1692				
依　安	550	550	550				
富裕牧场	364	364	364				
查哈阳	6389	6372	6372				
泰　来	198	198	196			2	
绿色草原牧场	348	348	348				
巨浪牧场	295	295	295				
齐齐哈尔种畜场	999	999	999				
繁荣种畜场	3377	3377	3370		7		
大山种羊场	597	597	572	7	18		
红旗种马场	177	177	173			4	
嘉　荫	2122	2122	2064	58			
铁　力	2002	2002	2002				
海　伦	819	819	819				
红　光	1202	1202	1190		11	1	
绥　棱	1382	1382	1382				
安达牧场	352	352	352				
和平牧场	538	538	538				
肇　源	406	406	406				
柳　河	423	423	344	61	18		
涝洲鱼种场	16	16	10			6	
庆　阳	657	657	595	62			
岔林河	341	336	336				
沙　河	33	33	33				
香坊实验	15	15	15				
青　年	3	3	3				
闫家岗	12	12	12				
红　旗	82	82	82				
四方山	400	388	388				
松花江	77	77	77				
阿城原种场	415	415	415				
九龙山柞蚕育种场	6	6	6				
佳南实验农场	523	523	523				

附录1-15续表14　　(2020年)　　单位：万元

农　场	应交利费	家庭农(林牧渔)场					专业大户
			(一)家庭农场	(二)家庭林场	(三)家庭牧场	(四)家庭渔场	
二九〇	25145	25014	25012			2	131
绥　滨	21497	21483	21466	4		13	14
江　滨	9378	9378	9378				
军　川	23940	23940	23940				
名　山	9367	9255	9255				112
延　军	7564	7564	7564				
共　青	16181	16181	16181				
宝泉岭	13506	13506	13506				
新　华	14093	14093	14093				
普　阳	19945	19945	19945				
汤　原	4319	4319	4319				
依　兰	1864	1864	1864				
梧桐河	11577	11577	11577				
友　谊	47119	47119	47119				
五九七	27112	27112	27112				
八五二	42519	42519	42519				
八五三	39303	39303	39303				
饶　河	20494	20494	20494				
二九一	25480	25480	25480				
双鸭山	8512	8440	8440				
江　川	13721	13721	13721				
曙　光	8061	8061	8061				
北　兴	18974	18974	18974				
红旗岭	13408	13408	13408				
宝　山	5951	5951	5951				
八五九	35864	28643	28628	1		14	7222
胜　利	26779	22986	22986				3793
七　星	47162	42584	42584				4578
勤得利	29841	25616	25616				4225
大　兴	22324	22024	22024				300
青龙山	16935	14631	14628	3		0.03	2304
前　进	29485	26004	26004				3482
创　业	24132	24132	24132				
红　卫	22851	16857	16857				5994
前　哨	12424	10531	10531				1893
前　锋	29410	22697	22696			1	6696
洪　河	22392	13006	13006				9386
鸭绿河	15859	9888	9888				5971
二道河	19122	9875	9875				9247
浓　江	20711	15231	15231				5480
八五〇	20463	11574	11574				8889
八五四	30186	18642	18642				11544
八五五	16702	15460	15460				1243
八五六	42263	25436	25355			81	16827
八五七	26582	19211	19147		64		7371
八五八	27492	13787	13787				13705
八五一〇	12922	12319	12319				
八五一一	9838	9837	9837				
庆　丰	18858	13160	13160				5699
云　山	21609	21609	21609				
兴凯湖	28555	28555	28555				
海　林	5596	5592	5592				
宁　安	3311	3311	3311				
山市种奶牛场	1660	1660	1658			2	
锦　河	4690	4690	4690				
红色边疆	7947	7947	7947				

附录1-15续表15　　　　(2020年)　　　　单位：万元

农　场	应交利费	家庭农(林牧渔)场					专业大户
			(一)家庭农场	(二)家庭林场	(三)家庭牧场	(四)家庭渔场	
逊　克	19056	18798	18798				258
龙　门	6794	6794	6794				
襄　河	8617	8617	8617				
龙　镇	11926	11926	11926				
二龙山	14029	12924	12924				
引龙河	12160	12160	12150			10	
尾　山	8259	8187	8187				
格球山	7560	7560	7560				
长水河	11470	11470	11470				
赵　光	19721	19721	19721				
红　星	12183	12183	12183				
建　设	10097	10097	10097				
五大连池	4660	4660	4659	1			
鹤　山	13855	13805	13805				
大西江	7595	7501	7501				
尖　山	9356	7634	7634				
荣　军	6332	5023	5023				
红五月	6811	6019	6019				
七星泡	16163	16163	16163				
嫩　江	13904	12665	12665				
山　河	10537	9845	9802	43			
嫩　北	10323	1218	1218				
建　边	7412	7412	7412				
哈拉海	6130	1141	1141				4989
克　山	16923	8850	8850				
依　安	2924	2924	2924				
富裕牧场	3391	3391	3391				
查哈阳	17220	17220	17220				
泰　来	1807	1807	1802			5	
绿色草原牧场	3108	3108	3108				
巨浪牧场	997	997	997				
齐齐哈尔种畜场	1926	1926	1926				
繁荣种畜场	4057	4057	4052		5		
大山种羊场	1468	1108	973	4	131		360
红旗种马场	481	481	480			1	
嘉　荫	8235	8235	8235				
铁　力	6878	6878	6878				
海　伦	6056	6056	6056				
红　光	4360	4360	4357			3	
绥　棱	5941	5941	5941				
安达牧场	464	464	464				
和平牧场	3051	3051	2816		235		
肇　源	2134	2134	2134				
柳　河	1756	1756	1750	6			
涝洲鱼种场	1	1	1				
庆　阳	2754	2754	2708	47			
岔林河	1961	1541	1541				420
沙　河	583	583	580			3	
香坊实验	57	57	57				
青　年	168	48	48				
闫家岗	370	4	4				363
红　旗	567	567	567				
四方山	2007	514	454		60		368
松花江	2283	2283	2283				
阿城原种场	1174	1174	1174				
九龙山柞蚕育种场	2	2	2				
佳南实验农场	1603	1603	1603				

附录1-16　工业总产值、销售产值及产品产量

(2020年)

农　　场	工　业 总产值 (万元)	工　业 销售产值 (万元)	大　米 (吨)	小麦粉 (吨)	米、面制品 (吨)	豆制品 (吨)	乳制品 (吨)
二九〇	2670	2724	235				
绥　滨	199	158					
江　滨	60	60					
军　川	358	358					
名　山	70	70					
延　军	459	459					
共　青	32	32					
宝泉岭							
新　华	2169	2169					
普　阳	1509	1303	181				
汤　原							
依　兰	4	4					
梧桐河	1930	1838	1462				
友　谊							
五九七	95	95					
八五二							
八五三	165	165					
饶　河	34	34					
二九一	90	90					
双鸭山	883	883					
江　川	84	84					
曙　光							
北　兴							
红旗岭							
宝　山	43	43					
八五九	778	711	702				
胜　利	184	184					
七　星							
勤得利	3782	3782					
大　兴	3514	3514	47				
青龙山	1215	1215					
前　进	1276	1276					
创　业	1669	1669					
红　卫	2835	2835					
前　哨	1849	1849					
前　锋	364	77					
洪　河							
鸭绿河	5029	1174					
二道河	349	349					
浓　江	1132	1132					
八五〇							
八五四	3529	3529					
八五五							
八五六	119	119					
八五七	1338	1338					
八五八	3811	3924	6457				
八五一〇	242	242					
八五一一	9055	8372					28
庆　丰							
云　山	1611	1611					
兴凯湖							
海　林	1452	1452					
宁　安							
山市种奶牛场	433	433					
锦　河	1087	1087					
红色边疆							

附录1-16续表1　　　　　　　　　　　　　　(2020年)

农　　场	工　业 总产值 (万元)	工　业 销售产值 (万元)	大　米 (吨)	小麦粉 (吨)	米、面制品 (吨)	豆制品 (吨)	乳制品 (吨)
逊　　克							
龙　　门	90	90					
襄　　河							
龙　　镇	978	738					
二 龙 山	240	240					
引 龙 河							
尾　　山	445	445					
格 球 山	86	30					
长 水 河	4021	4104					
赵　　光	4200	4200					
红　　星	5651	5898		4180			
建　　设	975						
五大连池	257	160					
鹤　　山	1399	1399				14	
大 西 江	270	321		79			
尖　　山	1816	1816					
荣　　军	913	347				350	
红 五 月	212	182					
七 星 泡							
嫩　　江							
山　　河							
嫩　　北	1313	1291				18	
建　　边	749	749		841	60		
哈 拉 海	95	95					
克　　山	254	254					
依　　安	29	29					
富裕牧场							
查 哈 阳	480	480	310				
泰　　来	3	3					
绿色草原牧场							
巨浪牧场							
齐齐哈尔种畜场							
繁荣种畜场	42	42					
大山种羊场	7	7					
红旗种马场							
嘉　　荫							
铁　　力							
海　　伦							
红　　光							
绥　　棱							
安达牧场							
和平牧场							
肇　　源	2010	2902	2656				
柳　　河							
涝洲鱼种场							
庆　　阳	24	17					
岔 林 河	150	150					
沙　　河							
香坊实验	130	130					
青　　年							
闫 家 岗							
红　　旗							
四 方 山	158	158					
松 花 江							
阿城原种场							
九龙山柞蚕育种场							
佳南实验农场							

附录1-17　农村公路里程及公路硬化情况

(2018年)　　单位：公里

单　位	公路总里程	#硬化路面里　程			不含专用公路里程	#硬化里程	硬化率(%)
			有铺装里程	简易铺装里程			
依兰农场公路站	66	29	29		32	28	88
新华农场公路站	341	124	124		165	122	74
江滨农场公路站	207	102	102		118	93	79
军川农场公路站	322	158	158		206	151	73
名山农场公路站	152	50	50		66	50	75
延军农场公路站	175	110	110		110	93	85
共青农场公路站	250	89	89		122	83	68
宝泉岭农场公路站	388	140	140		207	114	55
绥滨农场公路站	340	180	180		231	169	73
普阳农场公路站	264	80	80		115	77	67
汤原农场公路站	167	70	70		62	58	95
梧桐河农场公路站	213	98	98		89	75	84
二九零农场公路站	374	167	167		232	165	71
八五二农场公路站	836	274	274		406	237	58
八五三农场公路站	698	235	235		344	215	63
红旗岭农场公路站	290	113	113		161	103	64
饶河农场公路站	330	132	132		152	132	87
五九七农场公路站	551	207	207		248	180	73
双鸭山农场公路站	206	41	41		87	40	46
北兴农场公路站	396	118	118		176	108	62
二九一农场公路站	298	102	102		138	83	60
宝山农场公路站	67	43	43		42	39	94
江川农场公路站	267	109	109		140	98	70
曙光农场公路站	146	63	63		78	54	69
胜利农场公路站	443	125	125		230	123	54
建三江局直站	66	38	38		66	38	57
勤得利农场公路站	400	101	101		190	89	47
前锋农场公路站	396	117	117		272	115	42
前哨农场公路站	346	86	86		244	82	34
八五九农场公路站	466	217	217		242	150	62
红卫农场公路站	281	135	135		193	110	57
二道河农场公路站	194	15	15		125	15	12
前进农场公路站	267	77	77		126	65	52
青龙山农场公路站	244	151	151		139	137	99
洪河农场公路站	212	62	62		136	62	46
鸭绿河农场公路站	143	33	33		70	32	46
浓江农场公路站	186	45	45		106	44	42
大兴农场公路站	336	109	109		215	105	49
七星农场公路站	584	204	204		294	191	65
创业农场公路站	471	196	196		211	136	64
八五一零农场公路站	233	102	102		144	102	71
八五四农场公路站	443	244	244		271	240	89
八五八农场公路站	205	79	79		130	78	60
庆丰农场公路站	268	92	92		163	88	54
八五零农场公路站	265	100	100		165	99	60
八五六农场公路站	305	200	200		194	166	86
云山农场公路站	218	107	107		137	106	78
八五七农场公路站	225	116	116		132	116	87
八五一一农场公路站	406	293	293		322	267	83
兴凯湖农场公路站	167	70	70		123	70	57
八五五农场公路站	261	133	133		188	127	68
海林农场公路站	144	102	102		77	67	87

附录1-17续表　　　　(2018年)　　　　单位：公里

单　位	公路里程	#硬化路面里　程			不含专用公路里程	#硬化里程	硬化率(%)
			有铺装里程	简易铺装里程			
宁安农场公路站	63	42	42		38	38	100
山市奶牛场	36	36	36		36	36	100
赵光农场公路站	195	43	43		118	41	35
格球山农场公路站	94	40	40		61	39	64
尾山农场公路站	146	73	73		121	73	61
锦河农场公路站	189	101	101		164	101	62
逊克农场公路站	390	154	154		306	149	49
红色农场公路站	97	32	32		60	32	54
红星农场公路站	128	55	55		97	55	57
建设农场公路站	104	61	61		57	56	98
长水河农场公路站	202	105	105		128	102	80
二龙山农场公路站	162	66	66		111	64	57
龙镇农场公路站	155	69	69		118	58	49
引龙河农场公路站	203	54	54		116	53	46
襄河农场公路站	146	77	77		108	76	70
龙门农场公路站	89	26	26		67	26	38
五大连池原种场	59	55	55		47	43	92
七星泡农场公路站	198	123	123		128	102	80
嫩江农场公路站	202	43	43		104	43	42
哈拉海农场公路站	60	23	23		42	23	54
大西江农场公路站	135	70	70		101	65	65
鹤山农场公路站	128	53	53		93	49	53
跃进农场公路站	106	14	14		54	14	25
尖山农场公路站	179	123	123		136	123	90
红五月农场公路站	95	21	21		79	21	27
荣军农场公路站	126	71	71		67	58	88
山河农场公路站	166	87	87		90	62	69
嫩北农场公路站	152	51	51		96	50	52
建边农场公路站	108	53	53		55	53	95
查哈阳农场公路站	685	314	314		367	268	73
依安农场公路站	109	39	39		43	39	91
泰来农场公路站	79	36	36		51	35	70
富裕农场公路站	160	47	47		118	44	37
克山农场公路站	262	79	79		147	79	54
巨浪农场公路站	62	16	16		46	16	34
绿色农场公路站	156	81	76	5	126	81	64
齐齐哈尔种畜场	60	40	40		59	39	66
大山种羊场	89	35	35		88	34	39
繁荣种畜场	122	28	28		121	27	22
红旗种马场	42	21	21		40	19	47
和平农场公路站	123	72	72		84	69	81
肇源农场公路站	73	19	19		32	19	60
嘉荫农场公路站	172	53	53		83	37	45
铁力农场公路站	291	63	63		166	63	38
柳河农场公路站	57	11	11		36	11	32
绥棱农场公路站	173	54	54		93	54	58
安达农场公路站	39	7	7		13	6	44
红光农场公路站	164	94	94		65	55	85
海伦农场公路站	212	94	94		77	69	90
茂兴湖养殖场	32	6	6		28	2	8
涝洲鱼种场	9	4	4		9	4	48
阎家岗农场公路站	32	32	32		15	15	100
红旗农场公路站	13	10	10		8	5	61
青年农场公路站	7	5	5		7	5	73
香坊农场公路站	9	7	7		9	7	72
松花江农场公路站	30	24	24		30	24	81
沙河农场公路站	10	4	4		10	4	39
岔林河农场公路站	47	13	13		15	10	66
庆阳农场公路站	88	39	39		53	34	64
四方山农场公路站	36	36	36		36	36	100
阿城原种场	1	1	1				